广东省高水平大学建设经费资助

优秀论文选

暨南大学历史学系本科生

史海学步

刘正刚◎主编

安徽师范大学出版社

· 芜湖 ·

图书在版编目（CIP）数据

史海学步：暨南大学历史学系本科生优秀论文选 /刘正刚主编 .—芜湖：安徽师范大学出版社，2023.6
ISBN 978-7-5676-5652-9

Ⅰ.①史… Ⅱ.①刘… Ⅲ.①史学－文集 Ⅳ.①K0-53

中国版本图书馆 CIP 数据核字（2022）第 242843 号

史海学步——暨南大学历史学系本科生优秀论文选　　　　刘正刚◎主编

责任编辑：翟自成

责任校对：孙新文

装帧设计：张德宝　　冯君君

责任印制：桑国磊

出版发行：安徽师范大学出版社

　　　　　芜湖市北京东路 1 号安徽师范大学赭山校区　　　　邮政编码：241000

网　　　址：http://www.ahnupress.com/

发 行 部：0553-3883578　5910327　5910310（传真）

印　　　刷：苏州市古得堡数码印刷有限公司

版　　　次：2023 年 6 月第 1 版

印　　　次：2023 年 6 月第 1 次印刷

规　　　格：787 mm×1092 mm　　　1/16

印　　　张：19.75

字　　　数：434 千字

书　　　号：ISBN 978-7-5676-5652-9

定　　　价：69.90 元

凡发现图书有质量问题，请与我社联系（联系电话：0553-5910315）

《史海学步》编委会

主　　编：刘正刚

副 主 编：张小贵　朱文亮

编委会成员（以汉语拼音为序）：

黄忠鑫　蔺志强　刘正刚　熊增珑　曾光光

张　坤　张维缜　张小贵　朱文亮

序　言

　　暨南大学历史学科的创建和发展始于1928年，何炳松、周谷城、周予同、谭其骧、陈序经等著名学者曾在此任教。改革开放以来，暨南大学历史学科取得了长足发展。专门史学科在朱杰勤教授带领下，于1984年获国内首批专门史博士学位授予权，1998年中国古代史获博士学位授予权，并在1993年、1999年先后被国务院侨务办公室、广东省人民政府批准为"重点学科"，2000年以此为基础获批教育部人文社科重点研究基地"华侨华人研究所"。近年来，港澳史研究、明清以来基督教史研究成为新学科亮点；历史地理学举办的各类学术论坛和田野实习，开创了学术研究和人才培养的新局面；中国近代史在晚清史、民国史和粤港澳地方史研究方面形成了较强优势。此外，世界史学科中欧洲中世纪史、冷战国际史也取得了发展，逐渐形成研究特色。2006年历史学获一级学科博士点，2011年中国史、世界史获一级学科博士学位授予权，且拥有一级学科博士后科研流动站。中国史学科2012年获批广东省重点学科优势学科。2019年，历史学本科专业获批为"双万计划"国家一流本科专业，人才培养再上新台阶。

　　本学科致力于历史学专业本科生的培养，与他校不同的是，本学科还承担着海外华侨华人本科生的培养，海外生源占据相当比例。因此一直以来本学科都致力于将学科发展与服务国家华侨华人事业结合起来，注重向海外华侨华人传播中华优秀传统文化，提升中国史学在国内以及海外的学术影响力。

　　我们在确定论文选题和指导写作的过程中，除了严格遵守学术规范之外，还十分重视原始资料研读，理论与实践、文献与田野调查的结合，历史叙述与史学思维的提升，等等。历史学的学习与研究向来注重日常积累和循序渐进，因此妄谈本科生优秀毕业论文或有虚妄之嫌，然而"虽然大器晚年成，卓荦全凭弱冠争"，在今天高水平大学和一流学科建设蓬勃开展、新文科建设日益提上日程的情势下，我们选编自2007级以来的本科生优秀毕业论文结集出版，既是对过往本科教学工作的总结，也是对未来工作的督促与展望，我们期待也相信历史学系的本科生论文中将涌现更多的优秀论文。

本论文集按照学生毕业先后进行排序，并请原指导老师进行点评。由于各位同学均已走上不同的工作岗位，或已进入别的高校进一步深造，核对工作由系里安排研究生来做，并对一些论文进行了技术性的处理。

历史学系本科生优秀论文编辑组

2023 年 2 月 14 日

史海学步——暨南大学历史学系本科生优秀论文选

目　录

史海学步——暨南大学历史学系本科生优秀论文选

黄花梨、黄花梨家具与明清社会经济

2007级　程　涛[①]

摘　要： 本文依据所论述之内容可分为两大部分。第一部分结合现代植物学的分类定名方法与中国传统的训诂学工具，对黄花梨的古今名实变化进行爬梳与考析，以求证明其为产于海南的降香黄檀，而古史中所见之花梨、花黎、花榈等诸称，则为包括黄花梨在内的多种相似树种的模糊称呼，不可与黄花梨视为等同。第二部分则力图从社会经济史角度入手，论证黄花梨家具之兴起，实受晚明江南地区商品经济发展后，社会风尚趋于侈靡之影响，又得文人士大夫的推崇而臻于极盛，成为明式家具之代表。清中叶后，由于皇室喜好紫檀材质之清式家具，"上有所好，下必甚焉"，所以黄花梨家具亦随明式家具之式微而衰落。

关键词： 黄花梨；黄花梨家具；明式家具；明清社会经济

黄花梨作为中国古典硬木家具之重要用材，于今识者甚众，而对其之研究，则以德国学者古斯塔夫·艾克首肇端绪，艾氏著《中国花梨家具图考》，为明式家具研究开山之作，其最早注意到"花梨"之名实乃广义的模糊称呼，为许多不同种类的相似木材之总称，并提出以"新花梨"和"老花梨"的概念来加以区分，虽未尽合理，但直接启发后来学者对黄花梨在植物学上的鉴别问题之关注，自有不容忽视之贡献。此外，艾克尚有《关于中国木器家具》[②]《明式家具》[③]等散篇论及黄化梨家具。艾克之后又有杨耀、安思远诸氏究心于此。杨耀为国内明式家具研究先驱，早年曾任艾克的助手，其论文如《中国明代室内装饰和家具》，结合建筑史之角度考察明式家具之风格，《我国民间的家具艺术》《中国家具的艺术地位和风格问题》两文，钩沉中国古典家具所蕴含之审美旨趣[④]，大体言之，皆侧重从明式家具工艺技法和造型风格入手，进而从用材及来源之角度对黄花梨进行探讨，颇

---

① 程涛，1989年5月生于海南定安。先后就读于暨南大学历史学系、上海社会科学院历史研究所、复旦大学历史地理研究中心，分别于2012年、2015年、2020年获历史学学士、硕士及博士学位。主要从事历史人文地理的研究，并旁及出土文献、宋史等领域，在《史林》《中国历史地理论丛》等刊物发表论文多篇。

② ［德］古斯塔夫·艾克：《关于中国木器家具》，《檀香山美术馆旬刊》1952年第5期。

③ ［德］古斯塔夫·艾克：《明式家具》，《太平洋学刊》，1956年。

④ 此三篇论文后由其弟子陈增弼整理编订，以《明式家具研究》为题结集出版（北京：中国建筑工业出版社，1986年）。

有参考之价值。安思远以明清家具收藏名世，其中泰半即为黄花梨家具，故其著述能以大量实物例证为基础，而多以图录说明形式写就，影响颇广，代表作《中国家具：明清硬木家具实例》①《样式的精华：明末清初的中国家具》②即属此类。

继至王世襄氏，更有两部里程碑式巨著《明式家具珍赏》③与《明式家具研究》④行世，两者俱以明式家具为研讨之中心，兼及对黄花梨木性、材质、产地分布及名称演变等方面之考察，虽非专论，但考据议论皆称精当，有阐微发覆之功⑤。其中，《明式家具研究》对明式家具之时代背景、制造地区、种类形式、工艺结构、造型规律、装饰手法、用材种类及年代鉴定等问题，俱有详论，并重视传世或出土实物与各类史料之结合，征引宏富，故能于诸多前人著述疏漏阙略之处，做细致入微之分析，后出转精，尤为学界推重。该书于黄花梨之材质特点、名称演变等问题亦有专门探究，并将所集之相关史料附于正文之后，便于查考。王世襄尚编著有《明式家具萃珍》⑥，为辑补以上二书之作，宜并参之。

近年来学界对黄花梨的研究，以胡德生成就最高，其师承王世襄，早年著作以《中国古代的家具》⑦为代表，偏重学术普及，所论较简明平实，而论文如《传统硬木家具的木材》⑧《明式家具的科学性》⑨《明式家具的装饰》⑩《黄花梨与黄花梨家具》⑪《明式黄花梨家具特点》⑫等，多为对王氏著作之拾遗订误。

至于其他学人之论著，则多因循旧说，鲜有创见。同时，囿于研究视野之偏狭，致使对黄花梨之研究，尚有不少问题未及深入。例如，黄花梨在传世文献中有"花梨""花榈"等种种名称，此为向来学者所悉知，然细查之，各书中之相关记载，并非同符合契，甚至相互抵牾，后人著录转引，又不加考辨，以致真伪杂糅，遂使黄花梨之名实关系分歧混乱，进而造成近代西方植物学传华后，对其科学命名及种属归类之困难。关于此点，学界历来多有聚讼。再有，黄花梨家具在明清时期之兴衰与晚明商品经济之发展及明清社会风尚之演变，关系甚切，对此学者多泛泛而谈，或阙置不论，殊为可惜。近来，周默、周京南二位分别从古典家具材质特征、鉴定辨伪及明式家具用材来源之角度对以上问题予以探

①［美］安思远：《中国家具：明清硬木家具实例》，纽约：兰登书屋，1989年。

②［美］安思远：《样式的精华：明末清初的中国家具》，旧金山：旧金山亚洲艺术博物馆，1998年。

③王世襄：《明式家具珍赏》，香港：三联书店（香港）有限公司，1985年。

④王世襄：《明式家具研究》，香港：三联书店（香港）有限公司，1985年。

⑤有关王世襄这两部著作的评介，可参看朱家溍：《两部我国前所未有的古代家具专著》，载《读书》1983年第3期。

⑥王世襄编著：《明式家具萃珍》，上海：上海人民出版社，2005年。

⑦胡德生：《中国古代的家具》，北京：商务印书馆国际有限公司，1997年。

⑧胡德生：《传统硬木家具的木材》，《故宫博物院院刊》1989年第2期。

⑨胡德生：《明式家具的科学性》，《故宫博物院院刊》1993年第2期。

⑩胡德生：《明式家具的装饰》，《故宫博物院院刊》1995年第1期。

⑪胡德生：《黄花梨与黄花梨家具》，《收藏家》2003年第4期。

⑫胡德生：《明式黄花梨家具特点》，《艺术市场》2004年第1期。

讨，写出颇为新颖之著作、文章①，但二位的研究仍局限于工艺美术史之畛域，未能将黄花梨及其相关问题置于广阔的历史和文化背景中加以审视，尚有余蕴可作发挥。故本文试结合旧籍与各家著述，钩稽考释，以辑补前贤未能详尽者，并力图有所创获。

一、黄花梨考

（一）黄花梨古今名称之演变

史籍中有关黄花梨之记录，多失于简略，各书所载，又不尽相合，且其内容广涉名物训诂、史地考证、文字校勘、版本目录等学科，多有不易解决之问题，仅靠传统史学的考据方法，实难判定孰正孰误，若从现代植物分类学角度明确其科属种类，再与传世文献互证，或可收攻玉之效。要之，黄花梨之古今名实变化，根本上须注意者有两点：其一，古典文献中所见之"花榈""花梨""花黎"，虽与今人习称之"黄花梨"一脉相沿，然其概念内涵并不尽相同，且多为泛指；其二，考之史乘，有关黄花梨之产地来源，历来说法不一，此亦为探清其名实演变源流之一大要点。为便于讨论，兹选取较具代表性之文献记载胪列于下（表1）：

表1　古典文献中黄花梨诸名称及产地之记载

名称	产地	引据书目	成书年代	版本
花榈	安南、南海	《本草拾遗》	唐开元二十九年（741）	原书已佚
花梨	海南	《诸蕃志》	宋宝庆元年（1225）	中华书局《中外交通史籍丛刊》本
花梨	南蕃	《格古要论》	明洪武二十一年（1388）	《惜阴轩丛书》本
花梨	暹罗国	《西洋番国志》	明宣德九年（1434）	中华书局《中外交通史籍丛刊》本
花梨	暹罗国	《瀛涯胜览》	明景泰二年（1451）	海洋出版社明钞本校勘本
花梨	南番、广东	《新增格古要论》	明天顺三年（1459）	商务印书馆《丛书集成初编》本
花黎	儋、万、崖三州	《大明一统志》	明天顺五年（1461）	《文渊阁四库全书》本
花黎	淡洋、溜山国	《西洋朝贡典录》	约明正德十五年（1520）	中华书局《中外交通史籍丛刊》本

---

① 此处指周默：《木鉴——中国古典家具用材鉴赏》，太原：山西古籍出版社，2006年；周京南：《从历史文献看我国古代黄花梨家具用材的来源》，《中国文物报》2007年7月11日。

名称	产地	引据书目	成书年代	版本
花梨	崖州、昌化、陵水	《正德琼台志》	明正德年间	天一阁藏正德残本
花梨	占城	《殊域周咨录》	约明万历二年（1574）	中华书局《中外交通史籍丛刊》本
花榈	安南、南海	《本草纲目》	明万历六年（1578）	金陵胡成龙刻本
花黎	黎山	《海槎余录》	明万历四十五年（1617）	商务印书馆《丛书集成初编》本
花黎	占城	《礼部志稿》	明泰昌元年（1620）	《文渊阁四库全书》本
花梨	交（交趾）、广（两广）	《博物要览》	明天启年间	商务印书馆《丛书集成初编》本
花榈、花狸	文昌、陵水	《广东新语》	约清康熙二十六年（1687）	中华书局《历代史料笔记丛刊》本
花梨	海南诸国	《稗海纪游》	约清康熙三十六年（1697）	台湾银行经济研究室《台湾文献丛刊》本
花榈	安南、南番、广东	《格致镜原》	清康熙年间	上海积山书局光绪二十二年石印本
花梨	琼州	《岭南杂记》	清康熙雍正间	商务印书馆民国二十五年刊本
花梨	占城、崖州、昌化、陵水	《粤东笔记》（《南越笔记》）	清乾隆年间	台北新文丰《零玉碎金集刊》本
花黎	海南	《琼州杂事诗》	清光绪十四年（1888）	《灵鹣阁丛书》本
花梨	黎山	《琼州府志》	约清乾隆二十六年（1761）	海南出版社《故宫珍本丛刊》本

稽诸文献，有关黄花梨之最早记录当推唐开元间陈藏器所著之《本草拾遗》：

花榈出安南及南海，用作床几，似紫檀而色赤，性坚好。[1]

"花榈"为黄花梨之最古称谓，殆无容疑。而自宋元以降，"花梨"[2]一名渐屡见载籍，相沿习用至有明之世，已为民间约定俗成之称呼。李时珍《本草纲目》曰："（榈木）木性坚，紫红色。亦有花纹者，谓之花榈木。可作器皿、扇骨诸物。俗作花梨，误矣。"[3]恰可为证。此处所以特别指出"花梨"为误称，实因古来医家著述，皆以"榈木""花榈"为正称，李时珍沿袭旧说，故对"花梨"之称有所指摘。王世襄论及此点，谓是误将棕榈

---

[1]《本草拾遗》为盛唐药学巨典，然其书久佚，遗文多收录于宋人唐慎微所著《证类本草》与明代李时珍所著《本草纲目》中，此处所引之文，即根据《本草纲目》木部第三十五卷"榈木拾遗"条（北京：人民卫生出版社，1975年，第2048页）所辑录者。

[2] 亦写作"花棃"。按："棃"为"梨"之异体字，见王力主编：《现代汉语词典》第五版，北京：商务印书馆，2005年，第832页。

[3] 见上引《本草纲目》，第2048页。

作花梨所致，所据为"《本草纲目》中附有花楸木图，然所绘完全为棕榈木之形状"①，立论甚牵强，未敢必；木材学家林仰三、苏中海则以为此系绘图之误，因李氏所见为去掉边材，无枝无叶的木段②，更乏确据。实则查检《本草纲目·木部》之目录，"棕榈"条即在"楸木"条之后，绘图也依此为序，或因李氏一时失察，前后混淆，误将"棕榈"之图标作"楸木"，如此解释，当较合情理。黄花梨之另一较为人知的古称"花黎"，亦兴于明代。然综观旧籍，仍以"花梨"一名流播最广。如明时诸朝实录中相关载记即多用"花梨"。

《明英宗实录》卷七十五：

> 甲子命造中宫朝参乐器衣袍：大鼓、杖鼓、方响……花梨木串版。③

《明世宗实录》卷十六：

> 诏御用监岁征物料如弘治例。……该监奏派复有花梨木、花楸木等物，系奉钦依裁省之数，部臣覆申前议厘革。上从之。④

《明神宗实录》广方言馆本卷五百三十四：

> 总督两广张鸣冈题平黎善后事宜：……不用土舍各官无艺之征，曰丁鹿、曰霜降鹿、曰翠毛、曰沉速香、曰楠板、曰花黎木。⑤

而抱经楼本此处则作"花梨木"⑥，似"梨""黎"可通用，但官方仍较认可"花梨"。又一著例来自朝鲜李朝初期通行的权威汉语教科书《朴通事》，该书"保存元末明初的风俗事物甚多"⑦，颇富史料价值，其上部有云：

> 有名的张黑子，打的好刀子，着他打不得？你打时怎么打？起线花梨木鞘儿，鹿角口子，驼骨底子，梁儿、束儿打的轻妙着。紫檀把儿，象牙顶儿，也是走线。⑧

此处亦作"花梨"，可知该名已普遍为时人认可。至于今日习称的"黄花梨"一名，周京南据《大清德宗皇帝实录》卷四百六所载光绪二十三年（1897）庆亲王奕劻在为慈禧太后修建陵寝时所上之奏折，判定其晚至清光绪年间即已出现，其云："己卯，庆亲王奕

① 王世襄：《明式家具研究》，北京：生活·读书·新知三联书店，2008年，第291页。下引此书均为该版本。
② 林仰三、苏中海：《明式家具所用珍贵硬木名实考》，《中国木材》1993年第2期，第41—43页。
③《明英宗实录》卷七十五，台北："中央研究院"历史语言研究所，1962年，第1472页。
④《明世宗实录》卷十六，台北："中央研究院"历史语言研究所，1962年，第508页。
⑤《明神宗实录》卷五百三十四，台北："中央研究院"历史语言研究所，1962年，第10119页。
⑥《明神宗实录校勘记》，台北："中央研究院"历史语言研究所，1962年，第2441页。
⑦ 杨联陞：《中国围棋数法变更小考》，载杨联陞著，蒋力编：《哈佛遗墨：杨联陞诗文集》，北京：商务印书馆，2004年，第193页。又《朴通事》一书原刊本已佚，留存至今者皆为改订本，此处所据为谚解本，即《朴通事谚解》。
⑧《老乞大谚解·朴通事谚解》（京城帝国大学法文学部藏《奎章阁丛书》本），台北：联经出版公司，1978年，第33页。

勋等奏，菩陀峪万年吉地，大殿木植，除上下檐斗科，仍照原估。谨用南柏木外，其余拟改用黄花梨木，以归一律。"①从而否定了此前学界盛行的民国初年由中国营造学社首倡此名的说法。今从之。

民国以后，"黄花梨"一名渐为流行。此外，其尚有花狸、降香等种种别称②，但流布影响未广，在此不予详论。而无论"花榈""花梨"或"花黎"皆不能与黄花梨等同。古斯塔夫·艾克最早注意到"花梨木"长期以来是作为一个商业名称而广为人知，并且"由于同一商业名称内包含了多种不同的（树木）种类，这种木材的植物学鉴别问题更为复杂"③。实则不惟"花梨"，"花榈""花黎"皆然。

（二）黄花梨产地来源考实及其科属归类、定名

自唐宋至清末民初，各类文献对"花榈""花梨""花黎"的产地之记载，大致不出岭表及南海诸国之外，现就表1中所列之地名考释如下：

（1）安南：越南古称，其名似源于唐调露元年（679）所置之安南都护府（治河内），而"安南国"晚至南宋即见于史载。就版图言，其包括今日中国之广西西部、云南南部以及越南、老挝、柬埔寨的北部地区。

（2）交趾：又称交阯，一般指今越南北部地区④。

（3）占城：据赵汝适《诸蕃志》⑤卷上"占城国"条后注1云："占城古称占婆（Campa），原为印度古国，后移此名于东方，地当今越南之中部及南部。"

（4）海南：即今海南岛。又"琼州"为海南古称，儋州、万州、崖州、昌化、陵水、文昌俱为海南岛地名，正史及海南地方志均有载，兹不复赘。而从中国古代地方行政区划沿革史的角度看，各书中之"广东"亦应包括海南岛。"黎山"则指海南黎族所聚居的五指山地区。

（5）暹罗（Siam），泰国之古称。⑥

（6）淡洋：据日本学者藤田丰八、柔克义之考证，当为苏门答腊岛东岸之塔米昂（Tamiang）。⑦

（7）溜山国：古番名牒幹，即今马尔代夫群岛（Maldive Is）。⑧

---

① 周京南：《"黄花梨"之名称何时见诸史料》，《中国文物报》2008年1月30日。

② 又有别名为"降真香"之说，实则经林木学家之判定，典籍中所见之"降真香"并非黄花梨，详见周默：《明清家具的材质研究之二·黄花黎（中）》，《收藏家》2005年第10期，第56—57页。

③〔德〕古斯塔夫·艾克：《中国花梨家具图考》，薛吟译，北京：地震出版社，1991年，第28页。

④ 陈佳荣、谢方、陆峻岭：《古代南海地名汇释》"交阯"条，北京：中华书局，1986年，第375—380页。

⑤（宋）赵汝适著，杨博文校释：《诸蕃志校释》，北京：中华书局，1996年，第10页。

⑥（元）汪大渊著，苏继顷校释：《岛夷志略校释》"暹"条，北京：中华书局，1981年，第154—158页。

⑦ 见上引《岛夷志略校释》，第238页。

⑧（明）马欢原著，万明校注：《明钞本〈瀛涯胜览〉校注》，北京：海洋出版社，2005年，第71—72页。

以上各地，即今日中国之广东、广西、海南以及东南亚、南亚部分地区。然仅究明此点尚为不足。盖因自唐以后有关黄花梨的记录大多蹈袭《本草拾遗》之说，或加以增补损益，而记叙仅止于木材之花纹、木性及用途，有关树木之形态特征则多付阙如，致使后人难以悉知它们是否属于同一树种，抑或分别为何种树木。此因各书之作者，罕有能亲赴产地查考实物并绘图以为据，所见又多为已拆解之木段，加之因袭旧说，承其短弊，难免失于片面，更贻误后人。如屈大均《广东新语》"海南文木"条曰：

> 有曰花榈者，色紫红，微香，其文有鬼面者可爱。以多如狸斑，又名花狸。老者文拳曲，嫩者文直。其节花圆晕如钱，大小相错，坚理致密价尤重。往往寄生树上，黎人方能识取。产文昌、陵水者与降真香相似。①

又李调元《粤东笔记》卷十三云：

> 花榈色紫红，微香，其文有若鬼面。亦类狸斑，又名花狸。老者文拳曲，嫩者文直。其节花圆如晕如钱，大小相错者佳。②

合上两例而观之，其所记大致相类，尤值注意者，为对"花榈"木纹之描绘甚详。缘此，后世多以木材切面之纹理为鉴别黄花梨之根据，此点颇可商榷。盖因木材纹理乃自然生长，经年累月而成，既无规律可循，亦难有统一之评判标准。上引王世襄《明式家具研究》中即列有多张黄花梨木样彩图③，其木色有浅黄、紫黄、紫红诸般变化，而木材切面之涡纹（即鬼脸、狸斑）更是形态各异。古人著书，每于名物之记叙缺乏严谨概念，鲜具科学意识，难以为凭。而现代植物分类学与木材鉴别学的专著，则能提供精确可靠的依据。史籍中所见之花梨产地，最主要者为今日之越南与中国海南。而近十余年来的实物调查证明，两地所产实为同属异种，即同为豆科黄檀属的两种树木④。产于越南者为今日俗称之越南黄花梨（老挝、泰国称"Mai Dou Lai"，越南称"Hu e"），其学名则迟迟未定⑤。产于中国海南者即为人们所熟知的黄花梨，亦称海南黄花梨（图1）。而历代文献常将这两种树混为一谈，实因两者心材之纹理与色泽皆较相似（见图2、图3）。今人对"黄花梨"一称已司空见惯，然其始现，却有特殊的历史背景。殆因黄花梨生长缓慢，往往历百余年方能成材，而经有明一代及清前期的大量采伐，至清中叶后已罕见大木，再至晚清更濒于

① （清）屈大均：《广东新语》卷二十五《海南文木》，北京：中华书局，1985年，第654页。《广东新语》一书作于清康熙年间，此应无疑，然其具体成书年代因史无明文，历来聚讼纷纭，迄今为止较令人信服的观点是南炳文的"康熙二十六年为下限"之说，见其论文：《〈广东新语〉成书时间考辨》，《西南大学学报》（人文社会科学版）2007年第6期，第74—75页。

② （清）李调元辑：《粤东笔记》卷十三，台北：新文丰出版公司，1979年，第209页。

③ 王世襄：《明式家具研究》，第291—292页。

④ 周默：《木鉴——中国古典家具用材鉴赏》，第27、69页。

⑤ 拉丁文学名或暂称"Dalbergia spp."，意即黄檀属的一个树种。

尽绝。[①]其时越南黄花梨则因朝贡贸易而大量贩运至中国，由此引起人们对这两种木材的辨别问题之关注，而木材色泽即为最直观之标准，故依训诂层面讲，黄花梨的原始含义应是"黄色的花梨木"，以示从颜色上与越南黄花梨相区别。

图1　海口市人民公园内的一棵黄花梨树

图2　越南黄花梨细部纹理

图3　海南黄花梨细部纹理

有关黄花梨学名及树种之确定，久有论争。在1956年出版的《广州植物志》中，花梨木被归于檀属（蝶形花科），学名为"海南檀"，对其描述为：

> 本种原产我国之海南岛。……该种原为森林植物，喜生于山谷阴湿之地，木材颇佳，边材色淡，质略疏松，心材色红褐，坚硬，纹理精致美丽，适于雕刻和家具之用；又可为行道树及庭园观赏树，惜生长迟缓，不合一般需求。本植物海南原称花梨木，但此名与广东木材商所称为花梨木的另一种植物混淆，故新拟此名以别之。[②]

就其所记之产地分布及木材特性而言，确与史籍所载之"花梨""花黎"颇为契合，然究竟被广州木材商呼为"花梨木"者为何种树木，《广州植物志》中却未详加交待。然姑置此点不论，后起之著作已对其树种界定提出异议。1964—1977年陆续出版的《海南植物志》是迄今为止最全面系统的海南岛植物调查研究之成果，该书指出《广州植物志》中之"海南檀"并非花梨木，而是一种与其极为相似的檀属树木，而花梨木应是学名为降香黄檀的树种，对其介绍如下：

> 海南特产，见于白沙、东方、乐东和崖县。中海拔地区常见。多生长于山坡疏林中，林边或村旁旷地上。木材甚佳。在产区称之为花梨母，边材色淡，质略疏松，心

① 周默：《黄花黎收藏与研究的几个问题》，《家具》2008年第1期，第93页。
② 侯宽昭主编：《广州植物志》，北京：科学出版社，1956年，第345页。

材红褐色，坚重，纹理密致，为制造优质家具的良材；又其心材有香味，可作香料用；根部心材亦呈红褐色，名为降香，供药用，为良好的镇痛剂。本种和海南檀在外形上颇相似，区别点除海南檀的花较大……根据木材的不同，二者也易区别。在海南有些地区虽有把这两种植物统称为花梨木，但却有着显著的不同，名称上亦有公、母之别。如本种茎干有红褐色的心材，在产区常称之为花梨母，至于海南檀则被称为花梨公，木材为淡黄色，无心材，材质较疏松，因此其价值远不及本种。①

树分公母，乃黎族习俗。海南岛之花梨最早为黎族所识，南宋赵汝适所著《诸蕃志》卷下"海南条"云：

> （海南）土产沉香、蓬莱香、鹧鸪斑香、笺香、生香、丁香、槟榔……花梨木、海梅脂、琼枝菜、海漆……石蟹之属，其货多出于黎峒。②

顾岕《海槎余录》：

> 花梨木、鸡翅木、土苏木皆产于黎山中，取之必由黎人，外人不识路径，不能寻取，黎众亦不相容耳。③

乾隆《琼州府志》"物产"部"木类"：

> 花梨木，紫红色，与降真香相似，有微香，产黎山中。④

又乾隆《崖州志》：

> 花梨，紫红色，与降真香相似。气最辛香。质坚致。有油格、糠格两种；油格者不可多得。⑤

此处之"格"，为黎语中对花梨木心材的称呼，而与之相应者，边材称"漫"，之所以特为区分，乃因黄花梨木可堪大用者仅为其心材。"格"一词后为汉族人广泛采用，渐成海南岛汉语闽南方言系统的琼山、琼海、定安、文昌等地之方言⑥中的常用语汇，而泛指包括花梨木在内的所有文木之心材。至于"格"有油、糠之别，即指花梨木心材含油率之

① 中国科学院华南植物研究所、广东省植物研究所编辑：《海南植物志》第四卷，北京：科学出版社，1977年，第289—290页。

② （宋）赵汝适著，杨博文校释：《诸蕃志校释》，第216—217页。

③ （明）顾岕：《海槎余录》，转引自谢国桢选编，牛建强等校勘：《明代社会经济史料选编（校勘本）》上，福州：福建人民出版社，2004年，第213页。

④ （清）萧应植修，陈景埙纂：乾隆《琼州府志》，故宫博物院编：《故宫珍本丛刊》第189册，海口：海南出版社，2001年，第105页。

⑤ （清）张擢士纂修：乾隆《崖州志》，故宫博物院编：《故宫珍本丛刊》第194册，海口：海南出版社，2001年，第138页。

⑥ 此处对海南岛方言的归类乃根据丁邦新：《儋州村话——海南岛方言调查报告之一》，《历史语言研究所专刊》之八十四，台北："中央研究院"历史语言研究所，1986年，第2页。并参看张琨：《海南闽南话的声调》，《"中研院"历史语言研究所集刊论文类编》（语言文字编·方言卷），北京：中华书局，2009年，第2161页。

差异，一般而言，产于海南西部者油性较大，而产于东部者则油性较小①。合并观之，将海南黄花梨的学名定为降香黄檀，当较合理。近年问世之植物学著作大多采纳此说。如成俊卿等著《中国热带及亚热带木材——识别、材性和利用》、吴中伦主编《中国森林》第3卷《阔叶林》、付立国主编《中国植物红皮书濒危植物（第一册）》等，其中《中国森林》中"降香黄檀"一条由林学权威王德祯编写，参考了20世纪80年代以后的实地调查成果，对其地理分布之描述如下：

> 零星产于海南西部、西南部和南部的东方、昌江、乐东、白沙县和三亚市等地。海拔600米以下的山区，偶有小块萌芽林；昌江七差乡尚有2株高达25米的母树。在北部琼山县羊山地区的野生荔枝林中也有散生。②

此则与明清海南地方志中对"花梨木"产地的记载完全吻合③。由此应可判定降香黄檀就是传世文献中产于海南的"花榈""花梨""花黎"，即黄花梨。而产于东南亚泰国、印尼、缅甸等地乃至马尔代夫的"花梨木"，则仅能就现有的植物学资料结合其产地分布作出蠡测，或为酸枝木（与降香黄檀同为豆科黄檀属）。所据有二：其一，酸枝木之产地分布为整个东南亚及南亚部分地区，恰好涵盖典籍所载之"花梨木"产地；④其二，就木材特性而言，酸枝木之心材在色泽及纹理上皆与黄花梨颇为相似，若经打磨上漆等加工后，更能以假乱真⑤。

合而观之，则唐宋以降至清末民初的各类著述中所见之"花榈""花梨""花黎"，实为包含多种相似树种之模糊称谓，多指越南黄花梨与产于中国海南的降香黄檀。宋代以后，"花梨""花黎"最为流行，而自晚清始见载籍的"黄花梨"一名，则特指产于海南岛的降香黄檀，并沿用至今⑥。

---

① 海南岛东、西部所产之黄花梨心材油性之差异，似与降水量之差异有关，就年均降水量而言，海南岛东部地区要明显高于西部地区，相关论据可参看韩渊丰：《海南岛热、水条件的地域分异规律》，载韩渊丰编著：《区域地理学的发展与创新——韩渊丰教授研究文集》，北京：中国地图出版社，2006年，第225—234页。

② 吴中伦主编：《中国森林》，转引自周默：《明清家具的材质研究之二·黄花梨（中）》，《收藏家》2005年第10期，第62页。

③ （明）戴熺等纂修，马镛点校：《万历琼州府志》，海口：海南出版社，2003年，第123页；（明）曾邦泰等修：万历《儋州志》，《日本藏中国罕见地方志丛刊》，北京：书目文献出版社，1991年，第20页；（清）方岱修，璩之璨校正：《康熙昌化县志》，海口：海南出版社，2004年，第49页；周文海重修：民国《感恩县志》，《中国方志丛书》华南地方第67号，台北：成文出版社，1968年，第103页。

④ 周京南：《"黄花梨"之名称何时见诸史料》，《中国文物报》2008年1月30日。

⑤ 周默：《木鉴——中国古典家具用材鉴赏》，第99页。

⑥ 有关"黄花梨"一名，周默曾提出异议，认为应当作"黄花黎"更为合理，详见其论文：《黄花黎收藏与研究的几个问题》，《家具》2008年第S1期，第92—98页。其说颇有理据，然"黄花梨"一称，相沿习用既久，流布亦广，学界民间皆认可此称，且无大谬，不妨仍遵从之，而"黄花黎"亦可备为一说。

二、从社会经济史角度看黄花梨家具之盛衰

（一）明中后叶江南侈靡风尚与黄花梨家具之始兴

承上节所述，黄花梨乃产于今日海南岛之降香黄檀，是为传统硬木家具的名贵用材。而本节将首先以手工业发展为线索，对明中后叶至清代的社会经济发展及世风变化做一番概貌性考察，进而以此为背景，探讨黄花梨家具在明清时期盛衰之原因，对一些相关问题，亦会略加申论。

就中国古代手工业发展史的角度观之，明代无疑是一个令人瞩目的高峰，此向为史家所推崇。自明初太祖朱元璋惩元末丧乱之弊，着眼于"休养生息"[①]，实行移民垦边，兴修水利等重农务本之策，又经永乐、洪熙、宣德三朝之经营，社会经济得以逐步复苏[②]，以官营为代表的手工业生产因之而勃兴[③]。虽然仁、宣治世旋即为正统至正德间80余年的内忧外患所取代，但嘉靖以后，政情渐稳，经济又日趋繁荣[④]。其时已步入明中叶，农业生产商品化程度的提高，推动城镇工商业的发展，又因海陆交通的发达，对外贸易的扩大，促成商品经济的空前活跃。在此大势影响之下，手工业步入了全盛时期[⑤]，而明帝国的手工业政策之嬗变，对其发展亦有助力。明初承袭元旧，对手工业者实行匠户制度加以管理[⑥]，即"父死子继，役皆永充"[⑦]，但官府的统制已趋于宽松，其后又行"轮匠""住坐"之制[⑧]，匠户得免征役之繁、费时失业之苦，至成化末年，受白银作为流通货币之盛行[⑨]，及匠户逃亡日众的双重冲击，改行"以银代役"[⑩]，匠户由此摆脱劳役制的束缚，获得小生产者的独立性，成为自由的生产个体，这对明中叶后民营手工业的发展至为关键。值得注意的是，明代手工业的发展水平在地域分布上并不均衡。大体而言，以长江中下游

---

① 《明太祖实录》卷二十九，台北："中央研究院"历史语言研究所，1962年，第489页。

② 吴晗：《明初社会生产力的提高》，载北京市历史学会主编：《吴晗史学论著选集》（第三卷），北京：人民出版社，1988年，第1—34页。

③ 傅衣凌主编，杨国桢、陈支平著：《明史新编》，北京：人民出版社，1993年，第97—101页。

④ 李龙潜：《明清经济史》，广州：广东高等教育出版社，1988年，第195—196页。

⑤ 童书业著、童教英校订：《中国手工业商业发展史（校订本）》，北京：中华书局，2005年，第207页。

⑥ 吴晗：《元明两代之匠户》，李华、苏双碧选编：《吴晗史论集》，北京：光明日报出版社，1987年，第278—294页。

⑦ （清）张廷玉等：《明史》卷七十八《食货志二》，北京：中华书局，1974年，第1906页。

⑧ （明）李东阳等：《大明会典》（据万历重修本影印）卷一八八，扬州：广陵书社，2007年，第2563页。

⑨ 白银作为明代的主要流通货币，当始于明中叶以后，详见全汉昇：《从货币制度看中国经济的发展》，载全汉昇：《中国经济史研究》（二），北京：中华书局，2011年，第335页；杨联陞：《中国货币与信贷简史》，刘梦溪主编：《中国现代学术经典》（洪业·杨联陞卷），石家庄：河北教育出版社，1996年，第635页；梁方仲：《明代国际贸易与银的输出入》，刘志伟编：《梁方仲文集》，广州：中山大学出版社，2004年，第179—222页。

⑩ （明）李东阳等：《大明会典》（据万历重修本影印）卷一八九，第2567页。

流域的江南地区最为发达。从区域经济史的角度看，自唐宋以降，随着经济重心南移的完成，江南一带已是天下财赋之渊薮①，以发达的农业沃壤为依托而兴起的市镇经济，造就了明中叶后江南手工业的昌盛。正如日本学者宫崎市定所指出："明代江南的城市，在其背后都有强大的生产基地作靠山，同时，城市本身既是生产城市，并兼商业。"②作为手工业制造中心的苏州即是一个典型③。据《古今图书集成·方舆汇编·职方典》所载，当日之苏州：

> 城中与长洲东西分治，西较东为喧闹，居民大半工技，金阊一带，比户贸易，负郭则牙桧辏集。④

而手工业的分布则是：

> 扇骨粗者出齐门……席出虎丘，其次出浒墅。……藤枕治藤为之，出齐门外，粗者出梅里。蜡牌出郡城桃花坞……斑竹器出半塘……木作出吴县香山……窑作出齐门陆墓……染作出娄门外维亭。⑤

明代苏州的手工业不仅门类齐全，技艺精湛，且引领众多行业的流行风尚。时人章潢曾论及此点：

> 夫吴（苏州）者，四方之所观赴也。吴有服而华，四方慕而服之，非是则以为弗文也。吴有器而美，四方慕而御之，非是则以为弗珍也。服之用弥广，而吴益工于服，器之用弥广，而吴益工于器。是天下之俗，皆以吴侈，而天下之财，皆以吴富也。⑥

同时代的张瀚亦有相近之论：

> 民间风俗，大都江南侈于江北，而江南之侈，尤莫过于三吴。自昔吴俗习奢华，乐奇异，人情皆观赴焉。吴制服而华，以为非是弗文也；吴制器而美，以为非是弗珍也。四方重吴服，而吴益工于服；四方贵吴器，而吴益工于器；是吴俗之侈者愈侈，

① ［日］桑原骘藏：《历史上所见的南北中国》，刘俊文主编：《日本学者研究中国史论著选译》第一卷《通论》，黄约瑟译，北京：中华书局，1992年，第29—33页。

② ［日］宫崎市定：《明代苏松地方的士大夫和民众》，刘俊文主编：《日本学者研究中国史论著选译》第六卷《明清》，栾成显、南炳文译，北京：中华书局，1993年，第229—230页。

③ 据明人丘浚统计，苏州一府的垦田数即占天下的百分之一，而所缴纳的税粮数更近天下之十分之一［见（明）丘浚著，林冠群、周济夫校点：《大学衍义补》卷二十四《经制之义》，北京：京华出版社，1999年，第236页］，可知其物产之丰饶，而苏州工商业之冠绝天下，实仰赖于此。

④ （清）陈梦雷、蒋廷锡等：《古今图书集成·方舆汇编·职方典》卷六百七十六《苏州府部汇考八·苏州府风俗考·本府》，上海：中华书局，1934年，第51页。

⑤ （清）陈梦雷、蒋廷锡等：《古今图书集成·方舆汇编·职方典》卷六百八十一《苏州府部汇考十三·苏州府物产考》，第100—101页。

⑥ （明）章潢编：《图书编》第10册，扬州：江苏广陵古籍刻印社，1988年，第26页。

而四方之观赴于吴者，又安能挽而俭也。[①]

按：关于"三吴"此习称之所指，历来说法不一。如《水经》以东汉时从吴郡析置出的吴郡（治苏州）、吴兴郡、会稽郡为三吴，北宋税安礼《历代地理指掌图》以苏州、常州、湖州为三吴，明周祈《名义考》则以苏州为东吴，润州为中吴，湖州为西吴，合称三吴。然暂置诸说孰为正误不论，"三吴"包括苏州应无容疑。

上引两则史料，揭橥苏州手工业产品工巧精美、远胜他处的一大原因，即风俗尚奢，其人讲究服饰器用，世风趋之，则手工技艺自然精益求精。明清时期包括苏州在内的江南地区之风俗，史多有论，如徐献忠《吴兴掌故集》云：

> 今天下风俗，惟江之南靡而尚华侈。[②]

顾公燮《消夏闲记摘抄》云：

> 自古习俗移人，贤者不免。……即以吾苏而论，洋货、皮货、绸缎、衣饰、金玉、珠宝、参药诸铺，戏园、游船、酒肆、茶店，如山如林，不知几千万人。有千万人之奢华，即有千万人之生理。[③]

由是可知其奢靡风气之盛。[④]而嘉、万以后，这种华侈之风吹向了苏州的家具制造业。范濂《云间据目抄》载：

> 细木家伙，如书桌、禅椅之类，余少年不曾见。民间止用银杏金漆方桌。自莫廷韩与顾、宋两公子用细木数件，亦从吴门（按：吴门为苏州别称）购之。隆、万以来，虽奴隶快甲之家，皆用细器。……纨绔豪奢，又以柜木不足贵，凡床榻几桌，皆用花梨、瘿木、乌木、相思木与黄杨木，极其贵巧，动费万钱，亦俗之一靡也。[⑤]

所谓"细木家伙"，可理解为选料考究、做工精细的家具。范濂，字叔子，生于明嘉靖十九年（1540），卒年不详，《云间据目抄》记叙云间（即松江）掌故[⑥]，凡所书必经寓目，当是信而有征。据范濂所言，松江用"细器"之风实受苏州影响。苏松接壤，两地风习相染不足为奇，在奢靡风尚的影响下，不仅"纨绔豪奢"掷重金购置，就连"奴隶快甲之家"亦趋之若鹜。

① （明）张瀚著，盛冬铃点校：《松窗梦语》卷四，北京：中华书局，1985年，第79页。

② （明）徐献忠：《吴兴掌故集》卷十二《风土类·风土》，《中国方志丛书》华中地方第484号，台北：成文出版社，1983年，第745页。

③ （清）顾公燮：《消夏闲记摘抄》卷上《苏俗奢靡》，转引自谢国桢选编，牛建强等校勘：《明代社会经济史料选编（校勘本）》下，第20页。

④ 相关讨论可参看林丽月：《晚明"崇奢"思想隅论》，《台湾师大历史学报》第19期，1991年，第8—18页。

⑤ （明）范濂：《云间据目抄》卷二《纪风俗》，《笔记小说大观》第十三册，扬州：江苏广陵古籍刻印社，1983年，第111页。

⑥ 谢国桢著，姜纬堂选编：《瓜蒂庵小品》，北京：北京出版社，1998年，第296页。

实则自嘉靖以后，受商品经济发展与扩大之冲击，不惟苏州，整个江南地区的社会风气皆趋于浇漓奢靡[①]。存世的大量明清地方史志提供了考察其变迁的依据，如万历《重修昆山县志》记当日世风：

> 邸第从御之美，服饰珍馐之盛，古或无之。甚至储隶卖佣，亦泰然以侈靡争雄长，往往有僭礼踰分焉。[②]

乾隆《吴江县志》云：

> 邑在明初，风尚诚朴，非世家不架高堂，衣饰器皿，不敢奢侈。……其嫁娶止以银为饰，外衣止用绢。至嘉靖中，庶人之娶多用命服，富民之室亦缀兽头，循分者叹其不能顿革。[③]

天启《淮安府志》云：

> 挽近衣饰云锦，豪富绮靡；至于巾裾，奢侈异制，闺阁丽华炫耀。……且宴会、室庐、衣帽，今皆违式，奢侈无忌。[④]

于上可窥，晚明江南奢靡风尚的一大表现即乐于营建豪宅华邸。如《五杂俎》所载：

> 缙绅喜置第宅，亦是一蔽。当其壮年历仕，或鞅掌王事，或家计未立，行乐之光景皆已蹉跎过尽，及其官罢年衰，囊橐满盈，然后穷极土木，广侈华丽以明得志……余乡一先达，起家乡荐，官至太守，赀累巨万，家居缮治第宅，甲于一郡，材具工匠皆越数百里外致之。[⑤]

而这种大兴土木之风也带动了家具的奢侈消费，因为豪宅美室，须有与之相匹配的精致家具。仕宦缙绅与富商豪门对高级家具的需求由此与日俱增，又出于“华侈相高”的炫耀攀比心理[⑥]，使得常见的榉木家具已“不足贵”，而以稀有硬木材质打造的“细木家伙”成为竞逐的对象，黄花梨家具即在其列。除前列范濂之《云间据目抄》外，在嘉靖朝首辅

---

① 徐泓：《明代社会风气的变迁——以江、浙地区为例》，邢义田、林丽月主编：《社会变迁》，北京：中国大百科全书出版社，2005年，第292—310页。

②（明）周世昌：万历《重修昆山县志》卷一《风俗》，《中国方志丛书》华中地方第433号，台北：成文出版社，1973年，第43页。

③（清）陈荀纕等修，倪师孟等纂：乾隆《吴江县志》卷三十八《生业》，《中国方志丛书》华中地方第163号，台北：成文出版社，1975年，第1119页。

④ 天启《淮安府志》卷二，转引自徐泓：《明代社会风气的变迁——以江、浙地区为例》，刑义田、林丽月主编：《社会变迁》，第296页。

⑤（明）谢肇淛：《五杂俎》卷三《地部一》，上海：上海书店出版社，2001年，第58页。

⑥ 巫仁恕：《品味奢华——晚明的消费社会与士大夫》，北京：中华书局，2008年，第208—209、225页；有关传统中国奢侈风俗的精彩评论，可参看杨联陞：《侈靡论——传统中国一种不寻常的思想》，杨联陞：《国史探微》，台北：联经出版公司，1983年，第169—188页。

严嵩的抄家账簿《天水冰山录》中有"素漆花梨木凉床"①，明清之际的姚廷遴追忆其二伯家中的名贵家具，其中也有"花梨凉床一只""花梨椅六把"②。而黄花梨家具不仅流行于民间，亦见重于宫廷。据万历时太监刘若愚所著《酌中志》记载，当时的御用造办监即负责为宫中营造"花梨、白檀、紫檀、乌木……填漆、雕漆、盘匣、扇柄等件"③。又《明史纪事本末》载：

> （万历）十五年，南京工部尚书阴武卿乞减免织造、烧造瓷器，停解花梨、杉楠……不听。④

足见宫廷对黄花梨需求之盛。

（二）晚明士大夫与黄花梨家具之隆盛

明中叶以后江南地区逐渐形成的奢侈消费风气，推动了黄花梨家具的兴起，而晚明文人士大夫阶层的追捧，则将其推向极盛。明代江南地区文运昌阜，人才辈出，尤其是苏州，涌现出"吴门四杰""吴中四子"这样兼具个性与造诣的文人代表。他们的风雅不仅止于传统的琴棋书画，而广涉饮食起居等平常事物，这种博雅情趣，被一位西方汉学家恰如其分地总结为："中国文人的业余精神。"⑤明代的文人对家具亦表现出前所未有的浓厚兴趣，不仅品评玩赏，甚至著书讨论⑥，亲身设计，一时蔚然成风。而晚明文人所追求的清旷高雅、返璞归真的审美旨趣，在家具上亦有所表现，此即崇尚古朴疏朗的简洁之美，反对繁缛雕饰。家具成为文人品味演化与延续的载体。如沈春泽在《长物志》序中所总结："几榻有度，器具有式，位置有定，贵其精而便，简而裁，巧而自然也。"⑦又明王士性《广志绎》云：

> 姑苏人聪慧好古，亦善仿古法为之……又善操海内上下进退之权，苏人以为雅者，则四方随而雅之；俗者，则随而俗之。其赏识品第本精，故物莫能违。又如斋头清玩、几案、床榻，近皆以紫檀、花梨为尚。尚古朴不尚雕镂，即物有雕镂，亦皆

① （明）无名氏：《天水冰山录》，（明）陆深等：《明太祖平胡录（外七种）》，北京：北京古籍出版社，2002年，第202页。

② （清）姚廷遴著，桂永定、张安奇、吴桂芳标点：《历年记（稿本）》中，本社编：《清代日记汇抄》，上海：上海人民出版社，1982年，第74页。

③ （明）刘若愚：《酌中志》卷十六，北京：北京古籍出版社，1994年，第104页。

④ （明）谷应泰：《明史纪事本末》卷六十五，北京：商务印书馆，2005年，第226页。

⑤ ［美］约瑟夫·列文森：《从绘画看明代及清初社会的文人业余精神》，张永堂译，载《中国思想与制度论集》，台北：联经出版公司，1976年，第421—459页。

⑥ 晚明文人著作论及家具者颇多，举其要者，有曹昭《格古要论》，屠隆《考槃余事》《游具雅编》，高濂《遵生八笺》，卫泳《枕中秘》，谷应泰《博物要览》，文震亨《长物志》。

⑦ （明）文震亨原著，陈植校注，杨超伯校订：《长物志校注》，南京：江苏科学技术出版社，1984年，第11页。

商、周、秦、汉之式，海内僻远皆效尤之，此亦嘉、隆、万三朝为始盛。①

苏州所产之家具，因式样"古朴不尚雕镂"，而备受时人青睐，故有"苏式"之称，是为明式家具之重要代表，今日研究中国家具史者习惯依据风格之源流演变将明代至清前期的家具称为明式家具②，与清中叶后风行的清式家具作区分。从传世的实物来看，明式家具的造型风格简洁洗练，舒展大方，正是文人意趣在造物设计上的体现。而明式家具的典范之作，大多为黄花梨材质。在制作工艺上，明式家具追求以榫卯严密准确地扣合，达成科学合理的器型结构③，因而在选材上尤为苛刻。一方面，黄花梨木性恒久稳定，此点远胜其他材质④，且硬度、韧性恰到好处，制器不易开裂，尤宜榫卯，故而在苏州细木行业广受欢迎。材美工巧，相得益彰，从某种程度上说，是黄花梨成就了明式家具。另一方面，黄花梨木纹理富于变化，即如谷应泰《博物要览》所述："肌理细腻，可作器具。亦有花纹，成山水人物花鸟形者"，同时呈现纯净明快的淡黄色泽，其浑然天成的美感，深得晚明文人的喜爱。《长物志》卷六有云：

榻，坐高一尺二寸……近有大理石镶者，有退光朱黑漆、中刻竹树、以粉填者，有新螺钿者，大非雅器。他如花楠、紫檀、乌木、花梨，照旧式制成，俱可用。⑤

天然几以文木如花梨、铁梨、香楠等为之，第以阔大为贵。⑥

其时文人生活的一大特点，是文房清供的盛行。所谓"清供"，可指一切供文人把玩的案头之物。此风以万历一朝最盛。日本学者青木正儿于此有十分精辟的总结："大概清供趣味，唐代未专，宋代始醇。此风元代一时转弱，自明代中叶至末期再度隆盛，相关著述也甚多，其余波及至清代。"⑦由此观之，明代清供之风，或可视为对宋人质朴清雅之风的一种复归。而黄花梨也是文房清供的上选之材，明末成书的养生著作《遵生八笺》记载尤详，如《起居安乐笺》上卷《高子斋书说》：

名贤字幅，以诗句清雅者共事。上奉乌金乌思藏鏒金佛一，或倭漆龛，或花梨木龛以居之。⑧

下卷《竹榻》条：

夏月上铺竹簟，冬用蒲席。榻前置一竹踏，以便上床安履。或以花梨、花楠、柏

① （明）王士性著，周振鹤点校：《广志绎》卷二《两都》，北京：中华书局，2006年，第219—220页。

② 王世襄：《明式家具研究》，第6页。

③ 周京南：《黄花梨与明式家具风格初探》，《台北故宫文物月刊》2006年第3期，第37—38页。

④ 周默：《明清家具的材质研究之二·黄花梨（下）》，《收藏家》2005年第11期，第53—54页。

⑤ （明）文震亨：《长物志》卷六《榻》，第226页。

⑥ （明）文震亨：《长物志》卷六《天然几》，第231页。

⑦ ［日］青木正儿：《考槃余事》译本序，范建明译，《中华名物考（外一种）》，北京：中华书局，2005年，第33页。

⑧ （明）高濂：《遵生八笺》卷七《高子斋书说》，北京：人民卫生出版社，2007年，第199页。

木、大理石镶，种种俱雅，在主人所好用之。①

《燕闲清赏笺》中卷《文具匣》条：

> 匣制三格，有四格者，用提架总藏器具。非为观美，不必镶嵌雕刻求奇，花梨木
> 为之足矣。②

《砚匣》条：

> 用古砚一方，以豆瓣楠紫檀为匣，或用花梨亦可。③

而前揭严嵩抄家账簿《天水冰山录》中，亦有"牙镶花梨镜架""玉镶花梨木镇纸"
"小花梨木盒"等物件④。

综上所论，可知黄花梨家具之兴起，当在明中叶后嘉、万之际。就史地关系来看，当
日以苏州为中心的江南地区因商品经济之发展而物力盈富，社会风气日渐侈靡，在日常生
活的衣食住行等方面兴起了炫耀性的奢侈消费。仕宦豪绅们一面广筑邸第园囿，一面搜购
名贵的硬木家具以衬其美宅，黄花梨家具成为富人争逐的奢侈品。此外，晚明文人也将生
活意趣倾注到家具的制造与设计中，黄花梨木因其清新自然的美感而博得他们的青睐，成
为倍受珍视的家具用材。质言之，晚明江南地区竞侈崇奢的消费风尚与文人士大夫的审美
品位，共同促成了黄花梨家具的盛行。而其中文人士大夫的影响尤为重要，作为传统中国
的精英阶层，士大夫的审美取向往往成为社会潮流变迁的先导与中坚力量。参之史实，当
知他们才是奠定黄花梨家具风格基调的"关键大众"（critical mass）。

（三）清代黄花梨家具之由盛转衰

明清鼎革之后，社会风尚并未因朝代兴替而骤变。清初于明代文物制度亦步亦趋，在
工艺美术领域亦紧随晚明遗风，具体到家具的造型风格亦是如此。清初家具，大体依循明
式家具之规矩法度，少有变化。尤其康、雍二帝深慕汉化，对汉族士大夫的文人趣味刻意
追摹，入清以后体现明代文人审美观念的明式黄花梨家具，亦因帝王家的好尚而得以继续
流行。据清宫《内务府造办处活计档》所载，雍正帝曾多次过问造办处花梨木家具的制作
细节，不厌其详，如：

> 雍正三年七月十六日员外郎海望传旨：着做抽长花梨木床二张，各高一尺，长六
> 尺，宽四尺五寸，中心安抽屉。用铜做床刷子，高九寸。钦此。
> 于十九日做得抽长床小木样一件。员外郎海望呈览。奉旨：腿子上做顶头螺蛳。

① （明）高濂：《遵生八笺》卷八《竹榻》，第216页。
② （明）高濂：《遵生八笺》卷十五《文具匣》，第486页。
③ （明）高濂：《遵生八笺》卷十五《砚匣》，第486页。
④ （明）无名氏：《天水冰山录》，第189—192页。

钦此。

于八月二十四日做得二张送往圆明园安放。二十五日又做得两张无藤屉。

本月海望奉旨：尔照先传做的花梨木藤床尺寸一样，做柏木床二张，其刷子、抽长腿子俱照样做。再做花梨木格子一对，高二尺七寸，宽一尺三寸，长四尺……画样呈览过再做。员外郎海望画得花梨书格样四张呈览。奉旨：尔照此六个抽屉的画样做花梨木书格四个，其余三个每样做一个，共做七个。钦此。

于八月二十四日做得长四尺，宽一尺三寸，高二尺七寸，六个抽屉花梨木书格一架。八个抽屉花梨木书格一架。五个抽屉花梨木书格一架。

十二月十二日做得花梨木波浪有栏杆书格一件。①

其时宫廷对黄花梨的需索较明代实有过之。《钦定大清会典则例》中多处有清宫大量花梨木家具陈设及朝廷向广东省征解花梨木段的记载②。为了完成朝廷的土贡额数，琼州道（按：即海南）的地方官员只能加重征派③，当地黎人甚以为苦，因为到深山幽谷中采伐黄花梨是一件出生入死的工作，只有居于山中的生黎方能胜任。

有关黎人采运黄花梨之事，前揭顾岕《海槎余录》略有提及。1962年，中国历史博物馆自北京琉璃厂购得一部《琼州海黎图》。其为以15幅册页的形式，描绘海南岛黎族的生产、生活情景之画卷。每幅册页上均有文字说明，多本自《琼州府志》，应系清晚期之作，乃研究当时黎族社会生活之珍贵史料④，其中《伐木图》所绘，为黎人砍运黄花梨之情景（见图4），其图左上部附有题跋：

花梨产岩密岗间，斩伐经月成材，则合众力扛抬下山，乘溪流急处以相木编筏载出，至，始得以牛力车运，采办盖不易云。

图4　《琼州海黎图》之《伐木图》

① 《内务府造办处活计档》，转引自胡德生：《明清宫廷家具》，北京：紫禁城出版社，2008年，第4—5页。

② 《钦定大清会典则例》，北京：商务印书馆，2005年，第406、478—479、669页。

③ 周默：《明清家具的材质研究之二·黄花梨（下）》，第50页。

④ 宋兆麟：《清代黎族社会生活的真实画卷——〈琼州海黎图〉考释》，《民族研究》1987年第3期，第33—60页。

现藏海南省博物馆的《琼黎风俗图》同为以图文结合形式记录明清时期海南黎族生产、生活及习俗的册页〔按：该册页封面右上贴有行书署签"明邓廷宣绘琼州黎人风俗图"，按跋文及落款所述，应为明初人邓廷宣于明洪武二十八年（1395），以按察司签事身份随征南将军沐英入琼时所绘，并以诗为记而上呈将军的谏言，然据文物学家李元茂之考证，此册页应为清中期的托名之作①，学界已推为定论，今从其说〕，而记述较之《琼州海黎图》更为完备，其中亦有对黎人伐运黄花梨之描绘（见图5），并于图页左方附有题诗及注解，诗云：

> 楠木花梨出海南，黎人水运熟能谙。明堂榱栋神灵拥，陡涧惊涛服役甘。

其注解云：

> 楠木、花梨等木，可备采取者，必产深峒巉岩之上，瘴毒极恶之乡，外人艰于攀附，易至伤生，不得不取资于黎人。每伐一株，必经月而成材，合众力推放至于山下涧中。候洪雨流急，始编竹木为筏，附载于上，一人乘筏随流而下，至溪流陡绝之处，则急纵身浮水前去。木因水势冲下，声如山崩，及水势稍缓，复乘出。黎地常有水急势重，人在水中为水所冲而毙，木亦随深没者。亦有木随水下，扛曳不及，随水出海付之洪涛者，运木固未为易也。

图5　《琼黎风俗图》中黎人涉水伐黄花梨木之场景

除了翻山涉水的艰险，黎人还须忍受官吏、差役及本族头人的盘剥。有鉴于此，康熙三十三年（1694）就任琼州昌化知县的陶元淳向康熙帝上疏，奏请免贡花梨木②。显然，他的请求并未被采纳，在不久之后的康熙三十八年（1699），因不堪忍受琼州官员对花梨等土贡的索要无度，"黎人王振邦倡乱，宰牛传箭，杀官吏"。而待叛乱平息后，时任两广

　①　李元茂：《明邓廷宣款〈琼黎风俗图〉鉴定刍议》，《文物世界》2004年第3期，第57—60页。

　②　（清）陶元淳：《请免贡花梨木》，载《南崖集》，北京：北京出版社，2000年，第621—622页。

总督的石琳奏请"兵丁王履平等进黎种种扰害……游击詹伯豸、雷琼道、成泰慎等差人采取花梨、沉香等物，应解任候勘"以平黎怨，最后这些官员被处以"参革重处有差"。征之会典、实录，清代对海南黄花梨的征采以前期最盛，其原因主要即宫廷对黄花梨家具的偏好①。

及至清中叶，经济空前繁荣，而奢靡之风更胜晚明②，又因清高宗好大喜功，追求新奇浮华，受其影响，讲究繁雕缛饰、造型富丽秾华的清式家具开始取代古雅质朴的明式家具成为主流。而家具风格的兴替与家具业中心的变化亦有关系。入清以后，广州作为手工业重镇逐步崛起，渐成与苏州相颉颃之势，清人纳兰常安曾有论：

> 苏州专诸巷，琢玉雕金、镂木刻竹与夫髹漆装潢、像生针绣，咸类聚而列肆焉。……凡金银、琉璃、绮绣之属，无不极其精巧，概之曰苏作。广东匠役，亦以巧驰名，是以有"广东匠，苏州样"之谚。③

此外广州作为南海贸易大港，自秦代始即是对外通商之地④，就有清一代论，康熙二十三年（1684）开放海禁后不久，广州即为商舶麇集辐辏之地，而至乾隆二十二年（1757），又闭江、浙、闽海关，仅留粤海关一处，行一口通商，中外贸易操于十三行行商之手，广州更成对外交往之唯一孔道⑤，故在明清中西交通史上具有举足轻重之地位。而西方的审美思潮及工艺技法亦随贸易的往来传入广州，对当地的传统工艺美术产生影响，东风西雅，渐汇交融，形成了独特的艺术风格，广式家具即是当地工匠在传统中式家具的风格之上糅合西方巴洛克及洛可可艺术之浮雕手法与装饰技巧，并加以变化而成⑥。其雕刻繁复，装饰华丽，又广州因通商口岸之便可获得大量来自海南及东南亚地区的优质木材，故工匠往往不吝用料，器型尺寸大气，深合宫廷彰显恢弘富丽的心理，广式家具因之迅速崛起为清宫家具之主流，并确立了清式家具的风格范式。而家具风尚的转移进而导致了用材选取上的变化，紫檀木因其致密细腻而易雕刻的材质特性和沉穆雍容的华贵色泽成为清式家具的首选用材，黄花梨在宫廷家具中的地位遂为紫檀所取代，试举乾隆三十六年（1771）宫中进单（按：即地方官员向宫廷进贡物品之清单）所记紫檀家具与黄花梨家具之数量对比为例，兹为眉目清醒计，制成下表（表2）：

---

① 周京南：《从历史文献看我国古代黄花梨家具用材的来源》，《中国文物报》2007年7月11日。

② ［日］松彰文：《清代中期におけろ奢侈・流行・消费——江南地方を中心として》，《东洋学报》1998年第2期，第31—58页。

③ （清）纳兰常安：《受宜堂宦游笔记》卷十八，转引自谢国桢选编，牛建强等校勘：《明代社会经济史料选编（校勘本）》上，第227—228页。

④ ［日］藤田丰八：《宋代之市舶司与市舶条例》，魏重庆译，上海：商务印书馆，1936年，第1页。

⑤ 详见梁嘉彬：《广东十三行考》，广州：广东人民出版社，1999年，第66—255页。

⑥ 周京南：《厚重凝华、融贯中西——论广式家具对清宫家具的影响（上）》，《家具》2010年第1期，第69页。

表2　乾隆三十六年宫中进单中紫檀家具与黄花梨家具种类、数量之比较

家具种类	紫檀/件	黄花梨/件
椅凳类	43	5
床榻类	1	1
桌案类	33	9
柜架类	2	2
其他类	18	0
合计	97	17

由表中所列，不难推知清中叶后，宫廷家具已以紫檀为尚，对黄花梨家具的需求已沦为其次。又依价格看，本来紫檀即因数量稀少、大料难求而略高于黄花梨[①]，如乾隆年间颁行的《圆明园物料则例》所示（表3）：

表3　《圆明园物料则例》中紫檀与黄花梨的每立方尺重量及价格比较[②]

木材名称	每立方尺重量	每斤银价	每立方尺银价
紫檀	70公斤	2.2钱	154钱
黄花梨	59斤	1.8钱	106.2钱

但据《粤海关志》卷九《税则》篇所载，至嘉庆年间"紫檀每百斤报税九钱"，而"楠木、花梨木、铁梨木……每百斤，柳子每百个，各税五分"[③]。可见两者税额相差之悬殊，其价格之差，不难想见。这很大程度上要归因于帝王家之喜好风靡民间，以致时人亦重紫檀而贱花梨[④]，而黄花梨家具由此渐衰，直至近十余年来，受古典红木家具收藏热潮之影响，方才再度兴起。传统中国的君主集权至清代康雍乾三朝臻于极盛，而概观清代文艺之发展，受宫廷之左右甚为显著，此或因专制政治加强，社会向心力过重所致。皇家风尚经政治之影响及于民间，遂成风潮。由是观之，"上有所好，下必甚焉"确非虚语。当然，有关黄花梨家具的盛衰，还可从文艺发展的内在规律加以探讨，对于一种艺术形式（亦可引申为一种艺术风格）的盛衰起伏，中外学者早已有多种解释，如人类学者柯瑞柏的"能事已竭"（Exhaustion of possibilities）说，认为某种文艺发展至顶峰后，若不加以变通，自我作古，则会渐演渐衰，而新的形式便起而代之，杨联陞的"游艺"说（Game theory），所论亦相近[⑤]，明式家具与清式家具的兴衰代降，以及由此导致的紫檀替黄花梨而起，或可从这一角度出发，提出新的解释。

①（清）屈大均：《广东新语》卷二十五《海南文木》，第655页。
②　本表据王世襄《明式家具研究》第290页所列之表格改制而成。
③（清）梁廷枏总纂，袁钟仁校注：《粤海关志校注本》卷九《税则二》，广州：广东人民出版社，2002年，第180页。
④　王世襄：《明式家具研究》，第18页。
⑤　杨联陞：《朝代间的比赛》，载杨联陞：《国史探微》，第55—56页。

结　论

总括以上两节所述，黄花梨在古典文献中名称多变，且多有名实不合之处，盖因古人著书缺乏对物种分类定名的科学概念所致，有关黄花梨的记载，唐宋时代的典籍多失于简略，而明清文献又因辗转抄袭，疏于考辨而致错漏相循。从现代植物学的角度出发，结合传统名物训诂之工具，可探明古史中的花梨、花黎、花榈诸称，实为同一科属内的多种相似木材之模糊称谓。而自清末民初开始广泛流行的"黄花梨"一名，则特指产于海南的降香黄檀。

又黄花梨作为传统硬木家具的名贵用材，其兴起在明中后叶，此与当时商品经济发展后，世风之由朴转奢至有关系，而晚明文人的审美旨趣，又将黄花梨家具的风尚推向了极致，使其成为明式家具之典范，遗风及于清初。清中叶以后，由于皇家偏好风格与明式家具判然相异的清式家具，而喜用紫檀，黄花梨家具亦随明式家具之式微而渐衰。归结之，黄花梨家具之盛衰，不惟单纯的工艺美术史问题，而与明清时期的经济发展大势及其所引致的社会观念之变化休戚相关，从社会经济史的宏观角度入手，则能认清其渊源有自，不无为因。

老师点评：程涛的本科毕业论文《黄花梨、黄花梨家具与明清社会经济》，考证了黄花梨的名实与演变，探明古史中的花梨、花黎、花榈诸称，实为同一科属内多种相似木材的模糊称谓，清末民初流行的"黄花梨"一名，则特指产于海南的降香黄檀。在此基础上，钩稽出黄花梨家具在明代的兴起及其在清中叶转衰的过程，认为其兴盛与江南地区商品经济发展、社会风尚趋于侈靡有关。

作者指出：仕宦豪绅们一面广筑邸第园囿，一面搜购名贵的硬木家具以衬其美宅，使黄花梨家具成为富人争逐的奢侈品，加之，晚明文人将生活意趣倾注到家具制造与设计中，黄花梨因其清新自然的美感成为倍受珍视的用材，黄花梨家具成为明式家具典范。清高宗时，西方审美思潮及工艺技法传入广州，雕刻繁复、装饰华丽的广式家具成为清宫家具主流，进而导致用材选取上的变化，紫檀木因致密细腻而易雕刻的材质特性和沉穆雍容的华贵色泽成为首选，黄花梨在宫廷家具中的地位渐趋式微。

作者力图从社会经济文化角度对黄花梨家具的盛衰进行解释，体现作者由小见大的精思巧构。选题独具旨趣，资料翔实，逻辑结构层层递进，考证精详，推论合理，文笔老练，显示了非凡的史学功底，实为本科生毕业论文中难得一见之佳作。

论文指导老师：郭声波

从《玄怪录》看唐人眼中的死后世界

2008级　陈颖颖①

摘　要： 两汉之际，印度佛教传入中国后，随之而来的是地狱观念的传入，魏晋以降，地狱观与中国本土的冥界观念融合，并不断地接受中国本土文化的影响和改造，最终于唐朝完成了中国化。笔者以《玄怪录》为基础，整理其中有关地狱篇章，对唐人眼中的死后世界进行研究，大致勾勒出时人眼中的死后世界的模样。发现在唐人眼中，地狱已经不再阴森恐怖，而变得世俗化和生活化，同时发生着许多宛若人间的喜怒哀乐。

关键词：《玄怪录》；地狱；中国化

对死后世界的想象，是人们关于生死观念的关键环节，最能反映在特定的语境中人们对生命意义的解读。这种解读深刻地影响着一个民族的人生观、生死观和伦理道德。因此，冥界观念的变化直接反映着人生观、生死观和伦理道德的变化。两汉之际佛教地狱观念的传入，深刻地影响了中土的冥界观，从而也引起了中土人生观、生死观和伦理道德的变化。这种对死亡的终极关怀体现着一种文化最本质最核心的一面。因此探究唐人眼中的死后世界对了解唐代乃至中国的文化具有积极意义。

选择唐代作为研究对象是因为唐代是我国封建社会发展的高峰，无论政治、经济还是文化都是封建社会发展日臻成熟的时期，研究唐代的深层文化内涵有实在的意义。此外，佛教地狱观念经过中国文化的洗礼在唐代基本完成了中国化的过程，形成了植根中国文化土壤的阎罗地狱信仰，并对后世产生了深远的影响。而中晚唐是地狱说的黄金期，此时的地狱观念大为流行，地狱说已游刃有余地被文人用于小说创作中，并出现了影响深远的小说作品，如牛僧孺的《杜子春》等。

笔记小说是最能体现一个时代文化特质和精神面貌的文学作品，是我们探究唐时人们地狱观念的宝贵资料，对我们全面认识唐五代时期的社会生活与民众信仰，有着重要意义。《唐五代笔记小说大观》作为新编的《历代笔记小说大观》丛书系列之一，是由上海古籍出版社在对一系列笔记小说经过一番去伪存真、去粗取精的过程中整理、标点、校勘

① 陈颖颖，先后毕业于暨南大学、英国谢菲尔德大学，现任战斗蚂蚁新物种战略咨询创始合伙人，里斯中国前战略定位专家；30+百亿级品牌顾问，包括三只松鼠、罗莱家纺等。

后于2000年出版发行的，具备代表性、实用性、准确性等特点，具有较高的史料价值，向为研究唐史的学者所重视。牛僧孺的《玄怪录》成书于中晚唐时期，是唐代笔记小说中具有较大影响的作品，而其中关于地狱冥界的描写极为丰富详尽，且具有代表性，是窥探时人精神世界的一扇窗户。

笔者希望从中找寻相关的素材，并结合所学对唐人眼中的死后世界进行大致的描绘。通过笔记小说中生动的故事画面，我们可以看到唐代民众的生活和内心世界，从中真切地感受他们的思想，也许只是历史碎片，但这无论是对历史传统文化的追溯，还是对当时社会生活的了解，都是有启发意义的。

目前对于《玄怪录》的研究没有专门论述地狱观念的，涉及这一主题的，如王光容的《〈玄怪录〉中的宗教主题及艺术特色》[1]中，侧重说明的是从文学角度看待其"有意而为之"的艺术特点。此外，目前对地狱观念的研究多集中于中土冥界观念的演进历程，或者说佛教地狱观念中国化的发展过程这一命题，如夏广兴的《冥界游行——从佛典记载到隋唐五代小说》[2]，又如于为刚的《中国地狱观念的形成与演变》[3]中，梳理了古人地狱观念的发展脉络：从关于"鬼"的传说到泰山治鬼说，再到佛教传入后地狱观的形成与成熟。另外，还有不少研究小说中的地狱阎王形象的文章，如赵杏根的《论我国旧小说中的地狱和阎王》[4]中，主要说明的内容是各个小说家们如何利用地狱观念劝善惩恶，侧重说明小说中地狱阎王形象的现实性与文学性。还有不少从文学的角度解读唐小说中的宗教观念和神鬼观念的，如邵颖涛的《冥界与唐代叙事文学研究》[5]，又如钱光胜的《佛教地狱观念与唐代的入冥小说》[6]中，写的是唐代入冥小说的特点，其重点是说明佛教地狱观念对当时文学创作的影响。钱的另一篇文章《敦煌文学与唐五代之地狱观念》[7]中，从敦煌文献以及佛道角度详细描绘了唐五代的地狱形象。

综上，前人对于《玄怪录》中的死后世界的研究是不多的，且大多数的研究者将研究的重点放在地狱观念的演进历程或者某一时期地狱观念的批判性和现实性作用上，并没有从笔记小说的角度对唐人的地狱观念做一个全面的梳理。

本文在对牛僧孺的《玄怪录》作简单梳理以及分类的情况下，主要分四个部分展开论述。第一部分简要介绍牛僧孺其人以及《玄怪录》中有关地狱篇章的内容；第二部分概述佛教地狱观念从印度传入中土后与中国文化逐渐融合并成熟的过程；第三、四部分描述唐人眼中中国化、世俗化的地狱形象，前一部分以世故人情为切入口，后一部分着重描写地

---

① 王光容：《〈玄怪录〉中的宗教主题及艺术特色》，《西南农业大学学报》（社会科学版）2007年第1期。

② 夏广兴：《冥界游行——从佛典记载到隋唐五代小说》，《中华文化论坛》2003年第4期。

③ 于为刚：《中国地狱观念的形成与演变》，《社会科学战线》1988年第4期。

④ 赵杏根：《论我国旧小说中的地狱和阎王》，《明清小说研究》2000年第3期。

⑤ 邵颖涛：《冥界与唐代叙事文学研究》，南开大学博士学位论文，2010年。

⑥ 钱光胜：《佛教地狱观念与唐代的入冥小说》，《和田师范专科学校学报》（汉文综合版）2006年第4期。

⑦ 钱光胜：《敦煌文学与唐五代敦煌之地狱观念》，西北师范大学硕士学位论文，2007年。

下世界的布局和结构。其旨在反映唐人眼中佛教地狱观念中国化的痕迹，是对现世生活的模仿。

一、《玄怪录》以及有关篇章简述

（一）《玄怪录》及其作者牛僧孺的简述

牛僧孺（779—848），字思黯，安定鹑觚（今甘肃灵台县）人，另有说陇西狄道（今甘肃临洮县南）人，是中晚唐著名的政治家和文学家，他曾先后在穆、敬、文、武四朝为相，又多次出任节度使，涉尚书省五部，与当时发生的许多重大政治事件都有一定关系，被视作中晚唐党争代表人物之一，在唐史上具有重要的地位。牛僧孺一生重视文学创作，著有《玄怪录》遗世。

《玄怪录》被后人称为唐人传奇的代表作，鲁迅先生在《中国小说史略》中说："选传奇之文，荟萃为一集者，在唐代多有，而煊赫莫如牛僧孺之《玄怪录》。"冯沅君先生也说："（传奇）专集首《玄怪录》。"[1]

（二）《玄怪录》中关于死后世界的篇章概述

上海古籍出版社2000年出版发行的《唐五代笔记小说大观》里，一共收录有《玄怪录》四卷，共计四十五篇，其中出现与冥界相关的描写的篇章大致有十七篇，由于描写分布较为零散，笔者在此仅对冥界描写相对集中的篇章略作介绍。小说中对于地狱的描写大多通过生人入冥放还的形式进行。

《杜子春》：《杜子春》可以说是《玄怪录》中最为典型的描写地狱的篇章，许多研究中国地狱观的学者对此篇的内容均有引述。文章讲述周隋间人杜子春幻入冥间的故事，文中详细描绘了其在地狱的种种见闻，包括牛头狱卒、大镬汤等，特别值得一提的是文中的道士老人，杜子春由于谨记老人之言而不觉地狱之苦，可以看出道教在唐代崇高的地位及其对于时人地狱观的影响。

《崔环》：描写的是崔环入冥的一系列经历，由于判官是其父亲，他本应被放归阳间，不料却误入人矿院遭受恶刑，后得濮阳霞相救而重返人间。文中对地狱里各色人物的描写有声有色，有爱子心切的判官，凶狠却惧上的军将，贪财而地位低下的冥吏，等等，地狱世俗化的痕迹显而易见。

《董慎》：讲述的是隋朝一名佐吏董慎因为公正守法而被泰山府君召为录事，并在冥间与张审通一起审判令狐实的案件的故事。由于令狐实为天界的三等亲，天界一直干预公正

---

[1] 冯沅君：《唐传奇作者身份的估计》，《文讯》1948年第4期。

判案，董慎等不畏强权，经过一番努力后最终秉公执法。此文反映了时人地狱观较为重要的一个特点——天界对地狱的管辖权。这也是中国式地狱较为突出的特点。

《南缵》：文中讲述任阳道录事的崔生因送任阴道录事的青袍人而入冥，却意外发现妻子也在冥府，遂求阴道录事将妻子放归并得到答允的故事。文中的阴道录事有情有义，是时人地狱观的另一体现。

《齐饶州》：又名《齐推女》或《西推女》，篇幅较大，讲述的是齐推女被狂鬼枉杀，其夫求田先生助其入冥，最后在阎王的公平审判之下，狂鬼被判刑，夫妻被双双放还的故事。文中的阎王公正不阿，审判冤情与阳间衙门清官如出一辙。

《吴全素》：此文讲述的也是一起生人入冥的故事，吴全素入冥后发现阳寿未尽而被放还，途中遭到冥卒勒索并最终放归。文中关于冥界和冥官的描写十分详尽，中国化世俗化痕迹明显，是一篇研究时人地狱观的典型佳作。

《王国良》：王国良因言语惨秽而被判官召入冥界施以惩戒。文中府君成了判官。

《李沈》：与前面的生人入冥还阳不同，此文中讲述的是冥官李擢与生人李沈为好友，并得其帮助重新投胎为人的故事。

二、地狱观念至唐逐步成熟

（一）早期中土冥界观念——泰山治鬼说

在佛教传入以前，中国并没有"地狱"一词，但是人们对于死后世界的思考与想象却是从未停止的。根据各种文献资料，由先秦到两汉，中土关于冥界的称谓繁多。先民认为人死后所归的地方有黄泉、幽都、幽冥、泰山（亦称"太山""东岱""东岳""岱山"）等，其包含的详细内容虽不尽相同，但所指的对象及功能，基本是一致的，即人死后灵魂的聚居地。最初这些概念大多是从生活经验（如黄泉[①]），或极远之地的地名（如幽都[②]）转变而来，并没有被赋予过多的神秘色彩，更没有形成一个空间系统。

随着封建统治制度的确立，社会生活更加制度化，管理更为严密，人们遂把现世生活中的元素赋予死后世界，鬼世界便也有了主管者——泰山府君。于是，一个立体、多元的地下世界逐渐出现。泰山治鬼之说的起源时间至今仍无定论，顾炎武在《日知录》卷三十

[①] 晋代以降，将黄泉视为死者居所的记载越来越多，黄泉也成为一种冥间意象。从埋葬死者之地到灵魂栖息地的转变，揭示出灵魂观的成熟与完善。举《后汉书》二例如下："宏顿首自陈：'无功享食大国，诚恐子孙不能保全厚恩，令臣魂神惭负黄泉，愿还寿张，食小乡亭。'帝悲伤其言，而竟不许。""自谓当时伏显就，魂魄去身，分归黄泉。"黄泉是从最平常的生活经验中总结而来，因死者被葬地下而逐渐与死亡相连。

[②] 幽都是北方极远之地，常与南方边境并提，如《韩非子集解·十过》载："其地南至交趾、北至幽都"，《山海经》载："北海之内，有山名曰幽都之山，黑水出焉。其上有玄鸟、玄蛇、玄豹、玄虎、玄狐蓬尾。"

的"泰山治鬼"条有详细论述：

> 尝考泰山之故，仙论起于周末，鬼论起于汉末。《左氏》《国语》未有封禅之文，是三代以上无仙论也。《史记》《汉书》未有考鬼之说，是元、成以上无鬼论也。《盐铁论》云："古者庶人，鱼菽之祭，士一庙，大夫三，以时有事于五祀，无出门之祭。今富者祈名岳，望山川，椎牛击鼓，戏倡舞象。"则出门进香之俗，已自西京而有之矣。自哀、平之际，而谶纬之书出，然后有如《遁甲开山图》所云："泰山在左，亢父在右，亢父知生，梁父主死。"《博物志》所云："泰山一曰天孙。言为天帝之孙，主召人魂魄，知生命之长短"者。其见于史者，则《后汉书·方术传》许峻自云："尝笃病三年不愈，乃渴泰山请命。"《乌桓传》："死者神灵归赤山，赤山在辽东西北数千里，如中国人死者魂神归泰山也。"《三国志·管辂传》谓："其弟辰曰：'但恐至泰山治鬼，不得治生人，如何？"而古辞《怨诗行》云："齐度游四方，各系泰山录。人间乐未央，忽然归东岳。"……然则鬼论兴，其在东京之世乎？[1]

从顾氏这篇考证来看，人死后魂魄归于泰山，其统治者为泰山府君的说法，应兴起于东汉。大部分学者也认可，至晚于东汉末年，中土的泰山信仰已经形成。

时人普遍相信，人死后魂魄归于泰山。如建安七子之一刘桢《赠五官中郎将四首》之二写道："常恐游岱宗，不复见故人。"[2]又如罗振玉《古器物识小录》辑录东汉灵帝《熹平四年青氏镇墓文》载："死人归阴，生人归阳，生人有里，死人有乡，生人属西长安，死人属东泰山。"[3]此外，"生属长安，死属泰山"这样的字句在东汉的镇墓文中多处可觅，均说明死后魂归泰山成为当时人们之共识。

当时人们还有一种思想，认为泰山有泰山神（泰山府君），掌有一本决定人生死年限的账簿，能够决定人生命之长短。《风俗通义》有这样的描述："俗说岱宗上有金箧玉策，能知人年寿修短。"[4]可见，时人已经普遍认为泰山神是地下冥司之神，具备管理的职能。《搜神记》卷十五中的记载则更为详细："汉献帝建安中，南阳贾偶字文合，得病而亡，时有吏，将诣泰山，司命阅簿，谓吏曰，当召某郡文合，何以召此人，可速遣之。"[5]《三国志·蒋济传》注引《列异传》卷一四又有记载："蒋济子，死为地下之泰山伍伯，极憔悴困辱，以其状梦告其母，谓泰山太庙之西，有讴士孙阿，将被召为泰山令，祈向彼恩转位此处。济妻以语蒋济，济遂具语孙阿，恩转位佳处。后孙阿死，济子复入梦，告以阿已如

① （清）顾炎武著，黄汝成集释，栾保群、吕宗力校点：《日知录集释》卷三十，上海：上海古籍出版社，2006年，第1718—1719页。

② （梁）萧统编，海荣、秦克标校：《文选》卷二十三，上海：上海古籍出版社，1998年，第176页。

③ 《熹平四年青氏镇墓文》，罗振玉撰述，萧文立编校：《雪堂类稿》甲《笔记汇刊》，沈阳：辽宁教育出版社，2003年，第498页。

④ 刘殿爵、陈方正主编：《风俗通义逐字索引》，香港：商务印书馆（香港）有限公司，1996年，第11页。

⑤ （晋）干宝撰，李剑国辑校：《新辑搜神记》，北京：中华书局，2007年，第354—355页。

济请转于佳位，月余后，转为泰山录事。"我们可以发现，泰山冥府不仅有主管生死的冥司之王泰山府君，有记录生死年限的账簿，更有按照生死账簿拘人前往冥府的官吏，并且可由生人充任。

以泰山府君为中心的泰山信仰里，死后的世界不再是单一平面、仅仅作为概念上的"黄泉""幽都"，而表现为一个完整的、有着最高权力的主管泰山府君和隶属主管的冥卒的冥司系统，这便是我国地狱传说的起源。这个系统后来受到来自佛教的地狱观念的冲击，经过相互容摄与改造，于唐朝日臻成熟，往后的时间里尽管有小的修整，但主体并未改变，形成了后来影响国人两千余年的地狱信仰。

（二）佛教地狱观念的传入，地狱观念日臻成熟

印度佛教的地狱观念随着佛教的传播而传入中国，逐渐流行于中土，对中国本土的冥界思想产生了剧烈的冲击。中土的冥界结构在佛道两教的影响下，经过魏晋以降四百余年的渗透演变，到了隋唐时期，形成了独具特色的地狱观念。

"地狱"一词，梵语原称为"Niraya"，或"Naraka"，音译为"泥犁耶""泥犁"，或"那落迦"，意译为"苦器""苦具""不乐""可厌"等。本义是"无有"，系指无有喜乐之意。地狱的主宰"阎王"梵语原称为"Yamaraja"，多译为阎罗、阎罗王、阎摩罗、淡魔等。

据唐智升《开元释教录》记载："沙门康巨，西域人，心存游化，志在弘宣，以灵帝中平四年（187）丁卯于洛阳译《问地狱经》，言直理诣，不加润饰。"[1]由此可知，佛教的地狱观念至迟在2世纪末已经传入中国。

佛教地狱观念初入中国相当长的一段时间里，常比附于中土固有的"泰山治鬼"信仰。"地狱"被译为"泰山地狱"或"泰山"，阎王则被比附为"泰山府君"。如三国吴康僧会译《六度集经》卷一"布施无极章"云："天帝释化为地狱，现于菩萨前曰：'布施济众，命终，魂灵入泰山地狱，烧煮万毒。'"[2]另有三国吴支谦译《大明度经·地狱品第六》云："秋露子言：佛未说谤断经罪入泰山，其形类如受身大小，愿哀释之。"[3]以上所引均说明，佛教地狱观念初入中土的时候，力量尚小，只能迎合中土的民间信仰术语，与泰山治鬼合流。这在文学创作中也有诸多表现。比如六朝的志怪小说《冥祥记》，即是由佛教徒创作，以释氏辅教为目的，且在入冥故事最集中的所收十四五条记冥间事者里，凡提到冥间之主，都是称为泰山府君。

到了隋唐时期，佛教地狱观念的影响逐渐增大。初唐时期唐临《冥报记》中虽然还有不少关于泰山府君的篇目，但是泰山府君已经屈居于阎罗之下。如在《睦仁蒨》一篇里作

---

[1]（唐）智升：《开元释教录》卷一，《大正藏》第五十五册，第483页。
[2]（三国吴）康僧会译：《六度集经》卷一，《大正藏》第三册，第1页。
[3]（三国吴）支谦译：《大明度经》，《大正藏》第八册，第488页。

者借鬼吏成景之口说："天帝总统六道，是为天曹。阎罗王者如人间天子，泰山府君如尚书令录，五道神如诸尚书，若我辈国如大州郡。每人间事，道士上章请福，如求神之恩，天曹受之，下阎罗王……阎罗敬受而奉行之，如人奉诏也。"①

中唐之后，佛教地狱观念已广泛被民众接受，地狱观念盛行。受道教的影响，阎罗王也被中国化为中国神祇。如张读《宣室志·邬惠连》中，邬惠连在梦里奉天帝之命为"司命主者"，前往地狱册封海悟禅师为阎王。属员甚众，其中有"五岳卫兵诸将"，排列为五行，"衣如五方之色"。其秘书称阎王为"地府之尊者也，标冠岳渎，总幽冥之务，非有奇特之行者，不在是选"②。此时的阎罗王地位极高，已经和天帝、五岳、四渎之神等并列，作为冥界的主宰，纳入中国神系。

综上，自六朝起，中土传统的"泰山治鬼"冥界结构开启了对"阎王地狱"容摄的进程，但隋唐以前，泰山府君仍然是冥间的主宰。直到唐朝，冥界才由鬼世界之"泰山"转成"阎王地狱"，由无善恶价值分判的冥界泰山，转而为六道轮回中之最恶处，地狱观念日臻成熟。在有唐一代，地狱之说已在民间广为流行，并逐渐成为一种民间信仰，对民众的心理、信仰和思想产生了深远的影响。在《太平广记》所收录的"地狱故事"中，阎罗王出现的次数在绝对数量上已超过泰山府君。

地狱观的盛行最明显的体现就是被大量地运用于文学小说创作中。中晚唐是地狱说的黄金期，出现了影响深远的小说作品——如牛僧孺的《杜子春》等。这为我们研究时人的地狱观念提供了宝贵的资料，我们从这些描写地狱的小说中，可以大致窥见时人眼中的死后世界。

三、唐人眼中的死后世界——中国化的地狱

印度佛教认为世界是一个流转循环的过程，人生在世只是其中的一个环节，"此界坏时，寄生他界。他界次坏，转寄他方。他方坏时，展转相寄。此界成后，还复而来。无间罪报，其事如是"③。现世是前世之业的结果，后世受现世之业的影响，一世转一世没有穷尽，只要一个人没有得到终极解脱，即涅槃，那么他命中注定会在六道中流转轮回，即在地狱、饿鬼、畜生、阿修罗、人间、天上的流转中进入下一轮生命过程，这也就是《大乘本生心地观经》里所说的"有情轮回六道生，犹如车轮无始终"④，佛教的善恶因果对唐人的地狱观也产生了一定影响。

印度佛经中展现地狱是没有什么情节的，一般都是通过佛或其他高级神人之口介绍地

---

① （宋）李昉等编：《太平广记》卷二百九十七，北京：中华书局，1961年，第2364—2367页。

② （宋）李昉等编：《太平广记》卷三百七十七，第3002—3004页。

③ （唐）实叉难陀译：《地藏菩萨本愿经》卷上，《大正藏》第13册，第780页。

④ 《大乘本生心地观经》，《大正藏》第三册，第291—330页。

狱。由于地狱在佛经中起着类似宣教的作用，所以形象单一、冷酷。但是地狱到了中国后，受道教与中国本土儒家文化的影响，逐渐地中国化、世俗化，变成了另一个有血有肉的世界。

（一）惩善治恶的地狱

1.极恶的地狱

与印度佛教地狱观一样，唐人眼中的地狱依然是人人不愿往之的极恶之地，如《杜子春》中杜在地狱中看见"引牛头狱卒，奇貌鬼神，将大镬汤而置子春前。长枪刃叉，四面周匝"。地狱不仅可怖，还非常血腥与残忍，"捉付狱中，于是镕铜铁杖，碓捣硙磨，火坑镬汤，刀山剑树之苦，无不备尝"。其妻也被"鞭捶流血，或射或斫，或煮或烧，苦不可忍"。①《崔环》中崔的经历也有过之而无不及："环一魂尚立，见其石上别有一身，被拽，扑卧石上，大锤锤之，痛苦之极，实不可忍。须臾，骨肉皆碎，仅欲成泥。"②另有《吴全素》中吴在去往冥间途中见闻，"见丈夫、妇人，捽之者、拽倒者、枷杻者、锁身者、连裾者、僧者、道者、囊盛其头者、面缚者、散驱行者，数百辈皆行泥中"。他所见地狱，"衙吏点名，便判付司狱者、付砧狱者、付矿狱者、付汤狱者、付火狱者、付案者。"③

2.地狱具有审判功能

在印度的佛教经典中，地狱具有类似于审判的功能：人生为恶事，为善事，死后在地狱受相应的报应，即惩罚或奖赏。印度地狱观传到中国后，这一层含义被吸收并加以利用，唐人把现世生活中的官府衙门与"地狱"结合起来，使地狱变成了一个地下的冥司系统，阎王或者判官成了最权威的裁判者。如《齐饶州》条：

> 韦复诉冤，左右曰："近西通状。"韦乃趋近西廊，又有授笔砚者，乃为诉词。韦问："当衙者何官？"曰："王也。"吏收状上殿，王判曰："追陈将军，仍检状过。"判状出，瞬息间通曰："提陈将军到。"衣甲仗钺，如齐氏言。王责曰："何故枉杀平人？"将军曰："自居此室，已数百岁。而齐氏擅秽，再宥不移，忿而杀之，罪当万死。"王判曰："明晦异路，理不相干。久幽之鬼，横占人室，不相自省，仍杀无辜，可决一百，配流东海之南。"案吏过状曰："齐氏禄命，实有二十八年。"王命呼阿齐："阳禄未尽，理合却回。今将放归，意欲愿否？"齐氏曰："诚愿却回。"王判曰："付案勒回。"④

此文中，阎王处事公正不阿，对于犯下错事误杀平民的鬼给予惩罚，而被误杀的平民

---

① （唐）牛僧孺：《玄怪录》卷三《崔环》，《唐五代笔记小说大观》，上海：上海古籍出版社，2000年，第363页。
② （唐）牛僧孺：《玄怪录》卷二《杜子春》，《唐五代笔记小说大观》，第346页。
③ （唐）牛僧孺：《玄怪录》卷三《吴全素》，《唐五代笔记小说大观》，第398页。
④ （唐）牛僧孺：《玄怪录》卷三《齐饶州》，《唐五代笔记小说大观》，第397页。

可以重返人间。

同样，《杜子春》条中的阎王也具有审判功能："狱卒告受罪毕，王曰：'此人阴贼，不合得作男身，宜令作女人。'"《董慎》条也有这样的描述："邀登副阶，命左右取榻令坐，曰：'籍君公正，故有是请。今有闽州司马令狐实等六人，置无间狱。'"《王国良》条亦描述："谓案吏曰：'此人罪重，合沉地狱，一日未尽，亦不可追。可速检过。'"由上引诸文可知，时人把地狱中的阎王看成另一个世界里的主宰，与阳间世界对应，可以扬善惩恶，维持公正。

（二）世俗的地狱

1.世故的地狱

唐人眼中的地狱是世俗化的，是另一个"人间"的世界，有着许多人情世故，仿佛一个俗世的《官场现形记》。

冥吏会向入冥者勒索钱财，如《吴全素》中写吴被放归还阳时，被冥吏索钱五十万，吴身无分文，鬼便唆使他去姨夫家索钱，以托梦之法得钱千缗：

> 复至开远门，二吏谓全素曰："君命甚薄，突明即归不得，见判官之命乎？我皆贫，各惠钱五十万，即无虑矣。"全素曰："远客又贫，如何可致？"吏曰："从母之夫，居宣阳为户部吏者甚富，一言可致也。"……求纸于柜，适有二百幅，乃令遽剪焚之。火绝，则千缗宛然在地矣。二吏曰："钱数多，某固不能胜。而君之力，生人之力也，可以尽举。请负以致寄之。"[①]

还有如《崔环》中写两个冥吏送崔返回阳间时，由于所受贿赂太多，竟无暇收取："某等日夜事判官，为日虽久，幽冥小吏，例不免贫。各有许惠资财，竟无暇取，不因送郎阴路，无因得往求之。"

冥官欺善怕恶，恃强凌弱，如《崔环》条中，崔因"不抚幼小，不务成家，广破庄园，但恣酒色"，因而被勾入地狱，因判官是他父亲，故"且为宽恕，轻杖放归"。但在"人矿院"，因他自恃为判官之子，无视将军，被锤为肉泥。而当冥卒告之"此是判官郎君"时，"军将者亦惧"，开始命人寻找濮阳霞相救。将军的飞扬跋扈和之后的畏惧形成了鲜明对比，一个恃强凌弱的冥官形象跃然纸上。

2.感性的地狱

地狱世俗化最深刻的体现，应该是地狱中人物的感情。在唐人的眼中，地狱不再是佛经中单一、冷酷的样子，而多了人间的温情，判官冥吏也不仅是断定善恶的标尺，还多了几分喜怒哀乐的情感，如《董慎》条：

---

① （唐）牛僧孺：《玄怪录》卷三《吴全素》，《唐五代笔记小说大观》，第399页。

府君曰："所追录事，今复何在？"使者曰："冥司幽秘，恐或漏泄，向请左曹匿影布囊盛之。"府君大笑曰："使一范慎追一董慎，取左曹布囊盛右曹录事，可谓能防慎矣。"便令写出，抉去目泥，便赐青缣衣、鱼须笏、豹皮靴，文甚斑驳。邀登副阶，命左右取榻令坐，曰："籍君公正，故有是请。今有闽州司马令狐实等六人，置无间狱。承天曹符，以实是太元夫人三等亲，准令式递减三等。昨罪人程善一百二十人引例，喧讼纷纭，不可止遏。已具名申天曹。天曹以为罚疑唯轻，亦令量减二等。余恐后人引例多矣，君谓宜如何？"……黄衣人又持往，须臾，又有天符来曰："再省所申，甚为允当。府君可加六天副正使，令狐实、程善等，并正法处置者。"①

泰山府君在此已经人格化，追来董慎后拿他揶揄而大笑，当他遇到天府惩罚时立刻迁怒他人，得到奖赏便喜笑颜开。

又如《南缵》条：崔生和青袍人只不过同为同州录事，青袍人却同意放其妻子归阳，送他回去时还为他饯行，可谓有情有义：

崔生即祈求青袍人，青袍人因令胥吏促放崔生妻令回。崔生试问妻犯何罪至此，青袍人曰："君寄家同州，应同州亡人，皆在此厅勘过。盖君管阳道，某管阴道。"崔生淹流半日，即请却回。青袍人令胥吏拜送，曰："虽阴阳有殊，然俱是同州也，可不拜送督邮哉！"青袍人亦偕饯送，再三勤款，挥袂，又令斜路口而去。②

阴阳两界的人做起了朋友，还有一例，《李沈》条中李沈与"冥官"李擢成了"刎颈交"，并帮助他重新投胎为人。此时的地狱已经不再阴森恐怖，而变得充满了人情味。甚至在地狱里也有了婚嫁的喜事，如《曹惠》条，宣城和他的妻子"至冥中犹与宣城琴瑟不睦"，后来宣城"自密启于天帝，帝许逐之。二女一男，悉随母归矣。遂再娶乐彦辅第八娘子，美资质，善书，好弹琴，尤与殷东阳仲文、谢荆州晦夫人相得，日恣追寻"。连地狱里都有婚嫁之事，脉脉温情，恍若人间。

四、唐人眼中的死后世界
——地下世界的结构布局以及地狱里的冥司系统

（一）地下世界的结构布局

《玄怪录》中有多篇小说都描写入冥者进入地府时看到的景观，如《崔环》条："城中有街两畔，官林相对，绝无人家。直北数里到门，题曰'判官院'。""南行百余步，街东有大林。""环闷，试诣街西行，一署门题曰'人矿院'。门亦甚净。"又有《齐饶州》条：

① （唐）牛僧孺：《玄怪录》卷三《董慎》，《唐五代笔记小说大观》，第377页。
② （唐）牛僧孺：《玄怪录》卷三《南缵》，《唐五代笔记小说大观》，第388—389页。

"俄见黄衫人，引向北行数十里。入城郭，廛里闹喧，一如会府。又北有小城，城中楼殿，峨若皇居。卫士执兵，立者、坐者，各数百人。"《吴全素》条："不觉过子城，出开远门二百步，正北行，有路阔二尺已来，此外尽目深泥。"由上引诸文我们可以大致描绘出通往地府的城郭的景观：街道宽阔，两旁有官林或者楼殿，与阳间相像，区别是没有人家，一直往北可达判官院。这正是唐朝都城长安城的简化版，而权力机构"判官院"也毫无例外的坐落于象征权位的正北方。此外，地下世界也有"行政区划"以及相应的官职：在《南缵》条中青袍人对崔生说："君为阳道录事，某为阴道录事。"又说："盖君管阳道，某管阴道。""虽阴阳有殊，然俱是同州也，可不拜送督邮哉！"这样的地狱设想正是中国文化与现实生活影响的结果。

在唐人眼中，不仅地下"城市"的结构与人间相似，而且"屋子"里的摆设也与人间如出一辙，在多篇小说中均有体现，如《齐饶州》条中描写阎王的衙殿："直北正殿九间，堂中一间，卷帘，设床案。"《吴全素》条中对判官的衙殿也有类似的描述："其正衙有大殿，当中设床几。"可见，地狱的中国化世俗化已经渗入方方面面了。

（二）地狱里的冥司系统

《玄怪录》所描绘的地狱冥司系统中官职不多，大致就阎王、判官、录事以及最普通也是最低等的冥卒四大类，时常还会出现泰山府君、判官与阎王的形象杂糅的现象。

综合多篇小说，笔者发现，地狱的最高统治者即阎王、判官或者府君大都着绯衣或紫衣。如《董慎》条："府君可罚不衣紫六十甲子"，《齐饶州》条："有紫衣人南面坐者……曰'王也'"。又如《吴全素》条："一人衣绯而坐，左右立吏数十人"，《王国良》条："一人绯衣，当衙坐"。他们在冥界有着至高无上的权力与地位，很大程度上决定了入冥者的命运。在唐代，衣绯者都是官居四五品的高官。这一职官特征的设置，显然是唐朝现实生活的反映。此外，唐朝时便出现、后世一直沿用的"判官"一职，也是中国式地狱里较为突出的特征之一，判官一职为隋时使府始置，唐代使臣处理外派事务者皆可自选官员充任判官，以掌文书事务。唐睿宗以后，节度、观察、防御、团练等使皆有判官辅助处理事务。判官于节度使府襄赞节度使，分判仓、兵、骑、胄四曹事，处理兵马钱粮实际事务，颇为唐人所重视。唐代判官一职亦渗入冥界之中，成为地府的高级官员。冥间判官襄赞阎罗（很多时候判官与阎王或者府君杂糅难分），主掌地府生死簿录。叙事作品将这一职官名称挪移到地府，使阎罗地府充满更多的人间气息，《刘讽》条，物怪祷愿"刘姨夫得泰山府纠成判官"。[1]

而地狱中地位低阎王一等的录事则多着青衣，如《董慎》条中描述董慎被府君追为录事后"便赐青绿衣"，《南缵》条中与崔生同为录事的也是"青袍人"。冥界录事一职多为

---

① （唐）牛僧孺：《玄怪录》卷三《刘讽》，《唐五代笔记小说大观》，第375页。

文职泛称，与其他文职的界限并不十分严格。《董慎》条记隋大业元年兖州佐吏董慎，被泰山府君追录事，其文牒曰："董慎名称茂实，案牍精练。将平疑狱，须俟良能，权差知右曹录事。"文中所说的"右曹录事"有一定的历史渊源，汉代郡、县分曹办事，把功曹、五官曹、督邮、主簿统称为右曹，除五官曹掾之外皆总揽众务。这里将录事归于右曹，混同了主簿、督邮等官职。《南缵》条记述崔生新授同州督邮，而冥吏则称他为阳道录事，把督邮一职等同于录事。录事在地狱里负责辅助阎王，具有一定的审判权力。

最低等的冥卒，即在整部《玄怪录》中出现最多的"黄衣使者"，或"黄衫吏"，如《崔环》条："忽见黄衫吏二人，执帖来追。"间或"白衣"，如《吴全素》条："见二人白衣执简，若贡院引牌来召者。"冥卒的地位低下，唐代的流外官服黄，白居易《卖炭翁》有云："翩翩两骑来是谁，黄衣使者白衫儿。"地狱的职官设置显然受到了唐代现实生活中职官特点的影响。

地狱里虽有其最高主宰，但在唐人眼中，却也还是要受到天界的辖制。天帝在冥界中是权威的象征，其权力遍及整个宇宙空间，包括深处地下的地狱。如卷二的《董慎》条，董慎因"性公直，明法理"[①]，泊而被"泰山府君呼为录事"，令狐实等人犯了错误本应"置无间狱"，但因为是"太元夫人三等亲"，可以"承天曹符"而"准令式递减三等"。但审通坚持"天本无私，法宜画一"，维持原判后依法"仍录状申天曹者"，却被责"岂可使太元功德，不能庇三等之亲！"连泰山府君也跟着受罚："府君可罚不衣紫六十甲子，余依前处分者。"文中所指的太元夫人应为太元圣母，即王母娘娘的母亲，地狱的冥吏们办案需要禀奏天界，天界通过天符批示给地狱，而冥吏，包括地狱的主宰泰山府君，因为得罪了天帝，也需要接受惩罚，由此我们可以看出，在时人的眼中，天帝的威严是至高无上的，地狱也需要受到天界的管辖。这是地狱中国化较为典型深刻的体现。

结　论

综上所述，在唐人眼中的死后世界的研究中，笔者主要通过对《玄怪录》中有关篇章的解读，并结合前人的研究成果和查找相关背景知识，大致描绘出了唐人想象中地狱的情景。自两汉之际佛教传入，印度佛教中的地狱观不断与中土的冥界观念融合，至唐日臻成熟。唐人眼中的地狱虽然也是人人不愿往之的极恶之地，却已经不再是佛经中单一、冷酷的地狱形象，并积极地担任起扬善惩恶的公正角色。此外，地狱已不再是神秘而鬼魅的场所，而变得生动而富有人情味，十分贴近人们的生活，里面有着宛如人间的街道和官衙，由一群类似人间官僚结构的冥官系统管治，并发生着仿若人间的喜怒哀乐故事，地狱已经宛若人间了。本文选取《玄怪录》里的地狱小说为视点，从中探寻时人对地狱的设想以及

① （唐）牛僧孺：《玄怪录》卷三《董慎》，《唐五代笔记小说大观》，第377—378页。

内心世界，并综合地勾画出时人眼中地狱的大致面貌。同时分析了地狱观念的传入对我国冥界结构的冲击以及其自传入我国后所受的儒道两教的影响。本文的研究成果主要包括通过对牛僧孺笔记小说的整理、分类与归纳，对时人眼中地狱观的大致描绘可以增进我们对唐代社会更多的了解。同时我们也可以看到相关已有研究材料数量很有限，笔者只是进行了一些较小范围的思考。本文也有需要进一步探讨的问题，比如唐代以后地狱观的流变等。

老师点评：中古时期的笔记小说是一座内涵丰饶的宝藏，尤其是唐宋笔记小说内容丰富，题材多样，既是研究文学史的重要材料，也可为史学研究提供参考，我本人的考古学论文中也曾多次使用此类文献。陈颖颖同学的毕业学位论文以唐代牛僧孺《玄怪录》为基础探讨地狱观念的本土化问题，系统展示了唐人眼中的地狱景象，有助于我们了解唐代社会的世俗生活。

生与死以及生命的意义是一个恒久的哲学命题。今天看来神鬼故事虽荒诞不经，但与当时的生产力水平以及人们的认知程度相符，其地狱观念的惩恶劝善作用对规范世人的行为还是具有一定积极意义的。

论文指导老师：王银田

从《玄怪录》看唐人眼中的死后世界

戏剧与社会政治

——以近现代广东地方戏剧发展为例

2009级　左飞[①]

摘　要：本文以太平天国运动时期、辛亥革命前后和抗日战争前后为时代背景，对广东地方戏剧在这三个特定时期内的发展状况进行了研究。太平天国运动时期粤剧艺人李文茂率领一众艺人起义，得到广大农民的纷纷响应，起义军将粤剧传播到了广西等地，起义失败后粤剧遭到官方禁演，粤剧艺人颠沛流离。辛亥革命前后广东地区掀起戏剧改良运动，传统戏剧与宣传革命思想相结合，产生了重大的社会影响，客观上也促使了粤剧的变革与发展。抗日战争前后广东地方戏剧的兴衰受政治形势的影响，在国家民族危亡之际，戏剧剧团、戏剧艺人以各种途径支持抗战，极大地发挥了戏剧作为一种社会文化艺术对普通民众和社会政治生活的影响作用。

关键词：戏剧；社会变迁；政治形势；广东地方；粤剧

戏剧作为一种社会艺术，自其产生以来就与社会政治有着密切而特殊的联系。演戏、看戏既是一种文化生活，同时也不可避免地要受到政治形势的影响。一方面，很多戏剧演出的内容往往以政治事件和时代背景为题材，反映政治生活与社会变迁；另一方面，政治对戏剧的利用与限制由来已久，戏剧的发展也会受到政治形势的影响。本文以近现代广东地方戏剧发展为例，通过对广东地区影响较大的粤剧、（白）话剧等戏剧在近现代几个特殊历史时期内的发展状况及其与当时社会政治的关系进行梳理，并试图通过探讨近现代广东地方戏剧的社会性，将社会政治变迁下戏剧文化的演变和发展细化、感性化，以求微观地认识和体会近现代国家民族危亡之际，作为一种社会文化艺术的戏剧和戏剧艺人对国家民族命运的关注。

就目前来看，关于戏剧与社会政治变迁这一主题的研究并不少见，研究的范围也较为广泛，既有针对某一政治事件与戏剧关系的研究，如邵璐璐所写《戏曲改良运动与清末民初的社会变迁——以天津为中心的考察》，作者试图以天津地区为中心，通过对戏曲改良运动过程的描述和成败的分析，以此来反映清末民初的社会变迁和文化变迁的复杂性；也

[①] 左飞，生于1990年4月，祖籍贵州毕节。2009年9月至2013年7月就读于暨南大学历史学系，本科毕业。现于贵州贵阳从事企业服务相关工作。

有对某一戏剧艺人与政治的专门研究，如潘福麟所写《"戏子"李文茂称王》与赵立人所写《李文茂起义史实订正》等文章，主要以太平天国运动时期广东粤剧艺人李文茂率领一众粤剧艺人参加起义为研究对象；对广东地方戏剧的研究也有不少，但主要是偏向于研究戏剧的发展史、艺术形式变化、服饰、舞台布景，以及题材内容等，关于这类研究的论文比较多，如《从"戏棚官话"到粤白到韵白——关于粤剧历史与未来的思考》《从粤剧〈帝女花〉看粤剧服饰》《粤剧特色及其欣赏》《广东的话剧》等。不过，将戏剧纳入特定的社会政治背景之下，进而挖掘其生成和发展的深层社会原因以及探讨戏剧发展与社会政治形势方面的研究目前还不多见。而本文的创新之处即在于此，并且是以近现代时期广东地方戏剧为切入点，分析探讨在近现代社会政治大背景之下，广东地方戏剧如何与社会政治相联系，以及如何在当时的社会政治背景下呈现出其独有的地方特色和社会性。

本文以近现代时期社会政治变迁的背景下广东地方戏剧的发展为主要研究内容，共分成三个主要历史时期进行研究：首先是粤剧艺人李文茂起义与粤剧遭禁。这一部分主要概述道光咸丰年间至清末，在民族矛盾与阶级矛盾日益激化的背景下，广东地方各县经常发生农民暴动，粤剧艺人李文茂以抗交戏税为由率领一众艺人参与起义，并且得到广大农民的纷纷响应，起义失败后粤剧遭到官方禁演，粤剧艺人颠沛流离。第二部分是辛亥革命前后广东的戏剧改良运动。清末民初西方资产阶级自由民主的思想传入中国，广东地区"得风气之先"，加之有"华侨之乡"的特殊关系，很多新知识分子与革命团体借助戏剧宣传反清思想，而戏剧领域的一些有识之士也以救亡图存、推翻清朝统治为号召，掀起一场戏剧改良运动。第三部分主要研究抗日战争前后广东地方戏剧的曲折发展与戏剧艺人的爱国情怀。通过抗日战争期间，广东地方的戏剧剧团、戏剧艺人以各种途径支持抗战的事例，研究在国家民族危亡之际，广东地方戏剧如何发挥它作为一种社会文化艺术对普通民众和社会政治生活的影响，以及如何在艰难的社会政治形势之下寻求生存和发展。

本文主要通过综合分析的研究方法，对近现代广东地方戏剧的发展和演变进行分阶段研究。在论文写作之前搜集和整理了大量的关于近现代时期广东地方戏剧的史料，如粤剧、话剧等，并且阅读了相关的期刊论文，所采用的是比较常用的研究方法，可行性较强。将戏剧纳入一个特定的社会政治背景之下，进而挖掘其生成和发展的深层社会原因，并且是以近现代时期广东地方戏剧为切入点和主要研究内容，既有在近现代社会政治大背景下戏剧演变和发展的普遍性，同时又具有广东地区的地方特色。

一、太平天国运动时期：艺人起义

（一）粤剧的抗争传统

粤剧是近代广东地区特点鲜明的地方戏剧。

粤剧剧目的内容具有贴近时代、反映现实社会政治生活的特点，题材多以官逼民反、上山聚义、除暴安良、劫富济贫等为主要内容，有着鲜明的抗争意识，潜移默化中粤剧艺人历来也都保持着反抗压迫的斗争传统。在形成过程中，曾有"本地班""广腔班""锣鼓大戏""广府戏""广东大戏"等称谓，直至光绪末年始有"粤剧"之称。在清代一口通商的政策之下，广东地区经济发达，商业繁盛，外省来粤贸易的商人众多，随之而来的还有不少戏班子，其中以湖南、江西、江苏、安徽、浙江等省居多。为了与"本地班"相区别，外省来粤的戏班被统称为"外江班"。外江班在官府的扶持下充斥着整个广州城，本地班则大部分被迫退出广州，向珠三角地区以及各县发展，在广州以外的中小城镇和广大农村流动演出。"外江班皆外来妙选，声色、技艺并皆佳妙。宾筵顾曲，倾耳赏心，录酒纠觞，各司其职。舞能垂手，锦满缠头。本地班但工技击，以人为戏。所演故事，类多不可究诘，言既无文，事尤不经。又每日爆竹烟火，埃尘障天，城市比屋，回禄可虞。贤宰官视民如伤，久申厉禁，故仅许赴乡村搬演。鸣金吹角，目眩耳聋。"这是道光年间粤人杨掌生在《梦华琐簿》中对广州戏班情况的一段描述，艺术风格热烈火炽、粗犷豪放，可见粤剧不被统治阶层所喜，却颇受贫苦大众欢迎。

加之粤剧艺人长期受封建统治阶层的压迫，对清王朝有着强烈的反叛心理。清雍正年间，北京名伶张五（外号"摊手五"）因触怒清廷而逃至佛山，藏身琼花会馆，期间他把弋阳腔、昆腔、武功等教授给本地班演员，又按汉剧的组织形式对粤剧戏班进行了革新，使粤剧在艺术水平和组织形式上都得到了提高，张五也因此被粤剧艺人尊为祖师。同时"摊手五"也给粤剧艺人带来了反清复明的思想，这种推翻清朝封建统治的思想在粤剧艺人中代代相传。

鸦片战争之后，随着时局的动荡和社会危机的加深，各种社会矛盾不断激化。广东地区由于最先遭受列强侵略，民族矛盾和阶级矛盾日深，各地经常发生农民暴动，仅以天地会为主体的反清起义就有四百余次。如1851年阳山天地会支派"沙包会"首领王萧氏领导的起义和1854年陈娘康等人领导的潮州府属各县天地会起义等，一时间各地起义军"攻城掠野，所在皆然"[①]。本地班的演出场地从广州转到中小城镇和广大农村之后，普通农民

---

① 广东省文史研究馆、中山大学历史系编：《广东洪兵起义史料》（上册），广州：广东人民出版社，1992年，第386页。

成为本地班的主要观众群体，加深了粤剧与贫苦百姓之间的联系。粤剧编演的许多反映官逼民反、劫富济贫等内容的剧目，如《梁山起义》《黄花山》《半山血》等，充分反映了民众的抗暴精神，揭露贪官污吏的腐败和封建地主阶级的罪恶，而《地府革命》《自梳女不落家》《声声泪》等则同情劳动大众的悲惨遭遇。清俞洵庆在《荷廊笔记》中写道：本地戏班"以古来偶逢仅见之异，而作为固有当然之事，村市演唱，万目共瞻；彼贩夫佣子、乡愚游手之辈，生平不知治乱故实，睹此恣睢不法、悖慢无礼，及杀人为盗、陡然富贵之情状，惊愕叹羡，信以为真，意谓古既如是，今何不然，由是顿萌妄念，渐起邪心，稍值困塞，即窜身萑苻之泽，触刑网而不之悔。故本地班之戏，最足坏人心术，而粤东之多盗，半由于是"①。这种观点认为本地班所演之戏容易惑乱民心，一定程度上反映了官府对本地班的态度，却也说明本地班编演的这类剧目直接起到了鼓舞民众起来为反抗清廷统治进行斗争的作用。不仅如此，粤剧艺人更是直接参与到反清斗争之中，其中咸丰三年（1853）至咸丰八年（1858）间李文茂领导的红巾军起义影响最大。

（二）李文茂起义

李文茂，广东鹤山人，出身梨园世家，曾是道光末年至咸丰初年粤剧凤凰仪戏班的著名二花脸。他精于击刺等武功，是戏班中"打武家"（武打演员）的领袖，平生尚义轻财，素有豪侠之气和反清复明思想，其本身也是秘密反清组织天地会的负责人之一。咸丰元年（1851），洪秀全在广西桂平金田村起义，建号太平天国。1853年太平军占领南京后，广东的天地会领袖在佛山发动起义，有不少广班艺人参与其中。李文茂也在广州城北的佛岭率领戏班艺人积极响应，随后又与三元里的农民起义军会合，起义队伍不断壮大，并且得到民众的支持和拥护，人数很快从几千人增加到数万人。在起义军"反清复明"的号召之下，广州近县近郊的民众纷纷响应。东莞、增城、从化、花县、清远、英德、连平、鹤山、开平、顺德、三水、肇庆等州县先后被起义军占据，起义队伍声势浩大。李文茂率领起义军进入广西后，又得到广西境内少数民族义军的响应，迅速攻下浔州，改浔州为秀京，建立大成国，自称平靖王。

李文茂称王后，在军事方面将戏班艺人编为文虎军、飞虎军和五虎军，并自立为三军主帅，以"反清复明"为口号，要求起义军以及文武官将士穿着戏台上的明朝衣冠。后因起义军人数激增，戏服不足，于是就一律头裹红巾，腰缠红带，故有"红巾军"之称。起义军不仅"裹红巾，服梨园衣冠"②，还保留了天地会的组织形式，对内称"洪门"，也称"洪兵"。起义军还充分利用戏剧演出时的翻跟斗等武打功夫来跃登城墙、攻击敌阵，使得守城的清朝官兵惊慌失措，弃城而逃。

① （清）俞洵庆：《荷廊笔记》卷二，光绪十一年刻本。
② 赖伯疆、黄镜明：《粤剧史》，北京：中国戏剧出版社，1988年，第14页。

在政治措施方面，李文茂的大成国有着比较明确的政治纲领，可以说是与太平天国的施政方针如出一辙，不仅禁赌禁烟，减租减息，大力发展农业生产，还主张扶植资本主义工商业。

李文茂称王之后，仍然保持粤剧艺人的本色，每逢节期，还着舞台戏服亲率文武官员到各庙行香。攻下柳州后李文茂曾张榜诏示，全城演戏三天，以资庆祝，曰："而今又克庆府，特令唱戏酬神。王恩与民同乐，街巷晚头通行。睇戏不准开赌，如违罪责非轻。盛典限行三日，打扰滋事必惩。"①

李文茂尤其重视戏剧的社会作用，在广西期间曾对粤剧进行了一些改革，例如他对粤剧中的员外相公都作正人君子以及贪官污吏皆道貌岸然、威风八面的扮相很是反感，于是叫戏班改为以丑角扮演这类人物，使其成为尖嘴缩腮，头戴瓜皮小帽，眼镜搁在鼻尖上的可笑人物。一直到大成国灭亡后五年（1866），仍有粤剧戏班按李文茂所倡导的这种演出扮相以丑角扮演剧中的贪官。

咸丰八年（1858），李文茂在攻打桂林时失败，并且身负重伤，又苦无外援，不久后终因劳顿成疾，呕血而逝，其部众为陈开统率，两年后陈开也战败被俘，大成国随即瓦解。李文茂率领戏班子弟和劳苦大众的起义虽然在清政府的镇压下惨遭失败，但此次起义多达十万之众，先后转战广东、广西、湖南、贵州等省，并且建立了大成国，把斗争矛头直指清朝封建专制统治，给清朝的专制统治以沉重的打击。在起义军到达的地区，广大民众在较长一段时间内摆脱了封建压迫和剥削。起义军英勇奋战、顽强斗争的精神鼓舞了更多的民众参与到反清斗争中来，同时也促使粤剧向广大农村深入发展，并随着起义军被传播到广西地区，因而得以保留了粤剧固有的思想和艺术的优良传统与风格特色。李文茂领导的反清起义广为戏曲艺人所称颂，著名戏剧大师田汉曾撰诗赞颂李文茂："天国吊民伐罪日，清廷媚外丧权时。梨园子弟多豪杰，明代衣冠动慕思。虎甲登坛当服汝，龙城连纛更闻谁？至今祖庙香炉上，壮士犹擎李字旗。"②

（三）粤剧遭禁毁

李文茂起义失败后，清廷迁怒于粤剧艺人。粤剧遭到禁演，粤剧戏班被强制解散，粤剧组织遭到破坏，在佛山的琼花会馆被毁，粤剧艺人遭到株连和捕杀，据容闳在《西学东渐记》里记载："统计是夏所杀，凡七万五千余人。以予所知，强半皆无辜冤死。予寓去刑场才半英里。一日，思赴刑场观其异，至则但见场中血流成渠，道旁无首之尸，纵横遍地，盖以杀戮过众，不及掩埋，且因骤觅一辽旷之地，为大扩以容众尸，一时颇不易得，

---

① 顾乐真：《太平天国的伶战事业》，广州市政协文史资料研究委员会、粤剧研究中心：《广州文史资料》（第42辑），广州：广东人民出版社，1990年，第126页。

② 李振明编著：《田汉诗词解析》，长春：吉林文史出版社，1999年，第163页。

故索性任其暴于烈日下也。"①当时的两广总督叶名琛甚至勾结英美列强，共同镇压起义队伍，"在城厢内外，搜捕义民，不问口供，即捕即杀"②，并且规定"手束红布者，杀身；藏红巾军灯笼者，灭家；树起义红旗者，灭族"③。清廷为屠杀起义民众而置刑场若干，仅佛山市郊就有大江乡的"民阁冲"、大富乡的"衙门前"、大沙乡的"祠堂边"、青柯乡的"人头圹"等十几处之多。佛山大基尾的琼花会馆废墟更是成了屠杀粤剧艺人及其家属的最大刑场。若干年后，才有人将刑场附近的尸骸搬出，合葬于石湾附近的金龟岭，但也不敢公开立碑，仅在碑中刻"梁公之合墓"，两旁分刻"棠""马"二字，以此作为记号。此墓被粤剧艺人称为"铁丘坟"，乃是借薛家将的故事以喻葬于此处之人尽是忠良之意。

清廷一方面对粤剧艺人和参与起义的民众施以血腥的镇压和迫害，另一方面采取笼络等手段分化瓦解粤剧队伍，以致粤剧艺人四处流散。有的被迫隐姓埋名远遁穷乡僻壤，有的背井离乡远渡重洋逃往东南亚，有的到外江班客串演出，有的甚至流落街头，沦为乞丐。据广州老艺人陈卓莹回忆，当时"有些小演员得到当时省戏班的同情和援助，混入'外江班'得以冒充京班演员过活。乐师因不熟外来剧种的乐谱，他们的出路更为困难。幸而当时八音班在城乡各地相当盛行，尤以佛山为全省的集中点。所以八音班亦向粤剧'棚面'乐师伸出了援助之手"④。由此也能看出，红巾军的起义得到广大群众的同情与支持，在清廷血腥镇压革命、大肆屠杀粤剧艺人之际，仍有不少人甘愿冒着抄家灭族的危险帮助粤剧艺人渡过难关。在这一历史时期，粤剧受到了严重的破坏和摧残，这也是其他戏剧剧种发展史上不曾遭遇过的。事实上，自有戏剧以来，各朝对戏剧的演员、剧目内容、演出场所等皆有严格的限制，禁戏的现象也是一贯有之，遭禁的戏剧则多是内容违禁，不利社会风气、淫秽、有煽动性、讽喻朝政等，像粤剧这样因艺人起义而遭全面禁止和摧毁的却前所未有。

李文茂起义将粤剧和粤剧艺人历来的反抗精神推至高潮，使一贯以来的演戏看戏现象不再仅是一种社会文化，而是成为普通民众关心国家政治和参与社会政治生活的途径，粤剧的演出内容和粤剧艺人的斗争精神已直接起到了鼓舞民众参与反清斗争的作用。李文茂起义的失败使粤剧受到了严重的摧残，但粤剧随着起义军所至，被传播到广西等地，至今柳州一带的百姓仍喜爱看粤剧。红巾军的艺人所到之处，不仅播下了粤剧的种子，而且起到了激励民众斗志的作用。起义失败后一些粤剧艺人远渡重洋逃往东南亚，客观上促使了粤剧向海外的传播与发展，这也为清末华侨利用粤剧宣传革命思想提供了途径和手段。部

---

① 容闳：《西学东渐记》，台北：文海出版社，1973年，第35页。

② 中国人民政治协商会议广东省广州市委员会：《广州文史资料专辑：广州百年大事记（上册）》，广州：广东人民出版社，1984年，第44页。

③ 刘慈双：《粤剧与红巾军起义》，中国人民政治协商会议广东省佛山市委员会文史资料委员会、佛山市文化局合编：《佛山文史资料》第八辑《粤剧史研究专辑》，广州：广东人民出版社，1988年，第82页。

④ 刘慈双：《粤剧与红巾军起义》，中国人民政治协商会议广东省佛山市委员会文史资料委员会、佛山市文化局合编：《佛山文史资料》第八辑《粤剧史研究专辑》，第83页。

分粤剧艺人加入外江班的演出，为粤剧和其他剧种的艺术交流和借鉴吸收提供了机会。清廷对粤剧的摧毁和对粤剧艺人的迫害更加激起了粤剧艺人的斗争精神，提高了他们的民族意识和阶级觉悟，以至于清末有不少粤剧艺人或直接投身到辛亥革命之中，或以各种方式支持反清斗争。

二、辛亥革命前后：戏剧变革

中日甲午战争之后，帝国主义在中国掀起了瓜分狂潮。在朝廷腐败、内忧外患不断的民族危亡之际，不少文人学者以及资产阶级民主革命派人士借翻译外国书籍、编辑报刊等各种途径宣传西方先进思想，"灌输文明""开通民智"，从而促进了社会的大变革，其中戏剧教化民众的社会功能尤其显著。广东地区由于地域之便，与外界接触较多，受西方新思想的影响颇大，对中国之落后现状感触更深。这一时期，被当时的中国人称之为"文明戏"的西方戏剧传入中国，对中国传统戏剧产生了一定的影响。一些戏剧界人士认为古旧的剧目不足以反映当时的中国社会现实，倡导参照西方写实戏剧改良中国戏剧。同时很多新知识分子与革命团体也意识到戏剧对社会政治的重要作用，认为普通民众大多不识文字，不懂历史，但是通过观看戏剧即可知是非、判奸贤，借助戏剧宣传反清思想和民族观念无疑是最奏效的，于是与戏剧界的一批有识之士一起以救亡图存、推翻清朝统治为号召，掀起了一场声势浩大的戏剧改良运动。广东地区的戏剧改良运动与宣传反清革命舆论相结合，产生了重大的社会影响。

（一）"志士班"的戏剧改良

19世纪末20世纪初，在资产阶级民主革命思想的影响下，广州出现了改良戏曲、宣传反清革命的舆论。陈少白、程子仪、李纪堂等人于1904年组织成立了"采南歌剧团"。在此基础上，革命宣传者和戏剧界一批有志之士联合创办了一批以改良戏曲和宣传革命思想为宗旨的新型粤剧戏班——"志士班"。陈少白（1869—1934），名闻韶，号夔石，广东新会人，与孙中山、杨鹤龄、尤列一起被称为"四大寇"。1895年，陈少白参加兴中会，组织广州起义失败后流亡日本。1900年初在香港主编《中国日报》，并在该报的副刊《鼓吹录》上发表了不少戏剧、民谣作品，"或讽刺时政得失，或称颂爱国英雄，庄谐杂出，感人至深"[①]。

继"采南歌剧社"之后，在辛亥革命前后的几十年间，广州、香港、澳门等地先后成立了三十几个志士班，其中著名的有振天声、优天社、现身说法社、移风社、振南天、优天影、新国风班、光华剧社、仁风社、共和钟社、国魂警钟社、新天地社、真相剧社、镜

① 冯自由：《革命逸史》二集，北京：中华书局，1981年，第222页。

非台社、醒天梦社、钟声慈善社、天南化语话剧社、土工剧社、警晨钟社等。"志士班"的成员既有粤剧艺人和同盟会会员，还有报社编辑、记者以及留学生、工人等。他们致力于改良戏剧，以"借古代衣冠，实行宣传党义；娱人耳目，犹应力挽颓风"为宗旨，有着十分明确的政治目的。

"志士班"编演的新剧目多以教育民众、反映现实社会生活和宣传反清思想为主，其题材概括起来主要有四类：一是反映当时的现实生活，抨击各种陈旧的生活陋习的时装戏。如黄鲁逸编写的《与烟无缘》《周大姑放脚》，陈少白编写的《赌世界》《赌仔回头》《嫖客自叹》《警晨钟》等，以及讽刺封建迷信的名剧《盲公问米》，剧中借"请神曲"咒骂鬼神，嘲讽愚昧，痛快淋漓，庄谐杂出，给观众留下了深刻的印象。二是取材于当时的革命事件与革命人物事迹，以宣传革命道理和颂扬革命精神，号召民众起来进行反清斗争。著名的有《云南起义师》《秋瑾》《外江志士》《志士救国》《徐锡麟刺恩铭》《辛亥革命党人碑》《火烧大沙头》《温生才打孚琦》等，皆取材于当时发生的重大事件，一经演出，对观众尤有震撼力。如《温生才打孚琦》，取材于1910年爱国侨工温生才因刺杀广州副都统孚琦被捕壮烈牺牲的事迹，该剧先后在香港、广州演出，极为轰动。三是编演一些具有爱国主义思想的历史故事，歌颂历史上的英雄人物，宣扬国家思想和民族观念。如《文天祥殉国》《袁崇焕计斩毛文龙》《关云长大战尉迟恭》《范蠡献西施》《岳飞报国仇》等，由于题材都是观众比较熟悉的历史人物和故事，尽管在改编的过程中注入了新思想，仍然亲切感人，具有强烈的感染力，容易引起共鸣。四是揭露贪官污吏的腐败和封建地主阶级的罪恶，同情劳动大众的悲惨境遇。著名的有《地府革命》《骂城隍》《虐婢报》《声声泪》等。其中《地府革命》借土地公不堪压迫奋起反抗的故事，影射现实世界的不合理，言语怪诞却寓意深刻，鼓励人们进行反封建斗争；又如《骂城隍》通过描写城隍勾引良家妇女，结果被打掉城隍庙中"正大光明"的牌匾，以反映官吏的腐败与被压迫民众的反抗。此外还改编了一些外国题材的作品，旨在传播文明和改良社会陋习。

在戏剧表演艺术方面，改良过的新戏呈现出古装与时装并举、粤剧与话剧结合的特点。"志士班"表演的新戏以广州方言演唱，增加道白，由于易听易懂，语言贴近生活，深受市民欢迎。此外，演出时还采用灯光布景，仿效话剧的化妆、服装，用话剧加粤剧曲调的形式演出，唱腔方面也吸纳了南音、粤讴、龙舟、板眼等曲调，促进了粤剧唱腔的变革。

（二）粤剧与辛亥革命

"民族革命之领导，人皆知为孙中山国父。民族革命之鼓吹，人皆知为国民党兴中会诸先烈暨清末报界、文化界诸名宿。民族革命理想之传播，则人罕知为戏剧界，尤其是粤剧界诸先达之特奏殊功。"①广东作为辛亥革命的策源地，戏剧界投身革命的活动事迹尤为突出。许多粤剧艺人通过各种方式和途径参加到孙中山领导的辛亥革命活动中。

以戏剧表演方式宣传和鼓吹革命。1904年10月，我国历史上第一个戏剧专刊《二十世纪大舞台》在上海创办，该刊以"改革恶俗，开通民智，提倡民族主义，唤起国家思想"为宗旨，以宣传反清革命为目的。该刊的创刊人陈去病（1874—1933）曾以"佩忍"署名发表《论戏剧之有益》一文，认为戏剧对革命的宣传作用远胜于邹容的《革命军》、章炳麟的《驳康有为（论革命）书》，以及《皇帝魂》等革命书刊，"综而论之，专制国中，其民党往往有两大计划：一曰暴动，一曰秘密。二者相为表里，而事皆鲜成。独兹戏剧性质，颇含两大计划于其中。苟有大侠，独能慨然舍其身为社会用，不惜垢污以善为组织名班，或编明季稗史而演汉族灭亡记，或采欧美近事而演维新活历史，随俗嗜好徐为转移，而潜以尚武精神、民族主义，一一振起而发挥之，以表厥目的；夫如是而谓民情不感动，士气不发奋者，吾不信也"②，把戏剧对民众的教育作用提到前所未有的高度。早在清兵入关之时，就有粤剧激起广东总督李成栋倒戈反清，清末时期，粤剧更是坚持传统的抗争思想，借助地域之便，积极宣传反清革命。以"志士班"为主发起的粤剧改良运动，通过编演革命剧目讽刺时政，宣扬革命思想，歌颂革命事迹，号召民众起来进行反清斗争。

为革命筹措经费和运送武器。曾与陈少白等人一起创立"志士班"的李纪堂是香港富商之子，曾以巨资襄助革命，在同盟会机关遇到经济困难时多次解囊相助，如香港《中国日报》经济拮据时，李纪堂就出资五万元维持报务。另有东莞醒天梦剧团发起人之一林直勉，曾献出全部家财作为革命活动经费，资助孙中山成立香港同盟会南方支部，有"毁家报党小英雄"之称。粤剧艺人对革命活动的支持行动感人至深，不仅限于国内艺人的个人出资，更有团体义演集资，甚至远在国外的华侨社会中，也有粤剧艺人和剧团戏班为革命活动演出宣传和筹集经费，最为著名的就有美国旧金山唐人街李是男组织的新舞台戏班。李是男祖籍广东台山，自小喜欢粤剧，1906年在香港加入同盟会，1909年任同盟会旧金山分会会长。李是男为筹集革命经费，组织新舞台戏班，亲自上台演出，其小生扮相英俊且唱功出色，得到许多观众的追捧，被誉为"革命小生"。新舞台戏班所演粤剧题材多以反清革命为主，旨在号召美国华侨参加民主革命，并为革命党在国内举行武装起义筹集经费，其中仅支持黄花岗起义，旧金山华侨捐款就达一万元。1937年5月28日李是男因患肺病在广州逝世后，国民党元老冯自由曾撰挽联云："兴唐李靖，代有贤孙，记倡议美洲，勋绩永铭金币券；顾曲周郎，偏多短命，叹收功赤壁，延寿难为铁肺人。"③除了为革命筹集经费外，粤剧艺人还借演出往来之机为革命党运送武器。朱基为同盟会从香港秘密运送

① 麦啸霞：《广东戏剧史略》，广东省广州市戏曲改革委员会重印，出版时间不详，第21页。
② 陈华新：《粤剧与辛亥革命》，广州市政协文史资料研究委员会、粤剧研究中心：《广州文史资料》（第42辑），第130页。
③ 龚伯洪：《粤剧》，广州：广东人民出版社，2004年，第47页。

军火到广州，不幸被清政府逮捕杀害，其妻吴丽珍不仅没有因夫亡子幼而畏缩，相反地还在香港自筹资金成立醒群女班，继续为同盟会运送枪支弹药。

粤剧艺人直接参与革命。粤剧演员出身的李文甫和莫纪彭二人，在1908年与黄侠剧、林直勉等人于东莞组织成立醒天梦剧团，专演爱国新剧并宣扬民族主义。该团成立后到香港演出，得到冯自由的赞赏，李文甫、莫纪彭和全体剧团成员遂加入同盟会。1909年清政府借口醒天梦剧团演出袁崇焕抗清等历史剧，意在造反，强行解散该剧团。醒天梦剧团被解散后，大部分成员直接参与到同盟会领导的武装起义之中。李文甫、莫纪彭等人先后参加了1910年的广州新军起义和1911年的黄花岗起义。在黄花岗起义中，李文甫与林时爽率众为前驱，进攻总督衙门，杀敌无数。起义失败后李文甫被两广总督张鸣岐杀害，是为黄花岗七十二烈士之一。李文甫为革命献身的精神感人至深，时有"平生不识李文甫，今不复相天下士矣"[1]之说。莫纪彭在黄花岗之役与四川喻培伦将军一起坚守观音山阵地，"指挥悉中机宜，卒以士卒相继陷敌，仅以身免"[2]。之后，莫纪彭又从东莞往中山前山，发动新军起义，促进广东光复。除李文甫、莫纪彭等人外，"志士班"的另一些粤剧艺人也参与到武装斗争中，如袁德墀弃艺从戎，投身革命，参加广州光复的斗争。

辛亥革命时期，广东戏剧界对革命的支持推动了革命力量的发展，在投身资产阶级民主革命中写下了光辉的篇章，无论是在宣传革命思想还是在支持革命工作方面都功不可没。出于革命需要而进行的戏剧变革，客观上促进了戏剧的发展，尤其是对粤剧来说，改良新戏促进了粤剧的地方化、大众化和时代化，对粤剧艺术的变革和发展起到了深远的影响。虽然由于时代的局限性，粤剧的变革仍存在不足之处，如思想内容上未能超越当时的改良主义思潮，有的甚至存在美化和维护封建思想；表演艺术上仍存在简易、粗糙之弊。但是此次戏剧改良运动也使粤剧在突破旧规、扩大新剧题材、吸收新的表演方式等方面顺应了时代发展的需要，对粤剧本身的变革和发展起到了前所未有的巨大作用。

三、抗日战争前后：爱国情怀

（一）粤剧的兴衰与粤剧界的爱国义举

20世纪30年代初，广东的粤剧演出逐渐不景气，到了1938年10月广州沦陷时期，粤剧的发展则陷入了低谷。导致粤剧衰落的原因主要有三个方面：首先是电影院、游乐场、

---

① 陈华新：《粤剧与辛亥革命》，广州市政协文史资料研究委员会、粤剧研究中心：《广州文史资料》（第42辑），第137页。

② 陈华新：《辛亥革命时期的粤剧》，中国人民政治协商会议广东省委员会文史资料研究委员会：《广东文史资料》（第35辑），广州：广东人民出版社，1982年，第184页。

公园等新型娱乐场所兴起所造成的冲击。电影的取材广泛、形式多样、准时开场等优势，吸引了大批观众，对舞台戏剧造成了很大冲击。粤剧的市场竞争力日渐下降，就连当时广州最大的戏院海珠戏院也被迫停业。"近数年来，大有江河日下之势，迨至本年，更为寂寞。盖以生活程度日高，所收票价太低，则无以维持，稍昂则无人过问；且自影画之声片流行之后，市民多趋重之，舞台剧受其影响至大。海珠戏院为全市戏院中首屈一指，最近亦且停业，该行业之冷静于此可见。"[1]

其次是来自政府政策制度的限制和政治形势的影响。1926年广州建立了戏剧审查制度，剧本送审成为例行公事。广州市教育局于1927年2月制定取缔各种新旧戏剧、电影幻术等条例，对有违党义、有辱国体的戏剧一律禁演，有违背人道、有伤风化、蔑视妇女以及阻碍进化的戏剧视其情节轻重分别取缔，或部分禁演。南京国民政府成立后，广州当局对戏剧的审查更加严格，使得粤剧上演的剧目日渐平庸，观众顿减。随着抗日战争的全面爆发，尤其是1938年日军逼近并侵占广州后，粤剧在广州的发展陷入低谷。一方面，战火的破坏和著名的大型戏班向港澳等地的转移，使得广州的粤剧戏院荒废或停业，粤剧艺人纷纷避难香港、澳门，有的还远赴海外。无法远走他乡的，则散落在广州邻近的农村及赌场、鸦片馆等处演出。有的靠做小贩、苦力艰难谋生，有的则饿死街头。也有一部分粤剧艺人投靠了日军，在日军江南宪兵报道部的扶植下成立了伪八和会馆，表演一些古老传统戏和武打戏。另一方面，在日本帝国主义统治下，粤剧演出基本处处受限，大多只求渔利，上演的剧目更多地取材于外国流行的电影和小说，致使粤剧表演流于形式，内容低俗。西洋乐器在粤剧演出中愈用愈多，唱腔音乐滥用时代曲调，如《满场飞》《风流寡妇》等。

最后，粤剧自身的原因也同样不容忽视。当时不少伶人道德腐化，"红船子弟，泰半穷奢极侈，浸淫嫖赌，成为习惯。叩诸彼等，亦无讳言。其工值愈巨者，则其负债越重"[2]。与其他众多戏剧剧种一样，粤剧的兴衰在很大程度上也依赖于粤剧著名艺人，观众观看粤剧演出，往往都是冲着演员的名气去的，如20世纪20年代著名的粤剧演员薛觉先、马师曾、千里驹、白驹荣等，每一登场，必定座无虚席。等到薛觉先、马师曾相继离开广州之后，整个粤剧班随之变得冷冷清清。

20世纪30年代初至40年代，粤剧的活动中心由广州转移到了香港。这一时期是粤剧在香港发展的一个鼎盛时期，同时也是粤剧日益商业化的时期。但粤剧在香港也只是得到短暂的发展，1941年12月日军占领香港后，就有部分戏班陆续迁回内地，如锦添花剧团、飞马剧团、日月升剧团、大利年剧团、百福剧团、兴中华剧团等；也有不少著名艺人如马师曾、靓少佳、薛觉先等返回内地，加入到抗日爱国统一战线之中。

① 《广州年鉴》卷十《经济·戏院业》，1934年，第112页。

② 笑子：《放班帐平议》，《越华报》1934年6月29日。

抗战全面爆发前夕，就有不少粤剧剧目以宣传爱国思想为主要内容，如1931年"九一八"事变后，由名记者任护花编剧、著名粤剧艺人靓少佳主演的《粉碎姑苏台》，剧中借范蠡之口，发"报仇雪耻"之声，谴责日军的侵略暴行。抗战全面爆发后，更多的粤剧艺人参与到宣传抗日的活动中，为抗日战争的胜利作出了不可磨灭的贡献。1938年，薛觉先的剧团在演出《貂蝉》时，曾在"戏桥"（说明书）中写有宣传爱国思想的文字："欲国不亡，先振人心，戏剧更负社会教育之重责，系哀乐盛衰之机枢。欲使吾民兴爱国之热忱，挽狂澜之既倒，不有斯作，何以沿衰，观者取其意义而护其精神，抗战兴邦，赖此多矣。"[①]他在演《循环夫妇》时更是直接通过剧中人物喊出激励人们抗战热情的口号："东北三省已被日本占夺，上海亦被蹂躏，同胞娱乐，勿忘国耻家难！"[②]类似这种借由古人之口表达爱国之情、宣传和激励抗日精神的还有《王昭君》《梁红玉》《岳飞》《西施》《英雄泪史》等剧目。在日军占领香港后，薛觉先返回内地，在广西重建觉先声剧团，投入抗日劳军演出，在桂、粤、湘、滇四省之间游演，大力提倡抗战剧，还常常为抗战与赈济难民组织和参与义演活动，为抗日救国而积极奔走。与薛觉先齐名的著名粤剧艺人马师曾，早年曾有较长一段时间在美国演出，目睹了同胞在海外深受种族主义者歧视和侮辱的境况，使他对民族羸弱和国家落后的痛苦深有感受，也激发了他要振兴祖国的爱国热忱与强烈愿望。香港沦陷后，马师曾千方百计地偷渡回内地，组织抗战粤剧团，投身到宣传抗日的活动中。马师曾参与演出的具有爱国思想的著名剧目有《汉奸的结果》《秦桧游地狱》《洪承畴》等，痛斥汉奸；《救国怜香惜两情深》《卫国弃家仇》《烽火奇缘》《轰天雷》《还我汉江山》等，激励抗战。马师曾的粤剧剧团在粤北演出时，还请观众起立，齐奏《义勇军进行曲》，以激发观众的爱国热情与抗日精神。

在抗战期间宣传抗日救亡工作最突出的名艺人还有关德兴（新靓就），他在1939年至1940年间担任广东省抗敌动员委员会宣传团团长时，曾组织"粤剧救亡服务团"，深入到广西、湖南和粤北等地演出，宣传抗日。他还四处为抗战筹集捐款，用在美国演出募捐而得的经费购买了11架飞机支援抗战。著名戏剧家田汉曾作诗给予其很高的评价："不做寻常粤剧家，一弓一剑走天涯。但求保得唐山在，我辈何妨做傻瓜。捐得贡金百万归，牛精只着旧时衣。爱财惜命堪亡国，苦口婆心唱岳飞！"[③]此外，更有艺人直接投身于抗日斗争中，如新中华班的二帮花旦冯玉君，在香港演出时慷慨陈词，发表抗日演说，以致被港英政府驱逐出境；周康年班的二帮花旦瑶仙女参加了十九路军，投身到抗战前线，在淞沪抗战中牺牲。海外的粤剧艺人在祖国危难之际也纷纷为抗日救亡募捐，如新加坡怡宝剧团的粤剧名艺人邓秋侠、朱秀英等曾为"献机"抗日而三个月不领工资，只留饭钱。吉隆坡的永寿年剧团每周为抗日募捐作三场义演。

---

① 龚伯洪：《粤剧》，第83页。

② 龚伯洪：《粤剧》，第84页。

③ 龚伯洪：《粤剧》，第85页。

（二）话剧大发展与抗日话剧

与20世纪30年代粤剧衰败不同的是，广州话剧在这一时期得到了极大的发展，尤其是1935年至1938年10月日军侵占广州前，是广州话剧大发展的时期。在北平"一二·九"学生运动的影响下，广州的话剧工作者和中山大学、女子师范等校学生，纷纷组织起各种话剧社（团）和抗日救亡团体，利用话剧宣传抗日主张，掀起了一个以抗日救亡为主题的话剧活动热潮，涌现出锋社话剧团、蓝白剧团、广州艺协剧团、前锋剧社、广州儿童剧团、广州春雷剧社、广州抗战洪流剧团等20多个话剧团体，以锋社、蓝白、艺协持续时间最长、活动最频繁、影响最广泛，号称广州三大剧社。

广州锋社话剧团正式成立于1936年9月18日，在中共地下党组织的指示下成为抗日救亡的革命团体，公开演出《汉奸的子孙》《走私》《父子兄弟》等剧目，号召群众为打倒日本帝国主义和汉奸卖国贼进行斗争。广州艺协剧团的前身是广州艺术工作者协会戏剧组，受中共地下党组织戏剧支部的直接领导，演出剧目以控诉日寇侵华罪行和揭露国民党反动派的卖国投降行径为主要内容，演出地点不局限于剧场，而是选在长提、黄沙、河南大基头等群众比较集中的地方，并且采用说书和粤曲演唱等群众喜闻乐见的表演形式，收到了很好的宣传效果。蓝白剧社是一个以学生为主的业余群众组织，剧社成立后曾先后演出过《求婚》《白茶》《东北之家》等剧目，激起了观众强烈的抗日情绪。《东北之家》演出时，"场内掌声不断，'打倒帝国主义'的口号高呼不停"①。广州儿童剧团成立后即在广州和广州附近的城镇、乡村和工厂展开抗日救亡宣传活动，出版墙报，演街头剧，到电台播唱抗日歌曲，到伤兵医院和难民营慰问，参加义卖献金，支援抗日前线。据不完全统计，从20世纪30年代初到日军攻占广州期间，广州话剧演出的剧目共有200多个。其中以抗日救亡为主题的剧目占绝大多数，如《三江好》《九一八以来》《放下你的鞭子》《重逢》《烙印》《张家店》等，并且大部分演出剧目取材于当时的重大事件以及抗日斗争中涌现的英雄事迹，如《卢沟桥之战》《黄花岗》《八百壮士》等，采用独幕剧、街头剧、活报剧等灵活多样的演出形式，通过不同的侧面展现中国人民不屈不挠、英勇抗日的生动情景，极大地激发了群众的抗日救国热情。

1938年春，由广东戏剧协会组织编演的大型历史话剧《黄花岗》堪称广州有史以来规模和影响最大的话剧演出。参与《黄花岗》编剧的有夏衍、周钢鸣、司马文森、郁风、胡春冰、钟启南、赵如琳等24位作者。参与演出的有锋社、蓝白和艺协等20多个话剧团体的240多名演员。演出从"三二九"黄花岗起义纪念日起，一连三天在广州太平戏院上演，演出时还有马思聪亲自指挥的200多人的歌咏队参加演唱，阵容庞大，盛况空前。该剧以

---

① 何芷：《抗日烽火中的广州三大剧社》，广东话剧研究会：《鸣镝篇：广州锋社话剧团的战斗历程》，出版时间不详，第54页。

广州起义为题材，以描写温生才炸孚琦事件为序幕，以抗战中召开动员大会为尾声，把历史事件与当时抗战的实际相结合，通过痛陈祖国革命历程和揭露日寇侵略罪行，报道全国各阶层人士奋起抗战的事迹，呼吁救济阵亡战士家属和动员全体人民参与团结抗战，并揭示中华民族必然会在战火中复兴的光明前景。在演出结尾时，演员集体朗诵"东方的伟大凤凰，已经准备了涅槃的香木，已经勇敢地飞进了猛烈的火中，新的凤凰，新的中国，就要在烈火中诞生了"[1]，台下观众掌声雷鸣，经久不息。锋社剧团上演的《自由魂》由俄国名著《夜未央》改编而来，戏剧以日寇汉奸傀儡统治下的北平为背景，一群热血青年在敌骑纵横和汉奸密探的严密监视下，仍不断地与北平城外的游击队取得联系，并秘密印发反日锄奸传单，在敌人的后方进行不屈的斗争。剧中以"不自由，毋宁死"的壮烈名言表现了中华儿女为争取自由解放不畏牺牲的精神。街头剧《放下你的鞭子》讲述了"九一八"事变后从中国东北沦陷区逃出来的一对父女在抗战期间流离失所、以卖唱为生的故事，通过老父和香姐诉说日本侵华、家乡沦陷的辛酸，借以揭露"九一八"事变后东北人民在日本帝国主义残暴统治下的悲惨遭遇，激起观众的抗日救国情绪。

　　1938年10月广州沦陷后，话剧团体纷纷撤离广州，到农村坚持以抗日救亡为主题的演出活动。锋社、艺协和蓝白三个剧社在撤出广州后，先是参加了中共地下党组织领导的广东省民众委员会的战时工作队和第四路军民运工作团，之后又转入国民党第十二集团军从事艺术宣传工作，被分为第十二集团军艺宣大队和六十三军政工队两个队伍。皖南事变后，两个队伍均被从前线调回韶关，共同组成第七战区政治部政治大队，简称"七政大"，战斗在粤北山城一带。"七政大"演出的剧目内容以隐喻时弊的历史剧居多，如欧阳予倩的《忠王李秀成》、阳翰笙的《天国春秋》、于伶的《大明英烈传》、夏衍的《草木皆兵》、周彦的《朱门怨》、沈浮的《金玉满堂》等。《天国春秋》以太平天国领导集团内讧的悲剧，暗喻国民党破坏国共统一战线发动皖南事变制造分裂的罪行，剧中"又杀一家！""自己人杀自己人！"[2]等台词引起了观众强烈的共鸣。"七政大"所演的现代戏则以曹禺的《蜕变》较为突出，该剧以除旧布新为主题，以剧中人物的成长蜕变昭示国家民族的蜕变，预示着中国的抗战出现了新的转机，使处于艰难抗战中的人们看到了希望。

结　语

　　戏剧作为一种社会艺术，自其产生以来就与社会政治有着一种密切而特殊的联系，演戏、看戏既是一种文化生活，同时也受到政治形势的影响。一方面，很多戏剧演出的内容

---

　　① 鲁毅仁：《夏衍和〈黄花岗〉的尾声》，广东话剧研究会：《鸣镝篇：广州锋社话剧团的战斗历程》，第138页。

　　② 晨歌：《粤北山城戏剧兵——记"七政大"》，广东话剧研究会：《鸣镝篇：广州锋社话剧团的战斗历程》，第180页。

往往以政治事件和时代背景为题材，反映政治生活与社会变迁；另一方面，政治对戏剧的利用与限制由来已久。以近现代时期广东地方戏剧为例，即可看出戏剧的发展总是与时代的变化和社会的变迁紧密相关。从太平天国运动时期李文茂领导红巾军起义，到辛亥革命前后轰轰烈烈的戏剧改良运动，再到抗战时期高涨的戏剧抗日救亡浪潮，广东地方戏剧在其发展和变革的过程中，紧随社会和时代的变化，始终关注社会生活，关心国家命运。

随着列强的入侵和民族危机的加深，中国社会由封闭走向开放，经历了一系列的变革和革命，而作为最先接触西方文明的广东地区，对国家衰弱和民族危机的认识尤为深刻。广东地方戏剧正是生长在这样一片饱受封建压迫和外族侵略的土壤之上，戏剧的表演与变革在以反映当下社会为主题的同时也表现出强烈的抗争意识，这使得近现代时期广东地方戏剧有着浓厚的社会性和强烈的革命性。粤剧的变革，话剧的引进和发展均与传播先进文明、宣传革命思想和反对外族侵略的斗争相结合，不仅极大地发挥了戏剧开启民智和传播文明的社会功能，而且客观上也促进了广东地方戏剧的发展。

老师点评：戏剧作为一种社会艺术，自其产生以来就与社会政治有着一种密切而特殊的联系。左飞同学的学士学位论文《戏剧与社会政治——以近现代广东地方戏剧发展为例》，对广东地区影响较大的粤剧、(白)话剧等戏剧在近现代几个特殊历史时期的发展状况及其与当时社会政治的关系进行梳理，探讨了近现代国家民族危亡之际，作为社会文化艺术的戏剧和戏剧艺人与国家民族命运的关系，丰富了社会文化史的研究，其选题角度新颖，具有较好的学术研究意义。

综观全文，左飞同学较好地掌握了史学研究的基本理论和研究方法。论文篇章结构合理均衡，内容完整，史料较为丰富且运用得当，注释书写规范，文字简洁，语言精炼，写作规范，层次清晰，分析到位，论述较为全面且有一定的深度。论文写作符合学术规范，是一篇优秀的学士学位论文。

论文指导老师：李淑蘋

明清盐商移民与扬州城市发展

2010级　张黎阳[①]

摘　要： 明清时期，两淮地区的盐业政策发生了重大变革，导致大量盐商开始迁移于此经营盐业。而扬州作为两淮盐政的中心，成了盐商移民的聚集地。明代成化、弘治以后，开中折色和纲盐制开始推行，大量陕西、山西的盐商开始移入扬州，而徽商利用其便利的地理条件后来居上，逐渐成了盐商移民的主体。盐商的大量移入，对于明清扬州城市化的意义非常明显。他们带来的经济资源促进了城市盐业经济和工商业的繁荣；在雄厚的财力下，他们热衷投资扬州的教育事业、慈善事业；扬州移民中的饱学之士，在推动城市文化的发展中也贡献了重要的力量。但是暴富的盐商移民在生活中奢靡腐化的习气，也对社会风气造成了不良的后果，扭曲了市民阶层人性的发展。

关键词： 明清扬州；盐商移民；城市化；城市发展

对淮盐及其盐商的研究一直是盐业史研究中最热门的话题，研究成果也非常丰硕。

关于盐政制度演变方面，薛宗正《明代盐商的历史演变》[②]就开中制与开中盐商、内商和边商的分化问题进行了考察。孙晋浩《开中法与明代盐制的演变》[③]分析了开中制下商人守支困境与明代盐法演进的关系。李绍强《论明清时期的盐政变革》[④]详细介绍了明清盐制的重大变革，并从全新的视角分析了这种变革的必然性。张家国等《试析明代盐法变迁之轨迹》[⑤]梳理了明代盐法变迁的轨迹，从法理的角度对盐法进行了深入的研究。朱宗宙《明清时期盐业政策的演变与扬州盐商的兴衰》[⑥]探讨了扬州盐商的兴衰与盐业政策的关系。以上研究对于我们理解盐政变革与盐商移民扬州的关系具有重要作用。

扬州盐商的地域结构也是学者关注的重点之一。朱宗宙《扬州盐商的地域结构

[①] 张黎阳，陕西西安人，暨南大学2010级历史学系本科生。在本科学习过程中，对明清史领域兴趣浓厚。又因祖籍江苏，故在毕业论文选题上，选取了明清时期的扬州城，希望从移民史的角度回溯盐商移民对于扬州这座城市兴衰产生的深远影响。

[②] 薛宗正：《明代盐商的历史演变》，《中国史研究》1980年第2期。

[③] 孙晋浩：《开中法与明代盐制的演变》，《盐业史研究》2006年第4期。

[④] 李绍强：《论明清时期的盐政变革》，《齐鲁学刊》1997年第4期。

[⑤] 张家国等：《试析明代盐法变迁之轨迹》，《法学评论》1997年第5期。

[⑥] 朱宗宙：《明清时期盐业政策的演变与扬州盐商的兴衰》，《扬州大学学报》（人文社会科学版）1997年第5期。

（续）》①分析了扬州盐商群体主要由陕西、山西、徽州、湖广、江西、江苏等地域的移民商人群体构成。胡心怡《试述明清时期徽州人向淮扬地区的人口迁徙情况及其影响》②主要从明清族谱方志资料中梳理了徽州人向淮扬地区的移入情况及其产生的社会影响。冯尔康《明清时期扬州的徽商及其后裔述略》③对扬州的徽商移民及其后裔做了深入的研究，通过方志资料制作了六个移民及其后裔的图表，说明了16世纪之后，徽商逐渐超过西商，成为扬州盐商的主体。

有关盐商与扬州社会发展的研究成果也不少。学者王振忠可谓是集大成者，他先后就明清两淮盐商对扬州青楼文化、扬州盐商社区文化、扬州城市结构与城市人口、扬州城市文化等进行了长期而扎实的研究。④他的集大成之作是《明清徽商与淮扬社会变迁》⑤，该书从社会经济史的角度，揭示了盐业与淮扬地方社会变迁的密切关系。学者王瑜、朱正海主编《盐商与扬州》⑥则以扬州为中心，探讨了明清扬州盐商的状况及其对扬州社会各个方面的影响。目前能检索到的与明清扬州内容相关的论文，较多地探讨了徽商、盐业经济对扬州地区文化、饮食、风俗、社会变迁等多方面的影响。在文化事业方面，朱宗宙《明清时期扬州盐商与文人"雅集"》⑦指出，两淮盐商以雄厚的财力，招纳、吸引了全国大批文人学士聚集扬州，开展文化活动，推动了诗歌创作及文化事业的繁盛。在教育事业上，吴海波《两淮盐商与清代文教事业》⑧介绍了富甲一方的盐商通过捐资修建各种教育设施、推广学术活动、资助文人寒士的方式，对当时的地方教育事业做出了突出贡献。在饮食上，黄炜炜《清代两淮盐商与扬州饮食》⑨指出，暴富的盐商痴迷于奢侈消费，很大一部分用于饮食消费，对扬州饮食风尚产生了极大的影响。在戏曲方面，朱宗宙《清代扬州盐商与戏曲》⑩探讨了清代盐商对于扬州戏曲的繁荣所发挥的作用。除此之外，还有学者从盐商与扬州社会风俗、园林艺术、书画收藏等角度做了相关研究，但是他们的角度都为盐商对扬州地方的积极建设，笔者在此不做赘述。也有学者关注盐商对扬州的负面影响。萧国亮《清代两淮盐商的奢侈性消费及其经济影响》⑪中详细介绍了两淮盐商的奢侈

① 朱宗宙：《扬州盐商的地域结构（续）》，《盐业史研究》1996年第4期。

② 胡心怡：《试述明清时期徽州人向淮扬地区的人口迁徙情况及其影响》，《通化师范大学学报》（人文社会科学）2013年第5期。

③ 冯尔康：《明清时期扬州的徽商及其后裔述略》，《徽学》2000年卷，合肥：安徽大学出版社，2001年。

④ 学者王振忠的主要成果，可参见《明清两淮盐商与扬州青楼文化》，《复旦学报》（社会科学版）1991年第3期；《明清扬州盐商社区文化及其影响》，《中国史研究》1992年第2期；《明清两淮盐业与扬州城市人口数的再认识》，《盐业史研究》1994年第3期；《两淮盐业与明清扬州城市文化》，《盐业史研究》1995年第3期。

⑤ 王振忠：《明清徽商与淮扬社会变迁》，北京：生活·读书·新知三联书店，1996年。

⑥ 王瑜、朱正海主编：《盐商与扬州》，南京：江苏古籍出版社，2001年。

⑦ 朱宗宙：《明清时期扬州盐商与文人"雅集"》，《盐业史研究》2001年第2期。

⑧ 吴海波：《两淮盐商与清代文教事业》，《教育史研究》2005年第4期。

⑨ 黄炜炜：《清代两淮盐商与扬州饮食》，《四川理工学院学报》（社会科学版）2006年第6期。

⑩ 朱宗宙：《清代扬州盐商与戏曲》，《盐业史研究》1999年第2期。

⑪ 萧国亮：《清代两淮盐商的奢侈性消费及其经济影响》，《历史研究》1982年第4期。

性消费行为，认为这种消费行为阻碍了两淮盐业生产、造成私盐盛行和盐法败坏、助长了奢侈风气和奢侈性商业的发展。

除了从盐商的角度入手之外，也有学者开始从移民学的角度研究扬州城市的发展问题。如前面所提到的冯尔康的《明清时期扬州的徽商及其后裔述略》[①]介绍了徽州盐商及其后裔在扬州建设书院和资助慈善事业，颇有成效，促进了当地文化的发展，提高了社会救济能力。与此同时徽商自身重视修养，成为文化学者，成功地融入了扬州地方社会中。石云生《明清扬州城市移民与城市发展》[②]主要介绍了明清时期的城市移民在扬州城市经济、城建、社会事业上的贡献，从而详尽地探讨了移民对明清扬州城市恢复与发展的积极作用。

盐业与地方社会关系的课题也引起了境外学者的关注。日本学者佐伯富《盐和中国社会》[③]从盐利、盐商的特权、扬州盐商等方面进行了深入的分析，指出扬州盐商对社会风气的毒化、对文化的贡献以及对奴婢制度的影响等问题。何炳棣《扬州盐商：十八世纪中国商业资本的研究》[④]从经济学的角度对两淮盐业组织、盐商财产、盐商利润进行了研究，探讨了盐商的生活方式、文化追求与社会流动。澳大利亚学者安东篱《说扬州——1550—1850年的一座中国城市》[⑤]深入剖析了扬州城市腹地、经济政治、商人士人、盐政水利、土著与移民以及徽州与扬州等方面的复杂关系。美国学者梅尔清《清初扬州文化》[⑥]以清初扬州地方文化为主题，围绕扬州名胜与文学的关系对其文化内涵和文人作品展开了论述。

本文时间选取为明朝中后期到康乾盛世。旨在探讨两个子问题。其一，明清两淮盐政变革与扬州盐商移民的关系。其二，明清盐商移民与扬州城市化及城市发展问题。通过分析盐政制度的变革所引起的盐商移民的现象，深入探讨盐商移民在扬州城市化及城市发展中所发挥的作用。

一、明清扬州盐商[⑦]移民概况

扬州地处大运河与长江交汇处，为南北漕运之要冲，地理优势得天独厚。明清之际，

---

① 冯尔康：《明清时期扬州的徽商及其后裔述略》，《徽学》2000年卷。

② 石云生：《明清扬州城市移民与城市发展》，苏州大学硕士学位论文，2008年。

③ ［日］佐伯富：《盐和中国社会》，刘俊文主编：《日本学者研究中国史论著选译》第六卷《明清》，栾成显、南炳文译，北京：中华书局，1993年。

④ 何炳棣：《扬州盐商：十八世纪中国商业资本的研究》，巫仁恕译，《中国社会经济史研究》1999年第2期。

⑤ ［澳］安东篱：《说扬州——1550—1850年的一座中国城市》，李霞译，北京：中华书局，2007年。

⑥ ［美］梅尔清：《清初扬州文化》，朱修春译，上海：复旦大学出版社，2004年。

⑦ 扬州盐商，是指侨寓于扬州或者居于扬州经营两淮盐业的商人。明清之际，两淮盐区的盐产量很大，大批商人来淮业盐。两淮盐业的管理中心就在扬州，扬州自然就成了两淮盐商的聚集地。所以，两淮盐商又被称为扬州盐商。

两淮盐业得到了迅速发展，扬州开始走向繁盛。伴随着两淮盐政的重大改革，大批经济实力雄厚的商人携家移居于此，成为扬州城市移民。

（一）明清盐政变革与盐商移民

明朝初期，元朝残余势力仍盘踞北方，为了防御元朝残余势力的侵入，需要大量的军需物资，尤其是粮食。在这样的背景下，明政府创立了开中法。在该制度下，商人将粮食解运至边境地区的官仓以备时需，作为回报，他将获得一份许可证，可以从盐场认购食盐进行零售。纳粮中盐的商人群体为追逐盐利，往来奔波于边境与扬州之间。有的商人，干脆移家于扬州以利业盐。

明朝中叶以后，统治阶级日渐腐败，王公大臣和内外官员凭借自身手中的政治特权抢得报中的机会，倒卖盐引，导致一般商人支不到盐，开中之法日渐崩坏。而此时边疆战事频繁，军费开支日益增长，作为明王朝重要财政收入的开中制，却是"内商之盐不能速售，边商之引又不能贱售，报中寝息"[①]。明政府不得不进行财政改革，在盐政制度上开始推行开中折色制，直接导致边境供粮与食盐认购之间的联系大大削弱。此种办法，业盐的商人不必再往来奔走于边境与扬州之间，他们只需在扬州缴纳银两便可换得盐引。由于边商经营商屯，开中纳粮获得盐引后再加价转卖，而如今内商只需直接纳银便可获得盐引就地销盐，在便利程度与获得盐引的机会上都大大超过了西北内商，这给了西北边商以沉重的打击。在内商的排挤之下，边屯日益解体，"西北富商纷纷改业内商，徙家于淮南以便盐，而边地为墟"[②]。据文献记载，"嘉靖时，西北商贾在扬州者有数百人，此后，徽商利用手中的财力以及有利的地理条件，势力日渐增大，超过了陕商和山商"[③]。

万历年间，由李汝华、袁世振在两淮地区推出了改革的新措施，即纲盐法。纲法规定："（由于边商利在行新引，内商利在行旧引，纲法乃实行结纲行运，新、旧引兼疏，把在册商人编为十纲）此十字纲册自今刊定之后，即永留于众商，永永百年，据为窝本，每年照册上旧引，派行新引。其册上无名者，又谁得钻入，而与之争鹜哉。"[④]纲法制的确立使得盐商运销食盐的资格世袭化，扬州地区的盐商成了封建政府的特许商人。自此，大批实力雄厚的徽商入主扬州，成为扬州人数最庞大、实力最雄厚的盐商群体。

明末清初，繁荣富庶的扬州再次遭受了兵燹之灾。惨绝人寰的"扬州十日"屠城事件使得扬州城的人口几近殆尽。清朝入关之后，非常重视恢复两淮的盐业生产。在盐政制度上，一直沿袭明朝万历年间所创立的纲盐制度。《清史稿》之《食货志·盐法》亦有载：

①　李洵校注：《明史食货志校注》卷八十志五十六，北京：中华书局，1982年，第164页。
②　李绍强：《论明清时期的盐政变革》，《齐鲁学刊》1997年第4期。
③　朱宗宙：《明清时期盐业政策的演变与扬州盐商的兴衰》，《扬州大学学报》（人文社会科学版）1997年第5期。
④　薛宗正：《明代的盐法变革与商人资本》，《盐业史研究》1990年第2期。

"（盐制）大率因明制而损益之。"①在盐业政策上，顺治二年（1645）在扬州设立的两淮巡盐察院署和两淮都转盐运司，为盐业的生产恢复及运销提供了支持。此外，清政府还实行了一系列生产、招商的优惠政策。因此，两淮的盐业生产得以迅速恢复并获得了进一步发展。到了乾嘉时期，两淮盐产量达到了顶峰，占到了当时全国的三分之一，盐商又纷纷回到扬州。清代盐商移民以徽州商人最为活跃，他们几近垄断了两淮盐务。在扬州城市的恢复发展与文化塑造中，徽州商人扮演着不可或缺的重要角色。

（二）扬州盐商移民的地域结构

明代中后期，随着两淮盐政制度的变革，推动了两淮地区盐业经济的飞速发展。开中制实施后，大批商人纷来沓至。山西、陕西、徽州等地许多商人来到扬州业盐，并定居于此。尤其是在弘治年间，开中折色制的改革后，边商大量徙为内商，安家在扬州城。而边商中，主要由陕西、山西两地的盐商构成，他们并称为西商。在弘治后期，徙居扬州的陕西盐商有数百人之多。嘉庆《江都县续志》卷十二中也有记载西商移民扬州："扬以流寓入籍者甚多，虽世居扬而仍系故籍者亦不少。明中盐法行，山陕之商麇至。三原之梁，山西之阎、李，科第历二百余年。至于河津、兰州之刘，襄陵之乔、高，泾阳之张、郭，西安之申，临潼之张，兼籍故土，实皆居扬。往往父子兄弟分属两地，若莱阳之戴，科名仕宦已阅四世，族尽在扬。"②从上述文献资料中可以看到，已有相当数量的山陕商人为了从事盐业，携家来到了扬州。在明朝中后期，我们依然可以在扬州历史上看到山陕商人的身影。嘉靖三十七年（1558），倭寇侵犯扬州。"知府石茂华发民乘城，众皆恇怯。金（陕西商人阎金）率西北诸贾人登陴，以强弩射之。"③可以推测，当时的陕西、山西盐商在扬州已有相当数量，他们已经是地方社会一股重要的社会力量。此外，山陕盐商为了便于他们的商业活动，还在扬州和其他许多地方也逐渐成立了单一性的会馆（山陕会馆）。④

徽州商人染指盐业的时间略晚于西商，但是他们后来居上，依托便利的地理条件和经商的实力，在两淮盐业中的影响力很快超越了西商。大量文献都显示，徽州大盐商"栖淮海""都广陵""都淮南"，把扬州看作自己的第二故乡。陈去病《五石脂》中说："扬盖徽商殖民地也。故徽郡大姓，如汪、程、江、洪、潘、郑、黄、许诸氏，扬州莫不有之，大略皆因流寓而著籍者也。"⑤弘治年间，开中折色正式推行，大大增强了徽商在盐业贸易中的竞争实力。到了万历年间，扬州城内"聚四方之民，新都（徽州）最，关以西、山右次之，大都士较沮洳五之一，田畴较贾十之一，土著较游寓二十之一，粱粱较鱼盐陶器三十

① 赵尔巽等：《清史稿》卷一百二十三《食货志·盐法》，北京：中华书局，1976年，第3603页。
② 朱宗宙：《扬州盐商的地域结构（续）》，《盐业史研究》1996年第4期。
③ ［澳］安东篱：《说扬州——1550—1850年的一座中国城市》，李霞译，第47页。
④ 张正明、张舒：《晋商兴衰史》，太原：山西经济出版社，2010年，第7页。
⑤ 陈去病：《五石脂》，南京：江苏古籍出版社，1985年，第309页。

之一"①。明代万历以后，纲盐制度的实行更是加强了徽州盐商在扬州的实力和地位，到了清代，主管两淮盐业的总商也多为徽州大盐商，此时两淮盐业几乎由徽州商人操纵。

除了陕西、山西、徽州这三股主要移民之外，迁往扬州的还有来自江西、湖南、浙江和江阴的盐商。他们大多携家寓居于此，富贵而不归乡。几百年间，其子孙后代开枝散叶，人数不断增长，日益成为扬州社会重要的成员。

二、扬州盐商移民与城市化②

（一）城市人口比率

元末兵燹给了扬州以重大打击，重创之下，扬州元气大伤，城市人口大幅减少。嘉靖《惟扬志》记载："国初，扬郡查理户口，土著始十八户，继四十余户而已，其余皆流寓尔。"③明中叶以后，随着扬州城市经济和盐业经济的发展，扬州社会迅速恢复与发展，城市人口也开始大规模增加，可见盐商移入对扬州城市化的意义非常明显。

傅崇兰在其著作《中国运河城市发展史》中对明清扬州的城市人口进行了估计（表1），根据作者的描述可知，其根据明清扬州府江都县的丁口数，以一定的比例折算出了当时城内的人口数量。这种机械的折算数据是站不住脚的，但也有一定的参考意义。

表1　明清扬州府江都县城市人口估计值④

年份	江都县	扬州城	城市化比率
洪武九年（1376）	64872	9000（估计值）	13.87%
成化八年（1472）	92018	14000（估计值）	15.21%
嘉靖四年（1525）	101527	15000（估计值）	14.77%
康熙十四年（1675）	174414	24800（估计值）	14.22%
嘉庆十三年（1808）	528339	75000（估计值）	14.20%

由上表我们可以看到，明清时期，江都县城内的市民增长速度较快，这很大一部分来自业盐的商人。但此表中城市化的比率一直维持在一个相对稳定的高水平之下，是因为作者根据一定的比例折算而造成的，因此是不科学的。

曹树基在《中国人口史》第四卷中估计明代万历年间，扬州城市常住人口有13万—14

①（明）杨洵、陆君弼等纂修：万历《扬州府志·序》，明万历刻本。

②城市化，是一个多学科交叉的复杂概念。国内学者对城市化的概念分别从人口学、地理学、社会学、经济学等角度给予了阐述。而本文中主要从地理学和人口学的角度入手，将扬州的城市化界定为由扬州府以外的人口自发性的迁移入扬州城，所引起的扬州城市人口上升，城市地域范围扩大的现象。

③嘉靖《惟扬志》卷十，《天一阁藏明代方志选刊》，上海：上海古籍书店，1963年。

④傅崇兰：《中国运河城市发展史》，成都：四川人民出版社，1985年，第212页。

万之多，而当时的城市总人口约40万。[①]笔者由此估算出当时扬州城的城市化率达到了惊人的32.5%。大量城市移民的到来可以合理解释当时如此之高的城市化率。明朝后期，由于盐商的不断移入，扬州城依然保持着很高的城市化水平。曹树基认为明代后期南直隶地区的城市化水平中，扬州府最高，达到了26%，其次是苏州府20%，应天府17%。对比可知，当时扬州府的城市化率在江苏以至江南都是最高的水平。由此，我们可以得出结论：明朝中后期，盐商的大规模移入是促进扬州城市化发展的重要原因之一。

（二）城市地域范围

扬州城市化不断推进的另一重要特征是城市规模不断在扩展。明弘治以后，开中纳银制度确立，大批盐商辐集扬州，对扬州城市的地域分异，产生了深刻的影响。这主要体现为，新城的建立，城市地缘不断扩大。

明代前期扬州的主城区为旧城，是兵燹劫余明太祖命张德林在宋大城西南隅修筑而起的。当时天下未定，扬州作为重要的军事据点，主要发挥着行政和军事的职能。因此，旧城在规模上非常有限。嘉靖《惟扬志》也有记载："（明代旧城）周围九里二百八十六步四尺，高二丈五尺，上阔一丈五尺，下阔二丈五尺，女墙高五尺，城门楼观五座，南门楼曰镇淮，北门楼曰拱辰，大东门楼曰迎晖，小东门楼曰谯楼，西门楼曰通川。"[②]可见当时旧城城区的规模较为狭窄。

两淮盐业经济兴起之后，来自各地的盐商纷纷携家移居扬州，尤其是弘治开中折色改革后，大量移民出现了在扬州城。嘉靖中后期，江都县为"四方舟车上古之所萃，生齿聚繁，数倍于昔"，而盐运司和商人"实居旧城之外，无藩篱之限"。原本狭小的旧城已经是城小不能容众。在此时期，扬州又频繁遭到倭寇的侵扰，旧城外的盐商移民常遭到劫掠。为了保证运司课银的征收，保护商贾的安全，知府石茂华借盐商三万两盐银，于旧城外环河增筑新城。扬州新城位于旧城东部，因此也被称作东城，由砖石建造，亦称"石城"。新城位置相当于宋代大城的东南隅，东、南、北三面，城周约八里有奇，计一千五百四十二丈，有七个城门，即抱江门、便益门、拱辰门、广储门、徐凝门、通济门、利津门。沿旧城城濠，设立南、北两水关，而东、南二面，即以运河为濠。新城建成后，飞速发展，扬州城迅速由明初的政治、军事功能向经济功能转变。此时，扬州城内"民居鳞然，商贾尤复具于市，少者扶老赢，壮者任戴负，与夫美食衍食之人，尤溢于途；风晨月明，歌鼓管龠之声，犹复盈耳；弦歌诵习，在乡塾者无处不然"[③]。新城的修筑使得原来居住于旧城之外的商民有了生活保障，很多人都没有了再次搬家的顾虑。

---

① 曹树基：《中国人口史》第四卷《明时期》，上海：复旦大学出版社，2000年，第312页。

② 嘉靖《惟扬志》卷十，《天一阁藏明代方志选刊》。

③ 何城：《扬州府新筑外城记》，（清）高士钥、五格纂修：乾隆《江都县志》卷三《疆域·城池》，《中国方志丛书》华中地方第383号，台北：成文出版社，第125页。

对比明初扬州城的空间大小，我们可以从图1中看到新城落成后，扬州城区的面积得到了迅速扩展。表2中，笔者通过统计计算得出，新城与旧城合起来构成的城区面积已经是明初旧城的2倍以上。由此可见，盐商移民在推进扬州城区扩展的过程中发挥了重要作用。

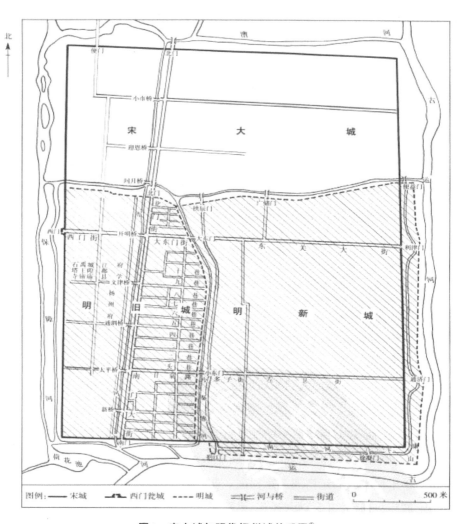

图1　宋大城与明代扬州城关系图[1]

表2　扬州旧城与新城城区面积对比[2]

项目	扬州旧城	扬州新城与旧城连在一起后
东城墙长度	约1900米	约2010米
南城墙长度	约940米	约2200米

---

① 中国社会科学院考古研究所等编著：《扬州城：1987—1998年考古发掘报告》，北京：文物出版社，2010年，第51页。

② 笔者根据嘉靖《惟扬志》、何成《扬州府新筑外城记》、曹树基《中国人口史》第四卷《明时期》中关于扬州城大小的记载以及图1中的比例尺，计算得出扬州城区的面积估计值。

项目	扬州旧城	扬州新城与旧城连在一起后
西城墙长度	约1800米	约1800米
北城墙长度	约850米	约2200米
城市周长	约5490米	约8210米
城区面积	约1.884平方千米	约4.213平方千米

　　明末之际，扬州再次遭受了破坏性的灾难。灾难之后，扬州又得到了迅速恢复，到了康乾盛世，社会逐渐安定，盐业也得到了进一步发展。有清一代，扬州城区范围仍限定在明代的旧城和新城，虽然规模没有再扩大，但城市移民充分开发与利用了扬州城市空间，尤其是康熙、乾隆南下，盐商大兴土木，使得扬州面貌焕然一新，成了城市化水平极高的商业大都会。

　　明清扬州盐商的到来，大大提高了扬州城市化水平。移民的移入与带动效应，使得扬州城市人口不断增加。在扬州新城兴建和城市空间开发之中，扬州盐商移民也都参与到了其中。

三、盐商移民与扬州城市发展

　　盐商移民的大量涌入，为扬州城市经济的发展带来了源源不断的财富，刺激了扬州城市各行各业的繁荣。与此同时，他们还活跃于扬州社会之中，积极地参与到了扬州城市的文化事业、教育事业和慈善事业的发展。但是盐商移民奢靡腐化的生活习气，也对社会风气造成了不良后果，扭曲了人性的发展。

（一）盐商移民与城市经济

1.盐业经济

　　明清时期，扬州城的繁荣昌盛离不开盐业经济的兴盛。盐业经济的发展为扬州吸引了大量移民人口，支持了经济、文化等各项事业的发展。在明朝中叶，开中制逐渐崩坏之下，盐商群体开始分化为"边商""内商""水商"。移民扬州的大多是西北而来的边商与徽州府而来的内商。万历《扬州府志》也称："内商多徽、歙及山陕之寓籍淮扬者。"[1]长期居住于扬州的盐商为扬州经济提供了许多发展机遇。

　　盐业经济是一个具有高利润回报的行业，但它前期需要盐商投入大量的资金成本以及具有承担支不到盐的风险能力。盐商的辐集为盐业经济的发展聚集了大量的资金，适应了盐业经济的发展。明代人宋应星说："万历盛时，资本在广陵者不啻三千万两，每年子息

---

① （明）杨洵、陆君弼等纂修：万历《扬州府志》卷十一，明万历刻本。

可生九百万两。"①盐业经济为扬州城市创造了巨额的财富，成了城市经济的中心。前人已做过相关研究，将盐业经济的发展程度量化如下："乾隆年间，两淮盐商用于生产和流通的资本年均达2030万两，其中运商资本约1600万两，场商资本约430万两；年均利润750万两，其中运商利润约650万两，场商利润约100万两。乾隆朝60年，两淮盐商的利润总额可达4.5亿两。"②正是由于盐业经济的发展，明清时期的扬州才有了足够的财力占据经济贸易的中心地位。

2.城市工商业

扬州城市经济的发展一方面依赖于盐业经济的繁荣，另一方面得益于盐商移民的消费能力。盐商移民的大量涌入为扬州城市经济的发展提供了足够的消费者。其突出表现在对建筑业、木材业、花木业、服装首饰业、化妆品业等工、商贸易行业，与漆器、玉器、刺绣、书画装裱、制花、灯彩、木雕、木器等工艺美术等手工业的资金投入或高档次消费，驱动和推进了这诸多行业的高速发展。③笔者此处只对建筑业和木材业进行简单分析与介绍。

明代中后期，盐商移民大量涌入，狭小的城市地域已经不能容纳如此之多的移民。于是，"知府石茂华借商银三万两，于旧城外环河增筑新城，此后新城飞速发展，民居鳞然"④。大量房屋的建造推动了建筑行业的繁荣。此外，暴富的盐商还痴迷于园林、亭楼的修建，更是将扬州城市建筑业推向了顶峰。据清人描绘，扬州"城中烟水胜如山"，园林多达数十处。晚清文人吴趼人说："原来扬州地方花园最多，都是那些盐商盖造的。"⑤

建筑行业的发展带动了诸多相关产业的繁盛，其中木材业与花木业受益最大。业盐而外，"徽商以木植生意为最盛，故各省皆别建木商会馆，大抵皆傍长江大河为之，以便于发运也"⑥。花木业的发展则得益于园林的修建，因为花木是园林中必不可少的一部分。据《扬州画舫录》记载："（扬州）傍花村居人多种菊，薜萝周匝，完若墙壁，南邻北垞，园种户植，生意各殊。"除了傍花村外，扬州专业从事花木的还有梅花岭、堡城、小茅山、雷塘等地的花园。⑦可见，花园的建造促使了许多扬州人开始专门从事花木的生产。除此之外，市场上也出现了专门从事花木买卖的"花市"。扬州发达的花木业、手工业等行业，都印上了盐商资助和消费的特征。

① （明）宋应星：《野议·盐政议》，《宋应星佚著四种》，上海：上海人民出版社，1976年，第36页。

② 周志初：《清乾隆年间两淮盐商的资本及利润数额》，《扬州大学学报》（人文社会科学版）1997年第5期。

③ 王伟康：《两淮盐商与扬州经济》，《南京广播电视大学学报》2005年第3期。

④ 王振忠：《明清徽商与淮扬社会变迁》，第177页。

⑤ （清）吴沃尧：《二十年之目睹怪现状》，北京：华夏出版社，1995年，439页。

⑥ 王伟康：《两淮盐商与扬州经济》，《南京广播电视大学学报》2005年第3期。

⑦ （清）李斗著，陈文和点校：《扬州画舫录》卷四，扬州：广陵书社，2010年，第43页。

（二）盐商移民与文化事业

明清时期扬州城在独特的经济、社会环境下孕育出了风靡一时的城市文化。盐商移民的到来为扬州文化事业的发展做出了突出贡献。王振忠认为："明清时期扬州城市文化是明代中叶以来伴随着两淮盐务制度改革而崛起的徽州文化之表征，它以集大成的形式成为闭关时代城市文化的顶峰。"①明清盐商移民的存在及其社会活动，为扬州城市文化的形成与发展提供了必要的经济基础和充分的活力。

1.提高了城市文化产品消费能力

扬州城市的文化产品消费能力的提高，得益于盐商移民的到来。明清之际，移民而来的盐商群体分为两类，一类是社会的寄生阶层，他们生活奢侈，沉溺于犬马声色之中。另一类是亦儒亦商，他们对高雅的文化艺术消费品有着独特的追求。不少盐商喜好戏曲、收藏字画和结交社会名流，这就直接推动了与此相关的文化产业发展，扬州画派的形成就与盐商的审美观念与消费需求有着密切的关系。盐商在物欲上得到满足之后，在精神世界中就开始追求新奇与荒诞，这种审美趋向给"扬州八怪"的艺术诞生提供了土壤。"扬州八怪"创作不拘一格，在感性流露上纵横驰骋，个性十足。但他们大多是出身卑微、仕途坎坷、靠卖艺卖画度日的穷书生，盐商移民是他们衣食生计的支持者。自然，"扬州八怪"新奇荒诞的创作手法也是盐商审美趣致的真实写照。盐商移民为扬州文化消费品市场以及艺术大师的创作提供了坚实的物质条件，在足够的生存条件之下，才能让艺术真正地摆脱政治与物质的束缚，才能有其自由的空间，完美释放。正是明清时期盐商移民的到来，才推动了扬州城市经济的发展，为文化事业的繁荣提供了强有力的经济后盾，造就了充满开放性与多样性的独特城市文化。在这种宽松、自由的社会氛围之下，扬州书画艺术、戏曲艺术、园林艺术、古玩收藏事业以及雕刻艺术都得到了长足的发展。

2.提供了城市文化繁荣所需的优质人才

盐商移民的到来对于扬州来说不只是物质财富的移入，同时也是一股知识人才的辐集。明清时期，移民而来的盐商之中，有一部分人亦儒亦商，自身已经具有了相当的文化修养和艺术层次。如移民而来的江春家族。"江氏世族繁衍，名流代出，兄弟侄孙中，见于《扬州画舫录》记载的著名诗人、艺术家和鉴赏家，就达十五名之多。坛坫无虚日，奇才之士，座中常满，蔚成一时之盛。"②与江春齐名的还有盐商郑钟山，是读书世家，"族广英多，率皆清华之选"；"科甲辈出，皆以文学显著"。③此外，比较有才学的还有被称为"扬州二马"的马曰琯、马曰璐以及汪懋麟、汪耀麟兄弟。扬州学派之中的江藩、焦循、汪中、阮元、孙星衍、刘文淇等人，都是移民子弟。

---

① 王振忠：《明清淮安河下徽州盐商研究》，《江淮论坛》1994年第5期。
② 王振忠：《明清徽商与淮扬社会变迁》，第126页。
③ 王振忠：《明清徽商与淮扬社会变迁》，第127页。

盐商移民之中，不仅有一部分极具才学之人，而且他们还为扬州吸引来了许多优秀的人才。最著名的莫过于盐商马曰琯，他不仅具有极高的文化修养，而且乐善好施，喜好结交四方名士。扬州城来的厉鹗，工于诗词及元人散曲，来扬为马氏食客，利用后者的藏书，尤其留心于宋人文集、诗话说部以及山经、地志等，年届六十无子嗣，马氏为之割宅蓄婢。①又有寓寄在小玲珑山馆的全祖望，一度患有恶疾，马曰琯出千金为他聘请名医治疗。马氏兄弟如此真挚之心，成了扬州文化圈中的重要人物，其他地方的社会名士多慕名而来。此外，他们还经常举行一些诗酒赋会活动，招致文人墨客。盐商郑超宗于此（影园）延礼名硕，四方知名之士纷来沓至，赋诗饮酒，殆无虚日。畅和投赠之什，结集而为《瑶华集》。②

明清盐商移民中不仅有一部分是知识涵养较高的移民，而且他们真挚热忱，乐于与各地社会名士交往，定期在自己的园林寓所举行诗酒赋会，吸引了许多文人学者来到扬州。所以，盐商移民的到来为扬州城市文化的繁荣提供了必要的人才基础。

3.提供了丰富的文化资源

明清时期，移民的盐商痴迷于对图书、古玩、字画等资源的收集，以及热衷于刻书、印刷的活动，为文化的传播与积淀提供了不可或缺的优秀资源。

马曰琯、马曰璐兄弟。曾刻印《经义考》《渔阳感旧集》《许氏说文》《玉篇》《广韵》《字鉴》等书，校勘精核，装帧精美，世称"马版"。又费千金，为蒋衡装潢所写《十三经》。③这些书籍的刻印为文化的传播和知识的积累提供了丰富的文化资源。④此外马氏兄弟的小玲珑山馆藏书巨万，内中建有丛书楼，藏书多达十万卷，有藏书"甲大江南北"的美誉。马氏兄弟为人豪爽，又喜好结交社会名流，对于自己的藏书更不吝啬，许多文人常到小玲珑山馆翻阅藏书。这些优质的藏书资源加上扬州学者的智慧迅速转换成了丰硕的学术成果。

（三）盐商移民与教育事业

明清扬州的城市移民非常关注自己及其后代的受教育问题，为了创造良好的学习环境，他们给予教育很大的投入，这不仅提高了扬州市民的整体素质，更是造就了明清时期一批有影响力的学者。

在扬州盐商的资助下，明清时期书院的事业如火如荼。明代扬州城内的书院有资政书院、维扬书院、甘泉山书院；清代又有梅花书院、安定书院、敬亭书院、虹桥书院。其中梅花书院，创办于明朝中期，明末被废弃。清代雍正年间，徽州籍的大盐商马曰琯出资重

---

① 王振忠：《明清徽商与淮扬社会变迁》，第125页。

② 王振忠：《明清徽商与淮扬社会变迁》，第125页。

③ 扬州市图书馆数字图书馆，扬州名人，http://www.yzlib.cn/app/content.php/18289,0.html。

④ 王成：《明清时期徽商对扬州文化发展的贡献》，《安庆师范学院学报》（社会科学版）1999年第5期。

建，定名为梅花书院，书院的学生膏火银由当时的盐商供给。在马曰琯的主持下，聘请而来了许多名师授业，在国内颇具声名。著名的掌院有姚鼐、赵翼等。在如此优渥的教学环境下，吸引了各地的人才前来求学。在《扬州画舫录》中提道："安定、梅花两书院，四方来肄业者甚多，故能文通艺之士萃集两院极盛，自裴之仙至程赞普数十人。"①他们的到来不仅是人才的聚集，更是一种学术文化氛围的聚集，为后来扬州学派的形成与发展奠定了坚实的人才基础。②

移民而来的盐商不仅关注官学、书院的发展，也注重基础教育，这表现在他们对扬州城内义学的支持。歙县人程铨"曾于城南设立义塾，教近郊子弟可造就者"。③耿兆组"设义学，延师以教族人子弟，设义田三百亩"。④他们都是为扬州义学开办做出贡献的移民典范。盐商移民在教育方面的努力不仅让自己的家族受益，也使周边的族人、乡人因此受益。

（四）盐商移民与慈善事业

明清时期的扬州受尽了天灾人祸，一方面扬州城附近地区多发生旱涝、蝗虫等自然灾害，另一方面扬州城又经历了倭寇入侵、"扬州十日"屠城的人祸。数次的毁灭性打击使得扬州必须从头开始。明清之际的盐商移民作为扬州城内很大的一部分社会力量，在慈善事业上也做出了卓越的贡献。

宋代以后，就开始出现了养济院、育婴堂等特色的慈善机构。明清时期，这类慈善机构在扬州更为多样，移民而来的盐商群体在扬州慈善机构的建设中发挥了积极的作用。扬州出现的善堂类型很多，与盐商移民有关的有扬州普济堂、育婴堂、药局、义渡与救生船、义冢、救火器具、官沟官井、盐义仓、灾济、河工城工等，笔者在此不一一详述，选取较为代表性的几个慈善机构介绍。

扬州育婴堂：源自明清之际移民扬州的商人蔡连所创立的育婴社。据《同治续纂扬州府志》卷二十记载："（蔡连）聚集同志，以四人共养一弃婴，每人每月出银一钱五分，育养弃婴，以三年为期，招人领养。"明朝末年育婴堂毁于兵燹。清初之时，移民扬州的西商洪庥、和徽商吴自亮、方如珽开始重建育婴社，每年需要银子2000余两，开始由移民而来的闵世璋、郑元化、程有容、吴必长、许承宣等人捐助。后来私人资助难以继续下去，育婴堂转为政府性的慈善组织，由地方盐政来管理。此后移民的盐商和地方盐官并未停止对育婴堂的资助活动，他们还购置菜田来作为育婴堂的固定资产与收入，商人中有能力的人都乐于捐助育婴堂。

① （清）李斗著，陈文和点校：《扬州画舫录》卷三，第36页。
② 朱宗宙：《徽商与扬州》，《扬州师院学报》（社会科学版）1991年第2期。
③ （清）高士钥、五格纂修：乾隆《江都县志》卷十五《乡贤》，第805页。
④ 石云生：《明清扬州城市移民与城市发展》，苏州大学硕士学位论文，2008年。

扬州义渡与救生船：扬州地区河道纵横，有的地方不方便造桥，为了方便行人的出行，特设立了义渡，无偿为行人摆渡，而义渡每年的支出都由移民而来的盐商资助。据嘉庆《两淮盐法志》卷五十六《杂记·义渡》记载："在江都和仪征有十余个，如徐宁门外二严庵万松义渡，即由商人汪勤裕捐建，钞关门外义渡始由诸生耿兆组捐田供费用，后来耿氏子孙卖田，致使费用无着，1803年改归盐务支银。"在一些危险的河道设立救生船也是扬州移民所热衷的事情。嘉庆《重修扬州府志》卷五十二记载：歙县盐商闵世璋于"瓜州、金山设救生船"；汪应庚"以焦山下江流险急，舟多溺没，设救生船，立赏格"。可见当时的救生事业已经非常成熟了。

（五）盐商移民与社会风气

中国传统社会，是一个主要以功名、官位取得威望和地位的社会。在这种社会价值观下，靠经营盐业而致富的盐商往往被人们视为暴发户，尤其是为诗书举子所藐视。当时，社会上称呼鹾贾为"盐呆子"，显然是讥讽他们缺乏文化修养。① 在这样一个社会环境下，暴富的移民商人在心灵深处隐藏着强烈的自卑感。为了宣泄自己心中的郁闷，他们挥金如土，以财富来弥补自己的虚荣心。这种消极的消费方式毒化了扬州城的社会风气。

明朝初年，扬州民风淳朴，人们不尚华服，生活从简。及至成化、弘治以后，移民的盐商大量辐集于扬州，"四方商贾陈肆其间，易与王者埒……妇人无事，居恒修冶容，斗巧妆，镂金玉为首饰，杂以明珠翠羽。被服绮绣，袒衣皆纯彩，其侈丽极矣"②。这种奢侈的风气甚至为坊间的少年竞相效仿，扬州地区的风气开始大变。此后，"其民多嗜利，好宴游，征歌逐妓，袨衣媮食，以相夸耀"③。奢侈之风，愈演愈烈。

奢靡之风体现在衣食住用行、婚丧嫁娶等诸多方面。扬州的盐商发迹之后痴迷于修建园林、别墅，往往以巨资购得景色秀丽的地方。在今天扬州瘦西湖，盐商的园亭、别墅星罗棋布。在衣食方面，《扬州画舫录》卷六中记载："扬州盐务，竞尚奢丽。一昏嫁丧葬，堂室饮食，衣服舆马，动辄费数十万。有某姓者，每食，庖人备席十数类，临食时，夫妇并坐堂上，侍者抬席置于前；自茶面荤素等色，凡不食者摇其颐，侍者审色则更易其他类。"④ 其饮食之奢侈可见一斑。在"扬郡着衣，尚为新样，十数年前，缎用八团，后变为大洋莲、拱璧兰。颜色在前尚三蓝、朱、墨、库灰、泥金黄，近用膏粱红、樱桃红"⑤。亦可窥见其衣着奢华。盐商在物质生活中为所欲为，但其在精神世界中却极其无聊。为了追求刺激，他们在精神生活上更是铺张浪费。盐商好戏剧，富商更是拥有私人的戏班，称

① 王振忠：《明清徽商与淮扬社会变迁》，第124页。
② 王振忠：《明清徽商与淮扬社会变迁》，第137页。
③（清）魏禧：《重建平山堂记》，（清）赵之璧：《平山堂图志》卷九《艺文》，台北：明文书局，1980年。
④（清）李斗著，陈文和点校：《扬州画舫录》卷六，第77页。
⑤（清）李斗著，陈文和点校：《扬州画舫录》卷九，第103页。

为内班。盐商内班戏具，均是盐商花钱自制，谓之"内班行头"。他们豢养这批戏子，也是一笔巨大的花费，如江春家"春台、德音两戏班，仅供商人家宴，而岁需三万金"[1]。除了看戏消遣以外，他们还挖空心思寻欢作乐，十分荒唐。《扬州画舫录》卷六中记载："有欲以万金一时费去者，门下客以金尽买金箔，载至金山塔上，向风飏之，顷刻而散，沿江草树之间，不可收复。又有三千金尽买苏州不倒翁，流于水中，波为之塞。"[2]视金银为粪土，举止荒唐无聊，这便是盐商们奢侈的精神生活。

盐商奢侈的生活习性，对社会风气产生了极大的负面影响。而明清政府既不知如何引导人们心智向积极健康的方向发展，又不知如何才能使人们的自我发展需要得到实现，导致这股"恶性"风气难以刹住。在如此一个趋利市民社会中，盐商的一举一动成了市民争相效仿的对象，给扬州市民的心理产生了极大的冲击。尤其是盐商移民的后代，开始脱离商人的队伍，成为社会的寄生阶层。他们之中十之有三为无业之人，生活奢侈腐化，不思祖宗之业的艰苦，整日以吃酒打牌为事，结交不三不四的朋友，聚众赌博成性。曾有人作诗讥讽："年少儿郎性格柔，生来轻薄爱风流，不思祖业多艰苦，混洒酒钱几时休。"两淮盐商子弟的奢华，甚至连雍正皇帝都有耳闻。而市井之中的少年也多以他们为模范，竞相效仿。在如此一个环境中，涉世未深的少年，怎么禁得住犬马声色的诱惑，往往更容易丧失心智，迷失自我。不论是市民阶层还是涉世未深的少年在生活的需求和人性的发展上都受到了盐商群体的误导，在人的自我实现中迷失自我。

结　论

明清时期，两淮盐政制度发生了重大变革，受此影响，盐商开始大量来淮。扬州作为两淮盐政的中心，成了盐商移民的主要聚集地。

明初推行开中法，盐商开始频繁往来于边地与两淮盐区，一部分开始安家于扬。明朝中叶，困于盐的守支，开中折色开始推行，西北边商利益大受冲击，大量陕西、山西的盐商徙于扬州，转为内商。依托便利的地理优势，徽商也开始大量迁入扬州。

明末清初，扬州再次陷入兵燹之祸。惨绝人寰的"扬州十日"大屠杀，让这座城市元气大伤，人口所剩无几。入清以后，沿袭明末的纲法制。在盐业生产方面推行了一系列优惠政策，两淮盐业得到了迅速的恢复与发展，在此背景下，盐商纷纷又回到扬州，扬州城市人口得到了迅速的恢复与发展。

大量盐商的移入给扬州城带来了大量的城市人口，其在总人口中所占的比率也不断上升。为了扩展生存空间，盐商移民又积极参与了扬州新城的建设，使得城市空间得到了较

① 萧国亮：《清代两淮盐商的奢侈性消费及其经济影响》，《历史研究》1982年第4期。
② （清）李斗著，陈文和点校：《扬州画舫录》卷六，第77页。

大的开拓。他们的到来在客观上促进了扬州的城市化发展。

清朝时期的扬州盐商中，以徽州而来的盐商实力最为雄厚，也最为活跃。首先，他们的存在与活跃为扬州城的恢复与发展带来了充足的动力。在经济上，他们带来了盐业经济所需的大量资金，在他们巨大的消费潜力刺激下，扬州的城市工商业得到了较大发展。在城市教育上，盐商移民通过资助建立书院、义学的方式，改善了扬州的教育状况。书院与义学所培养出来的人才，为扬州文化的繁荣也做出了重要的贡献。在慈善事业上，盐商移民乐善好施，不但资助慈善机构的建立，还通过个人的义举活动帮助他人。在城市文化的建设上，盐商移民的经济实力为文化的发展提供了必要的经济基础。其次，盐商移民中本身已具有较高文化素质的人，又热衷于结交社会名士，为扬州吸引而来了许多文人学者，他们构成了文化繁荣的人才基础。最后，盐商移民热衷于藏书、刻书等活动，为扬州提供了丰富的文化资源，加速了文化的生产与传播过程。

盐商移民在扬州城的发展中发挥了积极的作用，造就了明清扬州城市繁荣的景象。但是部分盐商的生活习性也给社会风气造成了较大的负面影响，导致明清扬州城弥漫着一股奢靡腐化的社会风气，扭曲了市民阶层人性的发展。

老师点评：《明清盐商移民与扬州城市发展》这一论文选题较为新颖，显示出作者对国内外相关研究成果较为熟悉，具有一定学科视野。本文主要探讨明朝中后期到康乾盛世两淮盐政变革与扬州盐商移民的关系以及明清盐商移民与扬州城市化及城市发展等相关问题。通过分析盐政制度的变革所引起盐商移民这一历史现象，对盐商移民在扬州城市化及城市发展中所发挥的作用加以较为深入地阐释。论文观点明确，运用了正史、方志、考古发掘报告、历史地图等多种史料，论据翔实，显示出作者基础知识较为扎实，较好地掌握了收集、运用、分析史料等方面的学科基础知识和方法，写作规范，逻辑性较强，行文较为流畅。综上所述，本文是一篇本科生优秀毕业论文。

论文指导老师：徐林

从日本染指西沙群岛看海疆主权维护问题

——以日本外务省档案为中心

2011级　卢玉敏①

摘　要：西沙群岛是我国南海海疆的固有领土，历来是我国沿海渔民从事渔业活动的基地，素以鸟粪著称。早在清末日本人通过各种手段偷采东沙岛海洋资源时，两广总督张人骏便锐意开发，以固国权。然而民国初年，日人深入南海，西沙群岛最终步东沙之后尘，成为其染指对象。20世纪20年代，日本商人在日本政府的鼓励与支持下，历次与中国商人何瑞年勾结，盗采西沙群岛鸟粪磷矿长达近十年之久。发现何瑞年与日人勾结后，广东当局最终撤销何瑞年承办权，并且通过赴岛视察、重新招商、筹建西沙群岛气象台及无线电台等措施维护海疆主权。但直至二战时期日军占领西沙群岛为止，日人盗采西沙磷矿的现象仍然存在。在海疆主权维护的过程中，广东地方政府一直发挥着主要作用，但其维权事业的漏洞亦暴露无遗，其中以官方重视不够、对商人监督力度不足、缺少支持保护措施三方面问题尤为突出。吸取当时历史经验教训，对于当今我国海疆主权维护事业不无裨益。

关键词：西沙群岛；磷矿盗采；海疆主权维护

西沙群岛历来是我国沿海渔民从事渔业活动的基地。近代以来，由于中国国力式微，西沙群岛因其丰富的鸟粪磷矿资源和独特的军事战略地位而成为周边乃至域外国家染指的对象。

民国初年，日人打着"水产南进"的旗号深入中国南海海域进行非法探险，"发现"了西沙群岛上丰富的磷矿资源，遂起染指之心。从1917年日人"发现"西沙群岛起，直至1945年日本战败投降为止，西沙群岛遭到了日人毫无休止和各种手段的染指，其中日本商人与中国商人勾结盗采西沙群岛鸟粪磷矿长达近十年之久。本文立足于日本外务省档案史料，梳理日本染指西沙的历史过程与具体环节，透析中国在西沙群岛海疆主权维护事业中的得与失，以期为当今我国南海诸岛维权事业提供经验借鉴。

西沙群岛是中国的固有领土，史籍证据俱在，历历可考。但因近代日本、法国先后对

---

①卢玉敏，广东江门人，暨南大学历史学系2011级本科生，硕士毕业于暨南大学中外关系研究所，现为暨南大学图书馆助理馆员，主要研究兴趣为近代中日关系史、华侨华人史。

西沙群岛的染指与中国在海疆主权维护方面的疏漏，西沙群岛主权争端遂起。梳理日人染指西沙的过程，有助于我们对西沙群岛主权归属这一争论的起源有更为全面、清晰的了解；透析中国方面对此的应对措施，可知近代中国在海疆主权维护事业中的得与失，有助于我们吸取历史经验，为我国在当今南海纷繁复杂的局势中更好地维护西沙群岛主权提供借鉴。

首先，驳斥日本方面所谓"南海诸岛主权未定论"。无论是日本官方还是日本学界，长期以来存在一种观点，即中国南海东沙、西沙、南沙、中沙等群岛至今仍然归属不明。[1]这是对历史事实的严重歪曲。研究近代日人染指西沙的过程，对于驳斥这一论断有重要意义。

其次，在前人研究基础上拓展对西沙群岛历史问题研究的史料与视野。对于西沙群岛问题的研究，学界已有不少成果。不过，前人研究主要关注主权归属，多从列强侵略与中国政府维护主权的角度论证西沙群岛领土归属，但从日人染指西沙的过程透析中国海疆维护事业的得失这一角度进行研究者较少，对于开拓西沙群岛问题研究的新史料与新视野有参考作用。

就笔者目前掌握的资料而言，对日人染指西沙群岛与中国方面开发经营的研究始于20世纪早期。最早论述西沙群岛主权归属与开发争端的是1928年陈天锡的《西沙岛东沙岛成案汇编》[2]，该书辑录的文件记录了20世纪早期开发和经营西沙群岛、东沙群岛的经过。沈鹏飞的《调查西沙群岛报告书》[3]、朱庭祐的《西沙群岛的鸟粪》[4]两书，主要介绍西沙群岛的磷矿资源与日人盗采西沙群岛磷矿的情况。

新中国成立以来，我国学者对近代日人染指西沙群岛、民国政府开发与维权之研究渐多。

研究日人染指西沙群岛问题的论文有：林金枝的《1912—1949年中国政府行使和维护南海诸岛主权的斗争》[5]、吕一燃的《近代中国政府和人民维护南海诸岛主权概论》[6]、李金明的《抗战前后中国政府维护西沙、南沙群岛主权的斗争》[7]、鞠海龙的《近代中国的南海维权与中国南海的历史性权利》[8]等，这些研究中有涉及日人通过勾结中国商人盗采西沙群岛资源的描述，但大多是从侵略与抗争的角度来论述主权归属问题，囿于资料所

---

① 日本记者名越健郎曾在日本报纸上发表《南海诸岛主权未定论》一文，遭到我国学者的强烈反驳。详见郭振开：《简评日本名越健郎的南海诸岛主权未定论》，《日本学刊》1988年第5期。

② 陈天锡：《西沙岛东沙岛成案汇编·西沙岛成案汇编》，广东实业厅，1928年。

③ 沈鹏飞：《调查西沙群岛报告书》，[出版者不详]，1928年。

④ 朱庭祐：《西沙群岛的鸟粪》，两广地质调查所，1928年。

⑤ 林金枝：《1912—1949年中国政府行使和维护南海诸岛主权的斗争》，《南洋问题研究》1991年第4期。

⑥ 吕一燃：《近代中国政府和人民维护南海诸岛主权概论》，《近代史研究》1997年第3期。

⑦ 李金明：《抗战前后中国政府维护西沙、南沙群岛主权的斗争》，《中国边疆史地研究》1998年第3期。

⑧ 鞠海龙：《近代中国的南海维权与中国南海的历史性权利》，《中州学刊》2010年第2期。

限，对于日人渗透西沙群岛、盗采西沙资源的历史细节并不清楚，亦较少从中探讨中国海疆经营与管理体制中的漏洞。

研究民国政府对西沙开发经营问题的论文有：李琴芳的《有关国民政府在南海诸岛设置无线电台等设施的一组史料》[①]、邢增杰的《略述民国政府对西沙群岛的开发》[②]、侯强的《民国政府对西沙群岛的鸟粪开发》[③]等，这些研究中分析了民国政府开发西沙群岛的措施，较少关注地方政府在海疆开发、经营和对外交涉中的作用，亦未涉及中国海疆主权维护的得失分析。

在国外学界方面，日本学者浦野起央所著之《南海诸岛国际纷争史》一书中大量引用日本外务省档案，对近代以来中日双方在西沙群岛的活动进行详细描述。对于研究日人染指西沙这一过程有重要参考作用，不过其视角是立足于南海地区国际纷争的宏观研究，特点是长时段、整体性，并提出对南沙群岛的"南极条约化构想"，[④]就目前而言，与中国海疆主权维护的立场正好相反。

通过梳理前人学者对西沙群岛问题的研究状况，不难发现，其多是从列强侵略、中国政府抗争、开发与对外交涉的角度进行研究，利用中国史籍、报纸、政府公文、档案等证明西沙群岛的主权归属。本文试图结合前人研究成果，发掘新史料，从新的角度对西沙问题进行探讨。

首先，在史料基础方面，立足于日本外务省档案。日本外务省档案中有大量关于近代日人染指南海诸岛的公文信函，但在中国西沙问题乃至南海问题研究中还较少为我国学者所使用，有较大发掘空间。因此在此次研究中，笔者试图以日本外务省档案为中心，梳理日本染指西沙的具体过程，分析日本政府在其中所扮演的角色。

其次，在研究角度方面，前人学者主要注重主权归属的论证，而本文主要从中国海疆主权维护的过程、方式、得失，以及地方政府的作用等角度对西沙问题进行研究，以期能为当今中国主权维护提供经验借鉴。

一、中国对西沙群岛的经营与开发

最早发现西沙群岛的是中国沿海渔民。长期以来，他们在西沙群岛上从事渔业活动，以实际开发者的身份经营着西沙群岛。清末东沙群岛的海产纠纷为清政府敲响警钟，以两

---

① 李琴芳：《有关国民政府在南海诸岛设置无线电台等设施的一组史料》，《民国档案》1991年第3期。

② 邢增杰：《略述民国政府对西沙群岛的开发》，《新东方》1999年第4期。

③ 侯强：《民国政府对西沙群岛的鸟粪开发》，《文史杂志》2001年第5期。

④ 所谓"南极化构想"，即设立一个共同机关，在生态维护、渔业、石油与天然气勘探、科学研究等方面协调各方利益，共同开发，采用非军事式的手段解决问题。详见［日］浦野起央：《南海诸岛国际纷争史》，刀水书房，1997年，第64页。

广总督张人骏为首的地方政府锐意以近代经营方式开发西沙群岛，以固主权。

（一）中国对西沙群岛的早期开发

早在汉代，中国人民就开始在南海航行，并在长期的航行与生产活动中发现了西沙群岛。《汉书·地理志》中有言："自日南障塞、徐闻、合浦船行可五月，有都元国"[①]，"徐闻"即今广东省徐闻县，在雷州半岛南端，"合浦"即今广西壮族自治区合浦县，在北海湾北岸，记录了中国船舶从广州出发，穿越琼州海峡，从北部湾岸南下，经过西沙群岛附近海面到达越南中部的航线。[②]三国时期吴国的康泰奉命与朱应一同出使扶南国（今柬埔寨），回来后著有《外国杂传》一书，描述当时沿海（海南岛）人民前往西沙群岛从事渔业活动的情况。

唐宋以来，随着航海技术的进步与航海事业的发展，人们对西沙群岛的认识逐渐深入，从而出现了专指西沙群岛的古地名，如宋代称其为"九乳螺洲"[③]，元代称其为"万里石塘"[④]，同时也出现了西沙群岛各岛礁的民间命名。历代中央政府将其置于海疆版图之下，通过派遣水师巡逻、设置水师营垒等方式行使管辖权。海南岛渔民前往西沙群岛居住、从事开发经营者渐多。他们跟随季风和洋流，每年十二月南下至西沙群岛，次年六月返回海南。其生活情形从该群岛上发现的唐宋时代青釉陶瓷器、生活用品以及居民遗址中可见一斑。[⑤]

明清时代，民间还出现了专门的航海指南《更路簿》。它"记载了渔民从海南文昌县的清澜港或琼海县的潭门港起航，到西沙、南沙群岛各岛礁的航行针位和更数（即航向和航程）"[⑥]，是海南岛渔民千百年来经验的总结。前往西沙群岛进行生产活动者更多，活动的范围也不断扩大，他们"搭盖茅屋，移植林木，甚至播种番薯，以便在岛上从事捉乌龟、海参、海鸟等，加工处理以待来年运回海南"[⑦]。

（二）晚清广东地方对西沙群岛的开发规划

晚清时期，中国南海诸岛主权面临危机。1907年，中日两国政府因日人偷采东沙岛海

---

① （汉）班固：《汉书》卷二八下《地理志》，北京：中华书局，1962年，第1671页。

② 何纪生：《海南岛渔民开发经营西沙、南沙群岛的历史功绩》，《学术研究》1981年第1期。

③ 《武经总要》中载："从屯门山，用东风西南行，七日至九乳螺洲，又三日至不劳山，又南三日至陵山东，其西南至大食、佛、师子、天竺诸国，不可计程。"详见（宋）曾公亮：《武经总要》前集卷二十《广南东路》，《文津阁四库全书》（第二四一册），北京：商务印书馆，2005年，第156页。

④ 元代航海家汪大渊在其《岛夷志略》中有记载："石塘之骨，由潮州而生，迤逦如长蛇，横亘海中，越海诸国。俗云万里石塘。"详见（元）汪大渊著，苏继顾校释：《岛夷志略校释》，北京：中华书局，2000年，第318页。

⑤ 详见韩振华：《我国南海诸岛史料汇编》，北京：东方出版社，1988年，第4页。

⑥ 韩振华：《我国南海诸岛史料汇编》，第5页。

⑦ 韩振华：《我国南海诸岛史料汇编》，第436页。

产、磷矿一案发生纠纷。①1909年，晚清政府经过多次交涉，终于从日本人手中收复东沙岛。交涉期间，两广总督张人骏"因闻海南大洋中有西沙岛，虑及长任荒废，亦将为东沙岛之续"②，因此派副将吴敬荣等前往查勘，调查了该群岛中的十五座岛礁（分别为西七岛、东八岛），于是锐意开发，以固主权。

宣统元年（1909年）3月21日，在张人骏等人的推动下，广东地方成立了西沙岛筹办处，并制定有《入手办法大纲十条》作为复勘西沙群岛的细则和人员安排规定。同年4月1日，广东地方官员（以广东水师提督李准为首）带同测绘学生、化验师、工程师、医生、工人等共计170余人，分乘伏波号、广航号、广金号三艘军舰前往西沙群岛进行复勘调查。根据复勘之详细报告，西沙群岛筹办处将这次调查确认的十五个岛进行重新命名③，同年六月再度派遣调查团，在各岛上插上黄龙旗以宣示主权。

两广总督张人骏将西沙群岛勘测报告上奏并提出筹办处理大纲八条，附带经营榆林港之计划十一条④，然其随即离任，未及落实。"当时谕旨，对于张督奏报之件，着继任者袁树勋悉心图画，妥筹布置"，但袁树勋上任后以筹办处各要员身兼数职，"事务甚繁，亦难兼顾"为由，下令自（1909年）8月起"所有前设东西沙岛局，即行裁撤，改由广东劝业道会同善后局办理"。⑤此后，筹办处制定的各项事业方针也没有再执行。清朝的西沙群岛开发至此中断。不久后，清政府被推翻，清朝灭亡。

二、日本人"发现"西沙群岛？

民国初年，时局动荡，十年间先后数次有商人申请承办西沙实业，均没有得到广东地方政府批准，致使西沙群岛处于"开发空白期"。与此相反，日人在日本政府"水产南进"的鼓吹中深入南海，"发现"西沙群岛，并开始采取手段染指西沙。

（一）民初历次商人请办西沙实业情形

民国初年，国内军阀割据，广东政局亦时有变化，虽然广东地方政府提出"招徕华商承办岛务，官为保护维持""以重领土，而保利权"⑥。但先后数次商人请办西沙实业都没

---

① 1907年，日人西泽吉次占据东沙岛，两江总督端方呈报外交部转电粤督张人骏对日领事馆提出严正抗议，由此引发对东沙岛主权归属的交涉。详见吕一燃：《近代中国政府和人民维护南海诸岛主权概论》，《近代史研究》1997年第3期。

② 陈天锡：《西沙岛东沙岛成案汇编·西沙岛成案汇编》，第3页。

③ 本次命名的十五岛名称分别为树岛、北岛、中岛、南岛、林岛、石岛、东岛、珊瑚岛、甘泉岛、金银岛、南极岛、广航岛、广金岛、伏波岛、天文岛。详见陈天锡：《西沙岛东沙岛成案汇编·西沙岛成案汇编》，第1页。

④ 详见陈天锡：《西沙岛东沙岛成案汇编·西沙岛成案汇编》，第12—23页。

⑤ 陈天锡：《西沙岛东沙岛成案汇编·西沙岛成案汇编》，第23—24页。

⑥ 韩振华：《我国南海诸岛史料汇编》，第6页。

有得到批准，如民国六年（1917年）海利公司商人何承恩向广东省长公署呈请办理西沙岛采取磷质及海产物，已有成议，但因当时管理矿物的财政厅反对，认为磷质是磷矿石，饬令商人应照采矿程序办理，未能成事[①]；又如民国八年（1919年）邓士瀛向广东省署请办，但由于军政府称"西沙岛事宜已派专员处理"[②]，没有批准。惟民国十年（1921年）香山县商人何瑞年直接向军政府内政部申请开发西沙群岛，获孙中山支持，又经内政部会议批准，方请办成功。同年申请开发西沙群岛的梁国之、刘惠农、谭宏因何瑞年拥有优先权，皆请办未成。[③]

如此，中华民国成立十年间，广东地方政府对西沙群岛的开发竟处于"空白期"。而就在这段中国官方疏于开发的时期内，日本商人和渔民逐渐深入中国南海，染指西沙群岛。

（二）日人"南进"与"发现"西沙群岛

日本经过近代明治维新的励精图治，在1895年和1905年相继打败相邻的两个大国——中国与俄国，成为亚洲首屈一指的军事强国，具有极强的侵略性。其不仅积极谋求东北亚军事控制权，而且不断推进对中国南海事务的介入。大正时代（1912—1926），日本政府大力鼓吹"殖产兴业""水产南进"政策，鼓励国人积极"南进"，以经济手段掠夺南海资源，于是越来越多的日本渔民和商人在政府的鼓励与支持下深入中国南海进行非法探险与盗采资源。

1917年2月—8月，日本人小松重利和池田金造进入西沙群岛海域，并在林岛（ウデー岛）、东岛（リンコルン岛）进行非法探险与磷矿探查，回国后向日本政府声称其"发现"了两座无人岛，要求政府对其主权归属进行确认，但没有得到答复。[④]翌年（1918年）又联合日本政府农商务省技师鸭下松二郎、樱井凌亮再次前往西沙群岛海域进行非法测量，结果勘测了西沙、南沙群岛的24座"无人岛"，并将其绘制成测量图上呈日本外务省。[⑤]1919年5月，两人又一次向日本外务大臣内田康哉提出申请，请求外务省将其"发现"之群岛"编入"日本帝国领土进行开发利用，[⑥]但因日本商人平田末治已在同年（1919年）3月向日本当局提出正式开发申请，最终没有得到批准。

平田末治，中国台湾高雄在住日本商人，"大正六年（1917年）6月在前往东沙岛打捞

① 详见陈天锡：《西沙岛东沙岛成案汇编·西沙岛成案汇编》，第24—26页。

② 陈天锡：《西沙岛东沙岛成案汇编·西沙岛成案汇编》，第26页。

③ 详见陈天锡：《西沙岛东沙岛成案汇编·西沙岛成案汇编》，第27页。

④ 详见［日］浦野起央：《南海诸岛国际纷争史》，第160页。

⑤ 详见《各国领土发现及归属关系杂件/南中国海诸礁岛归属关系》第一卷，日本外务省外交史料馆藏，A-4-1-0-2。

⑥ 详见《大正八年五月十三日桥本圭三郎·神山闰次致内田康哉外务大臣"再申请书"》，《各国领土发现及归属关系杂件/南中国海诸礁岛归属关系》第一卷，日本外务省外交史料馆藏，A-4-1-0-2。

沉船和采捞海人草的途中遇上暴风，漂流到西沙群岛，偶然发现岛上丰富的磷矿资源"①。此后（1918年1月）平田再次开赴西沙群岛进行非法勘察，并采集样本进行分析，结果发现磷矿采掘事业大有可为，开始着手准备。

此前，平田曾就该岛是否无所属向海军省、农商务省和外务省提出调查申请，得到当局"该群岛主权无所属"的答复后，于同年（1919年）3月向农商务省正式递交采矿请愿书，将此岛命名为"平田岛"并成立南兴实业公司，于1920年6月、9月分别雇佣轮船"鹿鸣丸"（3450吨）、"第二元山丸"（2950吨）前往西沙群岛进行磷矿采掘。②正当其计划进行派遣第三艘轮船出航之时，日本海军省在其官方文件《海军水路志》中发现德人1881年与1884年对中国南海的勘测记录，以及1909年中国政府向西沙群岛派遣军舰进行调查、将此岛并入版图的记录，因此平田末治对西沙群岛的开发计划被迫中止。

三、何瑞年案与日本商人盗采之经过

1921年至1926年间，日本采取经由日本商人与中国商人相勾结的办法，垄断西沙群岛磷矿的开发与经营，攫取西沙群岛海洋资源及其经济利益。具体而言，主要经历了以下三个环节。

（一）平田末治与中国商人梁国之的勾结

如前述，日本政府当局在其官方文件《海军水路志》中发现了中国将西沙群岛并入版图的记录，加上1921年日本在广东总领事对"中国政府决定将西沙群岛划归海南崖县管辖"③一事的报告，西沙群岛归属中国领土无疑。但是平田末治并没有因此放弃其开发计划。他向日本外务省递交陈情书，寻求当局援助。

最后在芳泽谦吉（外务省亚细亚局局长）、田中都吉（通商局局长）、木村锐市（东洋课课长）、太田喜平（前日本驻广东总领事）、藤田荣介（时任日本驻广东总领事）以及"台湾总督府"外事课课长镰田氏、专卖局庶务长池田氏等高级官员的支持与斡旋之下，1921年3月，平田与"信誉良好又亲日之中国商人"梁国之在台湾会面。④梁国之其人，是两广盐运使邹鲁的亲戚，"广东香山县出身，后定居于香港，从事银行业与贸易业，多年

---

①《大正十五年十一月三十日"台湾总督府"总务长官代理致在广东帝国总领事森田宽藏"关于西沙岛鸟粪采取者相关事宜"》，《东沙岛及西沙岛之本邦人利权事业相关杂件/鸟粪采取业关系》，日本外务省外交史料馆藏，E-4-2-1-1-2。

②详见《大正十年四月八日在广东总领事藤田荣介致外务大臣内田康哉"关于西沙群岛磷矿采掘事业申请的报告及相关事宜"》，《西沙群岛磷矿关系一件》，日本外务省外交史料馆藏，1-7-5-11。

③《各国领土发现及归属关系杂件/南中国海诸礁岛归属关系》第二卷，日本外务省外交史料馆藏，A-4-1-0-2。

④详见《磷矿岛发现及经过概要》，《西沙群岛磷矿关系一件》，日本外务省外交史料馆藏，1-7-5-11。

来与'台湾总督府'有密切的联系"①，故日本当局希望其能在争取采矿权一事上帮忙与广东政府官员斡旋。"但恰逢当时排日运动十分激烈，又英美等国官吏对此事十分关注，因此平田意识到以自身名义去取得该权利的想法行不通，于是平田想出了以梁国之的名义向中国政府提出申请的办法。"②

1921年4月，平田末治以梁国之的名义，向广东省长公署呈称发现中国南海"怕卤斯里群岛"，并"拟即自筹资本三十万元，先行试办磷矿渔业五年，拟具预算计划各书"，申请磷质矿和渔业的开采权。当时广东省署方面业已批准在案，同时又向梁国之征收了预纳金七万五千元，但因在军政府政务会议上证实梁国之所呈"怕卤斯里群岛"地图即为此前（1921年3月）何瑞年申请开发之西沙群岛，考虑到何瑞年拥有优先开发权，因此最终决定："俟何商查勘期满后，不能实行兴办，再准呈请给照。"③

（二）西沙群岛实业无限公司与梁国之的加入

1921年3月，香山县商人何瑞年等向军政府内政部申请开发西沙群岛，兴办实业，因得孙中山支持，并由内政部咨陈政治会议议决、广东省长查办，最后申请成功。1921年9月15日，根据内政部咨文，批准何瑞年关于成立西沙群岛实业无限公司的申请，发给试办许可，要求何瑞年在六个月内必须开始开掘，并承诺在磷矿试掘成功后发给正式许可。④

关于何瑞年，日本驻广东总领事藤田荣介曾对其进行调查，其结果在藤田发给"台湾总督府"专卖局局长池田（曾帮助平田末治与梁国之达成协议）的报告书信中有所提及，何瑞年其人，在辛亥革命期间，"以自身私财百余万援助孙文"，又在澳门为孙文提供庇护，"因此孙文有意利用自身的政治地位报答何瑞年当年的恩惠"。⑤平田末治考虑到与孙文庇护下的何瑞年进行竞争没有胜算，于是和梁国之二人商议，企图收购何瑞年公司获得经营权，又或是万不得已时与何瑞年共同经营该岛事业。

经过日本人涩谷刚⑥与何瑞年顾问衫山常高的谈判，何瑞年无意转让公司股权，最终

---

① 《大正十年四月八日在广东总领事藤田荣介致外务大臣内田康哉"关于西沙群岛磷矿采掘事业申请的报告及相关事宜"》，《西沙群岛磷矿关系一件》，日本外务省外交史料馆藏，1-7-5-11。

② 《大正十五年十一月三十日"台湾总督府"总务长官代理致在广东帝国总领事森田宽藏"关于西沙岛鸟粪采取者相关事宜"》，《东沙岛及西沙岛之本邦人利权事业相关杂件/鸟粪采取业关系》，日本外务省外交史料馆藏，E-4-2-1-1-2。

③ 陈天锡：《西沙岛东沙岛成案汇编·西沙岛成案汇编》，第27页。

④ 详见陈天锡：《西沙岛东沙岛成案汇编·西沙岛成案汇编》，第32～34页。

⑤ 《大正十五年十一月三十日"台湾总督府"总务长官代理致在广东帝国总领事森田宽藏"关于西沙岛鸟粪采取者相关事宜"》，《东沙岛及西沙岛之本邦人利权事业相关杂件/鸟粪采取业关系》，日本外务省外交史料馆藏，E-4-2-1-1-2。

⑥ 涩谷刚其人，与何瑞年意气相投，又与何瑞年顾问衫山常高关系密切。平田末治曾以酬金数万日元请求涩谷刚为其斡旋，与何瑞年谈判。详见《大正十年九月十四日在广东总领事藤田荣介致外务大臣内田康哉"关于西沙群岛磷矿采掘许可权获得运动之报告"》，《西沙群岛磷矿关系一件》，日本外务省外交史料馆藏，1-7-5-11。

史海学步——暨南大学历史学系本科生优秀论文选

平田末治只能采取与何氏共同经营的方式。1921年4月，何瑞年与梁国之达成协议，以何瑞年接受梁国之资本银一万元，委任梁国之全权负责西沙群岛开发与经营事业；1921年11月24日，双方就共同经营西沙群岛事业正式签订《合办西沙群岛实业公司订立合同》，规定：（1）何瑞年将西沙群岛之经营权利永远委托与梁国之；（2）以现筹足资金一百万元为资本银，此后事业需用不足时由梁国之侧增加投资；（3）双方利益分成时，梁国之侧分得六成五，何瑞年侧分得三成五；（4）获得正式执照时增加梁国之侧股东三名。[①]

通过该合同，日本资本家代表梁国之获得西沙群岛的经营权，然后由平田末治成立之南兴实业公司进行实际开采。平田在日本当局（"台湾总督府"池田事务官）的援助之下，与当时盐水港制糖会社社长槙哲达成协议，获得由槙哲出资的三十万日元作为事业资本；其后（1922年）又在日本驻广东总领事藤田荣介的见证下，何瑞年与平田末治、梁国之等分别签订了《借款契约书》《磷矿买卖契约书》及《利益分配契约书》。[②]通过这些契约书，何瑞年将西沙群岛鸟粪磷矿的采掘、搬运、贩卖等权利全部转让给日本人，自己却得到日本商人方面的巨额借款。1922年6月5日平田末治雇佣轮船"明保野丸"前往西沙群岛进行第一次鸟粪磷矿采掘，同月23日掘得鸟粪磷矿约二千八百吨返回日本出售。1923年1月4日，明保野丸第二次前往西沙群岛采掘，因岛上采矿工人不少人病死，搬运人力不足，故只运回鸟粪磷矿一千五百吨。[③]此两次共运回鸟粪磷矿约四千三百吨。

（三）平田末治的撤退与齐藤藤四郎的西沙群岛开发

1922年4月，崖县县长孙毓斌向省署呈称"何瑞年公司为日股所组织"，又称"梁国之系日本浪人，冒充闽籍"[④]。自有崖县县长之一呈，琼崖所属各界团体纷起抗议，崖县之外人民包括海外华侨等亦应声反对，更有文章记载当时"凡距该群岛五六十华里以内之中国渔人，或遭日人枪击，或被没收水产，种种虐待，不堪言状"[⑤]，引起民众恐慌，以至"各反对者之措词不一，而请求取消何瑞年等之公司为严厉之究治者，则几于众口同声"[⑥]。为了平息民愤，广州市公安局曾对此事展开调查，结果查明该公司并未雇佣日人作为劳工，亦未吸收外股，梁国之乃香山县人，云云；又当时广东省长伍廷芳将调查结果

① 详见《大正十年十一月廿五日在广东总领事藤田荣介致外务大臣内田康哉"本邦资本家团代表梁国之与权利者代表何瑞年间就西沙群岛磷矿经营相关事宜的契约书"》，《西沙群岛磷矿关系一件》，日本外务省外交史料馆藏，1-7-5-11。

② 详见《大正十一年五月十五日在广东总领事藤田荣介致外务大臣内田康哉"西沙群岛采磷事业成行通报之相关事宜"》，《西沙群岛磷矿关系一件》，日本外务省外交史料馆藏，1-7-5-11。

③ 详见《大正十五年十一月三十日"台湾总督府"总务长官代理致在广东帝国总领事森田宽藏"关于西沙岛鸟粪采取者相关事宜"》，《东沙岛及西沙岛之本邦人利权事业相关杂件/鸟粪采取业关系》，日本外务省外交史料馆藏，E-4-2-1-1-2。

④ 陈天锡：《西沙岛东沙岛成案汇编·西沙岛成案汇编》，第49—51页。

⑤ 谢彬：《云南游记》，上海：中华书局，1924年，第26页。

⑥ 陈天锡：《西沙岛东沙岛成案汇编·西沙岛成案汇编》，第52页。

通告海南省各县县长及地方各团体，但反对浪潮依然高涨。

1922年6月16日凌晨，陈炯明率军在广州发动兵变，炮轰广州中华民国总统府和孙中山在观音山的住所越秀楼，逐孙中山下台。孙中山辗转至"永丰"舰避难，此后局势动荡，双方战火不断，僵持不下，直到8月9日孙中山乘英国炮舰离粤。[①]孙中山离粤后，陈炯明被推举为省长，何瑞年承办西沙群岛一案迅速被撤销，平田末治在西沙群岛的开掘事业再次停滞。

但是"六一六"兵变后不足半年，孙中山策动各方军队摧毁陈炯明在广州的势力，1923年3月回粤，并驱逐陈炯明，政局又为之一变。在日本驻广东总领事藤田荣介的怂恿与鼓励下，对西沙群岛磷矿开采事业一时断念的平田末治重新燃起希望。在日本官方的催促下，何瑞年亲自向孙中山陈情，控诉广东省长公署对其权利的不法取消，并重新申请获得正式许可。经过孙中山的授意，同年4月11日，广东省长徐绍桢正式批准了以何瑞年为代表的西沙群岛实业无限公司的磷矿采掘权申请。[②]

不过，由于经营不善，平田末治最终将有关西沙群岛磷矿采掘的一切权利转让给日本的槇哲。在槇哲的动员下，日本政友会代议士（下议院议员）齐藤藤四郎加入投资。何瑞年则与罗叔雅、卫志清、梁国之等人达成协议，将其共同组建之西沙群岛实业公司解散，改为由何瑞年一人单独经营。[③]1925年4月3日，在日本驻广东总领事代理清水亨的见证下，齐藤藤四郎以日本资本家代表的身份与西沙群岛实业公司代表何瑞年签订《借款契约书》，协定西沙群岛实业公司代表何瑞年"以前经禀准广东政府之西沙群岛磷矿（海鸟粪在内）卖矿一切权利为担保向乙（日本资本家齐藤藤四郎）借款八十九万七千二百八十九元三十五钱"[④]，将西沙群岛的卖矿权利转让给齐藤藤四郎，同日又签订《卖矿契约书》如下：

> 西沙群岛实业公司代表何瑞年（为甲）与日本资本家代表齐藤藤四郎（为乙）前经协定，采掘所验之西沙群岛磷矿（海鸟粪包在内）掘采事业经营一件甲与乙所订契约如左（下）：
>
> 第一条　甲民国十二年四月十一日奉准广东省长公署训令第三百五十号西沙群岛磷矿（海鸟粪包在内）贩卖一切经营交乙委办，但掘采运搬等事由甲责成承办。掘采运搬所用人工须使用中国工人，惟工程师数名则可用外国人。在南（中国海）地方如

---

①　沈晓敏：《"六一六"兵变与广州民众》，《暨南学报》（人文科学与社会科学版）2004年第6期。

②　详见陈天锡：《西沙岛东沙岛成案汇编·西沙岛成案汇编》，第63页。

③　详见《大正十三年七月一日广东总领事天羽致外务大臣币原喜重郎第一四二号文件》，《西沙群岛磷矿关系一件》，日本外务省外交史料馆藏，1-7-5-11。

④　《大正十五年九月十七日在中国临时代理公使崛义贵致外务大臣币原喜重郎"外交部咨文——禁止邦人采取鸟粪之相关文件"》，《东沙岛及西沙岛之本邦人利权事业相关杂件/鸟粪采取业关系》，日本外务省外交史料馆藏，E-4-2-1-1-2。

有销□有利之时，甲乙两相得以议妥订契约。卖矿权不得供于别项债务之担保，又不得转□他人后以掘采权以及运搬之经营供于别项债务之担保，或欲为□卖时自当与乙□为商议方行。

第二条　乙尽心竭力经营前条之卖矿所需筹设，其余一切费项替甲暂行垫付。

第三条　甲认为必需时拣择相宜之处得以开设事务所，但值此时由乙每月金一千二百元付甲以充事务所之费项。如不交前项费款，甲方可得取消并且可得收得在本岛所设房屋及其余所有设施，但遭天灾不能送交时则不在此限。第二条之筹款归清后甲乙议妥得以增加前条之费项。

第四条　第二条所载垫款之归偿须于每年度杪决算时所得利益之五成为准，每届其期由甲乙商议而定。控除第二条垫款利息外所剩实益金甲乙各得其一半。

第五条　乙向来所□筹设其余一切款项，在甲自当承认明系乙之垫款，此金额八十九万七千二百八十九元三十五钱，又有载明于细单上为照。

第六条　每次运船所需载船运搬以及贩卖等一切费项算为另账（不在第二条之垫款内），乙每售磷矿所得金额控除而充此条费用。

第七条　第二条所载垫款归清后该事业之筹设及其余一切固定资本拟为甲乙平等共有，又由该事业所生利益亦自甲乙平分。

第八条　至于第二条所载垫款归清后每年所得利益内控除一定之金额渐次积储，积达二十万元为满，充为流动资本而用。积储金额每□积储时商议而定。

第九条　凡对广东政府及关系各衙署所有交涉事由往返文书，概由甲办理。

第十条　经营本事业如有缺损以致不能归偿第二项之垫款，与甲并无干涉。①

这份契约书以此前何瑞年与平田末治签订之《磷矿买卖契约书》为基础，对包括工人招募、设备建设、与官方交涉等各项细节进行明确规定。由此，何瑞年对西沙群岛磷矿的各项权利再次尽数转让给日本商人齐藤藤四郎。此后，齐藤在西沙群岛上大兴土木，建设各项采掘与生活设备。根据其递交给外务大臣的陈情书中所言，"同岛事业各项设施在大正十五年（1926）春已经基本完备，其中包括约二百二十间的铁制栈桥的架设，卫生措施、仓库等其他建筑物的建设以及轨道的铺设"②。又有1928年中国方面调查报告言："今西沙群岛中之林岛……计现在有码头铁桥一段，长约一千二百尺，轻便铁栈其长约九千尺，运送车约十架，另有货仓一所，办事室一所，工人住宿室二所，饭堂一所，伙食房一

①《大正十五年十一月三十日"台湾总督府"总务长官代理致在广东帝国总领事森田宽藏"关于西沙岛鸟粪采取者相关事宜"》，《东沙岛及西沙岛之本邦人利权事业相关杂件/鸟粪采取业关系》，日本外务省外交史料馆藏，E-4-2-1-1-2。

②《关于禁止邦人于西沙岛茂林岛采取鸟粪相关事宜（未定稿）》，《东沙岛及西沙岛之本邦人利权事业相关杂件/鸟粪采取业关系》，日本外务省外交史料馆藏，E-4-2-1-1-2。

间，打铁室一间，家私房一间，养鸡室一间，蒸汽机一具，蓄水池一座。"①可见数年间日人开发西沙群岛的设备设施建设都已相当齐全。

纵观日本染指西沙的三个环节，日本方面主要是通过日本商人与中国商人签订《借款契约书》《卖矿契约书》的方式获得西沙群岛鸟粪磷矿的开发经营权，以中国商人作为中介斡旋于当地政府与日人之间，从中攫取西沙资源。

四、中国收回西沙群岛经营权益

1925年至1928年间，广东政府和民众因发现何瑞年出卖西沙群岛经济权益，强烈要求并推动撤销何瑞年对西沙群岛的承办开采权。期间经过诸多曲折，广东当局最终落实此案，并采取措施重新开展对西沙群岛的开发和建设。

（一）广东当局撤销何瑞年承办权

1925年3月12日，作为西沙群岛实业公司后盾的孙中山逝世。此后，各方面对何瑞年及西沙群岛实业公司的不满情绪越来越激烈。民国十五年（1926年）2月，琼东县县民李德光等呈请承垦西沙群岛之吧住、吧兴两岛时，广东省商务厅曾要求何瑞年呈报西沙群岛事业进展情况，何氏以此前（民国十二年，即1923年）"适有军事发生，故延误多时，未能前往"②为由进行推搪，又至今消息全无，引起商务厅方面的不满。

此后，琼东县公民大会、崖县党部先后向省政府呈请将何瑞年案撤销。1926年11月，广东省实业厅将何瑞年西沙岛事业办理不善之情形胪陈，并呈请当局撤销原案，另行招商。经广东省政府核准，又经委员会会议议决："由实业、民政两厅派员乘军舰前往，切实调查，并拟具整理计划呈报。"③决议以后，实业、民政两厅均已派定委员准备出航，但因军舰无可派拨，因此直到1927年仍然未成行。

民国十六年（1927），又有冯英彪就西沙群岛的鸟粪经营提出申请。同年6月，广东省实业厅接受申请，并向省政府请示。实业厅依据各种理由，复有撤销何瑞年原案及批准冯英彪专办采取鸟粪之提议。但因政治会议广州分会收到中山大学农科主任邝嵩龄的报告，称冯英彪的经营是日本人在暗中操纵，故提议没有被通过。④

经过冯英彪请办鸟粪一案后，广东地方当局加快筹划前往西沙群岛调查之事宜，"指定各机关，均经派定人员。被派各员，并选有会议之召集"⑤，但军舰派遣迟迟没有得到

① 《调查西沙群岛之报告》（四续），《新中国报》1928年6月16日。
② 陈天锡：《西沙岛东沙岛成案汇编·西沙岛成案汇编》，第74页。
③ 陈天锡：《西沙岛东沙岛成案汇编·西沙岛成案汇编》，第75页。
④ 萧奇来：《西沙群岛沿革志（昭和十五年八月一日）》，《南洋》第廿六卷第八号，广州中山图书馆藏。
⑤ 陈天锡：《西沙岛东沙岛成案汇编·西沙岛成案汇编》，第78页。

落实，因此广东当局派员赴西沙群岛考察之事，最终延至1928年5月22日方能成行。而对于何瑞年案撤销之决议，自1926年11月实业厅第一次正式向省政府提议起，历经1927年6月第二次提议、1928年2月第三次提议，最终直到1928年5月西沙群岛筹备委员会对该岛调查结束后始尘埃落定。

（二）收回西沙群岛经营权益的措施

1.重施管辖，派人赴岛视察

由于各方向广东政府通电要求撤销何瑞年案，又有商人李德光、冯英彪等多次呈请承办西沙群岛磷矿，广东省政府排除万难，终于将昔日赴西沙群岛进行实地踏查的计划付诸实施。1928年，中山大学农林科教授沈鹏飞作为主席，连同广东省民政厅、建设厅、南区善后委员会公署、第八路军总指挥部、测量局、两广地质调查局等各机关代表共同成立了西沙群岛调查筹备委员会。该委员会向广东省政府提出了资金二千元的申请，来作为赴岛调查经费，又在中山大学校长戴天仇（戴季陶）的斡旋下，成功从政治会议广州分会获得赴岛人员每人二百元的补助。于是调查队（十五名）于同年（1928年）5月22日搭乘军舰"海瑞"号前往西沙群岛，作实地调查，历时16天。

该调查队"归省后各调查员均造具报告，编成详尽的《调查西沙群岛报告书》，并由省政府制定出《招商承办西沙群岛鸟粪简章》共十五条"[1]。此外，又在《国闻周报》《自然界》《农声》等报刊杂志中将调查情形与报告尽数刊登，加深民众对西沙群岛的了解。

2.完善招商章程，继续批商承办

1928年6月，中山大学农林科教授、会议主席沈鹏飞经由政治分会向南区善后委员会公署（公署长陈铭枢）提交请愿书，要求保护该岛矿产，并将奸商与日本人之间签订的矿产采取契约进行取缔，另再拟定经营之法。经政治会议广州分会会议议决将西沙群岛磷矿拨为中山大学管理[2]，并"准其自行开采，制配肥料以供农村实验之用。"[3]此后直至1929年4月中山大学函请广东省政府将西沙群岛批商承办为止，西沙群岛一直由中山大学进行经营。

经过何瑞年一案后，广东省政府对于呈请承办西沙群岛事业之各商人更为谨慎，1929年颁布的《批商承采西沙群岛鸟粪简章》，不仅对承采商人之履历、资本来源等进行严格审查，还要求其不得私下转让开发权利，如第九条规定："承商所集资本，均以华股为限，不得招收洋股，至矿场内一切职员及工人，均不得雇用外人，如在内地设厂提炼及制造肥

---

[1] 林金枝：《1912—1949年中国政府行使和维护南海诸岛主权的斗争》，《南洋问题研究》1991年第4期。

[2] 详见《政治分会函知决议照准将西沙群岛矿产拨归中山大学管理案》，《广东省政府周报》1928年第42期，第73—74页。

[3] 《本校管理西沙群岛矿产》，《农声》1928年第105—107期合刊，第61—62页。

从日本染指西沙群岛看海疆主权维护问题——以日本外务省档案为中心

079

料有聘请洋技师之必要时，须先行呈准建设厅。"①第十七、十八两条强调，承商如违反第九条之规定招收外人资本者，除撤销承办权外，并处以相当之罚金。②此后，经广东省政府批准的先后有宋锡权、严景枝、苏子江数人。1929年4月，宋锡权集资30万元，组织协济公司向广东省建设厅呈请承办西沙群岛鸟粪磷矿，以试办五年为期，并在上海、广州二地设立公司，获得省政府批准。③但请办成功后仅经营了一年，共销售鸟粪磷矿一万吨。1931年4月，商人严景枝组织西沙群岛鸟粪磷矿国产田料有限公司，向广东政府陈情承办西沙群岛鸟粪事业，经批准后前往开办，并在广州、香港、汕头、厦门设立批发处，推销肥料。④1932年3月，广东省建设厅将西沙群岛鸟粪再次开投，并由商人苏子江组织之中华国产田料公司出价212700元竞投成功，以20年为限。⑤因受九小岛事件影响，从1933年起，广东省政府将西沙群岛纳入三年施政计划，此后开发情况不得而知。

3.筹建西沙群岛气象台、无线电台与灯塔

北洋政府时期，为了加强对东沙、西沙各岛的控制与管理，1925年北洋政府海军部宣布把东沙群岛划作海军军事区域，⑥同年海军部全国海岸测量局在东沙群岛上建立了无线电台、灯塔。1926年4月，海军部以西沙群岛与东沙群岛同为海南要区，应援案将西沙群岛定为海军军事区域，经提呈北洋政府备案，并由北洋政府通告中外知悉。⑦同年8月30日，北洋政府外交部以将在西沙群岛的茂林岛⑧建设气象台为由，向日本驻广东总领事代理清水亨发出外交咨文，要求当局严令该在岛日本人等勿得再在西沙群岛采取鸟粪。⑨

但日本方面对此不予理会，原因有三：（1）考虑到北洋政府与国民政府之间的关系以及西沙群岛所在的位置，想要实现上述计划相当困难。（2）北洋政府方面提出修建西沙群岛气象台，虽是出于保护自身权益、与英国方面对抗⑩的考虑，但国民航业公司⑪到目前为

① 《批商承采西沙群岛鸟粪简章》，《广东省政府周报》1929年第92期，第56页。

② 详见《批商承采西沙群岛鸟粪简章》，《广东省政府周报》1929年第92期，第57—58页。

③ 《准宋锡权承采西沙群岛鸟粪案》，《广东省政府周报》1929年第92期，第53页。

④ 林金枝：《1912—1949中国政府行使和维护南海诸岛主权的斗争》，《南洋问题研究》1991年第4期。

⑤ 鲍应中：《提倡组织广东外海渔业公司计划》，《农业革命》1932年第5期，第24页。

⑥ 北洋政府为此发布通告，宣示中外，并规定："沿岛堤岸外以三海里为领海防线，界内无论何国船只，不得停留或湾泊。"详见《广东省建设厅厅长胡继贤呈广东省政府文（1931年9月2日）》，广州中山图书馆藏。

⑦ 陈天锡：《西沙岛东沙岛成案汇编·东沙岛成案汇编》，第248—264页。

⑧ 此茂林岛即为中文文献中的林岛，西文名称"woody island"。

⑨ 详见《大正十五年九月十七日在中国临时代理公使崛义贵致外务大臣币原喜重郎"外交部咨文——禁止邦人采取鸟粪之相关文件"》，《东沙岛及西沙岛之本邦人利权事业相关杂件/鸟粪采取业关系》，日本外务省外交史料馆藏，E-4-2-1-1-2。

⑩ 此前中国方面曾于东沙岛修建气象台，日本方面认为是英国为了保障其军事利益之推动。详见《昭和二年五月三十日在广东总领事森田宽藏致外务大臣田中义一"外交部咨文——禁止邦人采取鸟粪之相关文件"》，《东沙岛及西沙岛之本邦人利权事业相关杂件/鸟粪采取业关系》，日本外务省外交史料馆藏，E-4-2-1-1-2。

⑪ 据日本方面调查，1926年11月实业厅第一次提议撤销何瑞年案后，西沙事业曾由国民航业公司接管，其代表者为俞志远（宋子文从弟），但实际情况不可而知。详见《昭和二年十一月三十日村上总领事致田中外务大臣电报》，《东沙岛及西沙岛之本邦人利权事业相关杂件/鸟粪采取业关系》，日本外务省外交史料馆藏，E-4-2-1-1-2。

止仍未有任何具体之行动。(3)出于战略考虑，既然英国势力想要渗透到西沙群岛，日本人就更应该继续开发事业，以保日本在南海之地位。[①]

由于日本方面的置之不理，本次外交咨文的交涉并未取得任何实质性的成果，此后日本商人继续在西沙群岛从事磷矿盗采活动，而中国方面也因国内战争（北伐）、财力困难而无力继续进行交涉与建设。

1930年4月，远东气象会议在中国香港召开，出席者有中国、法国、菲律宾、英国等各国代表。经会议议决，要求中国政府在西沙群岛建立气象台以利国际船只航行。1930年5月26日，广东省政府即根据会议要求向国民政府呈请迅速筹建西沙群岛气象台及无线电台。[②]国民政府曾以第1314号文指令，批准海军部会同交通部所呈之筹建西沙群岛无线电台与气象台建议。但此后因财政困难而进展缓慢，直至1936年始竣工。

（三）何瑞年案撤销后西沙群岛状况

在广东政府当局正因撤销何瑞年案而进行讨论之时，何瑞年利用自身权利再次与日本资本家勾结，继续出卖中国西沙群岛矿产与开发权益。

从日本驻广东总领事与日本外务省大臣的公文来往中可知，民国十七年（1928年）1月，何瑞年就齐藤藤四郎不遵守前订《卖矿契约书》之第三条（齐藤不履行契约）及第十条（何经营损失）而单方面取消契约，并以电报及挂号函通知齐藤，同时又向日本陆军省、海军省、外务省、"台湾总督府"、日本驻广东领事馆、日本驻香港领事馆，以及日本东京、大阪、神户各方面发出通知书进行知会。[③]

与齐藤藤四郎终止契约后不到半年（1928年6月），何瑞年又与日本东大洋行代表东则正订立《卖矿契约书》。[④]关于当时情形，1928年新上任的日本驻广东总领事矢野曾有报告如下：

> 关于何瑞年对西沙群岛的权利，根据此前报告所言，昔广州政治分会已通过对取消何瑞年采矿权利的决议，但此后省政府仍然向何瑞年征收作为特权费用的税金。又有当时民政厅要员透漏出当局仍未正式取消何瑞年对该岛权利的消息，于是以该岛特权不得转让与第三方为条件，何瑞年与东则正前往当时总领事馆（本官到任前）就两人契约请求见证。况其时正值（中国）政府侧权利回收热依然高涨，广东当局最终决

---

①《昭和二年五月三十日在广东总领事森田宽藏致外务大臣田中义一"外交部咨文——禁止邦人采取鸟粪之相关文件"》，《东沙岛及西沙岛之本邦人利权事业相关杂件/鸟粪采取业关系》，日本外务省外交史料馆藏，E-4-2-1-1-2。

②李琴芳：《有关国民政府在南海诸岛设置无线电台等设施的一组史料》，《民国档案》1991年第3期。

③《昭和三年二月三日在香港总领事致外务大臣"关于何瑞年废除对西沙群岛相关契约之申请"》，《东沙岛及西沙岛之本邦人利权事业相关杂件/鸟粪采取业关系》，日本外务省外交史料馆藏，E-4-2-1-1-2。

④《昭和三年八月十五日在广东总领事矢野真致外务大臣田中义一"关于东、何间西沙群岛之契约一件"》，《东沙岛及西沙岛之本邦人利权事业相关杂件/鸟粪采取业关系》，日本外务省外交史料馆藏，E-4-2-1-1-2。

定由中山大学农林科负责西沙群岛矿业的经营。又最近该大学农林科教授、会议主席沈鹏飞经由政治分会向南区善后委员会（公）署（公署长陈铭枢）提交请愿书，要求保护该岛矿产，并且将奸商与日本人之间签订的矿产采取契约进行取缔，同时积极筹划对该岛的经营方法。何瑞年为求自（身）特权的延续尚且要试探广东政府的意见，窃以为就现下西沙群岛的情况，本邦人对西沙群岛企业的投资是相当危险的。[①]

尽管日本官方对何瑞年方面抱有怀疑，但却又不愿意舍弃在西沙群岛继续经营的权利，因此仍然支持日本商人与何氏订立契约。然而，1929年3月20日，何瑞年又以东则正"不履行契约，大反信义"而与其取消契约，并与日本商人大西宇兵卫签订《卖矿契约书》。[②]因为此次签订《卖矿契约书》后，何瑞年、大西宇兵卫两人并没有像此前一样请求日本驻广东领事馆的见证，而是由大西宇兵卫单方面向广东总领事报告，引起了广东总领事矢野真的怀疑。结果经过调查，日本政府发现"何瑞年的权利现在已经被完全取消，同岛的矿产资源已交由中山大学农林科进行经营"[③]。始知何瑞年在利用无效的许可证书欺骗日本商人，谋取私财。而大西宇兵卫其人，之前从未踏足过磷矿采取这一事业。因当时日本国内磷矿需求益增，大西为牟取暴利，才铤而走险。

得知何瑞年经营执照已失效后，日本外务省曾警告商人小畑政一、大西宇兵卫等人毋得再擅自前往西沙群岛，但大西宇兵卫仍然一意孤行。1928年5月11日，大西宇兵卫与小畑政一非法进入西沙群岛，盗采磷矿4200多吨，运回大阪出售，但因肥料制造公司方面无意购买，生意惨败告终。[④]

此后资本主义世界性经济危机席卷日本，日本在南中国海地区的活动也受到了影响，大部分公司撤回日本。至1939年日本军事占领西沙群岛，并宣布将包括西沙群岛在内的南海诸岛划为日本帝国领土，归台湾高雄管辖，其与中国商人勾结盗采该岛矿产之历史告一段落。

五、从日人染指西沙群岛看海疆主权的维护

西沙群岛自古以来就是我国的领土，案牍证据俱在，历历可考，本无疑议。晚清以来随着日人之"水产南进"，南海诸岛事端陡生。从日人染指西沙一案中，可窥见中国海疆

---

① 《昭和三年十一月二十八日在广东总领事矢野真致外务大臣田中义一"关于东、何间西沙群岛之契约一件"》，《东沙岛及西沙岛之本邦人利权事业相关杂件/鸟粪采取业关系》，日本外务省外交史料馆藏，E-4-2-1-1-2。

② 《昭和四年三月二十三日在广东总领事矢野真致外务大臣田中义一"关于西沙群岛'海鸟粪'采掘权的相关事宜"》，《东沙岛及西沙岛之本邦人利权事业相关杂件/鸟粪采取业关系》，日本外务省外交史料馆藏，E-4-2-1-1-2。

③ 《昭和四年三月二十三日在广东总领事矢野真致外务大臣田中义一"关于西沙群岛'海鸟粪'采掘权的相关事宜"》，《东沙岛及西沙岛之本邦人利权事业相关杂件/鸟粪采取业关系》，日本外务省外交史料馆藏，E-4-2-1-1-2。

④ 《昭和四年六月二十六日"台湾总督府"总务长官河源田稼吉致外务次官吉田茂"西沙群岛磷矿采取事业者大西宇兵卫之相关事宜"》，《东沙岛及西沙岛之本邦人利权事业相关杂件/鸟粪采取业关系》，日本外务省外交史料馆藏，E-4-2-1-1-2。

主权维护事业的得与失。

（一）近代中国海疆海权事业经营之漏洞

民国时期，日人通过与中国商人勾结的方式盗取西沙群岛磷矿，前后持续近十年。其中显示出中国政府在海疆经营与主权维护方面的一些不足。

第一，政府当局重视不够。我国渔民对于西沙群岛的经营开发，自古有之，但是规模小，经营方式相对分散。晚清以来，国际间对于中国南海地区的关注越来越多，有感于此，两广总督张人骏上呈西沙群岛筹办处理大纲八条，附带经营榆林港之计划十一条，企图由官方主导，以近代经营方式开发西沙群岛。但是该计划呈报尚不足半年，张人骏便卸任离去，新任两广总督袁树勋上任后又随即将西沙群岛筹办处撤销，清政府对西沙群岛之经营再无建树。中华民国成立后，政局多年动荡，政府上层官员为夺取最高权力而明争暗斗，无心于南海海疆开发经营事业，以致清末民初时期中国官方对西沙群岛的开发经营出现十数年的"空白期"，遂使日人有机可乘。诚如陈天锡先生所言："清季于沉睡之余，忽复猛醒，而图开辟。观其当时种种筹备，似非无兴举之诚意。以彼时财力，尚不致如今日之殚竭，倘使假时日，即不能尽如其规划一一见之实行，或亦有多少之设施，足为后来建设之基础。惜乎人亡政息，张人骏甫去，袁树勋即尽反其所为，遂使该岛长陷于今日之现象也。"[①]诚然，即使当日清政府又或是民初政府将开发西沙群岛之计划实行，亦不能阻止日人南进之决心与染指西沙之野心，但起码能为中国后起之商人提供经营之经验，不至于其一无所知乃至只能与日人勾结才能获利的地步。

第二，官方监督力度不足。自日本"发现"西沙群岛诸岛屿，并向日本政府递交开发申请之时起，日本当局就给予高度的关注。平田末治之所以能够勾结中国商人梁国之、何瑞年，得益于日本政府高级官员与中国方面的斡旋。关于日人勾结中国商人盗采西沙磷矿一案，小畑政一在《西沙群岛沿革志》中曾根据"台湾总督府"之调查记录，列出与此案相关官商人物之姓名。在参与此事的二十五人中，有日本官员十名、日本商人三名、中国官员两名、中国商人两名，足见日本官方对此事的关注与重视。此外，日本政府还曾对平田末治与何瑞年所订之《卖矿契约书》进行添补修订，对平田末治之西沙群岛经营方法提供意见，在齐藤藤四郎、东则正等日本资本家与何瑞年订立契约时担任见证人，并时时注意中国方面的动向。如果说勾结中国商人盗采西沙磷矿是日本商人所为，那么在背后谋划、支持、援助这一切的就是日本政府。

反观中国官方，对商人的监督力度明显不足。首先，中日商人在当权者之庇护下得以勾结。民国以来对西沙群岛的开发，一般由商人向实业厅提出申请，经广东省政府审核计划书，商定缴纳税金后交政治分会广州分会议决，最后由广东省政府颁发执照，崖县党部

① 陈天锡：《西沙岛东沙岛成案汇编·西沙岛成案汇编》，第88页。

颁发诚恳证书，始算正式批准承办。民国十年（1921），何瑞年并未向当时实业厅或广东省长公署提出申请，而是直接向军政府内政部请求试办，已非正道。此后"经先总理手批与旧友何瑞年，经营开垦，以五年为期。随后何瑞年将该岛转批与日人。当时崖县人民全体反对，卒归无效"。又有民国十二年（1923）省长徐绍桢以没有发现日人确切证据为由，正式批准何瑞年承办西沙，致使海疆主权流失。可以说，这些高级官员对此有不可推脱的责任。其次，广东当局对承办商人缺少持续有效的监督。1921—1928年间，广东地方对西沙群岛的实地考察只有两次。第一次为1922年2月崖县特派员陈明华奉命随何瑞年方面人员前往西沙群岛进行试办勘察，曾测量十座岛屿，于同年3月返县。[①]此后广东地方再未派官员赴岛对何瑞年事业进行监督考察。第二次为1928年5月西沙群岛调查筹备委员会派出调查队赴岛查勘，虽然此次行动在1926年11月政治会议广州分会中早有议决，但因海军部迟迟不派遣军舰，最终延迟近两年方得成行。就在此一拖再拖期间，中国海洋权益日渐流失。

第三，当局缺少支持保护措施。何瑞年案被正式撤销后，西沙群岛实业由中山大学承办，但此期间日人前往西沙群岛偷采鸟粪资源者依然没有停止。《农声》杂志中曾有记载，1928年间，有日本商人组织一百二十余人前往西沙群岛，并盗采磷矿资源八千余吨，又运载四千吨回大阪出售，恰逢日本国内磷矿价格大跌，商人亏损严重，故无力组织轮船运回在岛工人。流落在西沙群岛的工人只能捕鱼充饥，最后由"台湾总督府"派遣宝开丸前往该岛将其接回。[②]对于前往西沙开采磷矿的工人，日本当局尚且派出船只将其接回，以保障其生命安全。但中国当局对承办西沙实业之商人却没有任何保护措施。商人在开采岛上资源的时候往往无力抵抗武装的日本商人，因此鸟粪被日人盗采之事时有发生。此外，由于何瑞年案后广东省政府出台新的《西沙群岛招商简章》，对商人的要求过于严苛，商人的履历、资金来源受到严格审查，还要缴纳巨额的保证金，逾期不办，则其保证金被没收。[③]如此将商人置于官方的对立面，中国海疆经营事业难以有效开展。

（二）广东地方力量之凸显

近代以来，在维护西沙群岛权益方面，广东地方之力量不可忽视。

首先，广东省政府之作用。在西沙群岛海疆主权维护事业中，广东省政府一直发挥着先锋作用。清末时期清政府对西沙群岛的早期经营规划，就是由两广总督张人骏带头发起。民国以来，则以广东省政府为主导开展西沙群岛经营事业。在经济开发方面，历次商人呈请承办西沙群岛事业，皆由广东省政府进行审查、函复、批准；历次对西沙群岛事业的重要协议也由广东省政府当局会议议决。在军事政治建设方面，得知国际会议对中国于

---

① 林金枝：《1912—1949年中国政府行使和维护南海诸岛主权的斗争》，《南洋问题研究》1991年第4期。

② 《日人私取西沙鸟粪》，《农声》1929年第123期，第66页。

③ 《建厅呈报开投西沙群岛鸟粪磷矿》，《广东省政府公报》1932年第180期，第58页。

西沙群岛建设气象台与无线电台消息后，广东省政府随即作出积极响应："查西沙（群）岛气象台既经统一远东气象会议议决，要求我国政府从事筹备建筑，以利航行有案，为利便航行及完成建设计，均属刻不容缓之举，自应建议国府速筹设置西沙（群）岛气象台及无线电台"①，此后就经费问题也积极与财政部斡旋，使西沙岛气象台得以竣工。可以说没有广东省政府的支持与推动，传统中国仅靠渔民经营海岛的传统模式很可能已经被近代商业经营模式冲垮，近代西沙群岛经营事业无从谈起，中国海疆主权维护也无从延续。

其次，广东地方民众与各团体之力量。广东民众与各团体在揭发何瑞年与日本商人勾结一事中起到重要作用。1922年崖县县长上呈称何瑞年勾结日人一书后，表示抗议之民众与团体就有"琼崖公民王器民等、琼东县立第二高等小学校学生联合会、琼东县立第一高等小学校全体学生、崖县县议会、琼东县学生联合会、琼东县加积公立高等小学校全体教职员学生、文昌学生联合会、乐会县学生联合会、加积高小学校学生会、香港琼崖商会、中国国民党琼侨联合会筹办处、崖县公民代表李福海等、中国国民党琼东分部部长周世起……"②其纷纷通电广东省署要求严查，始推动广东地方注销何瑞年经营许可之决议。又有谢彬在其《云南游记》中对此事有如下记载：

> 琼崖人士，得此消息，始大恐惧，起而力争以期自保。开会、拍电、请愿、种种运动，固已次第实行，并在琼城编演"西沙惨剧"，引起民众注意。驻省琼籍议员，亦向政府提出严重质问，奔走呼号，几及一载。洎十一年十一月，始由广东政府，注销该公司成案。

1926年，琼东县公民大会与崖县党部联名电呈广东省政府，请求将何瑞年承办西沙群岛之成案取消。最后经实业厅考察、政治会议广州分会议决，由实业、民政两厅派员乘军舰前往该群岛切实调查，并拟具整理计划。由此可知人民群众与各社会团体在监督不法商人中之重要作用。

最后，学界之推动。1928年，以中山大学农林科教授沈鹏飞为首的一批学界专家，连同各机关组织代表共同成立西沙群岛调查筹备委员会，于同年（1928年）5月22日搭乘军舰"海瑞号"前往西沙群岛，作实地调查，不仅确认了何瑞年与日人勾结之事实，还编写《调查西沙群岛之报告》，对西沙群岛之地质、海流、气候、物产、岛民生业、建筑形态、交通情形、各岛礁志等作了详细的介绍。此后一段时间内（1928年6月—1929年4月），省政府当局将西沙群岛磷矿拨为中山大学管理，并准其自行开采，制配肥料以供农村实验之用。在此期间，学界担起维护西沙海权之责任。1929年5月6日《广州民国日报》上曾刊有《奸商再次与日人勾结偷采西沙群岛鸟粪》一文，其中披露的正是中山大学发现大西宇兵卫擅自前往西沙盗采磷矿一事，当时中山大学曾电呈建设厅，经由省政府向海军舰队司

---

① 李琴芳：《有关国民政府在南海诸岛设置无线电台等设施的一组史料》，《民国档案》1991年第3期。
② 陈天锡：《西沙岛东沙岛成案汇编·西沙岛成案汇编》，第52—53页。

令陈策申请调派军舰赴岛维权。①日本当局曾为此紧张不已，切实起到了威慑不法商人与日人的作用。

（三）何瑞年案对中国海疆主权维护事业的启示

1.对西沙群岛经营的启示

在中国对西沙群岛的经营事业中，招商承办是主要方式。虽然在经营、开发的过程中出现了许多问题，但是中国政府与广东省政府做出的努力还是值得肯定的，其也为后继者提供了经验教训。

抗战胜利后，"国民政府对光复后的西沙群岛鸟粪资源的开发采取了慎重的、在政府组织协调下的、有计划的大规模开发"。②在开采方面，采取委托企业（上海中元企业有限公司）代为开采的方式，"订立开采合同，明确双方享有的权利与应承担的义务"；在加工方面，制造过程收归官方直属机构进行管理，规定其（上海中元企业有限公司）开采所得的15%"供应资源委员会直属的台湾肥料公司制造肥料之用"；在监督方面，"资源委员会派员一人至二人驻岛记录实际生产数字，并对中元企业公司鸟粪开采的最低年产量，鸟粪的含磷成分、运输费用，鸟粪的交易价格等作了详细要求"；在军事保护方面，"划定了采矿工作地区'以该岛炮垒外围，延伸约一百公尺为禁区'，明确了各自活动的区域，并规定'开采员工数目及进出船名与日期等项，应通知该岛驻军查考'"。③抗战胜利后对西沙群岛的各项开发经营工作之所以能有条不紊地进行，正是吸取了民国初年的经验教训。

2.对我国当代海疆主权维护的启示

在维护海疆主权的过程中，实际开发无疑是最有效的手段。现代日本鼓吹"南海主权未定论"，正是因为近代中国在南海地区没有持续有效的实际开发，而日本在相当长的一段时间里以官方为主导、商人为先锋，通过各种手段掌握着南海诸岛的实际开发权。

20世纪70年代石油危机以来，南海海域丰富的石油资源成为周边国家关注的对象，周边国家围绕西沙、南沙群岛的主权归属问题也对我国海疆主权维护事业提出新的挑战。笔者认为，在主权争议僵持不下的情况下，进行持续、有效、实际的开发显得尤为重要。在实际开发的过程中，应以官方为主导，民间参与开发建设。首先，官方，尤其是地方当局，应立足于学界对南海诸岛的各项研究成果，吸取历史经验，立足长远，制定开发与经营计划。其次，官方应支持和鼓励民众参与南海诸岛建设，进行可持续的、有计划的实际经营，但对其行动应加强监督。最后，应增强国家实力，以海军力量为军事后盾，对外交涉为主要手段，切实保护国家和人民对南海海疆维护的各项措施。

---

① 详见《昭和四年五月六日在广东总领事矢野真致外务大臣田中义一"西沙岛鸟粪采取相关事宜"》，《东沙岛及西沙岛之本邦人利权事业相关案件/鸟粪采取业关系》，日本外务省外交史料馆藏，E-4-2-1-1-2。

② 侯强：《民国政府对西沙群岛的鸟粪开发》，《文史杂志》2001年第5期。

③ 侯强：《民国政府对西沙群岛的鸟粪开发》，《文史杂志》2001年第5期。

老师点评：卢玉敏《从日本染指西沙群岛看海疆主权维护问题——以日本外务省档案为中心》一文是其本科毕业论文，曾获评当年优秀毕业论文。该文以日本外务省档案为中心史料，从日本染指西沙群岛的活动来考察晚清民国我国海疆管理问题。论其价值，主要有三：一是在史料文献上，日本外务省档案为新近开放，比较新颖。加上需要日文基础，国内学界能利用者不多，挖掘起来先到者从容而多得。二是在问题视角上，晚清民国时期日本势力在南海活动频繁而猖獗，在南海主权斗争史上一度成为热点。然而由于二战后日本势力退出南海，后来研究南海问题者多从眼前时务出发，对日本势力关注者不多。三是从研究南海问题的层面和领域看，学界大多关注时务，少究历史；关注外交斗争，忽略内部管理。从日本人染指西沙之事可以看到中国政府特别是广东地方政府的态度和措施，同时也可发现我国海疆管理上的漏洞所在。南海诸岛文献浩如烟海，问题复杂而多变，至今大有可以拓展的余地。像该文，所探讨者正是我国需要关注的重大历史问题，也对解释南海问题发展脉络，以史为鉴改进我国当前海疆管理极具价值。同时值得指出的是，作者学科基础良好，学习态度积极认真，思维缜密细致，问题意识也强，因而在这一领域打磨出了一篇不但在本科阶段非常优秀，而且就规范学术研究而言也值得肯定的学术成果。后来作者在《中国边疆史地研究》2018年第1期所发表的论文即以该文为基础。

论文指导老师：刘永连

从女性婚礼服饰的变化看婚姻观念的改变

——以近代上海为中心

2012级　黄盛枫①

摘　要：中国自古以来存在服饰等级制，民众的婚礼服饰也有着诸多限制。近代以后，在政治、经济、思想观念等因素的影响之下，传统女性婚礼服饰中流行的红盖头、凤冠霞帔、大红袍服，逐渐被头纱、旗袍、婚纱等新式婚礼服饰元素所取代。女性婚礼服饰上的变化同时反映了传统"父母之命，媒妁之言"的择偶标准，以及女性家庭地位等婚姻观念的转变。女性婚礼服饰与观念开始解构和重构，向相对自由进步的方向发展。本文采用社会文化史的视角，以近代上海为中心，探讨女性婚礼服饰与婚姻观念之间的互动和变迁，以及分析这种变化的成因。

关键词：社会文化史；近代上海；婚礼服饰；婚姻观念

有曰"婚礼穿红褂，丧事披白袍"，红色在中国的传统习俗中是代表喜庆的颜色，普遍用于婚礼和农历新年等各种喜庆场合，而白色通常只有在丧事的时候才使用，有不吉利的含义。西方婚礼以白色为主体色；中国传统婚礼以红色为主体色，两者无论是在整体用色、衣服款式、婚礼仪式等方面都大相径庭。令人惊奇的是，在清末民初时期，新娘的婚礼服饰开始有以白色作为主体色的情况出现，在民国中后期的各大城市中更成为一股风潮。除了婚礼服饰颜色的变化之外，红盖头、凤冠霞帔、大红袍服等中国传统婚礼服饰元素也出现了明显的变化，头纱、旗袍、婚纱等西方婚礼服饰元素相继出现，并逐渐成为女性婚礼服饰的主流。婚礼服饰作为社会文化的一部分，反映了某一社会群体的价值观念与心理特征。婚礼服饰与婚姻观念之间有着深层互动关系，本文就以清末民国时期女性婚礼服饰的变化为例，探究当时民众婚姻观念的转变，以及发生这种转变的原因。

婚礼服饰在中国传统婚姻礼制中除了有遮身蔽体和装饰性以及仪式性的作用之外，还承担着表现一个人的社会角色和身份等级的功能。婚礼服饰乃至整个婚姻风俗礼制，与婚姻观念之间有着密切的关系。首先，他们之间是互为表里的关系，婚礼服饰是婚姻观念的体现之一，其变化往往会反映出婚姻观念的改变。其次，服饰在成为社会集体的行为习惯

---

① 黄盛枫，暨南大学历史学系学士，香港理工大学中国文化学系硕士，现于台湾成功大学历史系读博。主要研究兴趣为近现代中国社会文化史。

的过程中，对社会民众的心理也会产生反作用。

在理论依据方面，本文采用了社会文化史视角，以近代上海为中心，"以普遍性、典型性的生活方式为主线，力图从社会变动、民众生活方式、社会文化观念三者互动的视角，对民众生活方式变迁的机制与意义作文化的观照"①，并且尝试从政治、经济、思想观念等方面分析导致变迁的原因。

首先，在社会史研究方面，冯尔康著《中国社会史概论》②是一部中国社会史研究的入门教材，书中系统介绍了社会史学科理论以及史料，对寻找社会生活相关的史料记载有莫大的帮助。在近代史研究方面，学界已经有不少成果，曾业英主编《五十年来的中国近代史研究》③对五十年来的中国近代史研究作了比较全面的回顾和总结。其中社会史和文化史部分的内容讲述到他们的基本研究对象、理论基础和研究热点，对了解21世纪之前的近代社会和文化史的研究状况有很大的帮助。整体来说，在21世纪之前的近代社会史研究中，对于社会生活文化史范畴方面，关于下层民众的日常生活即衣、食、住、行等方面的研究还是相对薄弱和零散，也多偏重于表层方面的描述。

在社会文化史方面，1984年刘志琴于《中国文化研究集刊》（第一辑）发表了《晚明城市风尚初探》一文，作者以民众的社会生活作为研究对象，分析了晚明时期商品经济的发展所引发的城市风尚与伦理道德观念的变迁，其中还将礼制与风尚相联系，为后来的社会文化史提供了初步的研究范式。在21世纪之后，社会文化史的理论开始逐步完善。2002年李长莉著《晚清上海社会的变迁：生活与伦理的近代化》，书中提出了社会文化史的概念："以生活方式、大众文化和社会风尚的变迁为研究对象，把社会生活纳入文化研究的视野，通过生活方式的变迁阐明社会意识和民族文化心理的发展历程。"④其后出版的《中国人的生活方式：从传统到近代》，正是利用社会文化史的角度，对近代中国人的生活方式演变进行了较为深入的考察。这一类的研究在国内寥寥可数，正如梁景和在其书评中提道："《生活方式》一书是要探索社会生态、生活方式、社会观念三个中心概念之间的逻辑互动关系。这样的探究在国内以往的学术研究中并不多见，所以说这是一次学术前沿的探索。"⑤本文也借鉴了前人的理论成果，以社会文化史的视角来进行研究，探索社会生活与观念的互动关系以及变化原因。

其次，专门研究近代时期服饰与婚姻观念的学术专著并不多，左玉河著《婚丧嫁娶》⑥一书，主要介绍了民国时期的婚姻观念和制度，以及旧式和新式婚礼的形式和礼仪，

① 李长莉：《中国人的生活方式：从传统到近代》，成都：四川人民出版社，2008年，第10页。

② 冯尔康：《中国社会史概论》，北京：高等教育出版社，2004年。

③ 曾业英主编：《五十年来的中国近代史研究》，上海：上海书店出版社，2000年。

④ 李长莉：《晚清上海社会的变迁：生活与伦理的近代化》，天津：天津人民出版社，2002年，第2—3页。

⑤ 梁景和：《生活方式：历史研究的深处——评李长莉著〈中国人的生活方式：从传统到近代〉》，《近代史研究》2009年第2期，第146页。

⑥ 左玉河：《婚丧嫁娶》，北京：中国文史出版社，2005年。

但有关当时女性婚礼服饰方面则较少谈及。邓伟志、胡申生著《上海婚俗》①一书，主要论述了上海传统以及近代的婚俗和婚姻观念的内容。华梅著《中国近现代服装史》②一书，主要论述了近代以来中国服装的变革以及服装产业方面的内容。张竞琼著《从一元到二元——近代中国服装的传承经脉》③一书，除论述了中国古代服装向中国近代服装的演变过程以外，也解释了中国近代整体服装变迁的依据和动力。除此之外，还有以大量图片为主，直观地向读者介绍中国服饰史的著作，例如廖军、许星著《中国服饰百年》④，张竞琼、曹喆著《看得见的中国服装史》⑤，陈美怡著《时裳：图说中国百年服饰历史》⑥，等等。

再次，在近代婚姻观念以及婚礼服饰方面较为深入的研究并不多，只有数篇期刊论文与学位论文。1991年，行龙在《近代史研究》上发表了《清末民初婚姻生活中的新潮》一文，主要论述了清末民初婚姻生活中的新动向，以及与传统的差异之处，揭示了当时出现的一些新的婚姻现象。1997年，陈蕴茜、叶青在《近代史研究》上发表了《论民国时期城市婚姻的变迁》一文，主要论述了民国时期城市中家庭制度的变迁，以及人们实际婚姻生活的状态。2008年，韩纯宇的硕士学位论文《明代至现代汉族婚礼服饰600年变迁》（北京服装学院），专门考察了汉族婚礼服饰中各个元素的改变。2009年，袁秋芸的硕士学位论文《从民国时期的〈妇女杂志〉看中国近代婚礼服的变迁》（江南大学），主要分析了《妇女杂志》当中有关婚礼服饰的照片和文章，分析了当时婚礼服饰的特点。2014年，段冰清的硕士学位论文《清末民初中原地区民间婚服研究》（北京服装学院），当中涉及近代女性婚礼服饰的各项元素分析，其中不少照片是由作者亲身收集的第一手资料，故有较大的参考价值。

以上论著大部分是针对中国传统婚礼服饰和婚俗方面的研究，他们的研究时间和范围都较为宽泛，也少有从民众立场出发，专门探究清末民国时期的社会变动、女性婚礼服饰和婚姻观念三者之间的关系以及变化原因的。

一、近代之前传统女性婚礼服饰与婚姻观念

（一）衣冠之制、礼仪之邦

周公制礼治国，建立起了一整套用以统治国家和规范社会行为的礼仪。《荀子·王制》

① 邓伟志、胡申生：《上海婚俗》，上海：文汇出版社，2007年。
② 华梅：《中国近现代服装史》，北京：中国纺织出版社，2008年。
③ 张竞琼：《从一元到二元——近代中国服装的传承经脉》，北京：中国纺织出版社，2009年。
④ 廖军、许星：《中国服饰百年》，上海：上海文化出版社，2009年。
⑤ 张竞琼、曹喆：《看得见的中国服装史》，北京：中华书局，2012年。
⑥ 陈美怡：《时裳：图说中国百年服饰历史》，北京：中国青年出版社，2013年。

有云："衣服有制，宫室有度，人徒有数，丧祭械用皆有等宜"①，礼制的核心是"别"，透过一系列的礼仪制度和生活规范将人民分为不同的身份等级，订立其权利以及义务，使社会运行在其充分控制之下，让人民按照官方所制定的规矩来生活，各安其分，从而达到政权和社会的稳定。服饰是人们日常生活中最常见的外在表现，皇帝穿龙袍、官员穿官服、庶民穿布衣，从一个人穿着的服饰就可以得知其性别、身份、等级、贵贱、职业等情况，甚至妇女已婚、未婚、正室、侧室都在服饰上有所体现。服饰是礼仪制度的一部分，官方对人民可以穿着的服饰有严格的法令规定，服饰制度不仅可以用来分辨人民的身份等级，同时还维护着宗法制度的和谐与威严。

中国的服制从周代开始，日趋复杂，从《周礼》到历代《舆服志》再到各朝《会典》，对服制的记载愈趋详细，不同身份等级的人民在婚礼、丧礼、冠礼等各种仪式上，甚至是日常穿着的服饰都有明确规定，可谓巨细无遗。在官方的服饰等级统治系统之下，服饰的款式、尺寸、质料，细致到纹案、颜色、纽扣样式都有定制，人民只能穿着合适自身身份等级的服饰，僭越会受到处罚。如《唐会要·章服品第》记载："衣服上下各依品秩，上得通下，下不得僭上，仍令所司严加禁断"②；《宋史·舆服志》记载："诏内诸司使以下出入内庭，不得服皂衣，违者论其罪"③；《明史·舆服志》记载："禁军民衣紫花罩甲……缉事人擒之"④；《大清律例·仪制》中"服舍违式"第一条例文注明："凡官民房舍、车服、器物之类，各有等第。若违式僭用，有官者，杖一百，罢职不叙；无官者，笞五十，罪坐家长、工匠，并笞五十"⑤，可见历代各朝对服饰制度的重视，并严厉处罚服饰僭越行为。在严格的等级制度之下，中国民间女性在婚礼期间穿着的服饰也被纳入服制系统之中，官方对此也有诸多限制。

（二）民间传统女性婚礼服饰的基本元素

红盖头、凤冠霞帔、大红袍服是近人对于中国传统女性婚礼服饰的普遍印象。严格来说，有关中国民间女性传统婚礼服饰详细的历史文献记载比较零散，除了从官方的规定之中能够得知皇后、皇妃、命妇的礼服定制之外，所谓"千里不同风，百里不同俗"，民间不同时期不同地区的女性婚礼服饰存在一定的差异性，部分细节难以一概而论。但是，我们依然可以粗略归纳出民间女性传统婚礼服饰的一些基本元素。

盖头（图1）是指女性在传统婚礼和丧礼上用以覆盖头脸的布，在丧礼上覆盖的含义

① （战国）荀子著，安小兰译注：《荀子》，北京：中华书局，2007年，第85页。

② （宋）王溥：《唐会要》（上册），北京：中华书局，1955年，第569页。

③ （元）脱脱等：《宋史》（第11册），北京：中华书局，1977年，第3562页。

④ （清）张廷玉等：《明史》（第6册），北京：中华书局，1974年，第1650页。

⑤ 马建石、杨育裳主编：《大清律例通考校注》，北京：中国政法大学出版社，1992年，第556页。此律文继承自《唐律疏义》中的"舍宅车服器物"，以及《明会典》中的"服舍违式"。

在清代之后已经被基本摒弃。①据学者考证，民间妇女在传统婚礼上的盖头婚俗是始于南宋时期，取代了前朝的掩扇。②《梦粱录·嫁娶》记载："（新郎与新娘）并立堂前，遂请男家双全女亲，以秤（杆）或用机抒挑盖头，（新娘）方露花容"③，自宋代以来，在传统婚礼当中，民间女子使用盖头是一件非常普遍的事，清代小说《红楼梦》当中也有"傧相请了新人出轿，宝玉见喜娘披着红，扶着新人，蒙着盖头"④的记载。而盖头的具体含义我们可以从各地的地方志和《清稗类钞》中得知，民国《续修盐城县志》记载："女行，方巾蒙首，曰'盖头'"⑤；民国《首都志》记载："至妇将登车，用彩巾幂首，合卺后乃去之，名曰'盖头'，则明时俗已如此。今但易称方巾，而去方巾后仍有彩线下垂，名'遮羞须'"⑥；《清稗类钞·满蒙汉八旗婚嫁》记载："新妇登舆，不衣礼服，而其衣以布；不梳两把头而聚发成髻，盖以红巾"⑦；《清稗类钞·醴陵婚嫁》记载：旗人新娘"女绣帕蒙头，升舆"⑧；《清稗类钞·回人婚嫁》记载："（新娘）红锦蒙头"⑨。从以上的资料我们可以得知，盖头所指的是"方巾""红巾""绣帕""红锦"等纺织物，颜色以红为主，形状为方，用途是盖在出嫁新娘的头上以覆盖头脸。

凤冠（图2）是明、清时期命妇常服或礼服的头饰。根据明代制度规定，除皇后、妃嫔之外，其余人未经允许一概不得私藏或者戴凤冠。⑩虽然清人徐珂的《清稗类钞·凤冠》记载："其平民嫁女，亦有假用凤冠者，相传谓出于明初马后之特典"⑪，但笔者认为在近代以前，凤冠在无官职的一般民众之中其实并不普及。原因有三：一、上文已提及各朝严格的服饰制度，《清会典事例》当中就有明确规定："至庶民妇女，有僭用冠帔、补服、大轿者禁，违者罪坐夫男"⑫，庶民佩戴凤冠是官方严令禁止的；二、凤冠只能是官办织造，制作复杂而且价格不菲，一般民众难以获得；三、除了《清稗类钞·凤冠》之外，笔者暂时没有发现记载庶民在婚礼服饰上使用凤冠的历史文献。那《清稗类钞·凤冠》当中的记

① 在清代之前，女性在丧礼丧服上使用的头脸覆盖物也被称作盖头或盖头帛。如：宋《事物纪原·盖头》第3卷记载："今曰盖头，凶服者亦以三幅布为之，或曰白碧绢，若罗也"；《明会典·大丧礼》第19卷记载："命妇：麻布大袖圆领长衫、麻布盖头。"今人周汛、高春明编著《中国衣冠服饰大辞典》中"盖头"条目只取属于"妇女丧服"的含义实属不当，应该加上在婚礼上使用一义。

② 李晖：《掩扇·却扇·盖头——婚仪民俗文化研究之二》，《民俗研究》2001年第4期，第162页。

③ （宋）吴自牧：《梦粱录》（第3册），上海：商务印书馆，1939年，第187页。

④ （清）曹雪芹：《红楼梦》，北京：人民文学出版社，1982年，第1344页。

⑤ 民国《续修盐城县志》，民国二十五年铅印本，载丁世良、赵放主编：《中国地方志民俗资料汇编》（第8册），北京：国家图书馆出版社，2014年，第539页。

⑥ 民国《首都志》，民国二十四年南京正中书局铅印本，载丁世良、赵放主编：《中国地方志民俗资料汇编》（第8册），第354页。

⑦ （清）徐珂编撰：《清稗类钞》（第5册），北京：中华书局，1984年，第1990页。

⑧ （清）徐珂编撰：《清稗类钞》（第5册），第1990页。

⑨ （清）徐珂编撰：《清稗类钞》（第5册），第2009页。

⑩ 周汛、高春明编著：《中国衣冠服饰大辞典》，上海：上海辞书出版社，1996年，第55页。

⑪ （清）徐珂编撰：《清稗类钞》（第13册），第6196页。

⑫ 《清会典事例》（第4册），北京：中华书局，1991年，第856页。

载应该如何解释呢？笔者认为可能是因为女方嫁给有官职的男家，所以就可以使用命妇的冠帔。另外，《清稗类钞》成书于近代，官方对服饰的等级控制相对近代以前有所减弱，出现部分僭越现象并不奇怪。而"相传谓出于明初马后之特典"，其真实性存疑，"相传"两字证明作者对此也并不确定，此说法既缺少其他文献记载互证，又与明、清官方明文禁令的记载不符。另外，有论者指出："且依照华夏自古礼仪，大礼可摄胜，就是说祭礼、婚礼等场合佩戴不算僭越"[1]，但持此说法者并未提出其论据，与近代之前官方严格的等级服饰制度规定有明显出入。

霞帔（图3）是明、清时期命妇常服或礼服的肩饰，明代《名义考·帔》记载："今命妇衣外以织文一幅，前后如其衣长，中分而前两开之，在肩背之间，谓之霞帔"[2]，《三才图会·帔》亦记载："霞帔非恩赐不得服，为妇人命服"[3]。云肩（图4）也是一种装饰性披肩，"以绸缎为之，上施彩绣，四周饰以绣边，或缀以彩穗"。[4]《清稗类钞·云肩》记载："元之舞女始用之，明则以为妇人礼服之饰，本朝汉族新妇婚时亦有之"[5]，可以得知云肩主要是明代民间妇女礼服的饰物，而清代也有部分汉族妇女在婚礼上使用，也可以算作是民间传统婚礼服饰的元素之一。有论者指出：云肩是民妇用来替代被官方禁止的命妇霞帔[6]，此说法也有一定道理。在长久以来的等级制度之下，一般民众对上层皇室成员会有一种向往，羡慕他们可以穿戴经专门定制及采用高等材质和纹样的服饰，行使有别于庶民的仪式典礼，但在严格的禁令下只能通过模仿的方式去穿戴。

袍服是民间女性婚礼比较常用的衣服款式，民国《宝山县再续志》就有记载："民初婚礼多沿旧俗。冠服，男用方巾褶子，女则仍用袍帔"[7]，传统女性婚礼袍服通常比较宽松离体，袍长至膝盖，手袖口偏大，女性身体曲线不易显露。官方对民间女性在传统婚礼上穿着的袍服亦有不少限制，据《明史·舆服志》记载，太祖洪武五年（1372）"令民间妇人礼服惟紫绡，不用金绣，袍衫止紫、绿、桃红及诸浅淡颜色，不许用大红、鸦青、黄色"[8]，可见官方对民间礼服用色方面都有一定的规定，今人传统印象中新娘的大红袍服在明代时期是被明令禁止民间妇人穿着的，而清代的《大清律例》和《清史稿·舆服志》却没有禁止民间使用大红袍服的记载。

① 朱曼：《论明代凤冠霞帔的定制与婚俗文化影响力》，《美术教育研究》2013年第9期，第45页。
② （明）周祈：《名义考》（第11卷），《文津阁四库全书》（第283册），北京：商务印书馆，2005年，第163页。
③ （明）王圻、王思义编集：《三才图会》（中册），上海：上海古籍出版社，1988年，第1538页。
④ 周汛、高春明编著：《中国衣冠服饰大辞典》，第236页。
⑤ （清）徐珂编撰：《清稗类钞》（第13册），第6215页。
⑥ 张竞琼：《从一元到二元——近代中国服装的传承经脉》，第71页。
⑦ 民国《宝山县再续志》，民国二十年铅印本，载丁世良、赵放主编：《中国地方志民俗资料汇编》（第8册），第72页。
⑧ （清）张廷玉等：《明史》（第6册），第1650页。

图1　两款清末民初婚礼盖头及局部刺绣①

图2　定陵出土明代孝端皇后凤冠②

图3　江西南城益宣王墓出土明代霞帔③

图4　江南大学民间服饰传习馆藏清代云肩④

（三）传统女性婚礼服饰所体现的婚姻观念

在中国传统婚礼中，大部分民间女性对穿戴凤冠霞帔的渴求，也从侧面反映了传统社会既重门第又重财产的择偶标准。凤冠霞帔既是门第等级的物化表现，彰显了一定的社会地位，又因其精美昂贵，非寻常人家所能购置，反映了家中的富足。因此，新娘对凤冠霞帔的向往，其实是对门第和财产的向往，希望可以加入官宦之家，成为命妇，享有一定的社会地位，从此生活无忧。同时新娘头戴凤冠还在一定程度上反映了传统社会对新娘的举止要求。凤冠绝非轻便之物，将配饰繁多的凤冠带在头上会有一定的重量和不适感。为了保持身体平衡，新娘在行走的时候不可以过快和随意晃动身体，对新娘的行动其实有一定的限制。

红盖头不仅仅是中国民间女性传统婚礼服饰的一个标志性元素，也明显和深刻地反映了中国传统的婚姻观念以及女性在社会上的地位。中国传统婚姻遵循"父母之命，媒妁之

---

① 段冰清：《清末民初中原地区民间婚服研究》，北京服装学院硕士学位论文，2014年，第47页。

② 王秀玲：《明定陵出土帝后服饰（三）》，《收藏家》2009年第11期，第30页。

③ 于长英：《明代藩王命妇霞帔、坠子的探索》，《南方文物》2008年第1期，第87页。

④ 张竞琼、曹喆：《看得见的中国服装史》，第257页。

言"的包办原则，子女并没有自己的婚姻决定权，更不得面订终身，"如果谁家的女子自己找对象，就会被认为是'有违妇道'，甚至是'大逆不道'受人耻笑和指责"①。在大多数情况下，整个婚姻仪式"六礼"的主体基本上都是家族长辈和媒妁去进行，子女只需要听从家族的指示进行婚礼便可，无须加入过多的个人感情和意见。新郎新娘甚至要到迎娶当天，新郎挑开或者揭开新娘的盖头之后才是第一次看见对方。在家族的包办婚姻之下，新郎新娘双方在婚礼之前连面都没有见过，更谈不上性格是否般配，婚姻质量可想而知。

盖头同时也反映了中国传统女性在社会上的地位。有学者认为，新娘戴盖头的习俗是受南宋以后道学的影响②，笔者较为认同这一说法，其实道学对女性的压迫在社会各个方面都有体现，婚礼服饰自然也不例外。传统社会要求女性安坐家中，持家育子，不可在街上随意抛头露面，《礼记·内则》有云："女子出门，必拥蔽其面"③，所以女性在传统婚礼亲迎当天需要头盖盖头，把头脸掩盖得严严实实，以防失礼。新娘需要在他人的搀扶下行走，如同木偶般任人摆布，反映了女性在婚姻关系中的被动地位。而揭盖头这一动作则显示着男性的主动，在传统观念中，女性甚至可以说只是一个生育工具、男性的附属品和家庭奴仆般的存在。男性则占据着家庭和社会的主导地位，所谓"男尊女卑""男主女从"，女性只能在家中处理一些鸡毛蒜皮的家务事，"男不言内（家务事），女不言外（家国之政）"④，更遑论要去社会上工作。大部分女性只能完全依靠男家，谈不上有独立的经济基础，婚姻家庭地位自然低下。

为了突出封建等级制度，历代各朝都规定了一系列严格的服饰制度使官民之间可穿着的婚礼服饰有着明显的区别，故民间家庭女红不可以随意发挥创意去制作任意颜色和纹样的婚服。民间传统将喜事和丧事分别称为红事和白事，历来喜事不穿白丧事不穿红，红色是中国人传统的喜庆颜色，也是传统婚礼上的主体色，婚礼上的装饰布置和物品道具都是以红色为主，传统女性的婚礼服饰基本上都是新娘自己缝制。中国传统女性在年幼时就被要求学习并擅长做针线活，正如《孔雀东南飞》所描述的"十三能织素，十四学裁衣"，纺织、刺绣、缝作等手工作业成为传统社会评定女性的标准之一。女子亲手缝制嫁衣，不仅能使自己在出嫁的时候光彩动人，同时也可以向婆家展示自己的手艺，赢得婆家的欢喜。而她们在缝制婚服和陪嫁女红的时候，大量使用瓜瓞绵绵、莲生贵子、多子多福多寿等吉祥图案，以祈求子孙满堂。说明她们也认可婚姻的目的是"将合两性之好，上以事宗庙，而下以继后世也"⑤，把生儿育女看成了婚姻中最重要的任务。

总而言之，所有上述传统女性婚礼服饰与婚姻观念（图5、图6、图7、图8），都在西

① 赵英兰编著：《民国生活掠影》，沈阳：沈阳出版社，2001年，第206页。
② 周一良、赵和平：《唐五代书仪研究》，北京：中国社会科学出版社，1995年，第18页。
③ 王云五主编：《礼记今注今译》（上册），王梦鸥注译，台北：台湾商务印书馆，1979年，第363页。
④ 王云五主编：《礼记今注今译》（上册），王梦鸥注译，第362页。
⑤ 王云五主编：《礼记今注今译》（下册），王梦鸥注译，第791页。

方强行打开中国近代的大门后开始发生明显的变化。

图5　清代传统结婚照①　　图6　清末婚礼场面绘图②　　图7　清末福建传统　　图8　清末满族新娘照④
结婚照③（［英］礼莲荷摄）　　（［英］约翰·汤姆森摄）

二、清末民国时期女性婚礼服饰与婚姻观念的变迁

（一）衣冠之制的解体

中国进入近代以后，服饰等级制度逐渐弱化，民间女性婚礼服饰也开始出现不少明显的僭越行为。1891年刊登于 *Internationales Archiv für Ethnographie*（中译：《国际民族志》）的一篇文章 "The Wedding Garments of a Chinese Woman"（中译：《中国女性的婚礼服饰》），详细地记载了闽南地区流行的女性婚礼服饰，并附有一幅手绘图（图9），文中特别说明了图9的婚礼服饰是任何阶层的人都可以穿着，即便有人买不起这些服饰，也可以从店铺租用或者其他途径取得。⑤分析文中提供的绘图可以得知，当时传统婚礼服饰依然是主流，红色仍是其主色调，并含有红盖头、凤冠霞帔、大红袍服等服饰元素，反映了明清命妇的礼服服饰已经在民间被普遍使用。值得注意的一点是，图中服饰上居然出现了四爪蟒的纹样。蟒与龙的形态相似，两者的差别可能只是爪的数量，蟒比龙少了一爪而已。众所周知，龙在中国观念中是最为尊贵的符号，只有皇上才可以使用。因此，《大清律例》服舍违式第十四条例文有明确规定："黄色、秋香色五爪龙缎、立龙缎团补服，反四爪暗

① 王跃年、孙青：《百年风俗变迁》，南京：江苏美术出版社，2000年，第23页。

② 志瀛：《婚礼志盛》，《点石斋画报》1890年第245期，第6页。

③ 欧阳允斌主编：《近世中国影像资料第一缉》（第2册），合肥：黄山书社，2013年，第182页。

④ 欧阳允斌主编：《近世中国影像资料第一缉》（第3册），第66页。

⑤ 英文原文："A sketch of the bridal attire which is in fashion in Amoy and the whole southern part of Fuhkien province, is given on Plate XVI (Fig. 1). It is worn by all classes of the people, even by the poorest, who can not afford to buy it; for a small sum they borrow it for the wedding day in a shop, or wherever they can get it." Creator de Groot, J. M. M. , "The Wedding Garments of a Chinese Woman," *Internationales Archiv für Ethnographie*, Vol. IV, 1891. In a volume lettered: *China and the Chinese: a collection of pamphlets relating thereto*, Vol. 114. 1891, p. 182.

蟒之四团补、八团补缎纱，官民不许穿用"①，当中注明了就算是四爪蟒也一律不许使用。图9中的婚礼服饰上出现高仿龙的四爪蟒纹样是一种反叛的挑战性行为，反映了清末时期官方的等级制度松动，传统的衣冠之制开始解体。

图9　闽南地区流行的女性婚礼服饰

　　民国时期推行共和，大量简化以往政权为了维持传统等级制度和政治威严而设立的强制性条例式的服饰和礼仪规矩。正所谓"帝王易姓受命，改朔易服，所以示革新之象也"②，1912年民国北京政府建立后就开始着手订立新的服饰制度，"民国成功，凡我同胞，允宜涤旧染之污，作新国之民"③。北京政府在订立新服饰制度的过程中曾有不少争论，女子礼服应该西化还是保留传统的袍服样式是其中之一，然而女子礼服最后依然被建议沿袭清代汉族女子袍服的样式，可见当时政府在处理女性议题方面还是比较保守的。1912年10月4日，北京政府正式发布《服制》条例，规定女性礼服式如图10，周身得加绣饰。④《服制》条例只是简单规定了女性礼服样式，并没有颜色、纹样、质料等其他限制，其性质也只是一份参考性"民约"而不是强制性"法律"，条例当中并没有出现违反此条例的后果以及惩罚，历史悠久的服饰等级制基本上被废除。由于服饰等级制的破除，民众的服饰开始表现出创造性、多样性和多变性，民众在选择婚礼服饰的时候并不一定受限于条例的规定，完全可以按喜好自由选择服饰搭配，其中近代上海由于西化程度较高，传统女性婚礼服饰遭受的冲击极大。

　　① 马建石、杨育裳主编：《大清律例通考校注》，第561页。

　　② 《服饰刍议》，《申报》1912年1月7日。

　　③ 《剪辫》，《申报》1912年4月6日。

　　④ 蔡鸿源主编：《民国法规集成》（第15册），合肥：黄山书社，1999年，第73页。

从女性婚礼服饰的变化看婚姻观念的改变——以近代上海为中心

图10 《服制》条例女性礼服式①

（二）新式女性婚礼服饰的出现

近代衣冠之制解体后，民间的创造性不再受到官方的规限，在部分城市和群体当中，女性婚礼服饰出现显著的变化。早在清末，东南沿海的商埠就已出现了所谓的新式结婚，也叫文明结婚，其实就是模仿西式婚礼。《王韬日记》记载了一则在1859年中国人行西方新式婚礼的情形："前日为春甫婚期。行夷礼。至虹口裨治文室，往观其合卺。西人来者甚众。裨妇鼓琴咀讴歌，抑扬有节。小异亦在。其法，牧师衣冠北向立，其前设一几，几上置婚书、条约；新郎新妇南向立，牧师将条约所载一一举问，侯相为之代答，然后望空而拜，继乃夫妇交揖。礼成即退，殊为简略。"②这段文字虽然没有对女性婚礼服饰作出描述，无法得知其中的变化，但是我们可以知道清末已经有部分先锋试图冲破中国传统的婚礼形式，而采用西方婚礼的仪式。1885年4月25日，《申报》报道了外国人在教堂举行婚礼的穿着："新郎所穿衣裤均用元色与西人常服无怎悬殊，新妇则浑身白衣并以白纱罩脸上盖，西人以白为贵。"③从这段报道可以得知，清末时期在中国采用西式婚礼以及婚礼服饰依然是小众行为，但已经开始进入大众的视野。

进入民国以后，在女性婚服方面，除了宽袍大袖、长至膝盖的传统婚礼袍服以外，缩短至腰部的上衣、修身开叉的旗袍甚至是西式婚纱都可供女性自由选择，款式、颜色、质料、纹样、长短、松紧都可以按照自身的喜好随意搭配。例如：1918年清末名妓赛金花与革命党人魏斯吴在上海结婚，采用的结婚仪式是当时比较时髦的。据时人记载："本年赛和魏斯吴一同到上海结婚，在上海新旅社举行新式婚礼，证婚人是信昌隆报关行经理朱某。魏斯吴其实早已有一妻一妾了，但仍然以夫妻名义立了婚约。赛氏晚年，特别珍视他们所照的结婚像，悬在房中，逢人指点。"④从照片（图11）上可以看到，新娘的婚礼服饰

---

① 蔡鸿源主编：《民国法规集成》（第15册），第73页。

② （清）王韬著，方行、汤志钧整理：《王韬日记》，北京：中华书局，1987年，第111页。

③ 《西人婚礼》，《申报》1885年4月26日。

④ 刘半农等：《赛金花本事》，北京：中国人民大学出版社，2006年，第141页。

相比传统婚礼服饰有明显的变化，新娘头戴头纱、手捧鲜花、袍服也缩短到接近腰部，但依然头顶着传统的凤冠，混搭了中西婚礼服饰元素。

图11　赛金花与魏斯吴结婚照①

　　当时的《北洋画报》《良友》《妇女杂志》等媒体刊物经常刊登穿着新式婚礼服饰的结婚照（图12、图13）。从这些婚礼照片中我们可以清楚地看到，很多新娘都抛弃了传统的盖头、凤冠、霞帔、袍服，采用更为简便的衣裙或者一件式旗袍、头戴头纱、手捧鲜花，借鉴了不少西方婚礼服饰元素。也有人根据民国时期《妇女杂志》上刊登的城市结婚照所列之照片地点、新人身份、结婚服饰等资料的分析，指出："90%的新娘无论是穿上衣下裙还是旗袍，都头披婚（头）纱，手拿捧花，随着年代的推移，新娘的婚服逐渐从上衣下裙转变为旗袍。"②上衣下裙与婚礼旗袍的设计比传统宽袍大袖的婚礼袍服要贴身和简便，加上引入西方立体剪裁技术，使女性的身体曲线较为显露，这种新式婚礼服饰成为各大城市和部分先进群体的一股潮流。

　　虽然民国时期大多数结婚照都是黑白照片，但是我们依然可以从文字记录当中大概得知当时婚礼服饰的颜色。1922年上海文学刊物《星期》刊登了一篇名为《结婚服装谈》的文章，其中提道："新婚之礼服，普通均为淡红绣花衣裙，而上罩以白纱，白纱有拖地数尺者，尤为美观，掩映玉容，自有妙态。"③这一段资料反映了当时上海女性结婚礼服普遍是以淡红色为主，将红色与白色两者折中结合，恰到好处。当时头纱的颜色也不只是有白色而已，还有粉色的款式，1926年惠罗公司在《申报》上刊登广告（图14）："结婚头纱，全丝织成，四角绣花，粉红、白色两种，价目每条洋十二元五角、十四元五角、十七元五

　　① 程乃珊：《百年婚纱》，《档案春秋》2006年第12期，第19页。
　　② 袁秋芸：《从民国时期的〈妇女杂志〉看中国近代婚礼服的变迁》，江南大学硕士学位论文，2009年，第27页。
　　③ 妙因：《结婚服装谈》，《星期》1922年第13期，第4页。

角及十九元五角"①，清楚地标明了头纱的价格，定价相比起广告内其他商品来说还是较高。女性的婚礼服饰不仅仅依赖于家庭女红，也可以通过租借、向裁缝定做、到店铺购买等方式获得，除了反映商品市场的发展之外，也反映了女性居家编织缝补任务的减少。另外，1926年山西地方志刊物《晋民快览》上也出现了关于女性婚礼服饰的内容："新娘着红色衣裙，以粉纱蒙首，下着绣履，手执鲜花一扎。"②可见新式婚礼服饰已经从沿海地区影响到内陆地区。

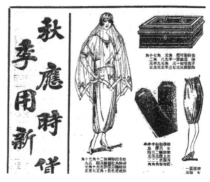

图12　新式婚礼服饰照片③　　　图13　新式婚礼服饰照片④　　　图14　《申报》惠罗公司头纱广告⑤

（三）新的婚姻观念在服饰上的体现

近代以后，随着衣冠之制的解体，民间女性新婚的时候开始可以根据自身喜好自由打扮。除了传统婚礼服饰中的凤冠霞帔的使用不再受到严格限制之外，还出现头纱、婚纱、旗袍等新式婚礼服饰。其中以头纱取代盖头和凤冠是近代女性婚礼服饰与婚姻观念变化的一个显著特征，也一定程度上反映了中国传统女性家庭与社会地位的改变。

清末民国时期的头纱，款式众多，长短不一，有短至肩膀，也有长至拖地数尺，以不遮挡女性脸部为主流，但是也有小部分款式以薄纱遮脸。民间女性可以根据自身喜好选择新式头纱，说明此时的女性已经可以随意抛头露面，不像传统盖头把脸掩盖得严严实实；民间女性也不需要依赖他人的搀扶来行走，表现出女性开始有了自主意识。新式头纱的形式比凤冠要简单和轻便，不会为新娘头部带来不适的压迫感，同时旗袍与婚纱相比传统的袍服较能突出女性身体的曲线，一定程度上反映了传统礼教对女性在社会上的限制有所松动。

除去了盖头的阻碍，新娘可以在婚礼现场直接与新郎互相对视，共同面对群众，显示

①《秋季应用时新货品》，《申报》1926年9月12日。

②《实用文明结婚服装》，《晋民快览》1926年五周年纪念号，第20页。

③《北洋画报》1927年第61期，第2页。

④《良友》1927年第18期，第31页。

⑤《秋季应用时新货品》，《申报》1926年9月12日。

着女性在家庭和社会的地位上升，两性关系有趋向平等的倾向。当时就有不少年轻人开始追求婚前两性交往自由，而老一辈已婚的进步人士也有要求所谓的离婚自由，婚姻的功能与意义从传统大家庭任务式的传宗接代开始趋向于子女双方自由的爱情结合。择偶标准从传统的父母长辈做主到渐渐开始征求子女意见，甚至是不作干预，新郎新娘也终于不需要在婚礼当天才能够见到对方，婚前可以先经过相处培养感情，婚后生活自然更加圆满，减少了错配现象的出现。

除了结婚礼服的样式和配饰物品以外，女性结婚服饰在颜色上的变化也非常明显，这也反映了民众开始接受西方的婚姻观念。最初，西方婚礼中尚白的习俗并不能被中国人所接受。因为中国传统观念认为婚丧是红白大事，婚礼穿红褂，丧事披白袍。中国传统文化赋予红色诸多正面的含义，红色象征喜庆和吉祥，是中国传统婚礼的主色调，但是西方则有不同，所谓白教堂、白婚纱，白色是西式婚礼的主色调，西方人认为白色代表着纯洁和童贞，红与白反映了东西方对颜色态度上的差异。民国初期西风日盛，中国的婚姻观念和婚俗习惯都明显受到西方的影响，在婚礼上使用白色也逐渐得到民间的认可，一些期刊文章还为民众解释白色高尚纯洁的含义，认为传统的大红色是过激与任情，"例如旧式结婚，喜幛与礼服均尚红色，此实心理上之过激；最好以浅绯色代之，庶免感觉上过分强烈反足以减少美感"[1]。

总体来说，以上各种女性婚礼服饰的变化也并非只是对西方服饰的被动接受，而是有意识的主动选择，使之与传统服饰折中调和。女性婚礼服饰这一外在载体反映了女性婚姻观念的变化，同时也显示出清末民国转型期多元杂糅的景象。

三、促成变化的原因分析

女性婚礼服饰与婚姻观念的变化在清末时期显露端倪，民国时期在上海等大城市中开始流行，并逐渐辐射到内陆各地。上海是中国近代最早的一批通商口岸，并迅速发展为全国最大的商业城市，"在19世纪50年代取代广州，成为中国外贸中心，以后这一地位不断强化，在整个近代都没有动摇过"[2]。近代上海占有天时地利，这里的民众以开放包容的方式容纳新事物和新思想，其物质生活与思想观念也都较早地发生了变化，究其原因主要有以下四个方面。

（一）政治方面

美国学者斯塔夫里阿诺斯将世界历史划分为1500年之前和之后两个部分，他认为世界

---

① 颂皋：《颜色与心理》，《东方杂志》1925年第4号，第57—58页。
② 熊月之主编：《上海通史》（第1卷），上海：上海人民出版社，1999年，第19页。

各个地区从16世纪开始由相对孤立走向互相连接。①自18世纪中叶开始，西方在科学与工业上有突破性的发展，使西方资本主义商品经济开始向世界其他地区加速扩展。19世纪中叶，英国对一直以来相对闭塞的中国发动侵略战争，用坚船利炮强行打开中国的大门，中国历史开始进入近代艰辛的转型期。在资本主义的入侵之下，清政府被迫签订了多项不平等的条约，断送了不少主权和利益。西方列强纷纷在中国各地开辟租界，进行商业、传教等活动，他们在租界内定居和生活，客观上对中国民众的物质生活与思想观念产生了影响。同时，中国内部的力量也冲击着清政府的统治，太平天国、小刀会等起义都对清政府构成强而有力的打击，这一系列的革命起义都是对旧有秩序的一种冲击。随着1911年的辛亥革命将已经腐朽的清政府彻底推翻，建立了采用民主制的民国政府，包括服制在内的封建等级制度被彻底废除。民国政府的建立也并非中国传统历史上的改朝换代，而是国家体制的一次根本性改变，意味着中国正式进入交流频繁的近代世界格局。南京临时政府成立后颁布的除旧布新法令，为民众社会生活的变化提供了法律依据。

南京国民政府成立后，在改良社会风俗方面做了一定的努力，对新式婚礼予以嘉许和推广。如1935年4月3日，上海市政府首先推行集团结婚，《良友》杂志就记载了当时的盛况（图15）："中西来宾前往观礼者达数万人，仪式隆重，堪称我国自有婚礼以来之空前盛举，是日新郎一律穿蓝袍黑褂御白手套，新娘一律穿素色绸制长袖时装，头束白纱，手御白花长袖套，各捧鲜花一束。"②并认为："集团结婚，为便利一般民众婚嫁而设，取其去繁就简，时间金钱，两皆节省，而仪式则反较隆重，法至善也。"③集团结婚既经济又简便，因此引来各地政府争相模仿，为社会大众提供了新式婚礼的体验渠道，是一次大胆而新颖的尝试。中下层民众也可以有机会以比较廉价的方式到政府登记体验文明婚礼。政府以行政的力量规定了统一的婚礼服饰，为民众提供了一个新式婚礼服饰和仪式的官方模板，加快了新式婚礼以及观念在内陆各地的传播。

① ［美］斯塔夫里阿诺斯：《全球通史》（上），董书慧等译，北京：北京大学出版社，2005年，第4页。

② 《五十七对佳偶》，《良友》1935年第104期，第10页。

③ 《五十七对佳偶》，《良友》1935年第104期，第10页。

图15　1935年上海市第一届集团结婚盛况①

（二）经济方面

自1842年中英《南京条约》开放上海作为通商口岸以来，"上邑濒海之区，南通闽粤，北达辽左，商贾云集，帆樯如织，素号五方杂处"②，四通八达的自然环境，独特的地理位置使其成为商业活动与进出口贸易的中心，庞大的消费商品市场提供了大量各式各样的婚礼服饰供民众自由选择。"上海介四通八达之交，海禁打开，轮轨辐辏，竟成中国第一繁盛商埠"③，"到（全面）抗日战争前，在外国对华进出口贸易和商业总额中占百分之八十以上，直接对外贸易总值占全国百分之五十以上"④。从各种数据来看，清末民国时期的上海是中国的经济重心，占有大部分外资和民族资本，各种外来商品如潮水般涌入上海再转销各地，其中包括外国流行的新款时装，还有用以制作新式婚礼服饰的布料。由于西方工业技术与生产力较为进步，其生产的布料色泽鲜艳、平滑细密、价格低廉、广受民众喜爱，后来更加有华商将技术带到上海生产。据记载，上海在"1850年左右就出现了第一家专门卖洋布的清洋布店——同春字号洋布抄庄，此后又并设了多家，到1858年时上海已有清洋布店十五六家"⑤，到1930年左右"上海成衣铺总有二千多家，成衣匠四万余人，总有二十万人靠此为生，差不多占那时上海人口的十分之一"⑥，可见上海制衣行业与商品经济的发达。

①《良友》1935年第104期，第10页。

②（清）毛祥麟编纂：《三略汇编》，载上海社会科学院历史研究所编：《上海小刀会起义史料汇编》，上海：上海人民出版社，1958年，第982页。

③《上海县续志·序》，转引自陈旭麓：《近代中国社会的新陈代谢》，上海：上海人民出版社，1992年，第216页。

④ 熊月之主编：《上海通史》（第1卷），第3页。

⑤ 刘志琴主编：《近代中国社会文化变迁录》（第1卷），杭州：浙江人民出版社，1998年，第130页。

⑥ 曹聚仁：《上海春秋》，北京：生活·读书·新知三联书店，2007年，第244页。

在充足的物质基础和工业技术条件之下，近代上海逐渐成为全国服饰的中心，并且在全国有很大的影响力，"巴黎的时新服饰，在三四个月后就会流行于这里，各地又追踪上海。即使南京、苏州、北京也都昂首以瞻"①，大量不同款式的婚礼服饰摆放在百货公司与商店销售。伴随着上海商品市场的迅速发展，商品价格日益实惠，吸引了不少不同阶层的人士购买，民众对外来物品的接触增加，思想观念也自然起了变化。

（三）思想观念方面

近代上海担当着西学传入的重要角色，"从1840年到1949年，西学输入中国，大半通过上海。以晚清为例，戊戌变法以前，中国输入西学的机构主要有墨海书馆、江南制造局翻译馆、广学会等9家，其中7家设在上海。全国出版的各种西书近八成在上海出版……全国共有95家翻译、出版西书的机构，其中56家设在上海"②，翻译与出版行业的发达加快了外来观念的传入。在西方自由平等思想的影响之下，民众对衣冠之别的观念逐渐淡化，在清末就出现了不少僭越行为，当中以上海最为严重，《瀛壖杂志》就有记载："近来风俗日趋华靡，衣服僭侈，上下无别，而沪为尤甚。"③国民政府建立后，衣冠之制失去了法律依据，服饰失去了用以辨别民众身份等级的功能，官与民之间的界限开始变得模糊。在婚礼服饰方面，传统带有身份标示含义的凤冠霞帔，甚至是龙凤纹案都可以随意使用，民众开始发挥自己的创意，将有别于传统的婚礼服饰元素加以混合模仿，服饰所代表的身份等级观念被打破，取而代之的是服饰的选择自由与自由平等的观念。

随着清末民初教会学堂、新式学堂的设立和新文化运动的开展，全国学生的婚姻观念也出现了明显的变化。知识分子大量聚集在上海，他们对中国传统婚俗的有害之处作出批判、为民众介绍并普及新观念，包括男女交际自由、婚恋自由、离婚自由、一夫一妻制等。有已婚的男学生在20世纪20年代的问卷调查中清晰表达出新文化运动对他的影响："我对于我的婚事很满意的，因为我生存在旧社会里边，都是一种旧思想。我妻的品貌和妆奁，刚刚适宜于旧社会。到了现在的时候，起了反动，看见她仿佛是冤家了。为什么呢？因为我受了文化运动的潮流，晓得女子和男子是一律的，无论文学上交际上都要平等的。哪晓得我之妻子适得其反，字也不认识的，裹足的，面上涂脂粉的，一点没有20世纪里边光明的现象，所以我现在非常不满意。"④这段文字同时反映了传统社会对妇女的约束与压迫，使其丧失了独立生活思考的能力，大部分女性只依赖丈夫与其家庭，成为他们的附属品。

在西方思想观念大量传入和知识分子积极的提倡下，新观念的形成以及传播速度加

---

① 陈旭麓：《近代中国社会的新陈代谢》，第219页。
② 熊月之主编：《上海通史》（第1卷），第37页。
③ （清）王韬：《瀛壖杂志》，上海：上海古籍出版社，1989年，第10页。
④ 陈鹤琴：《学生婚姻问题研究》，《东方杂志》1921年第4号，第107页。

快。虽然有部分女性只能非常被动地去适应一些新的价值观念，但是也有部分女性开始主动地尝试在社会中独立生存。上一段材料提到的所谓"20世纪里边光明的现象"，其实是反映了当时的社会开始提倡男女平等和女性自主。传教士来华设立的教会学堂同时招收男女学生，加上各地女子学堂的兴起和大学开放招收女性学生，使女性得到教育的机会大大增加，有机会与男性一样学习不同的专业技能，提高其思想修养之余也有助于以后在社会上立足。同时，各大城市的社会整体氛围也开始允许并且鼓励女性走出家门外社交与工作，让女性有条件可以拥有独立的经济基础，其家庭和社会地位自然上升。

（四）社会环境方面

19世纪40年代，英、美、法相继在上海建立租界。1853年至1855年，上海小刀会起义后上海租界性质发生了重大变化，其中之一就是从原来华洋分处变为华洋杂居。在战乱之下，大量上海附近县城的难民逃入租界避难，据不完全统计，英美租界的人口从1853年的500人骤增至1855年的20000多人。[1]进入租界的第一批中国人，对外国人的生活方式十分好奇，甚至出现围观的情况。在华洋杂居的情况下，中国民众有机会近距离观察到有别于中国传统的婚礼服饰和礼仪，进而从接受到模仿。

上海作为一个移民城市，据统计其人口在1900年已经超过100万，成为中国人口第一大城市。[2]上海的移民构成主要以江苏、浙江、安徽一带为主，他们脱离了大家庭的权力中心和原来的社会关系，来到了五彩缤纷的大城市，需要重新适应新的生活方式与规范，比较易于接受新事物与新观念。"父母之命，媒妁之言"的传统婚姻观念主要是建基于大家庭长幼有序和父辈们的绝对权力，而上海居住地方狭窄、生活工作快速的城市环境减弱了以乡村为中心的宗族力量的干预，大家庭的权力控制出现松动，子女较容易脱离家族的控制，让其可以较为自由地选择自己的生活方式。

同时，近代以来有不少留学生、士绅阶层、政商界名人都偏爱时尚，他们采用文明婚礼仪式，穿着新式婚礼服饰，这种上层的趋向很容易对下层造成影响。此外，《良友》等大众媒体经常会刊登士绅阶层、政商界名人新式婚礼的照片（图16）。在名人效应以及大众媒体的双重影响下，新式婚礼服饰与文明婚礼仪式成为大中城市的一股新潮。

---

① 卢汉超：《霓虹灯外——20世纪初日常生活中的上海》，段炼等译，上海：上海古籍出版社，2004年，第26页。
② 熊月之主编：《上海通史》（第1卷），第3页。

图 16　名人之女结婚照①

结　语

通过考察由传统中国到近代中国的婚礼服饰与婚姻观念的变迁，我们可以得到以下两点认识：

第一，中国的婚礼服饰与婚姻观念的变迁轨迹。近代以来，服饰制度伴随着等级制度的衰落而不复存在，再加上世界资本主义发展所带来的无可避免的商业冲击，为中国社会生活与价值观的改变提供了充分的条件，而这种变化首先出现在各个通商口岸城市之中。中国传统的婚礼服饰、婚礼仪式以及婚姻观念都失去了维持原样的法律基础和社会控制力量，加上西方自由平等思想的影响以及国内新式教育的开展，社会对女性的种种规限也出现明显松动，其个性开始得到解放并自由发展。女性可以自由选择和设计自己的婚礼服饰，并出现了多元杂糅的情况，但大部分依然是保留了不少中国传统服饰的元素。而女性婚姻观念中就有比较跳跃性的变化，包括自由恋爱、自由选择配偶、家庭社会地位上升等，这些观念与传统有着根本性差异。

第二，新式女性婚礼服饰的普及与婚姻观念的社会传播机制。根据社会心理学的社会学习理论，一种行为的普及要经过联结、强化、观察学习三个阶段。② 时人将"文明"和新式婚姻观念与有别于传统的婚礼服饰和仪式联结起来，经过当时知识分子、政府以及大众媒体对新式婚礼服饰和仪式的赞许和推广，加上士绅阶层和政商界名人的模范效应，强化了这一行为的合理性和优越性，吸引民众观察学习并进行模仿，以达到这一行为和观念的普及。

总体来说，中国女性婚礼服饰与婚姻观念在近代时期的变迁其实是走上了进步与自由之路。

---

① 《良友》1929年第40期，第1页。

② ［美］泰勒等：《社会心理学》，谢晓非等译，北京：北京大学出版社，2004年，第5页。

老师点评：以生活方式、大众文化和社会风尚为主要研究对象的社会文化史，在进入21世纪后受到越来越多的学者关注，研究的深度和广度也在不断地拓展。黄盛枫同学的学士学位论文《从女性婚礼服饰的变化看婚姻观念的改变——以近代上海为中心》即从社会文化史的角度，通过对上海地区女性婚礼服饰从红盖头到白婚纱等一系列变化，去探究社会文化生活表象与思想观念的互动关系以及变化原因，丰富了社会文化史的研究，其选题角度新颖，具有较高的学术价值。

通观全文，内容完整，结构合理均衡，既有对传统女性婚礼服饰和婚姻观念的介绍，又有近代以后女性婚礼服饰和婚姻观念变迁的梳理，更有促成外在服饰和内在观念变化之原因的深入分析。论述层次清楚，思路清晰，分析到位，有较强的逻辑性。史料丰富且运用得当，尤其是大量的图片资料，使论文内容更为直观感性，增加了说服力，效果良好。论文写作规范，文字简洁，语言流畅，是一篇优秀的学士学位论文。

论文指导老师：李淑蘋

从女性婚礼服饰的变化看婚姻观念的改变——以近代上海为中心

清代赣西北山村社区民众的日常生活
——以民间文献《汇稿杂录》为中心

2013级　杨迪雯①

摘　要：《汇稿杂录》收录了义宁州杨梅坪、山口一带的日用文书，书中收录的诸多日用文书，反映了清代赣西北山村社区的日常生活。本文以此为例，从农业、商业、公共管理等方面着手，结合《义宁州志》的内容，对《汇稿杂录》所反映的时代背景及民众的日常生活作出探讨，以期对义宁州居民的日常生活状态有所了解。

关键词：《汇稿杂录》；义宁州；村落日用类书；日常生活

明清时期，社会经济发展促使世俗文化发展并深入百姓生活中。日用类书的繁盛就是重要表现。日用类书，是指起源于南宋末年、兴盛于明清时期的民间书坊所刊刻的记载民众日常生活实用知识，并在民间社会得到广泛传播的通俗读物②。其可以大致分为商业和村落两种类型，前人也有较为深入的讨论。

随着商业经济的发展，一些具备文化素养的商人开始编写关于经商之道、管理技巧等方面的商业用书。在商业类的日用类书研究中，陈学文《明清时期商业书及商人书之研究》表明，商书的印行顺应商业文化发展及文化商品化的趋势，商书的基本内容有天下水陆路程（商路）、商品知识与市场知识、经营技巧和经营思想、职业道德修养、安全第一、防盗防骗等方面。商书作为民间日用类书，可弥补官方正史的缺陷，所记社会经济文化资料较近实际。③《明清时期江南的商品流通与水运业的发展——从日用类书中商业书有关记载来研究明清江南的商品经济》一文，阐述了商书中有关江南水运事业的发展，水运在商品流通、漕运和旅行方面发挥了重要作用。这类商书对水路的里程、交通点均有详细记

---

①　杨迪雯，1995年6月生于广东深圳，2013—2017年就读于暨南大学历史学系，在校期间曾多次获得优秀学生奖学金，2017年毕业，获历史学学士学位。现供职于深圳图书馆读者服务部。

②　所谓"类书"，"为一分别类项之书，系将各种知识分门别类地刊载以方便查阅使用，此种编书方式，最早可追溯至先秦，但真正的类书起自三国时期曹魏的《皇览》"，起初此类书的作用是为王公大臣提供治国的文献参考。（参考吴蕙芳所著《万宝全书：明清时期的民间生活实录》，台北"国立"政治大学历史学系，2001年，第19页）"日用类书"一词源自日本学者酒井忠夫，据吴蕙芳介绍，"其所以采'日用类书'一词，系因此种书籍内容实增载许多庶民日常生活通用之各类事项，故将中国人所称的类书合上'日用'二字。从此'日用类书'名称即为学界沿用迄今"。

③　余丽芬：《探赜索隐　治史用世——评〈明清时期商业书及商人书之研究〉》，《中国经济史研究》2001年第1期，第138—140页。

载，体现了江南水路之繁密与水运形式的多样化，沟通了江南与其他区域的经济文化交流。畅通的水运推动了水路周边服务业及货物运输的发展，表明江南商品经济已达到了一个相当高度。①王振忠以福建泉州地区的民间日用类书《指南尺牍生理要诀》为例，认为该书汇总了闽南贸易与当地商业及生活经验，论证了其刊刻与流传反映了清代以来商业史的发展，也从一个侧面反映了泉州商人在南中国的重要影响。②姜晓萍的《〈士商类要〉与明代商业社会》简述了《士商类要》的内容，在编辑方法上注重通俗易懂、简洁明了，从中得见明代商业的特色。对《士商类要》内容进行分析的过程中，可见明代国内市场逐渐形成，区域性市镇经济繁荣，在一系列商品贸易的环节中存在着基本规律，商人也有职业道德规范。③张海英提出，《三台万用正宗·商旅门》此类商书的出现，标志着中国商业在经历了数千年的发展之后，商人们日趋成熟，并开始进入了一个自身要求规范化的新阶段。他们开始重视商业知识的积累与传播，以日用类书或者专业商书的形式印刷出版，表明了社会经济发展和商业日趋繁荣，但当时的商业意识并未完全成为一种独立思想受到人们关注，商业门类在民间类书中也并非普遍内容。④

村落日用类书大多是遗留在民间的稿本或抄本，主要以特定的村落或微观地域为中心，编纂或抄录的相关内容。在村落日用类书的研究方面，王振忠作出了一系列研究。在《清代徽州民间的灾害、信仰及相关习俗——以婺源县浙源乡孝悌里凰腾村文书〈应酬便览〉为中心》一文中，王振忠对清代徽州的自然灾害与民间信仰及相关习俗加以探讨。作为一部文书汇编，《应酬便览》具体、系统地反映了一个村落民众的日常生活与社交应酬，从水旱灾害、瘟疫等方面，展示了徽州民众日常生活，也从侧面反映了棚民对山林的开发对生态环境造成一定损害。⑤《明清以来徽州村落社会史研究：以新发现的民间珍稀文献为中心》一书利用《目录十六条》《族事汇要》等徽州村落日用类书，讨论基层社会之人生礼仪、分家继产、农田水利、迎神赛会、村落与宗族管理以及诉讼纠纷等多个方面。⑥他还以《祭文精选》为例，对河西走廊的民间日用类书及其所反映的历史背景作出探讨。《祭文精选》中的祭文与中国其他地区相比，有相同的主题，但行文格式相差甚远。其中

① 陈学文：《明清时期江南的商品流通与水运业的发展——从日用类书中商业书有关记载来研究明清江南的商品经济》，《浙江学刊》1995年第1期，第31—37页。

② 王振忠：《闽南贸易背景下的民间日用类书——〈指南尺牍生理要诀〉研究》，《安徽史学》2014年第5期，第5—12页。

③ 姜晓萍：《〈士商类要〉与明代商业社会》，《西南师范大学学报》（哲学社会科学版）1996年第1期，第67—70页。

④ 张海英：《日用类书中的"商书"——析〈新刻天下四民便览三台万用正宗·商旅门〉》，《明史研究》第9辑，合肥：黄山书社，2005年，第195—201页。

⑤ 王振忠：《清代徽州民间的灾害、信仰及相关习俗——以婺源县浙源乡孝悌里凰腾村文书〈应酬便览〉为中心》，《清史研究》2001年第2期，第105—119页。

⑥ 王振忠：《明清以来徽州村落社会史研究：以新发现的民间珍稀文献为中心》，上海：上海人民出版社，2011年。

所收的各类祭文，畜牧经济色彩极为浓厚，各类信仰源远流长，民间信仰来源复杂，编者与时俱进，除传统祭文以外还收录了一些具有时代特色、新创作的祭文。[1]

尤陈俊对明代日用类书"抄袭拼凑"经过细致揭示，从明清日用类书中刊载的法律知识类型来考察法律知识在不同的文本之间乃至整个社会空间之中是如何传播的。[2]吴蕙芳所著《明清以来民间生活知识的建构与传递》一书，对民间日用类书与杂字书的渊源、发展及内容、功能之演变进行分析，说明原属不同性质的两类书籍，如何适应社会大众之需要而彼此调整、互相汇合，最终发展成一个完整的知识获取管道。[3]陈学文通过对村落类日用类书中部分乡村契约的研究，从农村生产管理及生态农业、日常家庭生活、社会治安与社会管理等方面阐述了明中叶以来农村社会的演化，说明了晚明时期农村社会发生的剧变。[4]日用类书和宗谱中收录的乡规民约，从社会治安、经济上的乡规民约契约合同、社会群体关系等方面出发，弥补了政府对乡村社会管理规条的不足，维护社会和谐与稳定，可揭示明清乡村社会管理现象，但乡规民约也并非完全付诸实现。[5]

村落日用类书较为贴近民间日常生活，应用性强，社会需求量大，为士庶日常生活礼仪及其他方面提供了详细的指引。官方史书及各种传世历史文献对社会生活记载有限，学界对日用类书的认识也不够深入。

近年来，随着社会生活史研究视角的不断推广，村落日用类书的史料价值及学术价值逐渐为学者所关注。学者们通过选取一份或多份村落日用类书，对村落日用类书的内容进行研究，以日用类书的内容反映出某一方面的社会生活特点。例如，尤陈俊的研究思路是通过明代日用类书的拼凑现象，探索法律知识如何在社会空间中传播，从而解答传统中国普通民众的法律知识从何而来。吴蕙芳则通过研究民间日用类书与杂字书两者的关系，探究民众如何由识字认词直到学会检索生活内容，呈现出生活知识建构与传递的过程。上述研究成果，均以收集而来的文本为切入点，呈现出社会生活某方面发展变化的流程。村落日用类书收集了许多正统典籍中不曾收录的文书资料，具有真实性与原创性，透过村落文书展现出来的基层社会不同侧面，从中窥见平民百姓的日常生活具体情况，为学界研究明清以来不同区域的村落社区提供了丰富详尽的文本资料，为历史社会地理的社区研究打开一扇窗户。其所收录的乡规民约、契约、诉讼文书等，经过整理、研究与解读，兼采方志、诗文集、谱牒等资料，将细致入微地展现出不同地域的社会经济、日常生活等状况。

① 王振忠：《区域文化视野中的民间日用类书——从〈祭文精选〉看二十世纪河西走廊的社会生活》，《地方文化研究》2014年第1期，第19—32页。

② 尤陈俊：《法律知识的文字传播：明清日用类书与社会日常生活》，上海：上海人民出版社，2013年。

③ 吴蕙芳：《明清以来民间生活知识的建构与传递》，台北：台湾学生书局，2007年。

④ 陈学文：《明代中叶以来农村的社会管理——以日用类书的记载来研究》，《中国农史》2013年第1期，第70—78页。

⑤ 陈学文：《明清时期乡村的社会治安和社会秩序整治——以日用类书为中心》，《浙江社会科学》2015年第3期，第137—143页。

一、关于《汇稿杂录》

（一）文书的地域归属判断

《汇稿杂录》一书题为"吴金生记"，当为此人汇集编撰而成。[1]文书的地域归属没有明确记载，但从其中记载的地名可以作出判断。《汇稿杂录》有几处提到村落地名杨梅坪、山口等，还有关于崇、武、奉三乡的信息。这种乡的名称十分特殊，主要是在江西的修水县。该县在宋代称为分宁县，明代为宁州，清嘉庆以后改名为义宁州，隶属于南昌府，1914年改为今县名。该县自明代开始就将宋代以来的乡名缩写，形成单字乡名，共有仁、高、泰、奉、武、西、安、崇八个。[2]文书所提到的三个乡名与之吻合，而且地域上相连。而有关村落名称也属于相应的乡，都位于该县的南部。因此，我们可以断定此文书属于江西西北部的修水县。

全书主要收集了婚姻、土地买卖与租赁、兄弟分关、合修渡口等方面的活套样本与乡规民约。在婚姻方面，《汇稿杂录》所收集的婚姻契约，均为寡妇再嫁。文书中"兼之家计贫乏，难以守成。服制已满，并及年幼，无所依靠，孑然一身，只得自思"等语句，反映了寡妇迫于经济压力必须再嫁的情况。《汇稿杂录》中，与土地相关的文书，大致分为租赁与买卖两种，将可能发生的意外用契约确定下来，"自准之后，倘有上手来历不明，不干买者之事，自有准卖人一力承当"，目的是尽量减少甚至避免买卖租赁后的纠纷。兄弟分关也是家族中常见的事情，为了避免分家后兄弟间产生矛盾与纠纷，需要有亲族在场见证，签订分关契约。合修渡口等公共管理事宜，以乡民之间协定的自治自律性民约形式呈现出来，反映了村民共同推动乡间社会自我完善的良好意愿。整体而言，《汇稿杂录》呈现了修水县南部一带乡村社会的农业、商业、公共事业管理、灾害与自然环境情况，所展示的民众生活是多方面的。

（二）义宁州山口铺一带情况

义宁州，古号为"分宁"，坐落于江西省西北部，修河上游，地处幕阜山与九岭山山脉之间。清嘉庆三年（1798），刘联登等率农民起义，遭地方武装镇压，嘉庆六年（1801）朝廷"奖励该州士民……知方向义"，将"宁州"改为"义宁州"。义宁州扼湘鄂赣三省要冲，自古为兵家必争之地。清咸丰三年至十一年（1853—1861），今义宁镇、渣津、马坳、三都等地为太平军（首领翼王石达开、忠王李秀成）与清兵反复较量的战场。太平军

---

①《汇稿杂录》，清末民国时期抄本一册，暨南大学黄忠鑫收藏。

② 王旭：《宋代乡的建置与分布研究——以江南西路为中心》，西安：西安地图出版社，2015年，第59—63页。

于咸丰五年五月、六年三月、十一年三月，三次克城。1912年改州为县，1914年改修水县，因水得名。据道光《义宁州志》载，山口铺在清代位于义宁州下辖的武乡一带。河流以修水为主，发源于大沩山和幕阜山，境内流长130余公里，经武宁于永修吴城汇赣江入鄱阳湖。流经山口铺一带的河流，在清代与现代均被称为"武宁乡水"，新中国成立后在地图上被标注为"武河"，是修水的主要支流之一。道光《义宁州志》载："武宁乡水，州西二百四十里，武乡二十一都，发源大沩山东，流经龙崖，合修水。"[①]说明武宁乡水发源于大沩山东部，流经上下武乡，最终与修水汇合。山口铺处于今杨梅坪、山口一带。杨梅坪在山口新街南面3公里武河南岸平地上，早年多杨梅树，由此得名。[②]而《汇稿杂录》中所载文书，不仅包括了山口铺一带的社会情形，还反映了武乡、崇乡、奉乡，即修水县南部一带的乡村社会生活情况。

据方志记载，义宁州"山川盘结，林木蓊郁……春寒极则大雪，严谷间，或至寻丈，积数十日不消。清明断雪，谷雨断霜，又有时候晴候雨，晦明无节"[③]。"山川盘结，林木蓊郁"说明义宁州地形起伏不平，多山地丘陵，平原少。其天气变化多端，在春季，山口铺雨雪天气频繁，倒春寒发生时，大雪漫山，积雪于山谷之间，历经许久才能化雪。四季分明，雨量充沛，下雪时间较长，当地流传谚语"清明断雪，谷雨断霜"，即直至清明才逐渐停止下雪，谷雨时冰霜消融。一年四季中晴雨不定，对当地农业生产会造成很大影响。并且义宁州"春寒多雨水，夏秋寒多旱，五六月多骤雨"[④]，这表明山口铺一带在五六月份时降水频繁，因而暴雨及山洪多发于春夏季节。义宁州水网密布，河流众多，且因武宁乡水发源于铜鼓，入义宁州首经山口铺，山口铺地处河湾，地势低洼，故而这一带易遭洪涝。

二、基本生计：农业、商业

道光《义宁州志》记载："其君子巍簪绂，其细民勤耕织。其土厚而沃，其民朴而淳。"[⑤]在清代，义宁州的农业生产不断发展，农作物种类数量迅速增长。义宁州多山地丘陵，少平原，当地原有居民占据了粮田，明清时期迁入义宁州的棚民，对山区进行大规模开发垦殖以种植农作物。

义宁州种植水稻，"凡晚禾宜暖，水田早稻刈后即栽，田一岁可两获，中稻迟稻则一

① 道光《义宁州志》卷3《山川》，道光四年刻本，第20页。

② 江西省修水县地名委员会工作室编：《江西省修水县地名志》（内部出版物），1988年，第472页。

③ 道光《义宁州志》卷2《星野》，道光四年刻本，第6页。

④ 同上。

⑤ 道光《义宁州志》卷7《风俗》，道光四年刻本，第263页。

岁一获。近又有耘早稻时栽禾中役者，名曰衬禾"。①清初，闽粤客家人大量迁入赣西北山区，传入了部分原产于闽粤但适合赣西北山区栽种的水稻品种，因而义宁州原本的一季稻在经过客家人传入衬禾后变为双季间作稻，提升了土地利用率。除种植水稻以外，客家人将玉米、番薯引种赣西北山区。道光《义宁州志》载："苞芦宜于瘠土，山乡多种之。"与义宁州相邻的武宁县，清人盛乐作诗描写种植玉米的情形："掘尽山头枯树根""打鼓高陵种玉芦"。②清代周大球《棚民谣》描写了闽粤客家人在赣西北的耕种情况："且喜今年薯芋肥，送儿入塾攻诗对。"③番薯对于缓解粮食短缺及救济灾荒能起到重要作用，因而乾隆年间义宁州政府鼓励栽培番薯，以便救荒。玉米、番薯的大面积种植，有利于缓解清代赣西北因人口激增而产生的粮食不足。棚民的迁入还带动了蓝靛、油茶、烟草等经济作物的种植。道光《义宁州志》载："蓝三种：蓼蓝染绿，大蓝如芥染碧，槐蓝如槐染青。三蓝皆可作靛，宁所种槐蓝也。种宜山之田也。"④修水人引以为傲的"义宁陈氏"，其祖先陈公元从上杭中都迁入义宁州安乡十三都护仙坑，结棚栖身，种蓝为业。此处的"蓝"指的便是蓝靛，可用作布料染色。在明代，油茶等经济林木便已有种植，清代中后期，油茶经济兴盛发展，大量茶油外销，并成为义宁州居民主要经济来源之一。桐树、漆树亦有栽种，但漆树种植面积不广。在义宁州，烟草为"民生日用之，不可缺也"⑤。木材方面，义宁州森林资源丰富，其居民多种植松树、杉树，砍伐木材编为浮排，木头有花皮、白皮两种，木头的外皮可用于盖屋。大部分经济作物，除自用外，主要销往外地。

据记载，义宁州产茶历史已有千余年之久。后唐清泰二年（935），毛文锡所著《茶谱》载："洪城双井白芽，制作极精。"⑥至北宋，黄庶、黄庭坚父子将家乡的双井茶向京师推广，欧阳修称双井茶为"草茶第一"，叶梦得在《避暑录》称赞"草茶极品，惟双井"⑦。南宋嘉泰四年（1204），隆兴府知府韩邈奏曰："隆兴府惟分宁产茶，他县无茶。"⑧芽茶"白梗八乡皆有之，而崇乡幽溪较胜"。⑨至道光年间，宁茶声名鹊起，义宁州各乡皆有种茶，且种类繁多，有青茶、红茶、乌龙、白毫、花香、茶砖等品种。清人叶瑞延《纯蒲随笔》提及了"宁红"的来源："红茶起自道光季年，江西估客收茶义宁州，因进峒，教以红茶做法。"⑩义宁州碾茶、煎茶之法，在地方志中有专门记载。采茶具有季节

① 道光《义宁州志》卷8《土产》，道光四年刻本，第450页。

② 见盛乐：《剑山诗抄》，《山棚鼓子词》，转引自施由民：《明清江西社会经济》，南昌：江西人民出版社，2005年，第27页。

③ 转引自施由民：《明清江西社会经济》，第27页。

④ 道光《义宁州志》卷8《土产》，道光四年刻本，第455页。

⑤ 道光《义宁州志》卷8《土产》，道光四年刻本，第93页。

⑥ 转引自秦泉主编：《中国茶经大典》，汕头：汕头大学出版社，2014年，第159页。

⑦ 转引自楼耀福：《吃茶笔记》，上海：上海文艺出版社，2014年，第116页。

⑧ 转引自李雪松编著：《茶香中国——红茶之乡》，北京：世界图书出版公司，2014年，第118页。

⑨ 道光《义宁州志》卷8《土产》，道光四年刻本，第500页。

⑩ 转引自陈宗懋、杨亚军主编：《中国茶叶词典》，上海：上海文化出版社，2013年，第375页。

性，清代中后期在义宁州逐渐出现了负责采茶、择茶的农忙短工，其从事者大多是妇女。

> 义宁州产茶，每年正二月，新芽萌生，必争先摘取，惧其久而叶大也。山各有主，雇客作采撷。近村妇女，皆脂涂粉抹，窄袖红衫，加以半臂，系袯裈，绿短裤，赤双趺，背巨篮入山，以拾茶为名，薄暮方归，则巨篮满储，鬓乱钗横矣。家中亦不问茶所由来，相喻于不言之表，殊可笑也。迨贩茶入行，各路茶商云集，又需女工捡取，去其粗梗，则有城中妇女，侵晓自茶行检择，不待唤也。及暮而归，记其佣值，有百余文（者），有数千文者，其所从来，又有不堪问者矣。①

茶叶生产的发展，推动了茶庄、茶行的产生，"每岁春夏，客商麇集"表明产茶趋于商品化，茶叶销售给当地居民带来了一定的经济收入。修水县诗人冷采芸《采茶竹枝词》等十六首，对义宁州茶叶的采摘、挑拣、销售过程进行了详尽描述，"苔深路滑脚难移，纤手高攀碧树枝。新叶半开仍半卷，近来广客爱枪旗"②，表明了义宁州"枪旗"茶叶远销广东的事实。茶叶的外销与其他贸易的发展，使得义宁州居民"藏富者有十年之蓄，贫者有三年之储"，可保障日常生活所需。

除了茶叶以外，棉花亦是义宁州种植的经济作物之一。道光《义宁州志》载："（棉花）有草实如兰，中丝为细绵，取以为布甚软。三四月种，八月收，官溪多有之。"③棉田面积不断扩大，在竹枝词的记载中，出现了棉田与粮田争利的现象。义宁州所产棉布，分粗细两种，且每匹棉布边幅广阔。同时，义宁州普遍种植苎麻，夏布生产十分盛行。此外，义宁州种桑养蚕亦有悠久历史。宋代张商英《黄龙崇恩禅院记》中，记载分宁"桑阴阴而被野"④，清代有"绢出义宁州"之美誉，时人称义宁州征村为"蚕乡"。除征村外，义宁州漫江、杭口、何市等地，不少农民以养蚕缫丝为业。修水民间流传着关于植桑的民谣："三斤毛铁半斤钢，打把锄头去栽桑。一条田塍栽三转，三条田塍栽九行。"⑤说明宋代义宁州已有种桑养蚕的情形出现，清代时义宁州之绢已全国闻名，植桑养蚕在义宁州非常普遍。义宁州所产之绢，"色黄细者如绸，不织者为单丝，织而疏者为单绢"。⑥清末民初时，义宁州养蚕之户有600余家，一年收茧有400余担，所出之丝一年17000余两，居全省之首。⑦农作物的种植与蚕桑业的发展，说明了清代义宁州纺织业盛行一时，所产土布、丝绢销往全国各地。

---

① 叶灵凤：《书淫艳异录·乙编》，福州：福建教育出版社，2013年，第65页。
② 转引自孔煜华：《竹枝词的史学价值——以江西竹枝词为中心》，《历史文献研究》第29辑，上海：华东师范大学出版社，2010年，第317页。
③ 道光《义宁州志》卷8《土产》，道光四年刻本，第500页。
④ 转引自吴畏编著：《赣舆浅图——概说江西八十古县》，南昌：百花洲文艺出版社，2012年，第249页。
⑤ 《江西省农牧渔业志》编纂委员会编：《江西省农牧渔业志》，合肥：黄山社，1998年，第378页。
⑥ 道光《义宁州志》卷8《土产》，道光四年刻本，第455页。
⑦ 《劝业道调查义宁丝茶情形》，《申报》1910年8月30日。

义宁州山地丘陵众多，毛竹资源丰富，以竹造纸是当地居民的生财之道。据道光《义宁州志》记载，当地出产的纸类繁多，火纸、花笺纸、疏纸、谷皮纸、表心纸、硬壳纸等出于武乡，火纸、花笺、表心"各槽岁出万肩"。清代嘉庆年间，义宁州便有出产陶器的记载，其中古市、山口出产的陶器形制古朴、质地精良，釉彩花纹独具一格。

《汇稿杂录》所载文书中，买卖土地时经常提及当地农作物种植情况。如：

立定准帖人□□□，今因家使不敷，只得父子兄弟夫妻谪议，愿将祖先遗下兄弟阄分，并及己创之业，坐落□□，大地名□□□，小土名荒熟山场几处。又并及水田几号，共计□亩，（以）上址□□，下址□□，左址□□，右址□□为界。又瓦屋宇一所，上下几重，左右横屋几廊，共计几十间，以及匠师所造砖瓦土木，铁石稳脱，屋内屋外一切按屋之物。余坪、阶檐、基地、出路、水井、厌舍粪窖、柴舍、牛栏、猪圈、碓间、荫注水塘、堰圳水路，山场原栽桐茶、梓树、松杉、棕竹、食茶、兜花果、杂植等项，一并在内。即日凭中登山，临田踩踏，界址分明，并无混杂，欲行出卖，先尽亲房人等，无人承受后，方请中准卖与□□□承买为业。当日三面言定，其包头秉笔、老业内中花押、起座出（屋）、推粮过户诸礼一并包在数内，共得受时值价银几百两正。自准之后，倘有上手来历不明，不干买者之事，自有准卖人一力承当。原载民米几担，二各不得争多、减少、反悔等情，如若反悔，甘罚钱几十吊文正，不期罚钱，任从执帖管业。此业不得遗留漏界，如若查出，任由从承买人管业，准卖人无得异说。恐口无凭，立定准卖帖为据。

又如：

……其山界内原栽桐茶、梓树、松杉、棕竹、食茶，并及围屋周围花果、杂植等树，自卖之后，并无坟茔、古迹、草堆，撮土寸木只石无留，任从买者住座管耕，收其粮米。现在都图甲内推出。照依契底，按土承粮推割过户收纳，如有留阻不除，甘受重之罪，一卖千休，永无找补，不得取赎。今欲有凭，立卖田山屋宇文契为据。

再如：

为通知启者

缘吾境山多，田少粒耕，家家即靠油茶、食茶以为根本，布种薯菜杂粮，以济眉急之饥。境内近今有恶窃之徒，三五谪串（窜）成群，黑夜游走在境，窃取薯菜、茶秧、杂植等项……

这些文书佐证了油茶、茶叶、松杉等经济作物及番薯等粮食作物在义宁州种植范围之广，同时说明这些农作物大多生长在山场，从侧面表明了义宁州当地居民根据山多地少的自然条件因地制宜，发展农业生产。

清代，以闽粤客家人为主的棚民在义宁州山区广泛种植经济作物，农业、手工业生产的发达，加之棚民迁入发展商业贸易，促使清代义宁州经济兴盛发展。棚民迁入前，义宁州山区经济衰落，邻近的万载县"地居上游，溪流狭窄，陂滩险次，巨舰不得入，所贸迁者为二三小贩"①。随着商业贸易的不断发展，民众经商之风逐渐盛行，同治《南昌府志》载："编户之民，五方杂处，多以逐末为业。"②同时，《汇稿杂录》所收录的24号文书，阐述了当地居民合本经营的约定，从侧面佐证了清代中后期义宁州居民流行经商的现象。义宁州所产的茶叶、粮食等商品，通过水路运输向外销售。赣西北河道纵横，武宁乡水汇入修水，修水自西向东奔流，在吴城附近汇入鄱阳湖。修水为山区性河流，水浅滩多，吴城以上只有小船能通行，因而义宁州所出产的木材，利用洪水季节，扎排自修水上游放排，加之武宁、靖安等县所放木排，在吴城停靠重扎为大排，经鄱阳湖出长江，销往江浙。义宁州所产茶叶等农副产品，需经修水运至吴城，再从吴城转运，商品货物换船入长江后，再输往全国各地。

三、社区管理：公共事业、灾害与环境

义宁州水旱灾害频繁，对农业生产造成较大影响。村民们所耕作的山场，在临近收成时屡遭贼盗偷窃与野兽毁坏。这些因素均会造成农作物产量下降。据道光《义宁州志》记载，义宁州虎患频繁，野兽在夜里会下山入城偷食牲畜，因此居民在夜晚均紧闭门户，防止野兽入室。下表反映了清代义宁州虎患发生情况（表1）。

表1　清代义宁州虎患统计表③

康熙三年（1664）	狼虎为害甚剧，八九月间乘夜入城，人心惶惑。州牧徐永龄十月莅任，率众力擒，连杀二虎，虎患遂绝
康熙六十年（1721）	夏，大水，虎入城食畜
雍正十二年（1734）	岁大稔，崇、仁二乡有虎患，山居之民，户为画闭
乾隆元年（1736）	九月，崇乡民弩毙一巨虎，各山众虎哀哮，旬日虎患遂息
乾隆二十八年（1763）	夏，大水，山中多虎患

由上表可见，义宁州在清代共发生了五次虎患，集中于康雍乾年间。笔者认为，虎患产生的原因不仅与义宁州频繁发生的自然灾害有关，还与当地居民过度开垦山林有关。康熙六十年与乾隆二十八年均发生了水灾，而康熙三年发生了大旱，虎患往往产生于水旱灾害发生之时。老虎需要适宜的自然环境才能生存，山中需有充足的动物供它们猎食，茂盛的林木供它们栖息。水灾的发生导致草食动物的死亡，老虎失去了食物来源。干旱使得老

---

① 施由民：《明清江西社会经济》，第25页。

② 同治《南昌府志》卷8《风俗》，同治九年刻本，第907页。

③ 资料来源：同治《义宁州志》卷31《杂类志·祥异》，同治十二年刻本。

虎饮用的水源枯竭，导致山上草木枯萎，草食动物大量死亡，同时老虎丧失了赖以隐蔽的草木丛林。水旱灾害的发生威胁了老虎的生存环境，它们迫于饥饿不得不下山觅食，才在义宁州出现了"虎入城食畜"的现象。虎患的发生与自然环境的恶化密切相关，明清时期大量棚民迁入义宁州，对山场进行垦殖。因义宁州在康熙年间遭受战乱，东南部的安、崇、奉、武四乡人口急剧减少，义宁州东南部三百余里田粮丁赋收不上来，田地大片荒芜。为解决困境，知州班衣锦奉旨向广东、福建等地招民垦荒。招募帖中写道："江西义宁州，山青又水秀，土地广肥沃，租税轻，并垫给耕牛、种子，有意来者，定得照顾。"至康熙三十年（1691），"闽广诸省之人，散布各方，分宁地广人稀，因而诸省之人扶老挈幼，负耒而至，旷上之租甚轻，久荒之产极沃，而无产之人得土耕种，其力倍勤，故不数年，家给人足，买田置产，歌适乐郊矣"①。人类大量的垦荒使得义宁州当地自然环境遭到破坏，老虎的生存领地逐渐缩小，如地方志记载的"八九月间乘夜入城"，老虎在饥饿之下只能进入义宁州的乡村甚至城市，攻击吞食家畜甚至人类。

当地官府采取措施应对虎患，主要是当地官员率领地方军队捕杀老虎。捕杀老虎是减少虎患的有效方法，地方官率领军队与当地居民进行猎杀，在官府的带领下，有助于提高猎虎的效率。如道光《义宁州志》中记载的州牧徐永龄，上任之时率领军队连续擒杀了两头老虎，有效地解决了义宁州当地的虎患。除却官府，当地居民对虎患也有相应的应对措施。当地有经验的猎户用弓弩等武器击毙老虎，相较地方官率领军队捕虎，居民分散捕虎更有成效，"旬日虎患遂息"。同时，当地居民也会加固自己的房屋，修缮基础设施，入夜关上家门，防止老虎袭击，如地方志提及雍正十二年虎患频发时"山居之民，户为画闭"。同时，当地居民自发组建起公益性的治安组织，在入夜时设置药弩，即装满火药的袋子，以伤害毁坏农作物的野兽。如《汇稿杂录》中所载：

> 通闻
>
> 咸友来往行人君子，倘紧急夜行，务宜明火响，方免无误。吾境山内耕种苗稼实难，有种无收，屡被野兽、麂子、贼盗损害。土坊星散，难以巡逻，只得是以装挂药弩，夜放早收。先立通知，以免伤人。如日后倘被伤者，不得向予理论，无谓言之不早也。谨此。

文中提及"土坊星散，难以巡逻"，说明崇、武、奉三乡的乡民居住分散。由《江西省修水县地名志》记载可见，如王家岭头"在山口新街东南6公里山腰，6户27人，清乾隆年间王姓由赤江仙人坪迁此建村"，又如大坝里"6户29人，刘姓由福建迁此建村，迄今10代"②。武乡居民以散村的形式聚居，便于对山场进行开垦与耕作，并设置药弩防止农

① 同治《义宁州志》卷6《田赋》，同治十二年刻本，第591页。

② 前南京国民政府司法行政部编，胡旭晟等点校：《民事习惯调查报告录》（上册），北京：中国政法大学出版社，2005年，472页。

作物被破坏，保护庄稼免遭天灾人祸。这份文书中发布通闻的会社，属于维护村落治安的公益性组织，由村民自行组建，维护共同利益。"它以宗教信仰为纽带，以经济互助为主要功能，参与者往往以村落为范围，不限族姓，不拘人数，组成信仰和利益的共同体。"①《汇稿杂录》中所录其他文书也反映了这个公益事业类会社组建时的一些相关事宜：

> 禁会小引
>
> 尝思前人斯居一方，而邻里乡党乎。且今以来，吾等先人移入下武乡□□等处，创造蓬（棚）屋居住，开垦山场，耕作有年。近今田少山多，山残土末，布种桐茶、木梓、松杉、棕竹、食茶等项，以予膳应之需。时值将来收成，以靠活命之原。切今人星罗，尤有一等，不理正务，肆行窃取，不顾他人艰难，无分尔我，有甚焉者。种种不法，殊属可恶，法远人蛮，只得奉州宪贴示救民，村村户户请练，邀集公议严禁，免受其害。是以齐集公议置酒，每名各捐钱□文，共成一会，一年一议，每年齐集，轮派禁首，公众生放，不得私行、私借等情，是以为引。

文书中描绘了这个村落建立的过程：一些棚民移居至下武乡，自己动手修建棚屋，对山场进行开荒，耕作种植农作物。根据山多田少的情况，当地居民多种植桐茶、松树、杉树等物，通过贩卖这类农作物换取经济收入。同时，文书还阐释了建立"禁会"的原因，村落中出现了农作物被盗窃的情况，而地方政府的力量不足以约束这类行为，因而地方政府发布公告，允许各村落自发建立公益类组织，以维护村落治安。文中提及"村村户户请练"，其中的"练"即团练乡勇，为民间的一种民兵制度，使当地居民得以自保。"公议"即公共会议，"置酒"即置办酒席，当地居民召开集会，举行仪式建立起"禁会"这个公益组织，每人捐钱作为"禁会"的经费。"禁会"组织按照"一年一议"开展活动，以重新轮换人员，"禁会"的首领"禁首"由村民选举，轮流担任。同时这份文书还设立了对"禁会"的规定，以保障"禁会"组织的公益性，"不得私行、私借等情"一句便在规定上禁绝了"禁会"组织的私用，内部成员也不得徇私包庇违法行为。《汇稿杂录》收录的部分文书反映了这个公益性组织的具体义务，如：

> 为通知启者
>
> 缘吾境山多，田少粒耕，家家即靠油茶、食茶以为根本，布种薯菜杂粮，以济眉急之饥。境内近今有恶窃之徒，三五谪串（窜）成群，黑夜游㞷在境，窃取薯菜、茶秧、杂植等项。心有可疑之人，奈无确凭，只得境内邀集人等，夜后把人隘路巡守，倘拿捉实据，较议交众。失物无凭，若知风影，经通众等径家搜寻，并有赃据，努力公众，轻则公罚，窝窃一概剿除出境，重则送官惩究。谨此预白，勿谓言之不早也。

---

① 章毅、冉婷婷：《公共性的寻求：清代石仓契约中的会社组织》，《上海交通大学学报》（哲学社会科学版）2011年第6期。

这份文书反映了"禁会"组织的基本职能之一，即防盗。为捉拿偷窃农作物的盗贼，"禁会"组织派人入夜后在山场要道上设立关卡进行管理，并令人巡守。同时，如果发现了窃贼的线索，在告知村内民众后，"禁会"成员将挨家挨户搜查证据，如获得赃物将公之于众。"轻则公罚，窝窃一概剿除出境，重则送官惩究"一句，说明了"禁会"组织可以对犯下偷窃行为的盗贼进行处罚，"从轻处罚"即将盗贼公之于众，若有窝藏包庇盗贼者，将与盗贼一同被驱逐出村庄，而"从重处罚"则是将盗贼送至官府，由官府处理。这说明"禁会"在村庄内部拥有一定的权力。

《汇稿杂录》所收录的《通启》一则文书，反映了"禁会"组织的另一职能，即自我约束。具体内容见《通启》全文：

> 通启
>
> □氏族内列列人等，近来时值纷纭，人心叵测，诚恐教诫不先，率循不谨，是以公同酌议：务宜各安本业，遵守本分，无得混入匪类，强作横为，致干不法，格杀勿论。即行逃脱，仍以家法处治。倘被外人抢劫，闻信即时齐集赴救，不得推诿。如有不前者，即以劫贼同论。谨此预白。

清代初年，义宁州也曾发生过一些动乱。据同治《义宁州志》记载，顺治二年（1645）闽寇复至，焚戮无遗，冻死及淹没者亦千余。此处"闽寇"指李自成军队，在义宁州烧杀抢掠。康熙年间，在赣西北发生了棚民起义，义宁州亦受此影响。康熙十三年（1674）冬十一月，北门戍卒李忠等人图谋不轨，引导当地土匪杨白巾等人突袭州署，知州任暄尤率领州同李成芳、吏目潘士良、营弁朱万寿等人，将匪徒追至半山，并擒李忠斩之。康熙十四年（1675）二月，杨白巾袭击了铜鼓营。五月初二，土匪张尤龙、熊吉昌及杨白巾等人率领队伍侵犯义宁州城，城中官兵奋力抵抗，被击败的贼寇逃散至奉、武二乡。同年八月二十七日，土匪再次来犯州城，任暄尤率领游击牛凤翔、马瑞麒，守备朱万寿，坚守城池三月有余，至十二月初七，土匪遁逃。康熙十五年（1676）八月十八日，土贼张尤龙、熊吉昌、杨白巾再次侵犯州城，知州任暄尤和游击高觐光、马瑞麒，守备朱万寿、郭成功坚守州城。简亲王派遣年将军统领满汉官兵，与土匪战于榔树坑，擒获并杀死无数土匪，剩余的土匪依然流窜入奉、武二乡。康熙十六年（1677）三月，土贼张在七、刘旺七、熊吉昌侵略安乡九都，三月初六，游击马瑞麒率兵剿匪。同年十一月初九，土匪再次来犯铜鼓营，知州班衣锦寻道进兵，武力收回奉、武、安、崇四乡，杀贼无数。至此，棚民起义被完全镇压下去。由此可见，清初赣西北发生的棚民起义，对义宁州的治安带来一定影响。义宁州经历一番战乱后，人口稀少，土地荒芜，因而知州班衣锦发布公告，招民垦荒，吸引了一大批移民到义宁州居住。雍正二年（1724），官府制定新的棚民政策，承认棚民是"闽广寄籍之人"，准许棚民单独编制保甲，将原本控制在"土主"手中的出结权转到棚民的保长、甲长手中，且棚民参加科考的问题得到进一步解决与完善。

这些引起了当地土著的不满，土著对出结权丧失控制，失去了经济利益，因而在雍正二年发生了土著罢考事件。并且，由于棚民在经济、教育方面与当地土著形成了竞争，义宁州土著常将棚民整体"盗贼化"，将棚民与此前的土匪、贼寇联系起来，形成当地土著对棚民的贱视。因而这篇文书中，有约束氏族成员行为的语句，即"各安本业，遵守本分，无得混入匪类"等句。

除了约束氏族成员以外，这篇文书还反映了"禁会"组织打击土匪，维护地方治安的职能。若有氏族成员被外人抢劫，"禁会"组织在接到消息后立即前往营救。尽管这一行为的出发点是为了维护氏族成员的利益，保障他们的人身安全，但实际上对维护地方治安起到了一定的作用。同时，文书也说明了相应的处罚措施，若有混入土匪的氏族成员，"禁会"组织将对其"格杀勿论"，即便此人逃走，依然"以家法处置"。在营救氏族成员时，推诿不去的人，"即以劫贼同论"。这篇文书也从侧面反映了"禁会"组织所握权力的具体情况："禁会"在特殊情况下可以处置村民的性命，对犯罪村民的处理依据是家法。"即以劫贼同论"一句，表明推诿不去者不仅会受到"禁会"组织的惩罚，也会让其他村民对他持有负面印象。这说明了"禁会"组织在舆论与法治上，在某种程度上对村庄拥有影响力。

"禁会"这一组织，由居住在山场的棚民为维护村落治安而共同建立。由于义宁州的棚民大多聚族而居，或两三个氏族合住，形成村落，因而"禁会"在建立和对违法行为的处理上拥有法治和人治的双重性质。"法治"指"禁会"组织的规章制度及行为多是约束既非官方又非私人的公共领域，符合地方政府的治理政策，"禁会"组织维护且支持政府制定的法律法规，在一些方面弥补了地方政府因人力不足而造成的管理缺位，因而地方政府默许甚至鼓励"禁会"这类公益事业性民间组织的存在。而"人治"指"禁会"组织的一些行为因义宁州棚民聚族而居，带有家族内部约定俗成"习惯法"的特点，其处罚依据有"家法"等，反映出氏族力量对"禁会"组织具有一定影响。同时，"禁会"组织对过错方的惩戒，将使过错方在受到实质惩罚的同时，也要面对来自村民与族人的负面舆论，这类惩戒对村民具有一定的约束力。

《汇稿杂录》收录了两篇关于山林的文书。14号文书内容为"合蓄松树帖"，大致如下：

> 立合蓄松树帖人□□□，缘先年葬有祖坟在□处，今坟后左右余山与□□□亲友前去栽布长蓄成林。当日三言定（面），其松树栽布人只许剔丫，不得私行砍伐，务宜照逻，坟倘后修理、扦葬，栽布人备六文。议定各行树捡摘干静（净），篓内不许带叶等项，务要伶俐，以及兄弟众等，务宜一团和气，各执己事关照，不许乱衍行凶、口角等。是特公议之后，如违此者，罚酒几瓶、腐干几十块。

该文书属于亲友合种松树的契约，讲述了亲友几人在祖坟所在的山场合种松树，众人开了公共会议，约定不允许私自砍伐松树。契约对祖坟及松树的日常管理有一些规定，如果祖坟有修理、扦葬等事宜需要处理，种树人需要出一定的钱财。日常生活中，各人对自己种下的松树具有进行管理的义务。契约强调了合蓄松树者需要和谐相处，履行好自己的义务，不允许产生行凶、口角等恶性争执。对于违约者，契约内也制订了相应的处罚措施："是特公议之后，如违此者，罚酒几瓶、腐干几十块。"从契约规定的惩罚措施中可以看出，惩罚的实物金额并不大，因此罚酒、罚腐干的精神惩罚意义远大于实质惩戒，同时体现了对众人所立契约的尊重。并且，罚酒、罚腐干等措施使得众人得以聚餐，聚餐如同"置酒"等措施，具备宣告功能，即向合蓄松树的众人宣告违约者，而违约者将感受到被宣告所带来的舆论压力。这类程度较轻的处罚措施，表现出合约具有权威性，使得合蓄松树的众人在试图违规的时候会考虑违约成本，对立契的众人产生较强的约束力。

《汇稿杂录》所收录的另一篇关于山林的文书，即12号文书，反映了对外来违约者的处置情况：

> 立遵禁贴人□□□，情因□月□日误入□姓山内砍伐树木几十余，诸比即拿获，经邻验明赃据，确实理论，情知理非，自愿置酒禁山，公罚赔补赃据，以后再复行砍伐，如有再行，任从公等送官究治，今欲有凭，立遵禁贴，此据。

这篇文书反映了山林被伐，伐木者接受处置的情形。立帖者为伐木者，砍伐原因为"误入□姓山内"，被人抓获及缴获赃据后承认自己的过错。惩罚措施为"置酒"，即置办酒席，以及"赔补赃据"，即在"公罚"后还需要赔补砍伐山林对受害者造成的损失。同时对伐木者再次违约有惩罚规定，即"任从公等送官究治"，若有再犯便要被送至官府处置。这篇契约既表明了对伐木者的处罚，也作为伐木者不得再犯的依据。

义宁州当地居民，对自己拥有的山场除了埋葬权、醮祭权以外，还拥有开垦山地、种植树木的权利。笔者推测，立约众人借祖坟为由，而合种松树，待其成林后伐木向外地销售木材为实。松木等木材为义宁州对外销售的重要商品，拥有山场的居民多种植松杉、木梓等木材，待其成林后砍伐，并进行对外销售，以此牟利。对于未设围障之山林或牧场，潜江、竹山两县习惯是，概不准他人入内樵采。[1]因潜江、竹山等地与义宁州相邻，因而义宁州受其影响，亦有类似习俗。

在往来交通方面，亦有相应的公益性组织，《汇稿杂录》中有载：

> 通启
>
> 攸（悠）久渡会内列缘：因旧冬过会之日，蒙首事言及今岁渡米一事，觉见会内蓬（棚）户，倘有宽乏（泛）不一，难以斗办，将会生放钱文买粮食，以作渡夫工食之需要。至今舡只飘（漂）流，无人掌撑，悬搁半载有余，是为何因？特启渡会列列

① 前南京国民政府司法行政部编，胡旭晟等点校：《民事习惯调查报告录》（上册），第342页。

人等，定至本月廿一，无分晴雨，齐集渡会蓬（棚）所，共同较议勷（襄）商，各自带午食，以免花费渡会钱文。见股一人，不得客步推延。如有不来者，其情有弊，公罚钱二百文正，以为永不朽之计。谨此通启是幸。

文书中提及的悠久义渡，在道光《义宁州志》中有所记载："在下武乡二十九都山口八甲，崇武通衢。原渡已废，乾隆辛丑监生邱腾远造船接济，复虑不能垂久，癸卯募化倡建义渡，故名悠久。"①由地方志记载可见，为了便利行人出行，监生邱腾远在山口一带放了一艘船，便于往来行人渡河，但这个方法并不能维持很久，于是在乾隆癸卯年间（1783）通过募捐的形式来建设悠久义渡。而文书中所写的悠久渡会，便是管理悠久义渡的交通类公益性组织。文书中提到，渡会的首事在去年冬天集会之时，谈到了今年运输稻米的事情。然而渡会内撑船的都是穷苦人，经济条件各有不同，因而渡会内拨了经费购置粮食，作为撑船渡夫的伙食。然而渡船被搁置了半年多，无人愿作渡夫。因而在本月二十一日，渡会众人需到渡会所在地集会，共同商量渡米的事宜，开会当日的午餐需要自备，以免花费渡会的经费。开会时不得迟到，不来的人需要被罚钱二百文。文书反映出悠久渡会的功能，除了方便来往行人以外，还可以撑船渡米。由文书可见，悠久渡会的运营出现了一些问题，即使由渡会提供午饭，渡会众人也不愿作渡夫撑船，而使得渡船被搁置长达半年。另外，悠久渡会的经费并不充足，来开会的渡会众人需要自带午饭，以节省渡会的经费。若有不来者，需要被罚钱二百文，罚钱金额对渡会内的穷苦渡夫来说并非小数目，因而处罚措施确保了这则通知的权威性，同时也具有很强的约束力，较大限度地保证了众人的出席。

《汇稿杂录》中所收录的另一则启事，也说明了悠久渡会在实际运作过程中产生的问题：

通闻启者无别

杨梅坪攸（悠）久渡会首事列列人等。舡乃以渡来往行人，非是造来救取货物之理。予观屡数救取货物，十有九险，难免损坏。况且救物者，只徒肥己，不顾舡只。舡虽有分，非是一人能所造乎！众等之舡，人人有分，倘若不测，向谁理论？以前损坏勿计，如后倘有从水救取货，一概断不准从至舡中救取。既有能者不用舡只去救方可，予亦任从于尔救取。倘若失身，去舡之误。况且会底微少，不能敷用，如若损坏，难以修造，后悔何及！为此通闻首事人等，谨申立禁，预白。

这篇文书由悠久渡会的首事所发布，针对渡会内众人用公用渡船救水中货物的现象进行批评，禁止再出现此类现象。文书中提及，渡会众人通过救取水中货物以牟取私利，容易造成公用渡船的损坏，而渡会经费微薄，负担不起修船的费用。由文书可见，渡夫无法

---

① 道光《义宁州志》卷3《津渡》，道光四年刻本，第415页。

通过撑船渡来往行人获取足够的经济利益，因而需要通过救取落入水中的货物来获取私利。这篇文书再次强调了悠久渡会经费不足，无法承担修船的费用。由此可见，渡会的经费只能满足最基本的需求，即渡夫的伙食，渡会只负责管理渡人与渡米，其余事情例如救取货物一概不理，且渡会与船夫无法从渡人及渡米两项基本功能中获取利益。笔者推测，悠久义渡及悠久渡会的存在不以盈利为目的，其建设与运营为倡建者的利益而服务。

《汇稿杂录》所收录的另一篇文书，反映了改悠久义渡为桥梁的事实：

> 承租帖为据
>
> 当闻山溪之险，不可无舟；涧沼虽狭，不可无梁。是舟者，可以济往来也；而梁桥者，可以便出入也。出入往来，一村跋跋，行人之所共由矣。如予境杨梅坪一溪修水，深而且险固。先年间，立季造舟，每岁无异。近今数载，寇兵叠（迭）至，损坏靡常。奈季囊微薄，难以复创。况此溪不但营谋樵收之不利涉，而且避乱于桃源者亦众矣。是爰公众意，欲将元季内钱文修整，以免泛滥。奈予境内人居稀少，而殷富实无，一木焉能支大厦？是以公金首事，共勚（襄）劝捐。赖诸君仁人义士济于急，周于溺，各解囊金，乐捐相助，以济山溪之险，以延岁月之长。摩德盛于手产，珠环有报矣。是以为引。

杨梅坪属山口二十九都，位于武宁乡水附近，悠久义渡位于下武乡二十九都山口八甲。杨梅坪与悠久义渡实为同一处，此地与山口铺隔河相望。文书中提及，"先年间，立季造舟，每岁无异。近今数载，寇兵叠（迭）至，损坏靡常。奈季囊微薄，难以复创"，阐述了渡口容易遭到损坏，因而发起人选择修建桥梁。显而易见，比起修建渡口，修建桥梁需要更高的成本，且在水灾频发的义宁州，桥梁更易被洪水冲毁。由此可见，文书中提及的"寇兵叠（迭）至，损坏靡常"并非发起人改渡口为桥梁的真实原因。《汇稿杂录》中所收录关于悠久义渡的文书，反映了悠久渡会出于多种原因而难以为继。尽管修建桥梁成本较大，但相较悠久渡会的管理问题，桥梁节约了渡会的人力物力，且通行效率得以大幅提升，因而倡修桥梁比起运营悠久义渡具有更强的可行性。此篇文书中提及的桥梁，在道光《义宁州志》中亦有记载："（茂林桥）在州西南七十里下武乡三十二都下沙溪路，通湖广，嘉庆三年（1798）监生邱腾远倡族修建石桥。"[1]由此可见，监生邱腾远为倡导修桥的"首事"，劝捐对象为族内众人。邱腾远除了倡修悠久义渡与茂林桥以外，还以妻子的名义捐修了两淑桥："在州西南七十里下武乡三十二都中沙溪路，通湖广，嘉庆三年监生邱腾远之室李氏捐建，嘉庆六年圮于水，复修之。十三年又圮于水，二十一年重修。"[2]道光《义宁州志》在"怀远都捐资姓氏"中记载了："监生邱腾远……各捐资二十千。"[3]

---

① 道光《义宁州志》卷3《桥梁》，道光四年刻本，第420页。

② 道光《义宁州志》卷3《桥梁》，道光四年刻本，第420页。

③ 道光《义宁州志》卷32《捐资姓氏》，道光四年刻本，第5页。

监生邱腾远除了捐资事迹在道光《义宁州志》有记载以外，其诗文、作品难觅踪迹。明清时期有"例监"一途，以捐纳钱粟得为监生，因而邱腾远的"监生"头衔实由捐监得来。除邱腾远以外，"怀远都捐资姓氏"中亦有许多邱姓成员，例如"监生邱南山捐钱六十千"①"监生邱茂贵各捐钱六十千"②"邱盛一捐钱三十千"③等。由捐资记载可知，怀远都邱氏一族拥有雄厚的经济实力。由族谱记载可知，"又迁邱家庄者，皆著姓也。如明甫公，迁上武二十二都石桥一图五甲。佑政公，居下武三十三都二图一甲"④。由地理位置可知，邱腾远属佑政公一支，居住于下武乡三十三都二图一甲。笔者推测，邱氏一族以经商起家，拥有一定的经济实力后，以捐监一途获取功名，同时于山口一带捐修渡口及桥梁，获取"乐善好施"的名声。

由悠久义渡、茂林桥、两淑桥的地理位置可知，邱腾远所倡修与捐建的桥梁均位于山口集市附近。山口一带有集市的传统。道光《义宁州志》对山口一带的街市有所记载："（山口集市）武乡三十二都。"⑤除了山口集市以外，还有一些集市，例如铜鼓集市、漫江集市、征村集市也在武乡，零散分布在山口集市附近。据记载，每月二、十六两天是赶集日，远近农民云集山口新街，热闹非凡。⑥据《江西省修水县地名志》记载，山口一带有万寿宫，即商人集会的会馆。⑦由此可见，清代时山口一带商业贸易极为繁盛。而义宁州当地的集市贸易之物，"一切皆布帛菽粟"。⑧

粮食是集市贸易的主要商品之一。明清时期，江西的粮食生产对全国有着重要影响。清代，顺治十八年（1661），朝廷在江西征米938753石，排全国第3位；乾隆三十一年（1766），朝廷在江西征米899836石，排全国第3位；嘉庆二十五年（1820），朝廷在江西征米962886石，排全国第2位。⑨这些数据表明，在清代，江西是产粮大省。道光《义宁州志》对当地出产的水稻品种及耕作方式有详细记载："其时候于清明前后浸种，春夏之交分秧，夏秋之交获刈平原，水暖宜早山陬，水寒宜迟，此大较也。夏熟者曰早禾，秋及冬熟者曰迟禾，又有早稻、中稻、迟稻、晚稻之分。最早者于社时浸种，有曰六十日、七十日、八十日，随犁归。农民取其早获熟，结实不如日久。次早者曰太平早、建阳早、百日黏、百二十日黏、矮黏、椰黏、齐头黏、北塘黏……早稻刈后即栽田，一岁可两获，中

---

① 道光《义宁州志》卷32《捐资姓氏》，道光四年刻本，第6页。

② 道光《义宁州志》卷32《捐资姓氏》，道光四年刻本，第5页。

③ 道光《义宁州志》卷32《捐资姓氏》，道光四年刻本，第5页。

④ 江西修水邱氏《重修宗谱总序》，此序来自清光绪乙未年乔公派万一公房《邱氏族谱》。序作者士林，江西临川人，清光绪二十年甲午科三甲一百五十二名进士。

⑤ 道光《义宁州志》卷4《建置》，道光四年刻本，第357页。

⑥ 江西省修水县地名委员会工作室编：《江西省修水县地名志》，第466页。

⑦ 江西省修水县地名委员会工作室编：《江西省修水县地名志》，第466页。

⑧ 道光《义宁州志》卷7《风俗》，道光四年刻本，第263页。

⑨ 施由民：《明清江西社会经济》，第212页。

稻、迟稻则一岁一获，近又有于耘早稻时□禾役中名曰衬禾，至秋杪而后熟。"①由此可见，清代义宁州水稻耕作技术不断发展，义宁州当地水稻可实现一年两熟，水稻产量较前代有所提升。江西所产稻米大量向外地贩运。《雍正朱批谕旨》记载："广东米取给于广西、江西、湖广，而江浙之米皆取给于江西、湖广。"②湖广的粮食虽然也大量运往外地，但湖广地区也是江西商人运销粮食的地区之一。邱腾远所捐修的桥梁，将三十二都与三十三都相连通，不仅方便邱氏一族从居住地前往山口集市贸易，也将征村、漫江等集市与山口集市相连。茂林桥、两淑桥均"通湖广"，说明修桥的目的是增加山口一带集市的人流量，吸引外地商人前来贸易，同时便于将集市所贩售的商品向湖广一带运输。

然而江西义宁州作为产粮地之一，却存在饥荒的情况。《汇稿杂录》所录部分文书反映了当地居民对饥荒的态度：

> 为通启知事
>
> 崇武奉乡，连界地方，余米之地，何得绝粮。一不算干，二不水荒，可恨粮户，何苦闭仓。有谷不粜，有米不量，不与尔借，又不行强。有钱就粜，无钱不量，明明望贵，十恶心肠。财主心事，毒过蛇狼，仓内有谷，就望天荒，只望谷贵，他就心凉，家有余钱，想到天光，加三不借，存谷恶恶不放。这等财主，发也不长，日后一败，个个眼光。劝尔粮户，粜也不防（妨），再过半月，新谷上仓，有谷不粜，留遭祸殃。一场命案，用也心凉，子孙不立，一扫精光，只要开粜，子孙荣昌。五月初头，人人都荒，日日落雨，大水湛湛，只见米贵，闭市绝粮。好清副爷，亲身上乡，情劝粮户，发粜街坊，这个清官，大名大望。思量世上，贫苦难当，百钱上街，三升难量。可恨米店，收谷进仓，闭招高价，发水掺糠。穷人量去，煮粥清汤，可怜贫人，实苦难当。望乡买粜，阻未闭仓，一伙流迷，谪谪量量。风波作浪，财主得闻，他就闭仓，我有钱粜，非是行强，州官府课，阻也心凉，本都本乡，何得阻挡，有钱买放，无钱阻粮，明明讹诈，何不开娼（仓）。再要来阻，莫怪地方，邀集各户，大打一场，要尔流迷，哭爷哭娘。特修草字，通知地方，无论贫富，平天一字亡，有人抄一张，劝尔也心凉，贴在街坊上，子孙也荣昌，问我出帖人，住居在崇乡。

这份文书主要阐述了当地居民对粮户的不满。当地居民认为，义宁州属于产粮地，应有余米，不至于没有粮食。导致饥荒的原因，既有天灾，即"五月初头，人人都荒，日日落雨，大水湛湛，只见米贵，闭市绝粮"，更重要的是人祸，即粮户不愿开仓售米，在粮食充足时囤积粮食，发生自然灾害时趁机哄抬粮价，向外地商人高价销售当地所产稻米，获得暴利。根据文献记载，邱腾远生活的时代，大约在乾嘉年间。笔者据地方志整理，得

---

① 道光《义宁州志》卷8《土产》，道光四年刻本，第480页。

② （清）鄂尔泰等编：《雍正朱批谕旨》第1册《朱批范时释绎奏折》，北京：北京图书馆出版社，2008年，第2页。

出清代义宁州于四、五月份发生的饥荒，如下表（表2）：

表2　清代义宁州四、五月份发生的饥荒①

康熙十九年（1680）	五月初六，连日大雨如注，雷电交作，各乡山崩石裂，水涨入城，泰乡五都，安乡长茅，高乡柴潭、新车，崇乡庐坊、马市，仁乡东源，西乡张仙桥……冲破庐舍田地陂塘，不计其数，民被灾，还庭泣诉，知州班衣锦申请赈恤
乾隆六年（1741）	五月大雨，山水暴涨，水抵亭宫，漂没田庐无算，奉、武二乡尤甚，知州许渊捐俸赈恤，详请上宪委员，勘灾轸恤
乾隆五十二年（1787）	四月大水，五月大饥
嘉庆八年（1803）	五月、六月大饥，知州陆模孙发常平仓，谷平粜，民赖以安
嘉庆十四年（1809）	五月饥，知州贺维锦发常平仓，谷平粜，委绅士奉领行谷

文中提及的"好清副爷"可能为乾嘉年间于五月发粜的义宁州官员。据道光《义宁州志》记载，陆模孙为乾隆五十二年（1787）进士，于嘉庆八年（1803）"任义宁州事"，在政事方面，"为政宽猛兼济，累案积年不决者，皆镜烛犀剖，立成信谳，民心畏服"。于嘉庆九年（1804），"丁母忧，侨居州，州人知其清苦，争奉薪米以供，却之不得"。在临行时，"绅民送者千余人，诸生奉禄位牌祀于书院"。②而贺维锦则在当地文化建设上较有成就，"每濂山课卷送署，虽公堂判事时，犹急取卷，以评阅之"③，地方志对其施政事迹并无过多记载。地方志运用较大的篇幅描述陆模孙受当地民众的爱戴，其离任时乡民沿街相送，由此可见，乾嘉年间五月发粜以救饥民的是陆模孙。

由《汇稿杂录》文书中关于渡口、桥梁及饥荒的记载，可知邱腾远一族居于下武乡，于山口附近零散的集市中依靠向外地商人贩卖粮食等商业贸易起家，积累一定的财富后，通过捐监获取功名，同时捐修渡口与桥梁，将山口、征村、漫江等零散集市通过桥梁相连，在便利当地居民出行的同时，也吸引了外地商人到山口一带的集市进行贸易，亦有利于粮食等商品从山口一带集市运送至湖广。山口等集市曾有大量粮户趁自然灾害囤积稻米，向外地商人高价贩售粮食，使得当地居民无米食用，发生饥荒。时任知州的陆模孙亲自去集市上劝说粮户开仓放粮，然而粮户并不愿开仓放粮向当地人贩售。最终陆模孙开常平仓，以平价销售官府积粮，得以平抑粮价，百姓因此得以缓解饥荒。

四、区域习俗：契约用语、婚俗

《汇稿杂录》中收录了一些契约文书。在不动产交易方面，以土地交易为主，土地交易的种类有土地买卖与土地租赁。《汇稿杂录》所收的土地买卖契约有03、04、06三份

---

① 资料来源：同治《义宁州志》卷31《杂类志·祥异》，同治十二年刻本。
② 道光《义宁州志》卷16《名宦》，道光四年刻本，第500页。
③ 道光《义宁州志》卷16《名宦》，道光四年刻本，第500页。

文书。立契人是土地的出售者，在立契人的写法上，三份文书均有不同，分别为"立定准帖人□□□""立卖田山屋宇文契人□□□""立卖生茔土窖文契人□□"，根据所卖产业的不同而决定立契人的写法。立契人需要在文书中注明土地的所有权，土地与各房亲戚无关，也没有重叠、典当等事项，03号和06号文书均记载"先尽亲房人等，无人承受"的情况，04号文书除说明土地无亲戚承买后，还说明了"承交卖无重叠、典当，买无贪谋、债货、准折等情"。文书中交代了所出卖土地的具体情况，例如地名、坐落、面积、边界等。三份文书均记录了所出卖土地坐落何处、大地名、小土名、四至边界，03和04号文书记载了水田的出售，03号文书记载"又并及水田几号，共计□亩"，04号文书写明"水田□字几千几百号，共计迟早几十亩"。从文书上看，立契人出售土地的原因各有不同，如04号文书认为土地"难以照管，去远就近"，三份文书出售土地的原因均为"家使不敷"，即需要通过出售土地换取银钱，以补贴家用。文书中对承买人均直呼其名，如"□□□父子""□□□父子兄弟"等。立契的手续，田地买卖需有尽问亲族、托中、推收、过户等流程，而06号文书中坟地的买卖需"凭中当日三面言定，其包头秉笔花押"，并无推收等流程。在交易完成后，买方可享受权利，卖方需承担义务，例如03号文书写明"倘有上手来历不明，不干买者之事，自有准卖人一力承当"，卖方需解决上手来历等纠纷，04号文书的"自卖之后，并无坟茔、古迹、草堆，撮土寸木只石无留，任从买者"，说明买者可根据契约处置买来的土地。06号文书的坟地，作为山场出卖时，包括了安葬权、醮祭权等权益，文书中提及了"前去钉界、扦葬、竖碑、挂醮为业""其山界内，任从□姓扦穴安葬"等内容，保障买方在购买坟地后享有这些权益。

从《汇稿杂录》所收录的土地交易文书中，可得知义宁州土地交易大致有以下流程：卖方在确定了需要出卖的田产土地时，会邀请中人、在场者一同商量出售土地的相关事宜。这也是一种保护买方权益的方式，中人与在场者的知情使得卖方反悔的可能性下降。买卖双方携中人一同登山、临界踏看，对田产的附属设施及财产进行确认，买方亲自去现场了解田产的范围、四至的界限等情况，同时买卖双方与中人的参与使得更多人知道田产的出卖，以避免日后的争执。这一步骤使买卖双方能够对田产土地的具体情况达成共识，是后面"三面言定"确定价格的基础。在"三面言定"双方确定交易价格后，起草土地契约并进行交易，即"其包头秉笔、老业内中花押"等步骤。文书中提及"中资一概包在数内"，说明交易时需要付给中人相应的费用，这部分费用由买方承担。南昌习惯，凡买卖田地房屋，在场作中之人，取得中人钱，均由买主支给，如所买卖之田价为一百元，应给中人银三元，屋价一百元，应给中人银四元，故中人钱有"田三屋四"之称。[①]义宁州在付中人费用这一方面，与南昌习俗相近。"起座出屋、推粮过户诸礼"属于土地交易最后一项程序。"出屋"是指原来的房主将自己的家用、器皿等移出老屋，原是为了刁难买主

① 前南京国民政府司法行政部编，胡旭晟等点校：《民事习惯调查报告录》（上册），第572页。

而设立，但到了后来，"出屋"已经成为一种习俗。江西的上饶、玉山地区，"卖主当交付卖业，期内将交付之实行日任意濡滞，或家用器皿全行搬移而仍置其平日供奉之祖先牌位延不搬出，必须索得买主相当之礼金，始自移去，名为'出屋礼'。而买主则因创办世业，不惜小费，急于修饰，无暇纠缠，恒多不甚计较，慨然与之。此风相沿日久，遂成惯例也"[1]。由此可见，义宁州也有相应的"出屋"习俗。"推粮"即向政府缴纳税粮，完成这一步骤之后，买方完整拥有土地的产权，此后田产土地才可"任由从承买人管业"。

由《汇稿杂录》中所收录的契约文书可见，义宁州的土地交易有如下特点：

第一，土地交易的契约中，常注明"此系二比情愿，两无逼勒""其茔系是自心情愿"等字样，表明了双方在土地交易中是"正买正卖"的，出于自身的意愿进行交易。同时，从清代义宁州土地交易的契约来看，一般存在着保证本次交易符合法律，不存在以土地房屋"准折"抵偿计算利息债务、典当、重叠等情况的文句，即"承交卖无重叠、典当，买无贪谋、债货、准折等情"。从反面说明当时存在着夺买逼卖、准折、典当等情况。

第二，义宁州的土地交易以绝卖为主，有别于江西其他地区流程复杂的活卖。《大清律例》规定："如系卖契，亦于契内注明'绝卖''永不回赎'字样。"[2]《汇稿杂录》中所收录的土地交易契约文书，结尾部分声明"一卖千休，永无找补，不得取赎""一卖千休，永无异说"等字句，"取赎"指卖方支付原价给买主重新将土地买回。说明清代义宁州土地买卖频繁的同时，"取赎"和"找价"事件频发，卖地者因一时急需用钱而被迫卖地，有钱后又想赎回土地。随着棚民的迁入与原有人口的增长，义宁州人多地少，土地价格逐年上涨，因而出现卖地多年后卖主又找回买主要求加钱。契约中关于买卖双方责任义务的相关条款，既反映了清代义宁州土地交易蓬勃发展，也说明了当地人地矛盾不断激化。

第三，义宁州在买卖田产时，将灌溉权、田产所属的农业生产设施、土地上的果树木材等一并出卖，与江西地区田产、山场"皮骨分离"的习俗不同。文书中"余坪、阶檐、基地、出路、水井、厌舍粪窖、柴舍、牛栏、猪圈、碓间、荫注水塘、堰圳水路，山场原栽桐茶、梓树、松杉、棕竹、食茶、兜花果、杂植等项，一并在内"等语句，囊括了卖方所出售的附属设施及财产，其中"荫注水塘"指买方可以使用水塘的灌溉权。值得注意的是，义宁州出售土地时，将房屋及其宅基地、土地经营权也一同出售。文书中"又瓦屋宇一所，上下几重，左右横屋几廊，共计几十间"等语句表明了房屋与宅基地一同出售，而"住座管耕，收其粮米"一句表明卖方所出售的土地上有佃农耕种土地，买方购得土地后享有收取地租的权利。九江有"卖租不卖佃"的习惯，即业主只能收租不能提佃。如业主将租地出卖时，亦只能卖租不能卖佃，故俗呼收租者曰"大业主"，佃种者为"小业主"。[3]由此可见，义宁州亦有"卖租不卖佃"之习惯。同时，江西南昌、新建等县均有

---

① 前南京国民政府司法行政部编，胡旭晟等点校：《民事习惯调查报告录》（上册），第584页。

② 田涛、郑秦点校：《大清律例》卷9《户律·田宅·典买田宅·条例》，北京：法律出版社，1999年，第199页。

③ 前南京国民政府司法行政部编，胡旭晟等点校：《民事习惯调查报告录》（上册），第248页。

"山土卖去仍留己葬之坟地"的习惯："如甲以己山价卖于乙，而甲或甲之卖主曾在该山葬有坟墓者，即于葬坟之地约定相当丈尺，声明保留。是买卖之标的物虽为全山，然该山已葬坟之地仍属除外，归旧主所有，非将坟地一并出卖也。"[1]说明江西等地有卖地后仍保留自家坟地的习惯。义宁州在买卖土地时于契约中写明，"自卖之后，并无坟茔、古迹、草堆，撮土寸木只石无留，任从买者"，一切听从买方处置。

第四，与江西其他地方不同的是，义宁州在买卖土地的田契中，多使用明代时定下的亩、分为土地计量单位。江西其他地方，例如新建县："新建县各乡田亩，其面积之计算，大都以所播种子之数折合而算之。例如，播种子一石五斗之面积，计合四十亩，习惯上所谓六六折算者，即本于此也。"[2]萍乡县："萍乡等县乡间习惯，计算田亩不计几亩几分，只云丘数、把数，即买卖契约内所载，亦只书明坐落土名某处，计田几丘，共几百把或几千把。所谓把者，因乡民思想简单，布种时只知手握种子，应需若干把也。"[3]江西各地表示交易标的数量的方式多有不同，还有南昌、进贤契约"计水种"多少担，江西东部上饶、南丰、广昌记为"计田脚几担、老租几担芽、民粮几升"，等等。义宁州买卖土地的契约中，明确书写几亩、几分，与江西省其他地方相比较为特殊。

第五，义宁州在进行土地交易时，遵循"亲邻先买"的习惯。《汇稿杂录》中所收录的土地买卖契约，均有"先尽亲房人等，无人承受后，方请中准卖与□□□承买为业"等语句，表明卖方的叔伯兄弟、近邻等人拥有先买权，卖方确定了叔伯兄弟等人没有购买土地的意向后，才出售给其他人。义宁州与湖北东南部交界，湖北东南部的广济、潜江一带有先买权之顺序习惯："广济、潜江两县，出卖田地，须先尽亲房，次及邻里；如田地已经典出者，则先尽亲房，次及典户，再次邻里。巴东、谷城两县，均先尽亲房，次及典户……京山、通山两县，则先尽典户，次及亲房。"[4]这说明义宁州以及湖北东南部一带，土地交易上均有亲邻先买权。

《汇稿杂录》收录了田产租赁文书22号，坟地租赁文书07、08号。这份田产租赁文书中，承租人为立契人，承租地点为"□□□田东水田一庄，坐落土名□处"，承租的所有物共计"迟早水田几十亩，以及并带屋宇、菜园、鱼塘、栏橱、碓舍在内"。地租方面，承租人缴纳实物地租，"一共每年实纳租谷若干担正"，交租次数为每年一次，其所交实物地租与租赁土地时所交的银钱稳租是等价的："比即现付去稳租钱若干文正。"江西新建县有"佃户缴纳押金"的习惯，新建县山岭中之田地距业主窎远，常为耳目所不及，故召佃户耕种时，虞佃户潜逃及损坏建筑物之事，当订立佃约时，佃户需缴纳押金，俗谓之"押脚"。其缴纳之额数，有恰如纳租之额数者，亦有超过纳租之额数者，嗣后若无欠租情形，

① 前南京国民政府司法行政部编，胡旭晟等点校：《民事习惯调查报告录》（上册），第260页。
② 前南京国民政府司法行政部编，胡旭晟等点校：《民事习惯调查报告录》（上册），第239页。
③ 前南京国民政府司法行政部编，胡旭晟等点校：《民事习惯调查报告录》（上册），第240页。
④ 前南京国民政府司法行政部编，胡旭晟等点校：《民事习惯调查报告录》（上册），第347页。

即不能增租夺佃，如佃户声请退佃时，仍将押金原数退还佃户。[1]义宁州山多地少，地主距所辖田地较远，因而义宁州的"稳租"相当于新建县的"押脚"，两者作用相似。同时地主对谷物的质量有要求："其谷务宜干灼风扇，平斗衡斛。""送至家中交量"一句表明，交租地点在地主家里，交租量秤以地主家的量秤结果为准。承租人需要承担耕种土地的义务，"自承租之后，其田不得抛荒失业。租清任从耕作"；如果承租人没有完成耕种土地的义务，地主有权扣除承租人在租赁田地时所交的稳租，并将土地转租给他人，即"如租不楚，即将稳租扣除起耕别批"。同时，承租人拥有放弃耕种这片田地的权利，而地主需要在收回田地的同时将稳租退还给承租人，即"倘后日不耕，田转钱还"。由"丰荒两无加减""永不得加租转批"等语句可看出，此篇文书所反映的租佃形式为定额租。田产租赁文书，反映了在清代义宁州，地主在田产租赁上拥有主导权，承租人拥有自由选择承租土地的权利，也有不被加租、转批的权利。07号坟地租赁文书的立契人为承租人，08号文书的立契人则为地主。07号文书说明了租赁坟地的原因："缘因不幸，父亲身故，无处安葬"，同时邀请了中间人代替承租人来租赁坟地，"只得请托□□□前来到□□□亲台宝障山内，土名□□，租赁暖穴一处"，所赁坟地的地点与位置均有说明，同时划定了坟地四至的界限："上下包坟几丈，左右包坟几丈。"而08号文书说明了地主将土地租赁给□兄弟，即□兄弟为承租人。两份文书所述的租赁过程均相同："当日三面言定，赁地钱文□□正"。与租赁田产不同，作为坟地所出卖的土地，除了一般山地的开垦权以外，还涉及安葬权、醮祭权等权利，两份文书均注明了这些权利，07号文书约定"自赁葬之后，只得本山扑改修理，不得别处改来添葬"，08号文书注明"所赁界内只许本山扑改修理，不得别处改来添葬"。

义宁州居民合伙经商时，会签订相应的合伙契约。《汇稿杂录》所收录的24号文书，便记录了经商合约的具体形式：

> 立合伙帖人□□□等，窃闻管、鲍有分金之义，陈、雷有合道之成，财从伴生，事在人为。是以予等商议，同心合本贸易，欲效古风。当经□□在场，每人各出银本若干，合胆营谋。所获鸿息，每年面算明白均分，以给家用。仍存贸本，以为渊源不息之计。致以自用动之数，各人自办，不得支扯此银，以致混乱账目。自立合约之后，凡我同人，务宜一团和气，甘苦共受，慎无执拗己性，私心肥己。倘有此心，神明鉴之。恐口无凭，立合伙帖二纸一样，共挂合同，各执一张为据。

文书中记录了本银的具体数量，每人各出本银若干，有见证人在场作证，并提及了利息分配方式，即每年的利息留存一部分以作为贸易的本金，其余利息当面均分。公私用度方面，各人需要自理银钱，不得动用合本经营的银钱，以免账目混乱。文书结尾强调，合伙经营时大家需要注意和气、均平等问题，不得中饱私囊。

---

① 前南京国民政府司法行政部编，胡旭晟等点校：《民事习惯调查报告录》（上册），第574页。

史海学步——暨南大学历史学系本科生优秀论文选

在经商方面，店铺转让的情形并不少见，《汇稿杂录》中收录了相应的出顶与承顶文书。出顶的原因是"今因无银应用"，出顶的内容除店面以外，包括"店内家伙、器皿、物件等项，照依原顶之单"，还有出顶人添置的一些经营器具。"铺东原额每年完纳租钱若干，凭中出顶与□□名下承顶，前去经理，开张生意"一句，说明出顶人并非店铺产权的拥有者，出顶人从铺东手中租得店铺，自己难以经营后将店铺转让给承顶人，中人负责寻找承顶人接手店铺。江西各县均有"二房东"习惯，凡承租房屋者，如租约内并未载明不得转租、转顶字样，则可将该屋转租与他人，俗称之为"二房东"。新房客对彼（二房东）立约交租，房东亦依旧向彼收租；房东如欲清业，亦必须与彼交涉清楚，方能发生效力，此赣省之通例也。①

前文提及，义宁州经商风气浓厚，贸易发展迅速，在日常生活中合伙经营、店铺转让等现象屡见不鲜，因而相应的合伙、承顶等契约格式运用得较为频繁。

在借贷方面，义宁州当地的"清结帖"属于借方立下的契约，全文大致如下：

> 立清结帖人□□□，情因己手借过钱，凭众算清，头利该钱若干。家贫无奈，只得哀求□□季内人等情告见，让实完纳若干，当出票据一纸，日期如有不付，自愿下会，无得异说，倘有不服，将票据付官，送官禀究，立清结帖为据。

此文书明确了债务人借款的原因，"家贫无奈"，写明了债权人的姓名，规定了还款的义务以及还款时间，若到期未能还款，自愿接受惩罚，即"自愿下会，无得异说""倘有不服，将票据付官，送官禀究"，进一步保障了票据的效力。

在双方产生矛盾时，义宁州居民通过伏约的形式平息事端，以免再生嫌隙。《汇稿杂录》中收录了"甘服帖"这一契约形式：

> 立甘服帖□□□，今自愿甘服到□□□处，缘因□□一事，具控州宪，自知理非，不敢投诉，凭当公等妥释，自愿甘立永服，日后不得滋生事端，倘后如有此情，任从执帖经公送官禀究，今欲有凭，立甘服帖为据。

文书大致内容是肇事者因某事被告至官府，知道自己有错在先，因而向受害者道歉，立下契约保证以后不再惹是生非。若有再犯，愿被送至官府追究责任。这类和息文书属于义宁州民间私人订立的契约，避免官司的纠葛，使矛盾双方和好。

在婚俗方面，《汇稿杂录》所收录的两篇婚俗文书，均属于寡妇再醮的情形。01号婚书由主婚书帖人立契，02号婚书实际上包含两份契约，一份为耽（担）承帖人所立，另一份为收表仪帖人所立。主婚书帖人均为夫家，01号文书的立帖人为寡妇的公公，文书中称寡妇为"媳□氏"；02号文书的耽（担）承帖人则为寡妇丈夫的叔伯，文书中对寡妇的称呼为"侄媳□氏"。根据清律："嫁娶皆由祖父母、父母主婚，祖父母、父母俱无者，从余

---

① 前南京国民政府司法行政部编，胡旭晟等点校：《民事习惯调查报告录》（上册），第568页。

亲主婚。其夫亡携女适人者，其女从母主婚。"①说明直系尊亲属尤其是男性的直系尊亲属，具有绝对的主婚权，从中体现的，是中国传统社会中男性家长在家族中的绝对权威性②，这种权威性同样适用于女子的再嫁，婚姻的主导权随着女子嫁入夫家而转移，因而女子再嫁的主婚人，由夫家的男性直系尊亲属出面担任，即公公、大伯、小叔等人。③江西东北部的横峰县，主婚权先尽翁姑，次及夫之胞伯叔姨及兄弟，如俱无其人，方由再醮妇之父母主婚，然亦须经夫家房族之同意。④两份文书中，第一例是翁姑主婚，第二例为叔伯主婚，反映了义宁州的再醮习俗与横峰县大同小异。依据文书，寡妇再嫁的前提条件是丧夫，再嫁原因首先是"家计贫乏，难以守成"，因为家庭贫穷而无法守节；其次是"年幼无子"，即寡妇不曾生育儿子；再次是"服制已满"，寡妇在夫丧三年内不得改嫁，为丈夫守孝的期限已满可以再嫁。两份文书中，寡妇均愿意再嫁，01号文书的说法为"是以请同族内亲疏，邀集外氏人等，自愿改醮"，02号文书直接写作"自思改醮"。为强调寡妇出于自愿而再嫁，01号文书在文书末尾再次强调"此系明婚正娶，二比甘愿，并无谋娶逼勒等情"。值得注意的是，两份文书中，再婚的寡妇均是嫁与新丈夫为妻，而非做妾。再嫁的流程，"当日凭媒三面言定，包头秉笔，干媒花押，出屋扫地，散火酒席，公堂画字，主婚耽（担）承引路诸礼"，相较初婚时的议婚、订婚、行聘、结婚、闹新房、回门等繁复的程序，再婚的流程显得较为简单。寡妇再嫁，夫家可收取一定金额的彩礼钱，即文书中提及的"共得受财礼钱若干文正。比即婚帖两交亲手，足讫不少分文"，两份婚书均强调彩礼钱亲手收足，分文不少，结合婚书开头提及的家贫，这一点体现了再婚的买卖色彩浓厚。婚书中还提及了前夫家应承担的责任与新夫家的权利，即如有"房族亲疏人等，另行滋事"，与新夫家无关，反映在文书中便是"不干承娶之人之事"，突发情况由"主婚人一力承耽（担）"，02号文书还提及若有突发情况，要从彩礼中扣去部分银钱，即文书中所写"在财（彩）礼聘金钱限字内扣除"。

通过《汇稿杂录》所收录的婚约文书，可得出对清代义宁州寡妇再婚的一些认识：首先，寡妇再婚在社会中下层是一个较为普遍的现象。在传统社会小农经济的环境下，男主外女主内，男人是家庭的主要劳动力，是家庭日常必需品的主要创造者，是家庭经济的支柱。妇女处于从属地位，主要在家做家务、喂牲畜、带小孩、纺纱织布，与外界联系甚少。丈夫病故后，寡妇丧失了经济来源，生存状况变得艰难，守节难以维持，家庭的贫穷使得她们不得不选择再婚。明清社会强调女性需要从一而终，为夫守节，政府和社会对社会下层女性再婚持有宽容的态度，统治者虽不鼓励寡妇再婚，认为再婚妇女是"失节之

　　① 马建石、杨育棠主编：《大清律例通考校注》卷10《户律·婚姻·男女婚姻律文》，北京：中国政法大学出版社，1992年，第443页。

　　② 参见瞿同祖：《中国法律与中国社会》第2章"婚姻"，北京：中华书局，2003年。

　　③ 郭松义、定宜庄：《清代民间婚书研究》，北京：人民出版社，2005年，第121页。

　　④ 郑永福、吕美颐：《近代中国妇女生活》，郑州：河南人民出版社，1993年，第176页。

人",但实际上在清代,再嫁女性很少受到歧视,社会下层女性再婚相当普遍。与倡导妇女守节思想相对,社会上对于贫困家庭的寡妇再婚持同情和理解的态度。[①]其次,寡妇再婚时,夫家可从彩礼中获得利益。寡妇再嫁后,夫家其他亲人可以占有寡妇的家庭财产,同时不必赡养作为经济负担的寡妇。出于对物质利益的考量,夫家会劝说甚至胁迫寡妇再嫁,这使得寡妇的再婚处于被动状态,寡妇在某种程度上成为一种被交易的商品。再次,在清代义宁州寡妇的再婚较易实现,除却夫家有经济利益的考量,希望将寡妇嫁出以外,社会中下层待婚男性的需求也不可忽视。因而,由婚约文书可见,寡妇嫁到新夫家的身份是"妻",而非"妾"。

结　论

总体而言,较之其他地区,根据江西义宁州民众的日常生活情况,赣西北山村社区民众的日常生活反映出如下五个特点:

其一,明清时期的义宁州,商业高度发展,当地居民的日常行为具有趋利性。山场居民成立"禁会"以防农作物再遭到损害。悠久义渡及渡会由邱腾远等商人筹建,目的在于增加山口一带集市的人流量,增加商人的贸易收入。山口一带集市的粮户,通过原夫家为获取彩礼等经济利益,同时减轻寡妇守寡而带来的经济负担,而推动寡妇再婚。由此可见,义宁州居民的日常行为,驱动力之一便是为了维护或进一步获取利益。

其二,义宁州当地有一些自发性的公共组织来维持日常生活的大小事宜,通过集体的力量来维护个人生活的稳定。如《汇稿杂录》中提及的"悠久渡会",还有村民自发组织维持社区治安的队伍。同时居民们会在发起人的号召之下进行集资,完成公共基础设施的建设,例如茂林桥的修建。这些公共组织的建立,大多由当地氏族牵头,通过召集会议、发布的规章制度及组织内部成员的团结来维持公共组织的运转。

其三,在灾害来临时,义宁州官府及居民对灾害有具体的应对方法和措施。土匪来犯时,知州带领下属出城剿匪。虎患发生时,地方官率领军队剿灭老虎,同时当地居民亦有方法应对虎患。水旱灾害来临时,政府通过常平仓、社仓借贷种子给农民,使农民逐步恢复灾后的生产。在饥荒之年,政府通过常平仓、社仓、义仓之谷进行救济,缓解灾情,使居民免于饥饿。在灾害发生后,地方官员调查灾情并上报给中央政府,当地可得到"蠲征",即减免部分税赋。同时,政府鼓励居民栽种番薯等粮食作物,以预防饥荒。这些情况说明,义宁州官府及居民有具体对策来应对天灾人祸,得以降低小农经济的脆弱性,有助于维持当地社会的稳定。在粮荒发生时,为了获取更大的经济利益,当地粮户希望将粮食贩售给外地商人,闭仓使得粮价一路走高。地方官陆模孙通过上街劝说希望使粮户开仓

① 刘利鸽、靳小怡、[美]费尔德曼:《婚姻挤压下的中国农村男性》,北京:社会科学文献出版社,2014年,第25页。

售粮，但并未奏效，最后使用发常平仓的方式缓解饥荒。在相互博弈的过程中，粮户商人握有余粮，掌握着经济上的优势，地方民众处于被动的地位，地方官府运用政府的财力从而平抑粮价。

其四，当地商人对于桥梁、渡口等方面给予资助，将资金投入修建交通类基础设施，他们是修建交通类公共工程的主导力量。这类行为有助于商人获取经济利益，如邱腾远倡修悠久义渡、茂林桥及两淑桥，将山口与漫江、征村等集市连接起来，同时便于外地商人将贸易商品运至湖广。除了获取经济利益之外，他们还希望通过修建基础设施以获得社会名望。在明清时期，商业属于末业，因此商人在获得一定财富后，便追求社会地位的提升与名望。邱腾远为了获取社会名望，便通过捐监的方式来获取功名。商人的积极捐资，有助于他们提升自己在义宁州居民之间的名望。

其五，明清时期的义宁州社会，依靠契约来约束人与人之间的行为，契约深入民间生活的方方面面。《汇稿杂录》中所收录的文书，包括了土地交易、店铺承顶、合伙生意等社会生活形式，双方遵守契约所规定的条款，违约者需要被惩罚。契约的存在与发展，有助于培养义宁州乡间的良好民风，发挥"德治"的功能。

老师点评：迪雯的毕业论文源于"历史文献学"课程的一项作业。我一直认为，民间历史文献无论是史料分类，还是解读方法，都对"历史文献学"课程知识体系是有丰富和启示作用的。在课程教学中，我便加入了几次阅读、讲解民间文献的课时。当时陆续购置了数册江西各县的村落日用类书，记录了契约、合同、乡约、祀文、讼状等民间社会日常使用的文书格式，可作为初学者认识文书的样本，遂将其作为课堂研读之对象。迪雯以《汇稿杂录》的部分内容录入和初步释读作为作业，之后便顺理成章地将整本文献作为毕业论文的研究对象。

想要深入研究村落日用类书，是有极大难度的。通过梳理前人的相关研究可以看到，对于村落日用类书的解读方式较为单一，基本上是以某个文本为中心，结合方志、族谱、碑刻、口述等多方面史料对具体问题一一释读，从中揭示社会文化、日常生活的地域差异。寻求史料匹配，并比较不同地域的研究方式，不仅过程繁杂，也很难提炼出有深度的结论。但这类文本对初学者进行归纳问题、寻求多类型史料文献的学术训练却是有一定好处的。通过梳理《汇稿杂录》，迪雯归纳出日常生计、社区管理和地方习俗三个方面，并爬梳地方志、近代调查和今人研究中的相关记录，努力吸收，特别是整理了修水县的大事记，可从较为完整的时段观察文本背后的历史脉络。

基于这样的努力，她的论文解释了村落日用类书中的若干细节，对于我们理解大量移民进入并定居的清代赣西北山区社会有所助益，也展示了迪雯已经具备初步的史学研究能力。当然，论文的缺陷很明显。限于毕业周期，作者没有机会开展田野考察、搜集修水丰富的民间文献；一些内容的解读是很粗浅的。

论文指导老师：黄忠鑫

加洛林王朝圣徒崇拜中君主、贵族和平民的互动

——以艾因哈德所著圣徒传记为中心

2014级　曾嘉慧①

摘　要： 加洛林王朝时期，圣徒崇拜活动兴盛于社会各个阶层。由此产生的圣徒传记作品在一定程度上反映出当时的政治、宗教观念和社会风貌。其中，艾因哈德的《圣马塞林和圣彼得的迁移和奇迹》就是一部鲜活生动、结构完备且反映社会多个面相的著作。文章分析该作品中显示的君主、贵族和平民的互动，共六部分。第一部分回顾圣徒传记现有研究及其不足。第二部分概括该作品的主要内容及研究现状。第三、四、五部分则分别阐释君主、贵族和平民在圣徒崇拜中的作用和互动。第六部分则是结论。文章的结论是：君主颁布法令并亲身垂范，鼓励贵族供奉圣物，旨在教化平民和凝聚帝国。贵族利用圣徒崇拜向君主展示政绩、提出劝诫，向民众宣传圣徒、争夺支持，借此提高自己在精英群体中的政治和宗教影响力。民众的崇拜给政治精英带来经济利益，也提供了一种重要的民意资源。要之，艾因哈德获取和供奉圣物的个案表明，君主、贵族和平民在圣徒崇拜中各有所求、彼此依存、相互制衡。

关键词： 加洛林王朝；基督教；圣徒崇拜；艾因哈德；虔诚者路易

圣徒崇拜是中世纪基督教信仰的重要内容。加洛林王朝时期圣徒崇拜兴盛，圣物②迁移活动频繁，随之出现大量圣徒迁移记和奇迹录。③这些作品不仅用于赞颂圣徒，还有提高供奉者声望、维护修道院利益、教化民众等功能，与现实政治和社会环境密切相关。

艾因哈德于9世纪30年代完成的《圣马塞林和圣彼得的迁移和奇迹》（简称《迁移和奇迹》）是一部影响深远的典范之作。相比起简洁的《查理大帝传》，它的笔法鲜活生动、充满宗教色彩，涉及罗马的圣物盗窃、亚琛的政治活动和帝国边疆地区的圣徒崇拜情况。

---

① 曾嘉慧，2014—2018年就读于暨南大学历史学系，2018年入读于中国人民大学历史学院世界史专业，主修西欧中世纪史方向。

② 圣物主要分三类：第一类是基督和圣徒的一部分遗体，例如头发、血滴；第二类是与二者生前重大事迹（通常是《圣经》中记载的事迹），特别是殉道直接相关的物品，例如十字架；第三类是接触过前两种圣物的物品，例如接触过圣物的布。对圣物的分类，参见Julia M. H. Smith, "Relics: An Evolving Tradition in Latin Christianity," in Cynthia J. Hahn and Holger A. Klein, eds., *Saints and Sacred Matter: The Cult of Relics in Byzantium and Beyond*, Washington D. C. : Dumbarton oaks research library and Collection, 2015, pp. 41-60.

③ 圣徒传记（hagiography）主要有生平传记（vita）、殉道（passio）、迁移（translatio）和奇迹（miraculum）几类。

这部作品从微观层面反映了教会改革背景下，虔诚者路易及其臣僚发展宗教的措施，也体现出广大民众的圣徒崇拜实践。分析这则个案，有助于深化我们对加洛林王朝宗教和政治状况的认识。

在分析这份文献之前，我们首先需要梳理圣徒崇拜研究的总体发展脉络，总结加洛林王朝圣徒崇拜研究的主要关注点，并分析目前存在的问题和解决路径，以明确本文的考察方向。

加洛林时期西欧圣物迁移和圣徒传记大量增加，许多学者对此有所关注。虽然此阶段圣徒崇拜的总论性专著尚未问世，但许多著作在描述加洛林宗教情况时都会提及圣徒崇拜。此外，相关专题论著也时有出现，这些论著除了介绍加洛林圣徒崇拜的概况以外，主要探讨君主对圣徒的尊崇、地方与中央的关系、平民对圣徒传记的接受度等，涉及加洛林文艺复兴、教会改革等重要学术议题。

许多学者都曾在加洛林王朝研究著作中提及圣徒崇拜，此处仅列举部分。罗萨蒙德·麦基特里克在《查理曼：欧洲认同的形成》一书中列举查理曼供奉或赠与他人的圣物以及教俗贵族拥有的圣物，认为法兰克圣徒既是联结法兰克地区在罗马时期的记忆与当下的纽带，又是新征服地区萨克森（Saxon）与帝国的联结。总之，圣物的政治功能显著，起着粘合和凝聚加洛林帝国的作用。[1]马里奥斯·科斯坦贝斯等学者在列入《剑桥中世纪史教科书》系列的《加洛林世界》一书中也讨论了圣徒在加洛林教会中的重要地位，还涉及加洛林与罗马教廷的关系。[2]

除了上述简要讨论以外，相关专题研究也不断出现。其中帕特里克·格里的著作《圣物盗窃》虽然主要探讨中世纪中期的圣物盗窃，但对加洛林时期圣徒崇拜情况也作了全面的介绍。他追溯了9世纪圣徒崇拜的缘由：人们相信圣徒身在人间而灵魂在天堂，并将以肉身形式复活。圣徒具有自主意识，可以代表人类向上帝求助，以上帝的能力治疗疾病、捍卫社群利益，帮助民众走出灾荒。圣徒的遗骨将无形的神力具象化，方便人们理解圣餐等更抽象的基督教概念，故被加洛林政教精英用于教化民众、凝聚帝国。当时的政教改革和立法十分注重提升圣徒在仪式和民众日常生活中的作用。由于圣徒遗骨的获取途径狭窄，各地的需求不断增加，圣物分割、迁移、买卖和盗窃的现象开始出现，圣物贩子也在

---

[1] Rosamond McKitterick, *Charlemagne: The Formation of a European Identity*, Cambridge: Cambridge University Press, 2008, pp. 326–330.

[2] Marios Costambeys, Matthew Innes and Simon Maclean, *The Carolingian World*, Cambridge and New York: Cambridge University Press, 2012, pp. 335–460.

其中扮演重要作用。①在观念层面上，圣徒迁移记为圣物盗窃行为提供了合理化解释，具有程式化特征。这一特征给予我们考察当时思想文化的机会。②

　　学界还利用圣徒传记回应这一时期的重要研究议题，其中一项就是加洛林君主对圣徒的尊崇。罗萨蒙德·麦基特里克在其所著的《加洛林时代的历史和记忆》一书中论述了圣徒佩特罗尼拉（Petronilla）之于加洛林家族的重要意义。③保罗·福拉克里探讨了加洛林王朝管控圣徒崇拜的思想源头。④茱莉亚·史密斯认为，圣物作为一种象征资本，在加洛林家族发展的不同阶段具有不同政治功能。⑤康斯坦斯·布沙尔发现，加洛林家族会影响圣徒传记作者，使他们将墨洛温王朝的君主描写为在宗教方面不称职的统治者，为加洛林家族掌权提供合法性论证。⑥在对外关系上，托马斯·诺堡则强调，加洛林君主也利用圣徒崇拜与具有圣像崇拜传统的拜占庭分庭抗礼。⑦与此同时，教会和修道院也在圣徒传记中描写合格的统治者应当具有的特质，从而对君主提出要求。⑧可见，君主与圣徒及其供奉者存在相互影响。

　　此外，有部分个案研究侧重于讨论地方与中央的关系。有学者强调，地方教会利用圣徒解决地方性问题。托马斯·赫德以奥尔良教区为个案，分析地方教会如何运用圣徒维护自身利益。⑨约瑟夫·克劳德·普兰探讨了布列塔尼圣徒传记的写作语言中强烈的地方特

　　① 圣物迁移和盗窃的常态化进程得到了学者的关注，史蒂芬·威尔逊认为根据罗马时期的法律，墓葬不允许被侵扰，但这项法律长期不被遵守。Stephen Wilson, "Introduction," in idem, ed., *Saints and Their Cults: Studies in Religious Sociology, Folklore, and History*, p. 10. 中世纪早期至中期人们对于圣物盗窃行为的态度及合理化解释模式，在格里的《圣物盗窃》一书中有详细的分析。吉娜·伯克认为贵族身份本身也是盗窃合法性的来源。Gina Kathleen Burke, "Bones of contention: The Justifications for Relic Thefts in the Middle Ages" (MA diss., Miami University, 2004).

　　② Patrick J. Geary, *Furta Sacra: Thefts of Relics in the Central Middle Ages*, Princeton: Princeton University Press, 1991.

　　③ Rosamond McKitterick, *History and Memory in the Carolingian World*, Cambridge: Cambridge University Press, 2004, pp. 146–148.

　　④ Paul Fouracre, "The origin of the Carolingian attempt to regulate the cult of saints," in James Howard Johnston and Paul Anthony Hayward, eds., *The cult of the saints in late antiquity and the early middle ages*, Oxford: Oxford University Press, 1999, pp. 143–166.

　　⑤ Julia M. H. Smith, "Rulers and Relics c. 750–c. 950: Treasure on Earth, Treasure in Heaven," *Past and Present*, Supplement 5 (2003), pp. 73–96.

　　⑥ Constance Brittain Bouchard, "Images of the Merovingians and Carolingians," *History Compass*, vol. 4 (2006), pp. 293–307.

　　⑦ 参见：Thomas F. X. Noble, *Images, Iconoclasm, and the Carolingians*, Philadelphia: University of Pennsylvania Press, 2009.

　　⑧ 讨论这一问题的文章不少，仅列举部分。Lynda L. Coon, "Historical Fact and Exegetical Fiction in the Carolingian Vita S. Sualonis," *Church History*, vol. 72, no. 1, pp. 1–24; Constance Brittain Bouchard, *Rewriting saints and ancestors: memory and forgetting in France: 500–1200*, Philadelphia: University of Pennsylvania Press, 2015, p. 69.

　　⑨ Thomas Head, *Hagiography and the Cult of Saints: The Diocese of Orléans, 800–1200*, Cambridge: Cambridge University Press, 1990.

色。①布鲁克认为，《圣徒加鲁斯传》（*Life of Saint Gallus*）作者的主要目的是宣传圣加伦修道院（St Gallen），其次才考虑赞颂圣徒和教化民众。②另一些学者则认为地方势力利用圣徒，积极回应帝国的基督教化政策和对外扩张局面。弗朗西斯科·委罗内塞以维罗纳城为对象，考察由加洛林家族安插至此的外来主教如何利用圣徒为加洛林君主占领此地提供合法化解释，并在加洛林与当地政治势力之间起到协调作用。③但是，许多个案中呈现的复杂性不容我们忽视，埃里克·舒勒考察了萨克森地区的圣徒传记作者的复杂态度：一方面，他们提出了对查理曼征服此地的地方性阐释，认为是基督而非查理曼征服了他们。另一方面，作者们又将自己的历史阐释融入加洛林的叙述框架中，强调在萨克森人皈依基督教的过程中，萨克森贵族也扮演了重要角色。④在一些先后受墨洛温和加洛林政治势力影响的修道院的圣徒传记中，这种复杂性尤为突出。⑤正如梅克·德·容所言，我们需要肯定地方教俗贵族发展宗教事业以君主的意志为指导，但也应看到实际操作过程中的多样性。⑥

在加洛林文艺复兴中，世俗平民的文化水平有多高，他们可以在多大程度上接受圣徒传记，这也是学界所关注的一个问题。黑内认为普通民众完全不能理解圣徒传记。⑦沃尔弗特·凡·埃格蒙认为，圣徒传记拉丁文本有时会被改写为地方语言文本，以便向民众讲

① Joseph-Claude Poulin, "Les réécritures dans l'hagipgraphie Bretton (VIIIe-XIIe siècles)," in M. Goullet and M. Heinzelmann, eds., *Les réécriture hagiographique dans l'occident medieval: Transfomations formelles et idéologique*, Ostfildern: Jan Thorbecke Verlag, 2003.

② Martin Brooke, "The Prose and Verse Hagiography of Walafrid Strabo," in Peter Godman and Roger Collins, eds., *Charlemagne's Heir: New Perspectives on the Reign of Louis the Pious (814-840)*, Oxford: Clarendon Press, 1990, pp. 551-564.

③ Francesco Veronese, "Foreign bishops using local saints: the Passio et translatio sanctorum Firmi et Rustici (BHL 3020-3021) and Carolingian Verona," in Michele C. Ferrari, hrsg., *Saints and the City: Beitraege zum Verstaendnis urbaner Sakralitaet in Christlichen Gemeinschaften (5.-17. Jh.)*, Erlangen: FAU University Press, 2015.

④ Eric Shuler, "The Saxons within Carolingian Christendom: Post-Conquest Identity in the Translationes of Vitus, Pusinna, and Liborius," *Journal of Medieval History*, vol. 36 (2010), pp. 45-49.

⑤ 参见利夫希茨、保罗·福里克和颜伍德的研究。大致而言，随着权力从墨洛温家族转移到加洛林家族手中，这些修道院圣徒传记的叙述态度有所转变，一方面希望争取君主的支持，另一方面也对其表示不满。Felice Lifshitz, *The Norman Conquest of Pious Neustria: Historiographic Discourse and Saintly Relics, 684-1090*, Toronto: Pontifical Institute of Mediaeval Studies, 1995, pp. 13-14; Paul Fouracre, "The Origins of the Carolingian Attempt to Regulate the Cult of the Saints," in J. Howard-Johnston and P. A. Hayward, eds., *The Cult of Saints in Late Antiquity and the Middle Ages: Essays on the Contribution of Peter Brown*, Oxford: Oxford University Press, 1999, pp. 143-165; Ian Wood, "Saint-Wandrille and Its Hagiography," in Ian Wood and G. Loud, eds., *Church and Chronicle in the Middle Ages: Essays Presented to John Taylor*, London: Hambledon Press, 1991, pp. 1-14.

⑥ Mayke de Jong, "Charlemagne's Church," in Joanna Story, ed., *Charlemagne: Empire and Society*, Manchester: Manchester University Press, 2005, pp. 103-105.

⑦ Katrien Heene, "Merovingian and Carolingian Hagiography: Continuity or Change in Public Aims?" *Analecta Bollandiana*, vol. 107 (1989), pp. 415-428.

解。①茱莉亚·史密斯认为，圣徒传记既面向修道院人士也面向世俗信众。②可见，加洛林时期的圣徒传记究竟以何种方式、在何种程度上为平民所接受，目前尚无定论。

随着圣徒传记研究的积累，学界开始反思现有的成果，提出了一些问题与质疑，③其中最突出的就是对"圣徒传记"（hagiography）概念本身的反思。现代学者主要从内容、功能等角度定义圣徒传记，例如德勒哈耶认为，内容与圣徒有关、且用于发展圣徒崇拜的文献统称为圣徒传记。④许多学者运用这一概念，却习焉不察。20世纪90年代，利夫希茨（Lifshitz）等学者对"圣徒传记"的概念提出质疑，理由主要有三点：其一，"圣徒传记"是19世纪才出现的概念，中世纪时人们未将与圣徒有关的作品单独归类为"圣徒传记"。其二，中世纪各类圣徒作品在内容、形式和功能上有较大区别，实难用"圣徒传记"一词进行统称。⑤其三，"hagiographia"一词在中世纪各阶段的含义差异较大，不适合用于概括整个中世纪的圣徒作品。⑥

这三点质疑得到了圣徒传记研究者们的关注。2000年利兹国际中世纪史研究大会上，就有一场主题为"不再使用Hagiography（No More Hagiography）？"的圆桌会议。该会议旨在共同探讨利夫希茨提出的质疑，可见学界对该问题的重视。在此前后，学者们不断尝试提出解决方案，譬如用数个更细小的分类代替"圣徒传记"。有的学者更参考"拉丁语圣徒传记图书馆"数据库（Bibliotheca Hagiographica Latina，简称BHL），以其中的拉丁分类名称（如殉道记"passio"）命名这些小类。这种方案可以使概念更精细，却仍然无法避免拉丁词汇流变带来的问题。⑦更值得注意的是，这些方案只是将原有的分类思路加以完善，未能发现目前的研究手段真正存在的问题：研究者被分类限制了目光，忽视了文献所处的语境。

若将圣徒相关文献还原到其书写环境中，我们会发现更为丰富的信息。从手稿学角度

① Wolfert van Egmond, "The Audience of Early Medieval Hagiographical Texts: Some Questions Revisited," in Marco Mostert, ed., *New Approaches to Medieval Communication*, Turnhout: Brepols, 1999, pp. 63-64.

② Julia M. H. Smith, "Emending Evil Ways and Praising God's Omnipotence: Einhard and the Uses of Roman Martyrs," in Kenneth Mills and Anthony Grafton, eds., *Conversion in Late Antiquity and the Early Middle Ages: Seeing and Believing*, Rochester: University of Rochester Press, 2003, pp. 189-223.

③ 例如茱莉亚·史密斯认为目前的研究过于碎片化，未能从宏观角度上找到圣徒崇拜的共性。Julia M. H. Smith, "Review Article: Early Medieval Hagiography in the Late Twentieth Century," *Early Medieval Europe*, vol. 1, no. 1 (1992), pp. 69-76.

④ Hippolyte Delehaye, T*he Legends of the Saints: An Introduction of Hagiography*, pp. 3-4.

⑤ Felice Lifshitz, "Beyond Positivism and Genre: 'Hagiographic' Texts as Historical Narrative," *Viator*, no. 25 (1994), p. 98.

⑥ 菲利帕尔考察发现，"hagiographia"一词在十二世纪时仅指《圣经》的一部分，后来泛指一切神圣著述，不特指圣徒传记。Guy Philippart, "Hagiography et hagiographie, hagioges et hagiologie: des mots et des concepts," *Hagiopraphia*, no.1 (1994), pp. 3-5, 8-11.

⑦ 例如，BHL用"vita metrica"一词概括用韵文写的圣徒行传，然而该词在中世纪早期和中期都未被使用。Anna Taylor, "Hagiography and Early Medieval History," *Religion Compass*, vol. 7, issue 1 (January 2013), p. 5.

来看，圣徒文献常和拉丁教父作品乃至惯常所认为的史著装订在一起，[①]以中世纪的眼光视之，它们没有本质区别。故史著中会有显灵和奇迹，圣徒文献也可能反映真实社会。从写作目的上看，圣徒作品不仅用于崇拜上帝和颂扬圣徒，还有教育等现实用途。[②]故有学者认为，"圣徒传记"的概念并非最迫切的问题，如果学界能够达成共识，将它作为"圣徒相关文献"的简称，而对其中的多样性保持开放态度，那么沿用也未尝不可。[③]学者们更需要做的，是回到文献所处的环境，细致地考察某一圣徒作品所因袭的写作传统、作者的思想背景以及写作的具体目的。[④]如此一来，研究者就能够超脱出圣徒文学分类模式，从文献本身出发，探索其蕴含的历史信息。

学者们反思"圣徒传记"概念，从根本上看是希望圣徒崇拜研究能够从具体案例出发，更加细致地发掘文本写作的背景。由此看来，选取一部具有代表性的圣徒传记，分析该作品所反映的具体社会环境，是十分有益而必要的。

通过对学术史的回顾，我们可以发现：圣徒崇拜的相关文献已被运用到教会史、政治史和社会史等领域中，许多学者透过加洛林圣徒传记考察教会与地方贵族的关系、君主和教会的相互作用以及民众的生活和观念。结合学界对"圣徒崇拜"概念的反思和对个案研究的倡导，笔者认为，细致而具体地研究艾因哈德的《迁移和奇迹》，有利于进一步探究以上问题。

一、《迁移和奇迹》的主要内容及研究现状

（一）《迁移和奇迹》梗概

艾因哈德的《迁移和奇迹》在《德意志史料集成》[⑤]《圣徒行传》[⑥]《拉丁教父文

---

① 例如法国国家图书馆（Bibliotheque nationale de France）的拉丁文第5596号手稿（MS lat. 5596）中，就有圣雷米吉乌斯（St Remigius）的行传、《法兰克人史纪》（*Liber historiae Francorum*）以及奥古斯丁等拉丁教父的作品。Patrick J. Geary, *Living with the Dead in the Middle Ages*, Ithaca: Cornell University Press, 1994, p. 19.

② 修士阿博就明言，他写作《巴黎城战役》是为了练习写作、为地方保护者提供借鉴和教育教士。Nirmal Dass, trans. and ed., *Viking Attacks on Paris: The Bella parisiacae urbis of Abbo of Saint-Germain-des-Prés*, Paris: Peeters, 2007, pp. 23, 25.

③ 正如"封建主义"一词的含义同样复杂多样，但学界还是能够在厘清内涵的基础上继续使用它。A. K. Frazier, "The First Instructions on Writing about Saints: Aurelio Brandolini (c. 1454-1497) and Raffaele Maffei (1455-1522)," *Memoirs of the American Academy in Rome*, vol. 48 (2003), p. 171.

④ Patrick J. Geary, *Living with the Dead in the Middle Ages*, p. 19.

⑤ G. Waitz, ed., "Translatio et miracula sanctorum Marcellini et Petri auctore Einhardo," in Georg Heinrich Pertz, ed., *Monumenta Germaniae Historica, Scriptorum, Tomi XI, Pars I*, Hannover: Hahn, 1887, pp. 238-239. 本文参考英语译文：Einhard, "The Translation and Miracles of the Blessed Martyrs, Marcellinus and Peter," in Paul Edward Dutton, trans. and ed., *Charlemagne's Courtier: The Complete Einhard*, Toronto: University of Toronto Press, 1998.

⑥ Eginhardus, "Historia Translationis," in Jean Bolland et al., eds., *Acta Sanctorum, Junii Tomus Primus*, Paris and Rome: Apud Victorem Palme Biblipolam, 1867, pp. 177-201.

集》①中均有收录，目前学界普遍采用《德意志史料集成》中由德国历史学家威茨编订的版本。威茨主要依据梅斯藏本和梵蒂冈藏本考订文献内容，②并将全文分成四部分。其中，前两部分叙述了从艾因哈德派属下盗走罗马圣徒的遗骨，到圣物归于完整的全过程；后两部分则主要呈现各种圣徒奇迹。

艾因哈德在文章开头点名了迁移圣物的缘由：他在虔诚者路易赏赐的土地米歇尔施塔特（Michelstadt）③上新落成一座教堂，希望为它配备圣物。恰逢圣物贩德乌斯多纳（Deusdona）前来亚琛，艾因哈德便委托他寻找圣物，并派属下瑞特雷格（Ratleig）和拉金博（Raginbald）随他前往罗马。又因德乌斯多纳曾承诺为伊尔杜因（Hilduin）④带回圣蒂布尔齐乌斯的遗骨，故伊尔杜因的属下胡努斯（Hunus）与他们同行。途中，拉金博感染疟疾，梦见圣彼得预言他们将无法按原计划获得圣物，并为他指明自己所在的教堂。拉金博将此事告知同行者，他们起初表示怀疑，后来发现德乌斯多纳果然无法兑现诺言，方想起圣彼得的劝告。于是，他们悄悄摸清了教堂情况，准备自行盗窃圣物。德乌斯多纳获知此事，不甘让他们抛开自己获得圣物，便又和他们一同掘墓。两次潜入教堂地窖后，瑞特雷格和拉金博获得了圣马塞林和圣彼得的遗骨，而胡努斯却未能完全如愿。

随后，一行人踏上回程，他们把圣物放在德乌斯多纳的兄弟鲁尼索（Luniso）胸前保管，让他和胡努斯先离开，瑞特雷格和德乌斯多纳在罗马城留意舆论。几人约定在帕维亚（Pavia）会合。抵达帕维亚后，他们又听闻教皇将路过此处，于是胡努斯和德乌斯多纳先行一步，瑞特雷格则带着一部分圣物留在原地。教皇队伍离开后，瑞特雷格害怕遭到胡努斯暗算，没有依照原定计划会合，而选择了另一条道路，并联系艾因哈德，希望能尽快得到接应。艾因哈德迅速调动人力到索洛图恩（Solothurn）迎接圣徒。圣徒很快引起大家的

① Eginhardus, "Historia Translationis BB. Christi Martyrum Marcellini et Petri," in J. P. Migne, ed., *Patrologiae Cursus Completus, Series Latina*, vol. 104, Paris: Apud Garnieri Fratres, 1864, pp. 538-594.

② 梅斯（Metz）藏本，即圣阿努尔夫（St Arnulf）修道院手稿本，在威茨的时代藏于梅斯公共图书馆，后毁于战火。梵蒂冈藏本，即弗勒里（Fleury）手稿本。威茨（Georg Waitz）对文献的介绍，参见：G. Waitz, ed., "Translatio et miracula sanctorum Marcellini et Petri auctore Einhardo," pp. 238-239. 研究者对文本的总体分析，参见：Martin Heinzelmann, "Einhards 'Translatio Marcellini et Petri': Eine Hagiographische Reformschrift von 830," in Hermann Schefers, ed., *Einhard: Studien zu Leben und Werk*, Darmstadt: Hessische Historische Kommission, 1997, pp. 269-298. 其中 pp. 273-277 是对上述两个版本的介绍。

③ 虔诚者路易曾赏赐给艾因哈德两块相邻的土地，皆位于美因河（Main）和内卡河（Neckar）之间。其中一块土地称为米歇尔施塔特（Michelstadt），位于今黑森州南部。据艾因哈德所言，此地后来改名为奥登林（Odenwald）；另一块土地为上米尔海姆（Upper Mulinheim），后改名为塞利根斯塔特（Seligenstadt），塞利根斯塔特位于美因河畔法兰克福东边偏南方向约40公里处。Einhard, "The Translation and Miracles of the Blessed Martyrs, Marcellinus and Peter," pp. 78, 82.

④ 伊尔杜因是虔诚者路易的宫廷教士长（archchaplain），巴黎主教，同时也是圣德尼、圣梅达尔等修道院的院长。他是路易最重要的顾问之一，被自己的学生辛克马尔（Hincmar）称为"第一宫廷教士长"。他在朝政中影响巨大。在内战中，伊尔杜因投奔路易诸子的阵营，反叛失败后受到惩罚，被剥夺其修道院。但不久他再次获得路易的青睐，圣德尼修道院也重归其管理。Philippe Depreux: *Prosopographie de l'entourage de Louis le Pieux (781-840)*, Paris: Thorbecke, 1997, pp. 251-256.

注意，在瑞特雷格一行人去往米歇尔施塔特的途中，圣徒周围始终簇拥着热情的平民。艾因哈德本人也迫不及待地到教堂拜见圣徒，并把遗骨安置到更好的圣物匣中。但圣徒却接连显灵要求离开此地，艾因哈德不敢违抗圣徒的意愿，只能将遗骨迁移到米尔海姆（Mulinheim）的教堂。

第二册书开头，作者写道：在之前的迁移工作完成后，他回到亚琛。在一次与伊尔杜因的闲谈中，他发现后者对圣马塞林和圣彼得遗骨的外观十分熟悉，不禁生疑。在质问之下，伊尔杜因表示，胡努斯盗走了两位圣徒的部分遗骨，并将之交给了他。艾因哈德十分震惊，向瑞特雷格等人求证此事，听到的答案细节略有不同，但可以肯定胡努斯确实带走了部分圣物。于是，艾因哈德要求归还圣物，并派人前往伊尔杜因的圣梅达尔修道院（Monastery of St-Médard）取回圣物。圣物抵达亚琛后，终于在复活节后归于艾因哈德，并很快被运到米尔海姆，与另一部分圣物合并。

第三、四册书呈现了大量的圣徒奇迹，主要分为治愈疾病、驱赶恶灵、教化世人、保护旅人几大类。圣徒治愈疾病的奇迹有其模式，求助者一般患有聋哑、视障或肢体扭曲之症，来到圣坛前即进入熟睡状态，并感觉被击打、拉伸，很快便喷出鲜血，渐渐复苏、恢复健康。驱赶恶灵在书中出现了两次，恶灵寓于人体与世人交谈，并最终被圣徒驱走。教化世人则是指圣徒口述戒律启示某人，并命他写下这些道德戒律。圣徒也被人们作为调解生命、财产纠纷的道德纽带。保护旅人方面，书中常写道：最初天气不佳，于出行不利，随后却变得天朗气清，这是因为人们携带着圣物或周遭有为圣徒树立的十字架。圣徒还会行其他奇迹，例如变啤酒为葡萄酒。

总体而言，本书讲述的是艾因哈德如何派属下盗回圣物、转移圣物到其他教堂和从伊尔杜因手中夺回被窃圣物的过程，并记录了许多圣徒奇迹。

值得注意的是，艾因哈德称自己的写作目的是将圣徒的行迹形诸文字，供上帝的崇拜者们阅读，以激励人们的心智、匡正恶行，使上帝的荣光得到颂扬。而他所写的内容却不仅有圣徒行迹，更有对同僚、民众和君主的叙述，这些内容在一定程度上与贵族内部的竞争、对民众供奉品的争夺和对君主的迎合有关。故此文献的意义颇为深厚，得到了学者们的关注。

（二）《迁移和奇迹》研究现状

艾因哈德在《迁移和奇迹》中的叙述生动鲜活，展现出加洛林时期圣徒迁移和供奉活动的数个侧面，得到了许多研究者的重视。

一些学者将它作为反映圣徒崇拜的典型文本进行分析。帕特里克·格里在《圣物盗窃》一书中，利用艾因哈德的例子，讨论圣物买卖的流程和常出现的问题；他又从写法上进行分析，认为该书凭借艾因哈德的地位和写作模式的典范性，影响了后世圣徒迁移记的书写。①茱莉亚·史密斯则从艾因哈德的生命轨迹出发，结合这篇作品讨论其个人的虔诚和当时贵族普遍的宗教活动。②

另一些研究则探讨作品中反映的政治和社会状况。茱莉亚·史密斯在她的另一篇文章中探讨了加洛林改革③与圣徒崇拜的关系，分析罗马的基督教历史如何在法兰克重新得到阐释，并突出了艾因哈德本人的作用。④梅克·德·容主要关注艾因哈德如何运用"圣徒训诫"这一政治话语对君主提出建议。⑤克里斯蒂安·哈丁探讨了艾因哈德如何宣传并激发平民对圣徒的虔信。⑥大卫·阿普尔比从思想观念的角度，认为《迁移和奇迹》反映了830年左右的道德和政治情况，其观念则承袭自奥古斯丁和格里高利一世。⑦

此外，还有学者摘取文中的片段，用于讨论专门性问题，例如：沃伦·布朗挑选了圣徒调解命案纠纷的事件，作为研究中世纪血亲复仇的一个例子；⑧伯纳德·巴克奇考察艾因哈德对圣物运送路线的描述，证明加洛林时期的地理和道路信息并非仅为军队所了解。⑨

上述学术成果从多个角度分析《迁移和奇迹》，给予本文较好的研究基础，但对该作品反映的政治互动情况的分析尚不够深入。本文旨在探讨该书中君主对圣徒崇拜的鼓励、贵族对圣徒的利用以及平民的诉求与影响，以说明三者之间的依存和制衡关系。

---

① Patrick J. Geary, *Furta Sacra: Thefts of Relics in the Central Middle Ages*, pp. 44–52, 108–125.

② Julia M. H. Smith, "Einhard: The Sinner and the Saints," *Transactions of the Royal Historical Society*, vol. 13 (2003), pp. 55–77.

③ 加洛林时代对于"改革"常用"correctio"或"emendatio"表示，意为匡正基督徒的行为，使其符合《圣经》和教父们的教导。虔诚者路易十分关注这项事务。而"reformatio"用于表示个人灵魂、精神的革新，或把财物归还给单个教堂，并无整个教会进行改革之含义。

④ Julia M. H. Smith, "Emending Evil Ways and Praising God's Omnipotence: Einhard and the Uses of Roman Martyrs," in Kenneth Mills and Anthony Grafton, eds., *Conversion in Late Antiquity and the Early Middle Ages: Seeing and Believing*, Rochester: University of Rochester Press, 2003, pp. 189–223.

⑤ Mayke de Jong, *The Penitential State: Authority and Atonement in the Age of Louis the Pious, 814–840*, New York: Cambridge University Press, 2009.

⑥ Christian Harding, "Translation Accounts and Representations of Popular Belief in the Hagiography of the Community of St Filibert," *Quest*, issue 6 (Spring 2009), pp. 19–33.

⑦ David Flood Appleby, "Hagiography and ideology in the ninth century: The narrative descriptions of the translation of relics" (PhD diss., University of Virginia, 1989).

⑧ 在艾因哈德的叙述中，因为圣徒的出现，被害人的儿子决定原谅施害者。布朗由此推断，倘若没有圣徒介入，被害人的血亲与施害者之间的矛盾将持续存在，并导致更多暴力事件的发生。Warren C. Brown, *Violence in Medieval Europe*, London and New York: Routledge, 2010, pp. 87–88.

⑨ Bernard S. Bachrach, "Charlemagne and the Carolingian General Staff," *The Journal of Military History*, vol. 66, no. 2 (April 2002), p. 335.

加洛林王朝圣徒崇拜中君主、贵族和平民的互动——以艾因哈德所著圣徒传记为中心

二、君主对圣徒崇拜的鼓励

加洛林王朝时期，查理曼和虔诚者路易皆致力于在帝国内部推行基督教化政策，而圣徒崇拜因直接面向民众而显得尤为重要。故此，君主积极颁布和重申圣徒崇拜的相关法令，并积极推动圣徒崇拜的发展。艾因哈德迁移圣徒也正以此为背景。

加洛林王朝的君主素来注重以基督教巩固统治。不论是与罗马教会建立政教联盟，并模仿罗马教廷的宗教仪式，[1]还是在新征服地区设立主教区、兴建教堂和修道院，都体现出查理曼等人希望获得上帝垂青，利用宗教巩固统治的愿望。虔诚者路易继位后，面对父亲留下的广阔却矛盾重重的领土，更需要借助宗教的力量重振帝国。他委托安尼亚纳的本尼迪克（Benedict of Aniane）[2]在全国范围内推行教会改革，为此招致许多抗议和抵制，权力也因此有所受损。甘冒风险推行教会改革，可见路易对宗教事务的重视程度。

加洛林王朝时期，要使其民众真正皈依基督教，最直接的途径就是发展圣徒崇拜。此时，民众对圣徒的热情很高，君主亦顺水推舟，将圣徒崇拜纳入官方管理之下。君主希望使圣徒崇拜规范化，794年法兰克福主教会议（Synod of Frankfurt）规定："新的圣徒不应被崇拜或呼求，他们的纪念也不应公开举行，仅仅是那些因受难的声誉和生命中的功绩而被认可的（圣徒）才能在教会受到尊崇。"[3]这则规定并非为了限制圣徒崇拜的发展，而是要防止圣徒的泛滥导致崇拜的混乱。803年，查理曼要求民众发誓必须在教堂里或者在圣物面前，并规定誓词中有一句"愿上帝和圣徒的遗骨裁定我（说的是实话）"，[4]意在使圣

---

① Mayke de Jong, "Charlemagne's Church," in Joanna Story, ed., *Charlemagne: Empire and Society*, Manchester: Manchester University Press, 2005, p. 118.

② 安尼亚纳的本尼迪克原名维梯察，因崇拜圣本笃改名本尼迪克。他是虔诚者路易推行教会政策的最大功臣，并建立起许多本尼迪克修道院。他的行为被乔治·杜比认为是"西方隐修制度史上真正的转折点"。陆璐：《论虔诚者路易的教会政策》，东北师范大学硕士学位论文，2015年。

③ Alfred Boretius, ed., *Capitularia regum Francorum I, in Monumenta Germaniae Historica*, Leges II, Hannover: Hahn, 1883, p. 77. 原文为：Ut nulli novi sancti colantur aut invocentur, nec memoria eorum per vias erigantur; sed hii soli in ecclesia venerandi sint qui ex auctoritate passionum aut vitae merito electi sint.

④ Alfred Boretius, ed., *Capitularia regum Francorum* I, p. 118. 原文为：Omne sacramentum in ecclesia aut supra reliquias iuretur; et quod in ecclesia iurandum est, vel cum sex electis vel, si duodecim esse debent, quales potuerit invenire: sic illum Deus adiuvet et sancti quorum istae reliquiae sunt, ut veritatem dicat.

徒崇拜渗透进平民的日常生活。①此外，查理曼认为，教会人士忙于迁移圣徒，这与其说是出于对上帝的爱，不如说是贪求平民奉献的财物，故在813年美因茨会议（Concilium Moguntinense）上规定：“除非得到君主或主教以及宗教会议的批准，否则不能私自迁移圣物。”②此规定意在提高圣徒崇拜的纯洁性。

君主对贵族供奉圣徒的重视在《迁移和奇迹》中得到了充分体现。书中艾因哈德提及，他将圣物安置到上米尔海姆（Upper Mulinheim）的教堂后，路易颁布皇家特许状（royal charter）召集教士照看圣物。③结合813年美因茨会议的规定来看，此为路易对艾因哈德迁入圣物的批准，也表明希望罗马圣徒今后能得到良好的侍奉。此外，圣物被归还艾因哈德后，曾暂时安置于他在亚琛的小教堂，路易曾想专门到此处敬拜圣徒，在伊尔杜因的建议下才临时将圣物移至圣母玛利亚教堂以示尊重，并谦卑地向圣徒祈祷。圣祭结束后，路易奉献给圣徒一份地产，王后朱迪斯（Judith）也献出一条由金子和珠宝做成的腰带。④君主的最终目的是借助圣徒教化民众，贵族则是其意志的执行者。通过特许状的颁布和财物的赏赐，君主对贵族供奉圣徒的活动表现出鼓励态度。

《迁移和奇迹》中同样体现出，路易十分关注平民对圣徒的态度。书中写道：一位妇女带着瘫痪的女儿到教堂祈求圣徒帮助，当她把女儿放下并专注于祈祷之时，她身后的女儿已被治愈。母女二人十分欣喜，正值教职人员休息，母亲便把奇迹告知门外的乞讨者。消息辗转几次，最终传到了路易耳中。路易在会议上与廷臣分享此事，艾因哈德亦亲耳听闻。⑤路易鼓励发展圣徒崇拜的目的就在于教化民众，如今得知民众非常虔信圣徒，自然十分乐意谈到此奇迹。

① 对于加洛林王朝对圣物的管理，Patrick J. Geary 在 Furta Sacra 中写道：在801年和813年，第五次迦太基会议中“所有缺乏圣物的祭坛都要被拆毁”的规定再次被重申。该论断被许多学者原句引用，足见其影响力。但是，从注释来看，该叙述所依据的史料有二。其一来自埃克斯法令（Capitulare Aquisgranens），史料中提到“在那里（指教堂）圣物被看见在场”（ubi reliquiae praeesse videntur）。其二来自美因茨会议（Concilium Moguntinense），该史料列举了多个节日，并认为每个教区都有自己的圣徒，其休安息于教堂。前者只是表明教堂有圣物，后者仅表明美因茨地区的教士认为每个教堂都有圣物，二者皆未直接体现出“无圣物则须被拆毁”的意思，不能完全支撑上述论断。值得注意的是，Geary 在后来出版的另一部书中，提及美因茨会议的例子时，也以让步语气说：“不论我们是否能够确定这是对迦太基会议教规的重申……”或许表明作者也认为 Furta Sacra 中的观点有商榷的空间。Patrick J. Geary, Furta Sacra: Thefts of Relics in the Central Middle Ages, p. 37; Patrick J. Geary, Living with the Dead in the Middle Ages, p. 185; Alfred Boretius, ed., Capitularia regum Francorum I, p. 170; Albert Werminghoff, ed., Concilia aevi Karolini, Tomus I, Pars I, Hannover and Lipsig: Hahn, 1906, p. 270.

② Albert Werminghoff, ed., Concilia aevi Karolini, Tomus I, Pars I, p. 272. 原文为：Ne corpora sanctorum transferantur de loco ad locum. Deinceps vero corpora sanstorum de loco ad locum nullus transferre praesumat sine consilio principis vel episoporum sanctaeque synodi licentia. 沃西诺认为加洛林王朝几乎没有着力执行这条法令；而在该文的另一处，作者认为伊尔杜因非常熟悉圣物迁移过程中必要的手续。Giorgia Vocino, "Under the aegis of the saints: Hagiography and power in early Carolingian northern Italy," Early Medieval Europe, vol. 22, issue 1 (December 2013), pp. 26–52.

③ Einhard, "The Translation and Miracles of the Blessed Martyrs, Marcellinus and Peter," p. 83.

④ Einhard, "The Translation and Miracles of the Blessed Martyrs, Marcellinus and Peter," p. 89.

⑤ Einhard, "The Translation and Miracles of the Blessed Martyrs, Marcellinus and Peter," pp. 115–116.

结合加洛林时期的宗教背景来看，路易所赐的土地位于帝国的边远地区。离米尔海姆不远处即是富尔达（Fulda）和洛尔施（Lorsch）两座皇家修道院，这些修道院除了肩负起传教的重大使命以外，更承载着君主使当地归化于法兰克帝国的期待。同样，米歇尔施塔特（即奥登林）在8世纪中叶以后，也在君主的支持下被修士们逐步开发。可以说，路易将这块土地赐给艾因哈德，除了答谢他的忠心效劳外，或许也希望他能够推进当地的宗教事业，并实现路易的政治目标。艾因哈德也确实有所作为：初获得米歇尔施塔特时，此地还只有一座木质小教堂，[1]4年后已有至少两座教堂，820年以后又新建一座用于供奉圣物的石质大教堂。[2]君主路易将土地赐予艾因哈德，使后者作为联结中央和地方的贵族，在自己的封土上凭借自身权力修建教堂的同时，推动边陲地区的基督教化。

加洛林王朝对宗教的重视，突出表现在对圣徒崇拜的鼓励上。查理曼和路易都注重利用宗教巩固统治，引导贵族迁移和供奉圣徒。并且，君主发布法令，使圣徒崇拜活动规范化、日常化、纯洁化，保持圣徒对平民的吸引力。此外，路易专门召集教士侍奉圣徒，并关注平民对圣徒的态度。这些举措表明，君主鼓励贵族发展圣徒崇拜，旨在促使平民虔信基督，增强帝国凝聚力，最终实现帝国的基督教化。

三、贵族对圣徒的利用

在加洛林王朝的圣徒崇拜中，贵族可谓是最突出的角色，他们运用圣徒实现多重目标。对于君主，贵族通过迁移和供奉圣物激发平民对圣徒的崇拜，迎合君主教化民众的愿望。在贵族群体内部，他们利用圣徒争取君主的宠信、民众的支持，以提升自己在同侪中的声望。此外，贵族还凭借圣徒吸引捐赠，维持教会和修道院的运转。贵族耗费大量资财和精力供奉圣徒，具有多种世俗目的。艾因哈德即是如此。

对于君主，艾因哈德积极运用圣徒展现自己的功绩、忠诚度和能力，其前提则在于他能够体察路易对圣徒崇拜的重视。艾因哈德早年在富尔达修道院学习，凭借出众的才学被推荐入查理曼宫中。此时，查理曼广纳人才、礼贤学者，博学多识的艾因哈德也颇受重用。同僚对他评价很高，阿尔昆（Alcuin）称他"身材小巧却充满活力"，并向查理曼举荐他，认为当自己不在宫廷时，艾因哈德可以轻松地为君主解释繁难的语法和数学问题。[3]艾因哈德也不负期待，806年他出使罗马会见教皇利奥三世；813年查理曼召开亚琛会议（Diet of Aachen）商讨继承人问题，艾因哈德代表一众贵族，公开支持虔诚者路易成为共治

---

① Karl Glöckner, *Codex Laureshamensis (Band 1): Einleitung, Regesten, Chronik*, Darmstadt: Selbstverl. der Hessischen Historischen Kommission, Kap. 19, p. 300, http://digi.ub.uni-heidelberg.de/diglit/gloeckner1929bd1/0312, 2018年2月2日。

② Karl Glöckner, *Codex Laureshamensis (Band 1): Einleitung, Regesten, Chronik*, Kap. 20, p. 301.

③ Paul Edward Dutton, trans. and ed., *Charlemagne's Courtier: The Complete Einhard*, p. xii.

皇帝。[1]艾因哈德无疑是查理曼的得力助手和良伴，路易也对他相当重视。路易上台后，艾因哈德是少数几位仍留在朝中的老臣之一。或许出于对艾因哈德的感谢和信任，路易赐他以修道院和田产，并委托他指导长子洛泰尔（Lothair）。[2]艾因哈德对两任君主的熟悉程度，使他足够了解君主以基督教凝聚平民、巩固统治的意图。他在《迁移和奇迹》一书的前言中写道，自己写作是为了"纠正人们的罪恶行径并赞美上帝的万能"，[3]除了虔诚之外，也可见他对君主心意洞察之深。

艾因哈德深得君主信任，但820年以后经常不在宫廷，影响力或遭削弱。此时，他的主要精力已从经纶世务转移到侍奉圣徒上，虽仍间或返回亚琛，却并不情愿。[4]他写道：828年的冬天路易召开会议，所有主要的贵族都须参加，他便留在了亚琛，但这样一来他就不能侍奉圣徒，故这段时光难称快乐。[5]远离朝廷固然可以暂从政务中抽身，但缺席宫廷的会议、狩猎和节日庆典，便很难与君主保持紧密的个人联系，也就离开了权力中枢。艾因哈德既要维持自己对君主和朝政的影响力，又不愿受政务羁绊，就必须从君主重视的宗教领域入手，塑造自身的地位。

艾因哈德明白，圣徒是教会在民间传播宗教的重要媒介，能够吸引君主的注意力。而文中有例子表明，路易确实留意到了艾因哈德的圣徒。前文提到，路易听闻瘫痪的幼女在圣徒庇佑下康复，感到十分欣喜，并专门在会议上与廷臣分享此事。[6]对君主而言，平民患病向圣徒求助是虔诚的表现，圣徒的奇迹更昭示着上帝对加洛林帝国的垂爱和庇佑。艾因哈德声称，自己亦是在这次会议上才欣闻此奇迹，表明自己并未故意让路易得知此事。艾因哈德可曾插手其间，如今已无从考证。但可以肯定的是，他一直致力于对外传扬其圣徒的奇迹。这些奇迹中，精彩程度超过上述事件的比比皆是，任意一件大抵都会使路易十分欣慰。很有可能，艾因哈德的策略本就重在宣传，只要圣徒的名声足够响亮，君主知悉奇迹、肯定他在民间传播基督教的功绩，便都是水到渠成之事。

为争取君主的重用，艾因哈德除了展现自己推进帝国基督教化的成果外，还利用圣徒委婉地建言献策，并彰显自身与君主共渡难关的忠诚和能力。彼时，帝国内兵戈频仍，派系竞争激烈，且民间谷物失收、畜疫横行。面对这种困局，路易不得不和洛泰尔共同主持会议，讨论帝国的腐败、罪恶问题。[7]此时，艾因哈德"恰巧"收到瑞特雷格送来的一本

① Paul Edward Dutton, trans. and ed., *Charlemagne's Courtier: The Complete Einhard*, p. xvi.

② Julia M. H. Smith, "Emending Evil Ways and Praising God's Omnipotence: Einhard and the Uses of Roman Martyrs," p. 193.

③ Einhard, "The Translation and Miracles of the Blessed Martyrs, Marcellinus and Peter," p. 69.

④ 关于艾因哈德此时状态的讨论：Mayke de Jong, *The Penitential State*, p.70.

⑤ Einhard, "The Translation and Miracles of the Blessed Martyrs, Marcellinus and Peter," p. 100.

⑥ Einhard, "The Translation and Miracles of the Blessed Martyrs, Marcellinus and Peter," pp. 115–116.

⑦ Julia M. H. Smith, "Emending Evil Ways and Praising God's Omnipotence: Einhard and the Uses of Roman Martyrs," p. 204.

小书，书中记载着一系列法条。据称，一位被圣徒治愈的盲者在将醒未醒之时见到了以圣徒外表出现的天使长加百利，后者向他口授一系列法条，并要求由艾因哈德将这些法条呈送君主。艾因哈德依照命令，把小书交给路易。他没有记录这本法条之书的内容，但写下了君主的反应：路易通读过全书，但书中所要求之事，只有一小部分他会费心去完成。[1]紧随其后又有相似的事例：恶魔附体于女童，被圣徒驱逐时，道出民众之奸邪和君主之罪行，并说这就是自己和同伴肆虐人间的缘由。[2]

以上两个接连叙述的事件，即是艾因哈德通过"一正一邪"的双方面力量，对君主提出严肃的劝诫。在天使长加百利的事件中，艾因哈德先以平民盲者被圣徒治愈的经历为铺垫，进而以天使托梦为形式，委婉地提出对君主的建议，展现出帮助君主涤荡浊风、重振帝国的蓝图。随后艾因哈德更进一步，借恶魔之口道出路易未能匡正民风的事实。在加洛林时期的政治话语中，每个人都应承担与其等级相适应的对上帝的义务，而君主的义务就是在现世治理活动中促进民众对上帝的虔诚。[3]此时的许多圣徒传记作者就常常指责墨洛温王朝君主对宗教的冷漠，对比论证加洛林王朝统治的合法性。[4]所以，"恶魔"的言论本质上是在指控路易对上帝的渎职。更值得留意的是，该书完成的时间在831年左右，这正是路易的儿子们反抗其父的时候。艾因哈德在此时重述二事，正是要再次劝诫路易。但艾因哈德并不是要攻击路易的统治，而是要将自己及其教堂置于宗教道德高地上，希冀得到路易的倚重。

从一时的效果上看，艾因哈德未能让路易完全采纳其建议；而从整个政治环境上看，艾因哈德使用的政治话语得到后人的认可和敬畏。这一点我们可以在富尔达修道院的年代记中窥见。874年的年代记中写道，小路易在圣马塞林和圣彼得的教堂与父亲的谋臣进行秘密会谈，一天晚上梦见父亲虔诚者路易深陷困境。这使他想到：如果父亲遵守加百利的警告，尽其能力纠正臣民的过错，或许可以免受这样的惩罚。[5]这表明，至少该文献的作者认为，艾因哈德呈交的天使长加百利的警告具有神圣效力，足够使不愿费心执行的路易受到惩罚。时隔数十年，作为虔诚者路易后代的小路易，以及富尔达年代记的作者，都能够忆起这次劝诫，并正视其严肃性；可见在当时，艾因哈德的劝诫小书必然具有较大的政治影响力。简单而言，艾因哈德展现自身忠诚和能力的目标已经达到。

艾因哈德利用圣徒，使路易知悉自己激发民众宗教热情的努力，又运用巧妙的政治话

---

[1] Einhard, "The Translation and Miracles of the Blessed Martyrs, Marcellinus and Peter," pp. 100-103.

[2] Einhard, "The Translation and Miracles of the Blessed Martyrs, Marcellinus and Peter," pp. 103-105.

[3] 刘寅：《"训诫"话语与加洛林时代的政治文化》，《历史研究》2017年第1期，第123—140页。

[4] 吉布森总结了学界在这方面的研究，参见：Kelly Gibson, "The Carolingian World through Hagiography: Carolingian World through Hagiography," pp. 631-632.

[5] Friedrich Kurze, ed., *Annales Fuldenses sive Annales regni Francorum orientalis, in Monumenta Germaniae Historica, Scriptorum, Scriptores rerum Germanicarum in usum scholarum separatim editi*, Hannoverae: Impensis Bibliopolii Hahniani, 1891, pp. 81-83. 感谢李云飞教授给予提醒，并提供他的中文译稿。笔者引用时依行文需要，有所概括。

语劝诫路易、表露出为君主分忧的实力，以获得他的信赖。但这并非艾因哈德唯一的目的，与同为朝廷重臣的伊尔杜因展开竞争也在他的计划中。在这种竞争中，艾因哈德必须同时拥有民众的支持和君主的宠信，才能打击对手，提高自身在精英群体中的影响力。

平民的支持是贵族竞争的基础，故贵族们首先在争夺民意上见高下。书中写道：艾因哈德接待德乌斯多纳，并暗示希望达成圣徒交易时，曾提及伊尔杜因在苏瓦松的修道院供奉圣徒塞巴斯蒂安一事。[1]伊尔杜因在当时的政坛、教会中皆具有举足轻重的地位。塞巴斯蒂安抵达苏瓦松后，曾在民间掀起过很大的圣徒崇拜浪潮，使当地成为一个重要的朝圣地，更激发了其他贵族获取圣物的欲望。艾因哈德要与伊尔杜因竞争，就必须利用圣徒赢得民心。他写道：圣徒即将抵达米尔海姆时，欣喜异常的民众前来恭迎圣徒，以至于道路都被围得水泄不通。[2]这体现出当地民众对圣徒的崇敬，这一点下文仍会提及。此处值得思考的是，按照当时的消息传播条件，仅靠民众自身口口相传很难达到如此轰动的效果。故书中还有一个细节需要注意：迁移圣徒的队伍抵达奥斯特海姆（Ostheim）时天色已晚，艾因哈德便让众人留在当地，自己携几位属下先行一步赶往终点，"为迎接圣徒的遗骨做一些礼俗上规定的准备"。[3]艾因哈德所做的准备，很可能包括有意释放圣徒将达的讯息，同时围绕圣徒进行一番宣传。圣徒抵达的消息被越多人知晓，就越能够激起民众对圣徒的热情。唯有如此，艾因哈德才能赢得与伊尔杜因旗鼓相当的影响力，为博取路易的宠信打下坚实基础。

艾因哈德为了与伊尔杜因抢夺民心，不仅在现实中与之相争，在写作中也使用话语策略。民众对圣徒的来源和能力至为关心，艾因哈德便在此处做文章。他在书中详细记录了自己获取并迁移圣物的经过，却说胡努斯在墓中发现圣蒂布尔齐乌斯的遗骨可能早已被盗，只能挖走一抔土象征圣徒。[4]艾因哈德称伊尔杜因拥有的圣物并非圣徒遗骨，乃是从来源上对其进行贬抑，反衬自己圣物的神圣性。[5]此外，他又从效力上否定伊尔杜因的圣物，称自己的圣物被送到各处供奉时，有信徒专程前来朝拜，因为他们祈求圣徒塞巴斯蒂安无效。[6]无论是可疑的来源，还是欠佳的效力，都是艾因哈德否定圣徒、贬斥对手的话语武器，能够削弱民众对伊尔杜因的圣徒的热情。艾因哈德的一面之词是为了抬高自己的宗教声誉，不能完全采信，但他争夺民众支持的心理昭然若揭。

贵族间的竞争不仅发生在民间，更发生在宫廷。当艾因哈德和伊尔杜因都凭借圣徒获取了平民的支持后，君主的偏爱就成了他们竞争的焦点。上文提到，伊尔杜因将圣物归还

① Einhard, "The Translation and Miracles of the Blessed Martyrs, Marcellinus and Peter," p. 70.

② Einhard, "The Translation and Miracles of the Blessed Martyrs, Marcellinus and Peter," pp. 78–83.

③ Einhard, "The Translation and Miracles of the Blessed Martyrs, Marcellinus and Peter," p. 82.

④ Einhard, "The Translation and Miracles of the Blessed Martyrs, Marcellinus and Peter," p. 76.

⑤ 根据史密斯的研究，触碰过圣徒遗骨的土堆，也带有圣徒的神圣性，可被称为圣徒。但是，土堆与圣徒遗骨本身，确有效力上的差异。Julia M. H. Smith, "Relics: An Evolving Tradition in Latin Christianity," pp. 41–60.

⑥ Einhard, "The Translation and Miracles of the Blessed Martyrs, Marcellinus and Peter," p. 125.

艾因哈德后，圣物曾被短暂地供奉于艾因哈德位于亚琛的小教堂。路易知悉民众对圣物的崇拜，欲前去敬拜圣徒，却遭伊尔杜因阻拦。伊尔杜因的说辞是，君主应该把圣徒请到更大的圣母玛利亚教堂。①实际上，权力的天平会随君臣关系的亲疏而倾斜。倘若路易亲自前往艾因哈德的教堂，一来会提升艾因哈德在政坛中的地位，二来也会使平民效仿君主，敬拜艾因哈德的圣徒。这都会让艾因哈德处于竞争中的优势地位，无疑是伊尔杜因所不愿见到的。伊尔杜因无法阻止路易拜见圣徒，却尽可能降低他对艾因哈德及其圣徒的礼遇程度。可见，贵族为争取君主的宠信，巩固自己的地位，必须十分关注君主对同僚的圣徒的态度。而君主对圣徒的优待，则有可能损益不同贵族的利益，故又是贵族们竞逐的目标。

与在民间时的状况相似，艾因哈德与伊尔杜因的宫廷权力竞争不仅体现在现实中，还表现在叙述里。艾因哈德自始至终都将伊尔杜因及其属下胡努斯塑造成负面人物。他从一开始就描述胡努斯为"狡猾的人"，②称他为交差而贿赂鲁尼索以盗走部分圣物。③写至属下们为避开教皇而先后行动时，他又勾勒出瑞特雷格的心情：狡猾如胡努斯，很可能会在前方设下埋伏。④此处艾因哈德暗含着对胡努斯的负面评价，认为他一经达成共同的目标，便会因利益背叛同行者。对伊尔杜因，艾因哈德虽然没有进行正面攻击，却以他阻碍君主与圣徒相见、迟迟不归还圣物并宣称自己不会屈服于任何人的事例，在字里行间塑造其固执、自大的形象。830年洛泰尔叛乱，⑤伊尔杜因也参与其中，艾因哈德在书中对他进行指责，或许也意在表现伊尔杜因反抗君主，其来有自。在叙述中，艾因哈德既运用圣徒攻击对手及其属下，又表现了自己与君主站在同一阵线上的态度，以求最大限度地宣传自己。

艾因哈德与伊尔杜因围绕圣徒展开多番竞争。他们向民众宣传自己的圣徒，攻击对方的圣徒，以争取舆论支持。凭此，二位贵族又试图赢得君主对圣徒的崇敬和对自己的宠信，使权力的天平向自己这边倾斜。艾因哈德的策略确实维持住了他在精英群体中的显赫地位。据叙述，周边地区的教会贵族都希望获得部分圣物，艾因哈德也欣然答应。⑥于是，艾因哈德终于成了新一轮圣徒崇拜热潮的中心，其宗教和政治影响力进一步向外辐射。

贵族在圣徒崇拜中具有多重诉求，除了争取君王的倚重、赢得同侪的歆羡外，还有经济方面的动机。艾因哈德在迁移和供奉圣徒上付出的金钱不少。一开始，艾因哈德与德乌斯多纳沟通买卖条件时，同意派属下护送后者回罗马，并为他们配备骡子和提供路上所需的金钱，⑦其花销并非小数目。得到圣物后，艾因哈德的属下带着圣物独行途中，为了光

① Einhard, "The Translation and Miracles of the Blessed Martyrs, Marcellinus and Peter," p. 89.

② Einhard, "The Translation and Miracles of the Blessed Martyrs, Marcellinus and Peter," p. 71.

③ Einhard, "The Translation and Miracles of the Blessed Martyrs, Marcellinus and Peter," p. 86.

④ Einhard, "The Translation and Miracles of the Blessed Martyrs, Marcellinus and Peter," p. 77.

⑤ 830年也同样是艾因哈德书中最后一件奇迹发生的时间，故四部书完结最早应在830年。

⑥ Einhard, "The Translation and Miracles of the Blessed Martyrs, Marcellinus and Peter," pp. 116–126.

⑦ Einhard, "The Translation and Miracles of the Blessed Martyrs, Marcellinus and Peter," p. 70.

明正大地携带圣物，购买了灵柩和圣物匣。[①]圣物抵达后，艾因哈德认为原来的圣物匣材质不佳，又命人重新做了一个。[②]这一切都需要耗费不少财物。艾因哈德能够承担这笔开支，但对于他的教堂而言，这仍然是一笔不小的投资。唯有吸引更多供奉，教堂才能够更好地运转。这些供奉品主要来自君主和平民信徒，平民对圣徒的供奉热情将在后面详述，此处需要点明的是，虔诚者路易和王后为了展现个人的虔诚，初次拜见圣徒便已赐予他们一份地产和特制腰带。随着圣徒所行奇迹的不断增加，以及民众热情的不断高涨，艾因哈德将有望争取到更多捐赠物。

贵族通过推动圣徒崇拜达成多重目标。对于君主，艾因哈德强调民众的虔诚以展现出自己推行基督教化政策的功绩，并借助大使和恶魔劝谕国君。对于同僚，艾因哈德和伊尔杜因的竞争从民间上升到宫廷，他们鼓动平民的宗教热情、关注君主敬拜圣徒的细节、在叙述上攻击对方，其目的都是获得平民的支持和君主的肯定，提升自己的地位。此外，艾因哈德还利用圣徒谋求捐赠品，维持教堂的存续。总之，贵族居于君主和平民之间，利用双方面的力量相互推进，以谋取政治和经济利益。

四、民众的诉求和影响

平民是君主的统治基础，也是贵族博取名利的筹码。君主和贵族热衷于发展圣徒崇拜，皆因平民对圣徒的尊崇能够为上层社会提供政治、宗教乃至经济支持。然而，君主、贵族和平民并非仅仅是自上而下的关系，民众的诉求和态度也会自下而上地对上层精英产生影响。

平民对圣徒的基本诉求影响了艾因哈德的写作内容和模式。艾因哈德书中第三、四部分皆为对圣徒奇迹的记述。这些记述中出现频率最高的就是疾病的疗愈，其种类涵盖了各种难治之症，例如失聪、肢体扭曲等。其次就是圣徒庇佑平民的奇迹，例如：几个人路过森林时雾气很重，致使他们迷失方向，但突然发现此地竖立着纪念圣徒彼得的十字架，于是雾气消散、阳光普照。[③]这些记述的真实性十分可疑，让人难以置信，但却透露出艾因哈德的宣传目的。路易治下的加洛林帝国饥荒、瘟疫横行，医疗水平低下，平民最朴素而迫切的愿望即是疾病的治愈和生活的改善。这种愿望使艾因哈德必须从这两方面入手进行宣传。圣徒刚抵达时，已在当地引起一股民众的朝拜热潮，而艾因哈德选取其中一些所谓

---

① Einhard, "The Translation and Miracles of the Blessed Martyrs, Marcellinus and Peter," p. 78.

② Einhard, "The Translation and Miracles of the Blessed Martyrs, Marcellinus and Peter," p. 79.

③ Einhard, "The Translation and Miracles of the Blessed Martyrs, Marcellinus and Peter," pp. 107–108.

"奇迹"进行加工，①载于书中并分发到其他宗教机构，②以期再度激发民众的信仰。③艾因哈德的著述缘于对前来朝拜的平民的观察，又期望能够切中平民的诉求，其内容为平民的心理所深刻影响。与此同时，艾因哈德笔下的圣徒"治愈"疾病大多是通过简单的拉伸、击打动作实现的，其过程呈现出高度的程式化特征。这恰恰是由于民众对圣徒的青睐简单而实际，只求解决困难，无意深究宗教奥义。艾因哈德反复书写情节雷同的治愈和庇佑奇迹，可见平民心理对他写作产生的重要影响。

平民的心理特点也影响了贵族对圣徒的现场宣传方式。前文述及，民众的宗教热情对艾因哈德而言十分重要，致使他连夜赶往目的地进行宣传。圣徒抵达后，艾因哈德写道：

> 附近的一群人跟着我们，他们（之前）听到圣徒抵达的传闻，十分惊喜。于是，他们在黎明时分已聚集到教堂门前，希望和我们一起接圣徒……我们一起赞颂耶稣基督的仁爱，幸福欣喜地把圣徒的圣物带到上米尔海姆……群众堵住了各条前路，我们无法进入教堂，把灵柩放进去。所以我们在附近的高地上露天立起了祭坛……弥撒结束了，群众也回了家，我们才把圣物带到教堂里。④

此处可见，对于民众而言，迎接圣徒是一次难得的狂欢，他们能够共同表达对上帝的爱，并且有机会蒙受上帝的恩泽。

在上述例子中，民众尚且知道自己是在迎接圣徒；而在部分时候，他们甚至不清楚热闹的队伍在进行什么活动。当艾因哈德把圣徒从米歇尔施塔特迁走时，"一大群穷人跟随着我们，他们从四处聚集到这里想要获得施舍。这些住在附近的民众完全不知道我们在做什么"。⑤这样的情况绝非个例，艾因哈德把伊尔杜因归还的圣物迁回教堂时，"虽然很大一部分聚集在那里的群众不知道正在发生什么事，但他们充满了惊喜并赞美全能上帝的慈悲"。⑥在这两个例子中，民众的简单心理影响了艾因哈德，使他没有派教士讲解枯燥的教义，也不求民众了解圣徒，只采取最热闹和欢乐的方式聚集起民众，甚至不惜以财物吸引民众。

平民除了表达最基本的生存愿望和对圣徒的朴素感情以外，还将圣徒作为社群内部人与人之间的道德纽带，这是艾因哈德和君主乐见的一项成果。《迁移和奇迹》中写道，一位男子在圣徒面前免除他人对自己欠下的债务。随后又写道，另外一人在圣徒面前化解与

---

① 艾因哈德多次提到，有许多奇迹并非自己目睹，而是耳闻而来。即便如此，他仍然保证这些奇迹是可信的。笔者推测，艾因哈德所记录的奇迹在现实中应有其原型，而他又进行了夸张和修改。Einhard, "The Translation and Miracles of the Blessed Martyrs, Marcellinus and Peter," p. 92.

② 艾因哈德在开篇就说明了自己"决定传布和提供此书给上帝的崇拜者阅读"。Einhard, "The Translation and Miracles of the Blessed Martyrs, Marcellinus and Peter," p. 69.

③ 如本文的学术史回顾所言，圣徒传记在多大程度上触及俗界人士仍不确定。笔者认为，圣徒的奇迹简短易懂，且为平民所喜，教会人士很容易进行介绍。故艾因哈德预设的读者或许是教会人士，而他预设的听众则包括了民众。

④ Einhard, "The Translation and Miracles of the Blessed Martyrs, Marcellinus and Peter," pp. 78-83.

⑤ Einhard, "The Translation and Miracles of the Blessed Martyrs, Marcellinus and Peter," p. 81.

⑥ Einhard, "The Translation and Miracles of the Blessed Martyrs, Marcellinus and Peter," p. 87.

他人的矛盾，他说：

> 我们曾为仇敌，但现在，为了上帝和这位圣徒的爱与荣耀，我希望结束我们之间的怨恨，并同意从今以后我们将维持友谊。愿这位圣徒作为本次我们彼此承诺的和解的见证人，愿他惩罚第一个试图破坏（我们之间的）和平的人。[①]

由于人们普遍认为圣徒没有真正死去，而是在天堂里永远关注人间，故倾向于以圣徒为誓言的见证者。同时，圣徒不朽且具有赐福降祸的能力，可以永远见证誓言，并以其能力惩罚毁约之人。这种永恒的保障使圣徒成了人们彼此之间的道德纽带。努力使基督教融入人们的日常生活中，使民众以教义为道德标杆，这正是君主基督教化政策的具体内容之一，也是艾因哈德着力的方向。

上述事件体现出民众对圣徒朴素的宗教感情，这为艾因哈德所重视，也为路易所注意。如前文所述，路易一回到宫里，获知圣马塞林和圣彼得的遗骨在亚琛，便希望能够立即到艾因哈德的小教堂拜见圣徒。君主谦卑地面对圣徒，并且和皇后一起捐赠了财物和土地。[②]君主的这番礼遇是出于对民众崇拜的圣徒的尊重，希望能以身垂范，加深民众对圣徒的崇敬。对于贵族而言，若没有平民长期对圣徒奇迹的传颂，艾因哈德也不可能找到借圣徒劝诫君主的机会。可以说，平民的心理是君主和贵族利用圣徒达成政治目标和进行政治对话的根基。

民众的心理除了影响上层社会的政治利益外，还会为贵族带来经济利益。有一个片段充分体现出民众在供奉圣徒上的慷慨：一位患重病的老汉被认定将不久于人世，他希望把所有财产都捐赠给圣徒以换取死后的拯救，但是仆人在途中把财物弄丢了。老汉决定卖掉仅剩的一头猪，换成钱献给圣徒。下达卖猪命令之后，他马上恢复了健康。但他并没有食言，仍然将唯一的财产变卖为40块金币供奉给圣徒。[③]平民乐于为圣徒奉献财物，这一现象不仅发生在艾因哈德的教堂，也发生在伊尔杜因的圣梅达尔修道院。据记载，伊尔杜因的圣塞巴斯蒂安成为平民争相供奉的圣徒后，其所在的圣梅达尔修道院吸引到大量供奉品，甚至招致了其他教会精英的妒意。这种情况为一个世纪以后同修道院的欧迪罗（Odilo）所描述。欧迪罗描写圣塞巴斯蒂安的迁移过程时，假托9世纪中叶的拉昂（Laon）主教欧斯特杜斯（Ostroldus）训诫教众的言论，以表现圣塞巴斯蒂安引起的轰动，他写道：

> 你们要到苏瓦松去朝圣什么，好像你们能够找到圣徒塞巴斯蒂安似的？你们很清楚，在殉教以后他便被埋了罗马，从未被人移动过。在这里你们就拥有尊敬的圣母的教堂；（你们应该）常常来，进来立下你们的誓言、献出你们的供奉品。你们不应

---

① Einhard, "The Translation and Miracles of the Blessed Martyrs, Marcellinus and Peter," pp. 89–90.

② Einhard, "The Translation and Miracles of the Blessed Martyrs, Marcellinus and Peter," p. 89.

③ Einhard, "The Translation and Miracles of the Blessed Martyrs, Marcellinus and Peter," pp. 93–94.

该跑到别处，寻求外部的帮助。你们通过圣母真诚祈祷的事都会由上帝实现。[1]

欧迪罗的描述充满了高度的虚构性，但不难推测当年民众为圣塞巴斯蒂安捐赠供奉品的盛况。可见，在一个笃信圣徒能力的社会中，平民为祈求平安福乐，只要经济情况允许，必不遗余力地供奉圣徒。而这些供奉，都是贵族所必须争取的。

上文详述了平民的崇拜为贵族带来了巨大的政治和经济利益，而反面的例子可以让我们更清晰地看到民众的态度对贵族的重要性，书中就有这样的例子。当艾因哈德证实了民间的流言，确定自己的圣物正在伊尔杜因手中以后，他十分震惊和悲痛，书中写道：

> ……我十分忧心，特别因为我还没找到方法对付那狡猾的魔鬼四处传播的谣言，并把谣言从受骗的群众心中驱赶出去。但是，我想我最好要求伊尔杜因归还那些从我的箱子里拿走的东西。[2]

民众舆论对艾因哈德的圣徒的声誉影响甚大，艾因哈德除了夺回圣物别无他法，故他在归还圣物一事上毫不让步。可以推测，艾因哈德可能使用了不少强硬手段，致使一开始声明自己不会屈服于任何人的伊尔杜因，最终也只能归还圣物。艾因哈德获得该部分圣物后，又在运回教堂途中大加宣传。可见，平民认为圣物是否为真至为关键。他们的想法影响到贵族的宗教声誉，甚至会导致贵族之间的竞争。

平民的基本生活愿望和心理影响了艾因哈德的写作内容、模式以及宣传方式。他们将圣徒融入自己的生活中，也是基督教化政策有所落实的表现。民众的崇拜为君主所重视，也为以艾因哈德、伊尔杜因为代表的贵族带来了较大的政治和经济利益，并影响其个人声誉。从根本上说，政治精英们之所以发展圣徒崇拜，皆因民众需要圣徒以满足自己的生活和心理诉求。换言之，民众对圣徒的渴望，构筑了君主和贵族围绕圣徒崇拜所展开的一系列活动的基础。

结　语

加洛林时期政治和宗教密不可分，故而在圣徒崇拜的发展过程中，君主、贵族和平民呈现出权力互动关系。君主制定相关法令并亲身垂范，鼓励贵族迁移和供奉圣徒，教化民众。贵族则迎合君主的意图，在发展圣徒崇拜的过程中博取君主的信任，争夺民众的支持，为教堂吸引捐赠，并谋求在精英群体中的优势地位。平民在圣徒崇拜中也并非消极被动，而是有自身的多种诉求，这构成了君主和贵族供奉圣徒的经济基础和思想动因。

我们可以发现，《迁移和奇迹》中，艾因哈德不惜笔墨地描述平民的崇拜行为，他和

史海学步——暨南大学历史学系本科生优秀论文选

---

[1] Patrick J. Geary, *Furta Sacra: Thefts of Relics in the Central Middle Ages*, p. 41.

[2] Einhard, "The Translation and Miracles of the Blessed Martyrs, Marcellinus and Peter," p. 85.

君主在推动各自政治目标的实现时也十分注重平民的心理。这启示我们，应该将加洛林帝国的政治运行视为一个有机体，它不仅是君主与贵族之间以及贵族内部的合作与博弈，更关涉平民社会。同样值得注意的是，虽然路易在书中出现的次数不多，但赐予土地、颁布特许状和敬拜圣徒等事例体现出，他的每一项举措都具有重大影响。他在推动圣徒崇拜发展过程中显示出的权威不容我们忽视。

诚然，本文剖析的只是一则微小的个案，但其主角艾因哈德联结中央和地方，又兼具君主近臣和修道院院长双重身份，他的行动和叙述反映出加洛林时代的种种特征。艾因哈德在路易所赐予的地产上，贯彻君主的基督教化政策，本质上是在落实一项政治任务。然而他在全书中未曾明说自己对君主的效忠，反而声言自己的努力都是出于对上帝的爱，甚至连写作该书都是为了颂扬上帝、匡正民风。他为了影响君主的行为，展现自身的政治实力，需要借天使和恶魔之口进行严肃劝诫。而他对伊尔杜因的贬抑，也都隐藏在与圣徒有关的一系列叙述中。

这正是当时政治环境的缩影。路易治下的帝国不似查理曼时代那般强盛，其宗教氛围却在两代君王的基督教化政策下愈发浓厚。于是，君主和贵族若要实现政治目标，必先将自己置于宗教道德高地上，并尽力将其种种谋划都解释为对上帝的义务。艾因哈德的行为并非个例，联系同时期的其他政治事件，特别是教俗贵族对路易的责难，以及路易的两次悔罪，我们都可以看到类似的行为模式。与艾因哈德的初衷相似，教俗贵族逼迫路易悔罪并非意在损害加洛林王朝的统治，相反是想要维护加洛林王朝的宗教氛围及其背后的政治秩序。而路易作为这种宗教氛围的构筑者之一，也并非被动承受责难，而是采用向上帝悔罪的方式，重新登上道德高地。

当然，加洛林王朝的圣徒崇拜并非只与内部的政治生态有关，更融汇于和其他权力集体的互动之中。正是由于加洛林君主与罗马教廷彼此需要、过从甚密，罗马为法兰克王国提供了源源不断的圣物，加洛林王朝圣徒崇拜的兴盛才得以实现。而加洛林王朝崇拜圣徒遗物和遗骨的潮流，也影响了他们在拜占庭圣像崇拜争端中的立场。[1]

《迁移和奇迹》是本文的考察重点，它被艾因哈德用于论证自己占有圣徒遗骨的合法性，故不可避免地具有圣徒传这类作品的虚构和宣传成分，考察的结果难免存在局限性。并且，此时期的其他教俗贵族也热衷于圣徒迁移和供奉活动，若能结合这些例子进行分析，或许能得出更为全面的结论。最后，我们从《迁移和奇迹》中还可引申出一系列问题，例如：艾因哈德为何要为其教堂配备圣物，所配备的又为何是罗马圣徒，人们对圣徒的偏好可曾发生变化，这些问题都值得我们今后进一步研究。

---

① 传统观点认为，至少在8世纪90年代时，加洛林王朝还不明白拜占庭在圣像破坏争论上的基本问题。而Thomas F. X. Noble 认为，加洛林关于圣像问题的争论意义重大，在当时宗教艺术的讨论中起着独特的影响。Thomas F. X. Noble, *Images, Iconoclasm, and the Carolingians.*

老师点评：艾因哈德及其《查理大帝传》在国内中世纪史学界颇受关注，但是他所写的一部重要圣徒传记《圣马塞林和圣彼得的迁移和奇迹》却很少有人专门研究。我系2014级本科生曾嘉慧同学在跟随我系世界史学科研究生一起初步学习拉丁语之后，选择艾因哈德这本圣徒传记的拉丁文本和英译本为研究对象，参考德语、法语和英语的相关论著，分析了加洛林时期君主、贵族和平民对圣徒崇拜的运用，揭示了加洛林王朝各阶层在政治与文化上互动、制约与依存的状况。文章史料扎实，论证充分，逻辑清晰，合乎规范，对国内外有关加洛林时期圣徒崇拜的相关研究进行了较为清晰的梳理与分析，在此基础提炼出了自己的观点。这篇文章不仅展现了她作为一名本科生刻苦钻研的精神、良好的语言能力、较好的史学思维，而且展现了她一定的学术创新意识和发展潜力，可谓"小荷才露"之作。

她的这篇毕业论文是在我所讲授的"欧洲中世纪史"选修课的课程论文基础上拓展而来的。她曾因这篇论文而受邀参加2017年11月25—26日由复旦大学世界史教研室主办的"前工业时代宗教的社会功能"学术研讨会。该论文的核心内容已经发表于向荣和欧阳晓莉主编的论文集《前工业时代的信仰与社会》[1]中。这在本科生中还是难能可贵的。

论文指导老师：李云飞

---

[1] 向荣、欧阳晓莉主编：《前工业时代的信仰与社会》，上海：复旦大学出版社，2019年。

明清学额制度之基层运作

——以17—18世纪福建莆田、仙游两县学额争端为中心

2014级　叶　鹏①

摘　要：自17世纪中叶开始的近百年中，福建兴化府莆田、仙游两县发生了持续的学额争端。在明清易代、沿海迁界、三藩之乱等一系列历史事件冲击下，兴化府地区长期处于动乱之中，与此同时，莆仙民众从自身利益出发，经过地方各势力的相互博弈，对学额制度进行选择性运用，以满足尽可能多占学额的目的。在科举成绩与学额争夺的动态变化过程中，莆田一方多占上风。随着莆田科举衰弱，加之王朝中央不断收紧权力，调整了学额制度执行者——学政的相关规制，莆仙地方的学额惯例最终或被废止，或被纳入制度轨道。莆仙学额之争的解决，不仅是在中央强令下地方各势力相互妥协的产物，也是清代学额制度逐渐完善带来的必然结果。莆仙一案贯穿明末清初学额制度定型的过程，也为我们了解学额制度发展提供了管道。

关键词：科举；学额；明清；福建；莆田；仙游

明清时期，科举分区定额制度逐渐成熟并成为制约区域文化发展的重要因素。科举分区定额主要包括解额（中额）与学额两方面，解额多指每科乡试各地录取的举人数额，也有指会试录取名额，学额的界定较为复杂：广义的学额包括了廪生、增生、附生等全部官学学生名额；狭义的学额则在明前中期指廪生、增生的定额，在清代指每次录取的附学生员定额。②本文所关注的学额即在狭义层面。

学界对科举定额制度的研究主要集中于乡会试解额问题上，仅有少数学者以社会史、文化地理等视角对学额展开探讨：从宏观上说，学额制度对合理配置社会资源、政府控制地方社会、照顾特殊群体具有重要意义，同时，学额的设置也会在一定程度上影响到社会

---

① 叶鹏，福建建瓯人，暨南大学历史学系2018届毕业生，现为复旦大学历史地理研究中心博士研究生。主要研究兴趣是明清以降的历史政治地理、文化地理。在《中国经济史研究》《中国历史地理论丛》等刊物发表论文多篇。

② 梁志平、张伟然：《定额制度与区域文化的发展：基于清代长江三角洲地区学额的研究》，桂林：漓江出版社，2013年，第2—3页。"学额"所指范围略有争议：除了本文所引概念之外，学者或认为学额指廪生、增生名额，或认为其包括额进人数、廪生、增生、附生所有名额，甚至有的学者认为学额指的是清代的会试名额。参见梁志平、张伟然：《定额制度与区域文化的发展：基于清代长江三角洲地区学额的研究》，第3页。李世愉、胡平明确认为学额即指府州县学每届考试录取入学的固定名额。李世愉、胡平：《中国科举制度通史·清代卷》上册，上海：上海人民出版社，2017年，第58页。

流动；①基于长江三角洲地区学额运作具体状况的分析表明，"文风高下"与"钱粮丁口"正是确定学额数目的核心原则，同时，该原则的实行具有"府域差异"的特点；②以乾嘉年间江西万载县土客学额争端一案为代表的数篇个案研究，则偏重于考察不同利益群体间的互动关系，对学额制度本身未作深入讨论。③上述三类研究虽都围绕学额这一话题展开，但仍未见对学额制度在地方社会中运行实状的细致展示。

学额是童生进入学校之定额，因此讨论童试入学的问题亦十分重要。片山刚对客家人移住珠三角后参加童试的状况进行了讨论。④林淑美也曾探讨过福建移民进入台湾后，如何通过"本地人"这一身份标签来区别其他地区移民，并以此获得参加童试的唯一合法权。同时，林著也指出，科举制度无法深入每个细枝末节，尤其在基层考试中，主观作用可能发生巨大影响，这就为各种营私舞弊渗入科举制度提供了可能。⑤

在前人研究基础上，我们尚可追问，在学额分配的具体操作过程中，地方社会的不同人群有着怎样的要求与行动？地方上的反馈又是否影响了中央对制度的调整？

明清福建兴化府的科举纷争，是回应上述问题的一个较好案例。一方面，明中叶以降，兴化府仅辖莆田、仙游两县，是福建地域范围最小的府，但至清代并未降格，始终保持了府一级行政单元。在如此稳定而独特的地域社会形态下，学额制度的运作得以呈现较为丰富的面貌。另一方面，莆仙两县对学额资源的争夺历时百年，历经了明清鼎革、沿海迁界、三藩之乱等一系列重大历史事件，在剧烈的社会变动中呈现出多种面相。尤其难得的是，莆仙学额争端的处理结果最后作为成案被载入《学政全书》，很有可能被其他地区

① Ho Ping-Ti, *The Ladder of Success in Imperial China: Aspects of Social Mobility, 1368-1911*, New York: Columbia University Press, 1962, pp.168-194; 中译本见何炳棣著，徐泓译注：《明清社会史论》，台北：联经出版公司，2013年，第208—241页；Benjamin A. Elman, "Political, Social, and Cultural Reproduction via Civil Service Examinations in Late Imperial China," *The Journal of Asian Studies*, vol.50, no.1(February 1991), pp.7-28; 谢海涛：《中国古代官学中的学生数量问题研究——以科举学额制度发展演变的历史为中心》，《山西师大学报》（社会科学版）2009年第6期，第94—99页；Benjamin A. Elman, "The Civil Examination System in Late Imperial China, 1400-1900," *Frontiers of History in China*, vol.8, no.1 (March 2013), pp.32-50; Benjamin A. Elman, Civil Examinations and Meritocracy in Late Imperial China, Cambridge, *MA: Harvard University Press*, 2013, pp.95-125.

② "府域差异"一说的核心在于"大府"定额的指标水平会高于"小府"。梁志平、张伟然：《定额制度与区域文化的发展：基于清代长江三角洲地区学额的研究》，第15—18、86—92页。

③ 该案件档案文献早获披露，包括吕小鲜：《嘉庆朝江西万载县土棚学额纷争案》，《历史档案》1994年第1期，第12—26、42页。相关研究如谢宏维：《棚民、土著与国家：以清中期江西省万载县土棚学额纷争案为例》，《中国史研究》2004年第2期，第153—165页；郑锐达：《移民、户籍与宗族：清代至民国期间江西袁州府地区研究》，北京：生活·读书·新知三联书店，2009年，第66—77页；杨歌：《学额纷争、移民族群和法律实践：以嘉庆朝广东新安县和江西万载县为例》，《杭州师范大学学报》（社会科学版）2013年第2期，第72—79页。

④〔日〕片山刚：《清代乾隆年间における科举受验资格·户籍·同族：广东省の事例を中心に》，《东洋史研究》1988年第3号，第587—588页；[日]片山刚：《清代中期の广府人社会と客家人の移住——童试受验问题をめぐって》，收入山本英史编：《传统中国の地域像》，东京：庆应义塾大学出版会，2000年，第167—205页；[日]片山刚：《广东人社会と客家人：一八世纪の国家と移住民》，收入冢田诚之、濑川昌久、横山广子编：《流动する民族：中国南部の移住とエスニシティ》，东京：平凡社，2001年，第41—62页。

⑤ 林淑美：《清代台湾移住民社会の研究》，东京：汲古书院，2017年，第67—132页。

处理类似争端时借鉴，[①]成为学额制度的一处注脚。

本文将以历史发展为序，通过明崇祯时期至清乾隆间数个接续爆发的争端，串联起支离的历史断面，尽力勾勒莆仙两县学额争端的相关史事，考察作为王朝制度的学额体系进入地方社会的历史过程，以期理解王朝中央与地方各势力之间错综复杂的博弈关系形塑学额体系的内在机制。

一、莆仙两地人口流动与明末莆仙地区科举惯例的形成

莆仙两县同属一府，文化相近，早在宋代便多有相互迁徙的情况。郑振满曾以仙游沿海枫亭镇的海安、荷珠、和平三村为例，考察了北宋末年、明代中叶、清代后期三个时段，仙游沿海接纳移民的历程。但文章着力于描绘小区历史样貌，较少论及莆仙两地人员往来状况。[②]这里仅以仙游折桂里蔡氏为例，对莆田人移民仙游的情况略作说明。蔡氏先祖北宋名臣蔡襄原为仙游人，后迁居莆田城南蔡宅，[③]后世第10代蔡成迁居仙游折桂里何岭，第13代蔡琦、蔡玮、蔡珍、蔡庆四人又迁回莆田各自落户，第21代"旬公派下枢公子孙淳甫房"一支分住莆田莒溪，至嘉靖年间始自莒溪迁入仙游九鲤湖院前；[④]蔡氏家族另一支系"旻公派下玮公子孙"，据称原住仙游何岭蔡埔，至"应昭公"时从蔡埔迁居莆田龙川东园，其后人中只有世雄一系居住本乡，世良一系子孙迁莆田钱江尾华，继而迁往仙游香田里沟尾，而后再迁至莆田侯溪沟尾，及莆田岩头度口、仙游香田里东安、石马等地。[⑤]仅蔡世良一支便在莆仙两县间来回迁徙，不难看出两地人口流动之频繁。但总的来说，由于莆田人户数量远超仙游，明中期即有仙游10倍以上，[⑥]且两地面积相近，莆田人迁出原居地的意愿可能更强。在蔡氏之外，兴浦黄氏等一批莆田家族也存在"赘仙游""分居仙游"之类的情况，[⑦]足见当时莆田迁居仙游风气之盛。

明代以降，除了移居活动，莆田人在仙游置有田产的情况亦日趋增多。为便于管理，隆庆五年（1571）仙游县知县张昂开始组织编立莆冬里负责征收钱粮，但此次编甲似乎并

---

①道光年间有贵州遵义府、云南普洱府属县分割府学学额案，虽然文献中并未明言其直接依据莆仙例案，但当时主事学政应对此案有所了解。清代官修《学政全书》，台北：广文书局，1974年，第763页。

②郑振满：《仙游沿海的生态环境与人口变迁》，收入庄英章、潘海英编：《台湾与福建社会文化研究论文集》，台北："中央研究院"民族学研究所，1994年，第61—80页。

③《谱序》，《蔡氏宗系谱》，福建省图书馆藏清抄本，第4页a。

④《世系》，《蔡氏宗系谱》，第36页a。

⑤《世系》，《蔡氏宗系谱》，第39页a。

⑥弘治《八闽通志》卷二十《食货·户口》，福州：福建人民出版社，2006年，第543—554页。

⑦《兴浦黄氏族谱》卷二《分派纪略》，福建省图书馆藏光绪抄本，第26页a、第33页a、第40页a。

未成功，至万历十五年（1587）知县周铎任内方才编成。①有田地则需纳粮，但莆田人最开始在仙游纳粮，却并非由于在仙游置有田地，而要归因于政府组织的田粮拨划。在莆仙两县交界的沿海平原上有一名为枫亭的市镇，"上通郡省，下接泉漳"，②是两地人员往来的必经之地。此处设枫亭驿，需周边民众纳粮当差以维持运作。然自洪武永乐之后，兴化府田土抛荒、人民逃亡较多，正统十二年（1447）又裁兴化县，③将辖地分属莆仙，原三县共计四百余图，政区调整后仅存二百一十九图。明初莆仙地方发展之衰颓可见一斑。④莆田人口相对较多，田赋尚可维系，而仙游田粮较之莆田"四不及一"，赋役陷入难以周转的境地。因而在宣德年间，仙游县知县王弼便以"枫亭驿虽属本邑，与莆田地尤比近，实迎送之所共"为由，奏请将莆田所辖临近枫亭的五里田粮拨给仙游，"以助编数"。嘉靖四年（1525），因兴化府改编驿册，又将附驿田粮划归莆田，以莆田兴太里田粮冲抵。⑤此处提到的田粮拨划，应属明代驿递制度中的协济行为。⑥这显然无关户籍归属，被拨至仙游的莆田人保留了原籍，不过改在仙游纳粮当差而已，成为事实上的寄庄户。到嘉靖时期，"倭夷猖獗，侵寇海邦"，⑦莆田沿海颇苦于倭患，"丁壮且去过半，居房尽毁"，⑧更多莆田人开始大规模移居仙游，据称"徙居仙者四十八家"。⑨这些人或是就此定居，或在倭乱平歇后回到莆田，⑩而因生活所需，在仙游置办的田地很可能成了后来寄庄的雏形。莆田人或受协济驿递影响，或因倭寇骚扰，纷纷在仙游县内以枫亭为中心的范围里置田。据莆田士绅彭鹏所言："莆米在仙连江里，另名莆冬"，⑪枫亭即属连江里，二者恰可对应。

总之，到明代后期，莆仙移民杂处的格局已基本形成，莆田人或直接携家定居仙游，

① 康熙《仙游县志》卷四《官制志》，《清代孤本方志选》第1辑第26册，北京：线装书局，2001年，第126页。又按：乾隆《莆田县志》中记"界内图分共一百一十图，每图计十冬"，则"冬"与"甲"同义，应当都是基层赋役组织通名，"莆冬里"即莆田客民的图甲排年之意。见乾隆《莆田县志》卷五《赋役志》，《中国方志丛书》华南地方第81号，台北：成文出版社，1968年，第196页。杨园章近来以广西罗城为例，揭示了仫佬族社会中也存在作为里甲赋役体系地方化表现形式的"冬"组织。见杨园章：《再论广西罗城仫佬族社会"冬"组织的来源》，《中国文化研究》2018年第4期，第129—137页。

② 康熙《连江里志略》卷一，《枫亭古代志书三种》，福州：海峡书局，2017年，第16页。

③ 兴化县裁撤后，当地人解释废县原因为科举衰弱。见叶鹏、黄忠鑫：《"海滨邹鲁"的末路：明代福建兴化县的裁撤》，收入苏智良主编：《海洋文明研究》第2辑，上海：中西书局，2017年，第72—83页。

④ （明）王弼：《奏为照旧编金驿传事》，嘉靖《仙游县志》卷七《文章类》，《日本藏中国罕见地方志丛刊》第29册，北京：书目文献出版社，1992年，第151页。

⑤ （明）萧弘鲁：《奏为乞恩处置地方以苏民困事》，嘉靖《仙游县志》卷七《文章类》，《日本藏中国罕见地方志丛刊》第29册，第155页。

⑥ 相关制度可参见方裕谨：《明崇祯年间驿递制度史料》，《历史档案》1983年第1期，第3—27页。

⑦ 《续修锦南蔡氏世谱序》，蔡襄纪念馆董事会编：《蔡氏族谱》，福建省图书馆藏1989年抄本，第16页。

⑧ 《明嘉靖四十四年福六十一公追补东沙南蔡家乘后集序》，蔡襄纪念馆董事会编：《蔡氏族谱》，第27页。

⑨ （清）黄之隽：《唐堂集》附《冬录九》，《四库全书存目丛书》集部第271册，济南：齐鲁书社，1997年，第825页。

⑩ 《明嘉靖四十四年福六十一公追补东沙南蔡家乘后集序》，蔡襄纪念馆董事会编：《蔡氏族谱》，第28页。

⑪ （清）彭鹏：《岁试上郡太守苏公祖书》，《古愚心言》卷五，《四库全书存目丛书》集部第231册，济南：齐鲁书社，1997年，第792页上。

成为移民；或置田粮于仙游，成为产业跨越两县的地主，即寄庄户。这些莆田移民与寄庄地主或多或少保有原先的身份标签，并未真正融入仙游当地，为之后的纷争埋下了隐患。

随着莆田人涌入，其后代如何在仙游入学并参加科举考试的问题，逐渐浮出水面。莆田东沙《蔡氏族谱》中称："岁进士有拔领袖仙邦：寰公仙邑贡元。"①也就是说，来自莆田东沙蔡氏家族的蔡寰，在院试岁考中被选拔为了仙游县学贡生，这正是明代莆田人在仙游入学的真实写照。据乾隆《莆田县志》记，明代莆田人自仙游县学考中举人者至少有27名，岁贡也达13名之多，②可知莆田人在仙游进学数量之巨。这些莆籍生员的真实身份在康熙、乾隆两版《仙游县志》中都被刻意隐去，只有嘉靖《仙游县志》中毫不讳言，据实记录了这批人的莆田籍身份，与乾隆《莆田县志》几可一一对应。被标记为"莆田人"的仙游县学生，应当就是莆田移民或寄庄户家族的成员。早在洪武年间，即有莆田人林荣在仙游县学中式，但据嘉靖《仙游县志》称，林荣乃仙游廉洁里人，或可推测是早期的莆田移民。③景泰年间的莆田叶茂高、叶茂端兄弟，叶茂高取进莆田县学，叶茂端则被取入仙游县学。④这显然不是一个移民家庭，当时的叶家应在仙游置有田产，叶茂端是作为寄庄户进入仙游县学的。

这里有必要回顾一下明代学额制度的演进历程。童试是士子获得功名必须参加的一场资格考试，考中者入学校，才能进一步参加各级考试。⑤明洪武年间，在朱元璋推动下，各府州县普遍建立了学校。⑥虽然明代科举可能并非完全出自官学，⑦但生员仍是科举考生最主要的来源。学校录取不能无所限制，经过明初一段时间的放任与反复，到成化之后逐渐定为廪膳生员、增广生员、附学生员三等，府学廪增员额各40名，县学额数为其半，附生名额则语焉不详。⑧据乾隆《仙游县志》称，仙游县学在天启后每次院试取进25人到59

① 《东沙末论》，蔡襄纪念馆董事会编：《蔡氏族谱》，第136页。

② 乾隆《莆田县志》卷一三《选举志》，《中国方志丛书》华南地方第81号，第332—356页；乾隆《莆田县志》卷一四《选举志》，《中国方志丛书》华南地方第81号，第377—382页。

③ 嘉靖《仙游县志》卷四《人物类》，《日本藏中国罕见地方志丛刊》第29册，第85页。

④ 乾隆《莆田县志》卷一四《选举志》，《中国方志丛书》华南地方第81号，第378页下。

⑤ 童试分为县试、府试、院试三轮，分别由知县、知府与学政（学道）主持，这一制度应出现于正德朝，而确立于嘉靖朝。见郭文安：《明代童试确立时间考》，《江海学刊》2018年第3期，第50页。童试一般附在岁试（生员考校考试）、科试（举人报考选拔考试）之后进行，三年中开考两次。见商衍鎏：《清代科举考试述录》，北京：故宫出版社，2014年，第6—33页。

⑥ 《明太祖实录》卷四六，"洪武二年十月辛巳"条，台北："中央研究院"历史语言研究所，1966年，第923—924页。

⑦ 郭培贵：《关于明代科举研究中几个流行观点的商榷》，《清华大学学报》（哲学社会科学版）2009年第6期，第140—144页。

⑧ （清）张廷玉等：《明史》卷六九《选举一》，北京：中华书局，1974年，第1686—1687页。据郭培贵考订，在增广生员外再取一等生员补充的做法始于正统年间，但当时并不称"附学生员"，此名出现大致要到成化初年。参见郭培贵：《明史选举志考论》，北京：中华书局，2006年，第123页。

人不等。^①不难看出，廪生与增生数额已有限制，但附生录取仍较自由。即便如此，学额趋于紧缩业已使其稀缺资源的特点得以展露，学额本身开始成为地方上激烈争夺的对象。

迟至明万历时，已有人提出寄籍入学者需"祖、父入籍二十年以上，坟墓、田宅俱有的据，本生声音相同，同袍保结不扶，并无违碍者，方许赴试"。^②因而长期定居且"庐墓、昏嫁、从师"均在仙游的莆田移民希望"随粮应试"，本是合乎情理的要求。但如此一来，势必挤占当地士子的入学机会，这是仙游人绝不愿看到的。莆仙民众"以读书为故业，科名之盛甲于闽中"，^③普遍将科举视为实现社会流动的绝佳途径，在这样的地域中，学额的有限性极易引发不同人群之间的矛盾。而寄籍入学需有明确的产业归属、入籍年限与邻里保结，否则将被视为冒籍，受到严惩。因此，来到仙游未达二十年的莆田移民，或是根本就没有入籍的莆田寄庄户，自然成为众矢之的。

崇祯元年（1628），仙游人借端发难，要求禁止莆田人进入仙游县学。兴化府知府吴道昌因而令莆田、仙游两县进行调查，从中调停。莆田县知县吴彦芳在回复兴化府的呈文中，特别强调了莆田科第之盛，考试之例与其他地区并不相同。吴彦芳称，"府学、卫学、莆学，总是莆士弦歌之场"，以旧例来看，莆田寄庄户可依附仙游考试，仙游儒童则并未拨入府学；近来这一所谓"旧例"悄然改变，仙游人不再允许寄庄户附考，仙游童生却希望进入府学，显然损害了莆田方面的利益，为莆田乡绅、儒生所不忿。他随之提出"罢一复一"的解决方案：所谓"罢一"即凡寄庄附籍者均回莆田应试，"复一"则指仙游籍童生概不拨入府学，以期达到"两县各不相混"的理想局面。^④吴彦芳所述"旧例"看似夸张，却有其事实依据：有明一代仙游籍学子进入府学的数量可能非常有限。明代兴化府学的生源已难查考，但可以通过统计府学中举人的籍贯来侧面反映仙游籍学生的数量。根据道光《福建通志》中的记载，明代兴化府学共有中举者803人，其中莆田籍学生高达800人，2人未注明籍贯，仅有1人明确为仙游籍。直至明末，学额制度仍处于完善阶段，国家对学校生源亦无明文规定，府学以录取附郭县学生为主的情况可能颇为普遍：其时福州、建宁等府学中式举人便全为附郭县籍学生。^⑤在这一背景下，吴彦芳将府学只录莆籍学生视为成例，也是符合逻辑的看法。

这一呈文得到了兴化府与福建督学道方面的认同，后来被仙游人斥为"莆绅私人"的

---

① 乾隆《仙游县志》卷二三《学校志三·泮额》，《中国方志丛书》华南地方第242号，台北：成文出版社，1975年，第495页。

② （明）冯琦：《为尊奉明旨开陈条例以维世教疏》，《宗伯集》卷五七，《四库禁毁书丛刊》集部第16册，北京：北京出版社，1998年，第10页。

③ 乾隆《莆田县志》卷二《舆地志》，《中国方志丛书》华南地方第81号，第108页上。

④ 《明崇祯元年本县知县吴彦芳申请兴化府看语》，乾隆《莆田县志》卷九《学校·附泮额定案》，《中国方志丛书》华南地方第81号，第290页上。

⑤ 道光《福建通志》卷一五四—卷一五六《明举人》，《中国地方志集成》省志辑福建第6册，南京：凤凰出版社，2011年，第408—459页。

督学道樊英便强调莆田文教发达，所谓"旧例"看似对仙游不利，只是为了彰显莆田科甲之盛而已。①但府学被一县独占终究于制度无据，为解决这一问题，"府童"应运而生。所谓"府童"即专考府学的莆田童生，"由县到府，另考一案，另送一册"。②创设府童，意味着府学成为招收特定县域人群的学校，仙游人将被完全排斥在外。

我们不妨将崇祯元年的这一处理结果称为"崇祯定案"。不难看出，这一定案对仙游大为不利，原先府学、县学均可入学，取进名额尚有上浮空间，而经此定案，仙游人仅保有县学进额，遭到了事实上的限制。在崇祯元年前进入府学的仙游学生也遭波及：戴震亨于天启年间"食饩郡庠"，成为府学廪生，或因其"家产千金"，打点好了上下关系，崇祯三年（1630）仍得以由府学出贡。③同在天启年间入学的陈志高就没有如此幸运了，"崇祯定案"后他遭到莆田士绅指控，最终被府学除名。④仙游人投考府学的权利在"崇祯定案"以后实质上被剥夺了，自此莆田人独占府、县二学（若加上平海卫学则有三学），吴彦芳所称的"府学、卫学、莆学，总是莆士弦歌之场"得到了保证。遗憾的是，囿于资料不足，尚不能了解明末仙游人对"崇祯定案"是否有所抗辩。

二、明清易代与地方科举传统赓续

"崇祯定案"之际，明王朝已陷入了内忧外患的局面。崇祯十六年（1643）八月，"因流寇迫京师"，此年会试改期，⑤明代经营二百余年的科举秩序至此戛然告终。随之而来的动乱，使各级科举考试无法照常进行，规定入学资格的"崇祯定案"自然成了一纸空文。

远在北方的明王朝统治中心分崩离析后，南方仍处于南明朝廷控制之下。顺治二年（1645），朱聿键于福州称制，号隆武，登极后随即"设储贤馆招致人才"，但此时国家纷乱，偏居一隅的隆武朝廷已难笼络人心，"赴选者多不称其名"，人才选拔机制只能不断简化。次年，隆武政权亦开乡试，却"以暑天从宽，只用两场，首场只作五篇，发榜后，于至公堂复试，凑成三场"。⑥显而易见，此时开科已无法恢复明代旧制，就连一省乡试的基本规模都不能保证。在这一背景下，由于岁科考校的废止，原有的入学限额也形同虚设，莆仙两地读书人不再需要费力争夺这一资源。有趣的是，仙游蔡氏东园房世雄派下第26代

①《督学道樊英批断定案》，乾隆《莆田县志》卷九《学校志·附泮额定案》，《中国方志丛书》华南地方第81号，第290页。

②《提学范光宗题稿》，乾隆《仙游县志》卷二三《学校志三·泮额》，《中国方志丛书》华南地方第242号，第497—498页。

③道光《枫亭志》卷三《列传》，《枫亭古代志书三种》，福州：海峡书局，2017年，第64页。

④（清）彭鹏：《岁试上郡太守苏公祖书》，《古愚心言》卷五，《四库全书存目丛书》集部第231册，第792页。

⑤（清）海外散人：《榕城纪闻》，中国社会科学院历史研究所清史研究室编：《清史资料》第1辑，北京：中华书局，1980年，第3页。

⑥（清）海外散人：《榕城纪闻》，《清史资料》第1辑，第4—5页。

孙蔡开有在此时一举考取了隆武朝进士，①但这显然已无法带给他真正迈入仕途的机会。

清王朝入关之初，国家动乱不定，地处福、泉之间的莆仙地区是交通必经之地，难免被战乱波及。崇祯十七年（1644）莆仙即有盗乱，人称"兴泉之乱，鹾斩数千"。②隆武朝廷以福建为根据地，不过一年亦告灭亡，兴化府此后甚苦于兵燹：顺治三年（1646）十月清军取兴化，四年（1647）九月遭郑成功部围攻，十一月解围，五年（1648）正月又被围，三月府城被陷，至七月方才被清总督陈锦靖率兵夺回。③在这反复之间，莆仙罹难民众不可计数。即便到顺治五年后，郑成功部仍不时攻扰莆仙沿海，如顺治十年（1653）郑成功遣部将王大振率兵驻莆田江口、涵江，"沿乡催取虐民"；十三年（1656）"扰沿海居民"；十七年（1660）七月，又"驾舟入涵江，抄及附近乡村，掠杀劫戮，一日一夜而去"。面对颇难防备的攻击，清政府选择以迁界为反制，顺治十八年（1661）下令，"着附海居民，搬入离城二十里内居住，二十里外筑土墙为界"。④此后居民集中于界内，科举考试得以勉强继续进行。

历经明清易代导致的科举秩序崩解后，随着清王朝对地方控制力的逐渐增强，莆仙地区的科举秩序开始了艰难恢复。国家鼎革之际，"诸生耻事异代，或逃诸山野，或遁入淄流"，⑤莆仙士子也不例外，出现了一批殉国志士，但在清王朝广增学额的诱惑下，仍有不少读书人选择为新王朝服务。清军入闽伊始，便大力招揽前朝遗民，明末所录生员多可"复学"，惟不承认南明弘光、隆武政权所取贡举之士而已。顺治五年（1648），地方稍定，十月即开乡试。⑥在此之际，当年岁试亦匆匆开考，以招揽人心。据《清代莆田芹香录》（以下简称"《芹香录》"）记载，此次岁试兴化府学取进附学生员40名，莆田县学取进人数则达骇人的80名之多。⑦然而，彼时生员待遇可能并不优厚，以临近的福州来看，不仅明代所谓免粮免役的优待全无踪迹，甚至到了"催粮于生员家十倍凶狠"的地步，"是生员反平民不若也"。⑧在生员地位较前代大为不如的背景下，莆仙两县并未爆发大规模冲

① 《世系》，《蔡氏宗系谱》，第61页a。

② （清）李世熊：《寇变记》，中国社会科学院历史研究所清史研究室编：《清史资料》第1辑，北京：中华书局，1980年，第32页。

③ 莆田县县志编集委员会编：《莆田县志·莆田大事记（草稿）》，莆田市图书馆藏1965年油印本，第29—30页。

④ （清）陈鸿：《清初莆变小乘》，中国社会科学院历史研究所清史研究室编：《清史资料》第1辑，第75—80页。

⑤ 民国《莆田县志》卷一一《学校志·学额》，《中国地方志集成》福建府县志辑第16册，上海：上海书店出版社，2012年，第421页。

⑥ （清）海外散人：《榕城纪闻》，《清史资料》第一辑，第8页。

⑦ 魏显荣等编：《清代莆田芹香录》，福建省图书馆藏民国二十二年抄本，第2页b—第3页a。该书又称《清代莆阳入泮录》，初辑本仅记至嘉庆末，民国初年莆田士绅魏显荣等重新整理，记录了清代自顺治五年至光绪三十一年兴化府学、莆田县学、平海卫学所有录取的附学生员名单，并且皆有附注是否贡举、进士与任官信息，康熙四十八年之后的府学录取名单中还将仙游籍附生特别注出，以示区别。此外，尚有一份光绪三十一年撰修的仙游生员名录《仙游县岁科试录》（又作《仙溪试录》），记录了天启六年至光绪三十一年的仙游县学入学情况，但遗憾未能一睹。书目信息见郑宝谦主编：《福建省旧方志综录》，福州：福建人民出版社，2010年，第446—447页。

⑧ （清）海外散人：《榕城纪闻》，中国社会科学院历史研究所清史研究室编：《清史资料》第1辑，第21页。

突，仅出现了少数混冒入学的情况。

顺治五年开科，严大捷、陈思任皆为仙游人，但他们趁"山海寇乱，郡城被陷初复"，混入府学；顺治十五年（1658），有仙游傅姓童生冒名郑登第亦进府学；康熙九年（1670）又有许必昌录取府学，只因其是莆田乡绅杨梦鲤的女婿，"众攻稍息"。[①]值得注意的是，这些所谓"混入府学"的仙游人，即便是据称被"黜退"的郑登第，都在《芹香录》中保留了自己的姓名，但并未标示仙游籍身份。[②]顺治十二年（1655）仙游城被"海寇"攻破，"册籍已经劫灰"，[③]这些人应是趁户籍登记被毁坏的情况下，在报考时假冒莆田人，从而得以进入府学的。

可资参照的一个例子是仙游的徐缵雍、徐缵师兄弟。康熙八年（1669），仙游人徐稚佳希望通过与福建学政的私人关系，将二子徐缵雍、徐缵师从仙游县学转至兴化府学。此事被莆田士绅知晓并大加宣扬，"阖郡绅袍控院控道"。在社会舆论的激烈反对之下，徐稚佳只好呈请将二子拨回县学。[④]经历此事的莆田乡绅彭鹏记叙道：

> 徐公子缵雍、缵师已进仙庠，红案改入府庠。入疑引类，渐恐滋蔓，莆绅袍即控前任督抚院禁戢，杜渐防微，诚慎之也。蒙批王文宗审报，徐绅悔祸，呈恩照旧例归仙学，详院批允在案。则是府学旧例，仙绅自言之矣，院宪批定之矣。[⑤]

上述严大捷、许必昌等人冒籍入学可能一时难被觉察，但徐氏兄弟并未直接投考府学，而是考入县学后试图转学，势必要为人所知。按理说一两名生员转学与大局无伤，但出于防微杜渐的考虑，莆田士绅依然向上控告。徐稚佳请求将二子改回仙学便是在莆绅施压下的回应。彭鹏援引兴化府知府许焕祖对此事的看法，称徐氏兄弟在"莆人控院、控宪时，两造对质"，无力辩驳，"俯首自认旧例，呈回原学"，明显承认了仙游人不入府学的"崇祯旧制"。[⑥]徐稚佳的做法确实在客观上承认了这一点，但若以此断言"府学旧例，仙绅自言之矣"，恐怕是不正确的。徐稚佳让二子回籍更可能是担心争讼不止，导致事态恶化，断送其前程。综合来看，上述两类人，不论是冒籍投考或是设法转学，都没有直接与"崇祯定案"对抗。可见即便在明清鼎革之后，仙游人参与科举仍要受到限制。

无论如何，仙游人不得入府学的原则被延续了下来，而不得在仙游入学的莆田人是何状况，却难觅踪迹。可以找到的仅有林遴、陈帝简两例：林遴是仙游县城功建里人，却于

① （清）彭鹏：《岁试上郡太守苏公祖书》，《古愚心言》卷五，《四库全书存目丛书》集部第231册，第792—793页。

② 魏显荣等编：《清代莆田芹香录》，第2页a、第11页b、第15页a。

③ 道光《枫亭志》卷一《地里》，《枫亭古代志书三种》，第64页。

④ （清）彭鹏：《上某司衡书》，《古愚心言》卷五，《四库全书存目丛书》集部第231册，第783页。

⑤ （清）彭鹏：《岁试上郡太守苏公祖书》，《古愚心言》卷五，《四库全书存目丛书》集部第231册，第791—792页。

⑥ （清）彭鹏：《岁试上郡太守苏公祖书》，《古愚心言》卷五，《四库全书存目丛书》集部第231册，第793页上。

顺治五年（1648）从莆田县学考中举人。[1]若仅有此条资料，很容易让人产生他也是冒籍人员之一的印象，但乾隆《仙游县志》中又提到，林逵之父乃"由莆移仙"。[2]这就解释了为何林逵能进入莆田县学，因为他很可能是移民家族的成员。那么，根据"崇祯定案"的解释，林逵回到莆田入学便是顺理成章的。值得注意的是，林逵也参与了康熙《仙游县志》的编修，而他的身份竟是"邑绅"，[3]这似乎说明，虽然林逵早年未在仙游入学，年岁渐长后却获得了认可，被接纳为仙游士绅群体的一分子。陈帝简据说也是仙游县城功建里人，于康熙二年（1663）中举，[4]但他同样未在仙游应试，而是于顺治十四年（1657）考入府学。[5]实际上，陈帝简应是从枫亭迁至县城的莆田家族后裔，否则无法解释他何以能在此时进入府学，道光《枫亭志》中记载："陈帝简，康熙二年癸卯（乡举），莆籍"，即为明证。[6]

行文至此，应对莆田移民与寄庄户的关系稍作总结。韩大成指出：寄庄是在外府州县乡里购买的土地，寄庄户则是那些拥有寄庄的人。寄庄户多是为了广置田地、逃避赋役，或有意在外占籍而诞生的，即便有在当地纳粮当差的动议，也大多保留了原来的户籍。[7]黄志繁则把寄庄户视作移民先导，寄庄出现意味着以土地为保证、户籍为凭据的各种土著权利有可能被寄庄户分享，侵占学额便是寄庄户转化为移民进入新地域的重要一步。[8]要之，寄庄户最重要的特点即本人未到田地所在处入籍，而移民则与之相反；同时，寄庄户有可能已开始分享当地土著权利却逃避了赋役责任，而移民的权责则与土著几乎无异了。

莆田寄庄户不得在仙游入学是确定无疑的，但从上述几例来看，实际上有些莆田移民也同样无法获得入学资格。下面将莆田移民与寄庄户的田产、入籍、移居时限、入学状况进行整理，可得出一张简要的分析表（表1）：

表1　莆田寄庄户、莆田移民在仙游入学状况分析表

人员	是否置有田产	是否入籍	是否定居超过二十年	是否能够入学
寄庄户	是	否	否	否
初代移民	是	是	否	否
后代移民	是	是	是	是

不难看出，仙游人区分"他者"的一个标准即定居时长。继续以林逵为例，我们可以

① 康熙《仙游县志》卷一一《选举》，《清代孤本方志选》第1辑第26册，第372页。

② 乾隆《仙游县志》卷三六《人物志四·仕迹》，《中国方志丛书》华南地方第242号，第774页。

③ 康熙《仙游县志》卷一《姓氏》，《清代孤本方志选》第1辑第26册，第48页。

④ 康熙《仙游县志》卷一一《选举》，《清代孤本方志选》第1辑第26册，第373页。

⑤ 魏显荣等编：《清代莆田芹香录》，第10页a。

⑥ 道光《枫亭志》卷二《人物》，《枫亭古代志书三种》，第87页。

⑦ 韩大成：《明代的寄庄》，收入《明史研究》编辑部编：《明史研究》第1辑，合肥：黄山书社，1991年，第24—34页。

⑧ 黄志繁：《"贼""民"之间：12—18世纪赣南地域社会》，北京：生活·读书·新知三联书店，2006年，第172—200、215—224页。

设想这样一种情景：林邃父辈移居仙游，至林邃准备参加科举时，居住年限尚未满二十年，因而只能回到莆田应试入学。此后林邃仍以仙游人自居，经过数十年，最终获得了仙游士绅认同。从时间上看，顺治五年林邃即中举，可推知其入学必早在崇祯年间，而后又于康熙庚戌年（即康熙九年，1670）为《仙游县志》作序，①此时距林邃入学已有二十余年，再上溯至其父迁居仙游，应在三十年以上，因而编修县志时被认作"邑绅"也就在情理之中了。可供对比的一个例子来自莆田东沙蔡氏，第29代蔡垣生活于崇祯至康熙年间，其次女嫁"仙攀龙桥邑庠生"张飞英，这位仙游县学生虽"本祖莆人"，②却获得了在仙游入学的资格，显然在张飞英参加考试前，张家在仙游入籍定居时限已足够长久，得以融入仙游人群体之中，虽然保留着祖先为莆田人的标签，但已可一同应试。

一言以蔽之，自"崇祯定案"后，仙游县学已完全拒绝录取莆田寄庄户，而莆田移民希望在仙游入学亦须达到一定的定居年限，否则只能另寻他法。需要注意的是，入籍定居二十年以上只是莆田移民在仙游入学的必要条件，这并不意味着所有达到定居年限的莆田人都能自由报考，仍有少部分莆田移民被仙游县学排斥在外，这一点在下文中还将提及。从上述史料的考辨来看，"崇祯定案"虽距此已近四十年，在地方上却仍有影响力，这应是由于清初基本延续了明代的陈规陋习，即便与制度设计有所冲突，也并未迅速清理。但"崇祯定案"毕竟与科举制度出入甚多，一旦局势稍定，难免会有人发现其中的问题。

三、地方动乱背景下莆仙科举秩序的重构

康熙十年（1671）初，仙游县知县卢学傅应仙游士绅所请，提请省内允许府学录取仙游童生，莆田衿绅则认为此事断案已明，应仍照"崇祯定案"办理。不难看出，两县的核心矛盾在于对录取原则的不同理解：仙游方面认为当以全国性制度为凭，希望彻底否定"崇祯定案"的约束，重新获得录取府学之权利；莆田方面则极力维护"崇祯定案"的权威，力求继续维持这一地方惯例，保持自身在官学录取中的优势地位。二者的矛盾显然无法简单调和。

收到卢学傅发文后，省内令兴化府知府许焕祖核查实情回报。莆田县是兴化府的附郭县，或是亲私附郭的原因，许焕祖的回文偏向了莆田一方。学道王震起对此颇不以为然，驳斥称："兴化府、卫二学，不许仙人拨入，据详历有成规，屡经驳查，实无确据。前学道批，果可为今日定例乎？"③作为福建督学道，王震起对学额制度了然于胸，不可能对明显与制度抵牾的"崇祯定案"视而不见，因此他说：

---

① 康熙《仙游县志》卷一《序》，《清代孤本方志选》第1辑第26册，第20页。

② 《世系》，蔡襄纪念馆董事会编：《蔡氏族谱》，第95页。

③ 《学道王震起驳兴化府知府许焕祖详批》，乾隆《仙游县志》卷二三《学校志三·泮额》，《中国方志丛书》华南地方第242号，第496页。

至府学乃通都首庠也，凡该府所辖属县之童生，悉照县分（份）大小，通匀拨进府学，天下成例皆然，即闽省七府属亦莫不然。独兴化属辖，惟莆仙两县，又另设府学童生，仙人不得与府学，则是府学独归莆士，而仙邑终摈府庠。①

王震起一针见血地指出"崇祯定案"的症结所在，即与"天下成例"不符。虽然该定案沿习已久，但并不符合相应的国家制度。回过头看，"崇祯定案"只是崇祯时福建学道樊英的断案，既非明代国家层面的判决，也未在清代得到中央相关部门认可，可谓是背离了国家制度的地方惯例。正因如此，"崇祯定案"无法从制度上得到保障，更难以应对制度层面的质疑。王震起随之提出了他的解决方案——"阅文优劣，从公量拨"，而这一方案也得到了闽浙总督署理福建巡抚刘斗的赞成。②

"康熙十年定案"否定了"崇祯定案"的合法性，意在重新确立兴化府学公平录取两县童生的原则。然而不久后三藩之乱爆发，耿精忠在福建反叛清王朝，恢复不过二十余年的科举秩序再次崩溃。

耿精忠于康熙十五年（1676）九月投降，但当时的兴化府城仍在郑经部将马成龙控制之下，至次年方被平定。③期间福建科举断绝七八年之久，以致重新开考时，莆田竟有千人应试。④康熙十七年（1678）重新开科，先补考康熙十四年（1675）乙卯科因耿变而停的岁试，之后紧接着开始了当年的科试。⑤不过，从《芹香录》来看，"康熙十年定案"并未得到落实，仙游依然无一人能够进入府学。

康熙十七年复考时，莆仙童生面对的入学条件无比恶劣。首先，学政巡考颇为草率，"科考儒童酉交卷而辰发榜，相距未六时"，⑥其审卷之迅速可见一斑，不少确有实才的学子未被录取。其次，府县学额从原来府学20人、县学与卫学15人缩减至府学5人、县学与卫学4人，不足原来的三分之一。虽然三年后康熙二十年（1681）科考，府县学额得以恢复，但康熙十七年清政府即裁革平海卫学，⑦这样一来，入学总额较之以往仍显捉襟见肘。

这里不妨花些笔墨回顾平海卫学的发展。平海卫学始建于正统八年（1443），天顺间经教谕宋淑昭奏请，允许莆田县民籍童生附考，顺治十八年（1661）迁海时，裁撤平海卫，卫学亦废，至康熙三年（1664）在府城重建，此后更多莆田民籍学生得以就近入卫

① 《覆详两院看语》，乾隆《仙游县志》卷二三《学校志三·泮额》，《中国方志丛书》华南地方第242号，第496—497页。

② 《学道王震起详请督抚两院批允莆仙二县公拨断语、总督刘斗批、署抚刘斗批》，乾隆《仙游县志》卷二三《学校志三·泮额》，《中国方志丛书》华南地方第242号，第497页。

③ 莆田县县志编集委员会编：《莆田县志·莆田大事记（草稿）》，第32—33页。

④ （清）彭鹏：《上某司衡书》，《古愚心言》卷五，《四库全书存目丛书》集部第231册，第782页上。

⑤ 魏显荣等编：《清代莆田芹香录》，第15页b—第16页a。

⑥ （清）彭鹏：《上某司衡书》，《古愚心言》卷五，《四库全书存目丛书》集部第231册，第785页上。

⑦ 民国《莆田县志》卷一一《学校志·学额》，《中国地方志集成》福建府县志辑第16册，上海：上海书店出版社，2012年，第421页下。

学，①如上文多次提及的莆田乡绅彭鹏便是一名民籍卫学生。②平海卫学在清初收录员额12名，后增至25名，③顺治十七年（1660）定为15名，③虽不比兴化府学，却已与莆仙两县学相垺，是莆田童生进学的一大补充。然康熙十七年卫学被裁，这对附考卫学的民籍童生而言不啻晴天霹雳。按原先预期，莆田人最多可在府、县、卫三学共取进生员50名，裁去卫学学额15名，等于削去了30%的入学名额。此后直至乾隆朝，莆田民间都有恢复卫学学额的呼声，仙游县甚至也参与了复额的申诉，但这一请求始终未获批准。④

康熙二十三年（1684），台湾平定，设立府县，此后南方再无战乱，从明清易代至此近40年的动荡遂告终结。国家鼎革之际的地方动乱，打破了明末建立的三年两考的科举周期，顺治五年（1648）至康熙二十二年（1683），清王朝在莆仙地区举行童试的频率很不稳定，有时一年两考，有时又岁科并考，顺治年间实行"先科后岁"，康熙十七年之后又改为"先岁后科"。具体情况如下表所示（表2）：

表2　顺治五年至康熙二十二年兴化府岁试、科试统计表⑤

时间	考试性质	时间	考试性质
顺治五年	科试	康熙四年	科考
顺治八年	科考	康熙七年	科岁并考
顺治九年	岁试	康熙九年	科岁并考
顺治九年	岁试	康熙十七年	光复岁考
顺治十一年	科考	康熙十七年	科考
顺治十二年	岁试	康熙十九年	岁考
顺治十四年	科试	康熙二十年	科考
顺治十五年	岁试	康熙二十二年	岁考
顺治十八年	岁考	康熙二十二年	科考

有赖于地方政局稳定，康熙二十二年之后的岁科考试走向固定化，除了雍正元年（1723）、乾隆元年（1736）改元时加试恩科外，三年两考之制得以平稳运行，未再变化。但科举秩序恢复的同时，莆仙两县已面临新的入学形势，莆田名额的缩减使得两县学额之争复燃难以避免。

康熙二十八年（1689），仙游童生王依仁请求匀拨府库学额，与此同时，莆绅程甲化、林麟焻则请因循旧例。可以看到，这时两县的争辩模式与康熙十年（1671）时大同小异，

①《重修平海旧卫学圣庙碑记》，郑振满、［加］丁荷生编纂：《福建宗教碑铭汇编·兴化府分册》，福州：福建人民出版社，1995年，第302页。

②魏显荣等编：《清代莆田芹香录》，第9页b。

③民国《莆田县志》卷一一《学校志·学额》，《中国地方志集成》福建府县志辑第16册，第421页下。

④乾隆《莆田县志》卷九《学校志·附泮额定案》，《中国方志丛书》华南地方第81号，第291页；乾隆《仙游县志》卷二三《学校志三·泮额》，《中国方志丛书》华南地方第242号，第498—499页。

⑤资料来源：魏显荣等编：《清代莆田芹香录》，福建省图书馆藏民国抄本，第2页a—第18页a。

仍是仙游一方要求公平录取府学、莆田一方要求遵照"崇祯定案"处理。按理说，已有"康熙十年定案"为据，两方要求也无甚变化，此时判决只需照旧处理即可，但结果却恰恰相反。时任兴化府知府危际泰与督学道高日聪虽都明白府学应以各县童生公平拨入，录取原则"惟视人才之优劣"而已，却又都不断强调莆田人文盛于仙游，故历来学额多予莆田，不予仙游。①且据"崇祯定案"，仙游人不入府学的同时，莆田寄庄户亦不入仙游县学；若仙游人得以投考府学，则应同样给予寄庄户投考仙游县学的权利。督学道高日聪最终判定，"莆童不准与仙试，仙童不准拨府庠"，巡抚张仲举、总督王骘均表示赞成。②

"康熙十年定案"与"康熙二十八年定案"具有极强的对比意义，虽然面对的要求基本一致，二者却做出了完全相反的判决结果，其原因恐怕与程甲化、林麟焻二人的身份不无关系。程甲化，顺治十八年（1661）进士，康熙二十三年（1684）时便已迁吏部文选主事；林麟焻则是康熙九年（1670）进士，康熙二十六年（1687）"典试四川"，后即迁礼部郎中。③反观仙游一方，王依仁不过一介童生，二者话语权孰轻孰重可想而知。同时，这一反差也正说明，迟至康熙二十八年，地方上仍具有操作学额制度的空间，可根据实际情况加以调整，并不一定要与中央条文保持高度统一。

自"崇祯定案"到"康熙二十八年定案"，时间超过半个世纪，莆仙两县学额争端多次反复，没有得到根本解决。究其缘由，实际上在于几次定案均是省内裁夺的结果，换言之，几次判决都没有得到来自中央的认可，两县学额之争长期停留在地方层面。可以试想，若仍无更具强制性与威信力的决断，莆仙两县还会继续就入学问题晓晓不休。有趣的是，康熙二十七年（1688）曾有一版最早的《学政全书》刊布，④其书虽佚，但足见中央层面此时应已开始着手统一制度。可能是由于《学政全书》运送至地方尚需时日，高日聪在康熙二十八年仍对兴化府学额做了特殊分配，但依据全书规制，其后任学道是否会对莆仙学额之争有不同的看法呢？

康熙四十八年（1709），以茅彝鼎为首的仙游儒生先后十数次呈控，要求废除成案，允许公平投考府学，虽遭莆田人报复，"恨殴之几毙"，却成功引起了时任福建提督学政范光宗的注意。⑤与此同时，兴化府知府汪天柄将莆仙两县科考"旧例"告知范光宗，强调称兴化府学录取与别处不同，自明末樊英审定后沿袭未变，并警告若仙游人进入府学，则莆田寄庄户势必要求在仙游附考，将会重启争端。范对此说大感诧异，按《学政全书》开载，府学应接纳属县童生自由报考，但兴化府却另立"府童"，全属莆田籍贯，在事实上

① 《国朝康熙二十七年兴化府知府危际泰回详督学道看语》，乾隆《莆田县志》卷九《学校志·附泮额定案》，《中国方志丛书》华南地方第81号，第290页下。

② 《督学道高日聪详督抚两院批定铁案看语》，乾隆《莆田县志》卷九《学校志·附泮额定案》，《中国方志丛书》华南地方第81号，第290页下。

③ 乾隆《莆田县志》卷二八《人物志》，《中国方志丛书》华南地方第81号，第580、582页。

④ 郭丽丽：《〈学政全书〉研究》，中国人民大学硕士学位论文，2016年，第14—16页。

⑤ 乾隆《仙游县志》卷四一《人物志九·乡行》，《中国方志丛书》华南地方第242号，第827页。

垄断了府学进额，这一做法明显违背了相关规制。因而范光宗以"兴郡送府童有违功令，难以遵守"一由上奏，请求允许莆仙两县平等投考府学。[①]这一建议得到了中央层面的肯定，经礼部核议，要求此后府学同等酌量拨入两县童生。[②]这一裁决彻底否定了"崇祯定案"，为仙游人重回府学提供了保障。据《芹香录》载，此后每次岁科考试中兴化府学均有来自仙游的生源，可以说，"康熙四十八年定案"得到了较为严格的遵行。

争端的解决看似偶然，实则有着深厚的制度背景，尤与学政规制变化有莫大关联。清初所设提学道乃按察司属官，品秩较低，康熙中叶渐改提学道为提督学院，也就是直接派遣翰林官巡考，不受督抚节制。[③]康熙四十二年（1703），首次简派詹事府右春坊右庶子翰林院试讲沈涵为福建提督学院，[④]四十五年（1706）遣陕西道监察御史杨笃生任之，[⑤]四十八年范光宗则以詹事府左春坊左赞善兼翰林院检讨任之。[⑥]此后福建学政或差翰林官或差监察御史，实现了由学道到学院的转变。[⑦]其实，在沈涵任上已有取仙游人徐益时入兴化府学，[⑧]但只取一人，似乎并未引起震动。数年后，有赖于茅彝鼎等人的不懈呈告，在范光宗任上最终阶段性地解决了莆仙争端。

回过头看方志所载的往来官文，虽然莆仙两县方志编纂各有取舍，仅录于己有利的成案，但仍可寻获蛛丝马迹。此前学道王震起、高日聪等人决策均要请督抚两院批示，所载多有"覆详两院""详请督抚两院""回详督抚两院""伏候宪裁"等语，而康熙四十八年一案留下的只有范光宗之题本，无须再经督抚便可上达天听，这便再次印证了此间学政规制之变化。

科举极具竞争性质，各级科考单位都以尽可能多地占有学额为目标，选择性地利用制度来维护自身利益。有如此案，莆田一方只强调依"旧例"行事，却不提所谓"旧例"的合法性如何；仙游一方只强调本县童生遭到限制，却不关心莆田移民与寄庄户如何入学。可以试想，倘若没有康熙四十八年范光宗的上奏，没有随后中央的介入，两县对制度的选择性运用还将继续，仍然会在地方惯例的范围中处理彼此矛盾。另一方面，"康熙四十八

---

① 《提学范光宗题稿》，乾隆《仙游县志》卷二三《学校志三·泮额》，《中国方志丛书》华南地方第242号，第497—498页。

② （清）素尔讷等纂：《钦定学政全书》卷五〇《福建学额》，收入沈云龙主编：《近代中国史料丛刊》第293号，台北：文海出版社，1968年，第932—933页。

③ 关于清初学政体制改革的讨论，主要参考了荒木敏一、王庆成、李自华、安东强等学者的研究。［日］荒木敏一：《雍正时代に于ける学臣制の改革：主として其の任用法を中心として》，《东洋史研究》1959年第3号，第267—283页；李自华：《试论雍正对学政制度的发展》，《史学集刊》2006年第5期，第22—28页；王庆成：《清代学政官制之变化》，《清史研究》2008年第1期，第73—80页；安东强：《清代学政规制与皇权体制》，北京：社会科学文献出版社，2017年，第15—60页。

④ 《清圣祖实录》卷二一〇，"康熙四十一年十二月丁酉"条，北京：中华书局，1986年，第136页上。

⑤ 《清圣祖实录》卷二二三，"康熙四十四年十二月戊午"条，第247页上。

⑥ 《清圣祖实录》卷二三六，"康熙四十八年二月丙辰"条，第363页下。

⑦ 钱实甫编：《清代职官年表》，北京：中华书局，1980年，第2629—2766页。

⑧ 魏显荣等编：《清代莆田芹香录》，第26页a。

年定案"也否定了地方上对学额制度的灵活运用，以整齐划一的制度取代了与制度不合的地方惯例，这一变化和康熙后期国家集权趋势加强显然密不可分。

四、雍乾时期莆仙地区科举定则的达成

"康熙四十八年定案"从制度层面解决了仙游人投考府学的障碍，但关于仙游县学招收考生的来源却未作规定。雍正二年（1724），以詹事府左春坊左中允兼翰林院编修任提督福建学政的黄之隽巡考兴化府，在其文集中记下了他主持调整仙游县学生源的经过：

> 初，莆人洊遭海患，徙居仙者四十八家。远自明，近国初，久之蕃衍。庐墓、昏嫁、从师，皆在仙游。至考试，则摈之曰："尔莆田人也，不得冒吾籍。"虽翁婿、师弟不少假。及试莆，则莆人拒之曰："尔仙游人也。"互相攻击，至斗殴、杀伤不悔。虽督、抚、学屡劝谕禁约，终不止。之隽稽故籍，兴化故有二卫，既废，卫童应试并入莆，故莆童倍仙，而徙仙者入籍久，不宜复阑入莆，若又禁不仙试，是终身锢之也。于是明伦堂讲书毕，呼仙游廪生暨录遗月课拔取者，环立谕之。语音未了，则具纸笔相问答，往复尽十余纸，始尚强辞，既翕然服。四十八家者得试仙邑，自此始。①

上文论及莆田移民至仙游入学的必要不充分条件是入籍并定居二十年以上，从黄之隽的记述中不难发现，仍有部分莆田移民入籍多年不能入学。莆田童生数量远超仙游，黄之隽因此认为应当允许这些移民在仙游入学，由于方言不通的缘故，黄之隽在明伦堂以"笔谈"的方式说服了仙游童生，让他们接受了移民入学的要求。根据清代科举制度，移民入籍二十年以上即可入学应试，仙游方面迟迟不准移民考试，已与制度不合，因此黄之隽的做法实际与范光宗一脉相承，都是废止地方上与国家规定不符的惯例，保证整体制度的统一性。乾隆元年（1736），来自枫亭的莆籍武童生郭廷树便进入了仙游县学，这显然得益于黄之隽调整仙游县学生源的举措。②在雍正二年（1724）之后，莆仙两县的科考规制表面上又回到了"崇祯定案"前的状态，但这一结果并不能完全满足两方要求，莆仙两县在新的录取定则下又萌生了新的矛盾。

前文已述，明代学额制度是不断演进的，从明初不限额，到明中期始设廪增名额，再到明末逐渐控制附生人数。可以说，明代时学额制度便已发生重要变化，其控制地方文化资源的作用业已彰显。到了清代，学额制度仍有不断改革，顺治、康熙、雍正三朝多次调整全国的学额规制。最后一次调整在雍正二年九月，福建省内莆田、仙游等26个州县参照

府学学额各取进20名。①至此，莆田、仙游两县学与兴化府学一样，皆定额录取附生20人。县学录取情况不必赘言，值得关注的是两县关于府学录取比例所达成的妥协。

"康熙四十八年定案"仅模糊地称府学应"凭文优劣，酌量拨取"，因而即便仙游童生得以取进府学，其录取人数多寡依然是两县角力焦点。莆田方面声称在康熙四十八年后，府学"拨取仙童有三名、四名、五名不等，至六名为极"。②而仙游方面则称仙游人考入府学"每试或六七人，或九人"。③从《芹香录》来看，莆仙两方的叙述都并不完全属实：其一，乾隆元年岁考，仙游童生取进府学的人数便达7人；其二，乾隆二年（1737）科考，府学录取仙游童生的人数的确是9人，但当年"特恩加额"，府学录取的总数为27人，若除去加额部分，正额取进的仙游童生仍只有6人而已。④根据《芹香录》，可将康熙四十八年至乾隆二十二年（1757）兴化府学中录取仙游籍童生的人数做一统计（图1）。

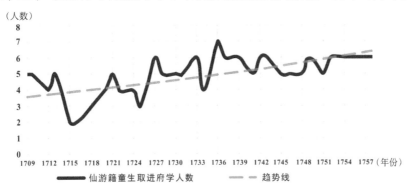

图1　康熙四十八年至乾隆二十二年历次考试兴化府学取进仙游籍童生人数统计图⑤

根据图1可见，仙游籍童生取入府学的人数呈不断增加之势，势必给莆田人带来强烈的危机感。仙游童生多次录取府学6人，而乾隆《莆田县志》中也称府学录取仙游人"至六名为极"，可知府学学额被占6名已是莆田人所能忍受的极限。但这并不意味着仙游方面对此完全满意，他们在方志中便大表不满："乃贪恔者撰岁六科七之谣，为仙之入郡庠者，定例偶逾其数，则风横涛涌，众议沸腾。司衡者，遂多依违其间，此岂量才拨取意耶？"⑥莆田人则极力维护这一比例，但凡多取仙游童生，必群起而攻之。

乾隆十七年（1752）十月，时任学政冯钤主持兴化府学科试，录取莆籍12人、仙籍8人。结果遭到莆田童生黄天锡等人的强烈反对，要求仍按旧例"三七分拨"府学学额，即录取莆籍14名、仙籍6名。冯钤的前任吴嗣爵、葛德润等人虽明知应凭文录取，历次考试

①《清世宗实录》卷二四，"雍正二年九月丁卯"条，北京：中华书局，1986年，第387页。
②乾隆《莆田县志》卷九《学校志·附泮额定案》，《中国方志丛书》华南地方第81号，第291页下。
③乾隆《仙游县志》卷二三《学校志三·泮额》，《中国方志丛书》华南地方第242号，第496页。
④魏显荣等编：《清代莆田芹香录》，第39页a—第41页a。
⑤资料来源：魏显荣等编：《清代莆田芹香录》，第27页b—第50页a。需要说明的是，雍正元年有特恩加试，府学录取7人，其中仙游籍1人，因与前后学额规制不一，故未纳入表格中，乾隆二年加额亦未计算在内。
⑥乾隆《仙游县志》卷二三《学校志三·泮额》，《中国方志丛书》华南地方第242号，第496页。

仍以"三七"之数分拨，即使是冯钤，在此前岁试时亦以"三七分拨"府学名额。①乾隆帝便质疑此事，"若果专就文艺酌取，岂有悉能暗合之理？其中显有迁就情节"。②其实在乾隆十一年（1746）时，兴化府学学额被私自分割一事便受到了中央层面的关注，时任福建学政吴嗣爵以其与例不符上奏请求朝廷予以禁止，获准"嗣后入学额数，悉照定例，凭文拨入。三七分拨，原非定例，行令销案"，③同时，朝廷还严令：

> 倘学臣按临，生童有联名具呈争拨者，将具呈争拨之生员斥革，童生不准应试，并治其违禁之罪。如有聚集多人，混行争控者，除严拿治罪外，仍将该县童生停其拨入府学，以儆浇风。④

在这样严酷的警告下，莆田童生仍敢大张旗鼓地表示反对，确实与多任学政默许"三七分拨"原则有很大关系。从乾隆帝的反应看，他显然对兴化府擅自分配府学学额的做法大为不满，更令他恼火的是，据说以黄天锡为首的莆田当地童生还有聚众闹事、胁迫商铺罢市的情形。虽然喀尔吉善的奏折中一再禀称并无"胁众罢市、闹入辕门"之事，但乾隆帝并不相信这一说辞，反而批评此乃"化有事为无事"。⑤但除了喀尔吉善、陈宏谋二人之外，福州将军新柱、福建陆路提督谭行义等亦有密奏，皆称莆仙地方平静，并未再发生闹事情形。⑥次年七月，喀尔吉善与陈宏谋再上奏，称莆田当时所谓闹事，不过是因考棚附近街市拥挤，出榜童生群聚于此，议论学额少拨二名之事，考棚附近摆摊商贩"恐损货物，自行收拾，其余铺面，开张如故"。又已严加审讯涉事童生，确无"号召罢市，闹入辕门"的忤逆之举。针对此情，他们还提出了应扩建考棚的解决之道。乾隆帝在此折后无奈批道："只有如此而已。"⑦不论当日黄天锡等人所谓滋事实情如何，福建地方大员们似乎达成了集体默契，一致上奏，均称地方无事。加之此后莆田确实未再发生"余震"，出于平息地方纷争的考虑，乾隆十八年（1753），朝廷以"旧日额数，果其行之已久，原系

---

① （清）喀尔吉善：《奏为莆田童生争拨名数缘由》（乾隆十七年十月廿八日），台北故宫博物院藏军机处档折件（清代宫中档奏折及军机处文件折件检索系统），文件号：009587。

② 中国第一历史档案馆编：《乾隆帝起居注》第11册，"乾隆十七年十一月二十三日庚辰"条，桂林：广西师范大学出版社，2002年，第312页—第313页。

③ （清）喀尔吉善：《奏为莆田童生争拨名数缘由》（乾隆十七年十月廿八日），台北故宫博物院藏军机处档折件（清代宫中档奏折及军机处文件折件检索系统），文件号：009587。

④ （清）素尔讷等纂：《钦定学政全书》卷五〇《福建学额》，沈云龙主编：《近代中国史料丛刊》第293号，第938—939页。

⑤ （清）福建巡抚陈宏谋：《奏报查莆田童生观榜喧拥审无胁众罢市闹入辕门折》（乾隆十七年十一月廿一日），《宫中档乾隆朝奏折》第4册，台北：台北故宫博物院，1982年，第374—375页。

⑥ （清）福州将军新柱：《奏报兴化府考试出榜后有童生吵闹折》（乾隆十七年十一月初二日），《宫中档乾隆朝奏折》第4册，第213—214页；福建陆路提督谭行义：《奏报兴化府童生吵闹及经文武晓谕星散折》（乾隆十七年十一月初三日），《宫中档乾隆朝奏折》第4册，第218—219页。

⑦ （清）闽浙总督喀尔吉善、福建巡抚陈宏谋：《奏报遵旨查办童生考试情形折》（乾隆十八年七月十九日），《宫中档乾隆朝奏折》第5册，第834—835页。

因地取才，自不应有意更张，徒滋扰累"为由，批准了兴化府学学额分割之例，令嗣后各学政以莆田分拨14名、仙游分拨6名永远遵行。[1]

朝廷态度的突然转变，多少有些出人意料，这很大程度上与乾隆帝个人专断相关。乾隆帝对莆仙争端中传言"胁众罢市"等情形的关切远胜于"三七分拨"府学学额一事，最终发现所谓"罢市"乃是谣传，或得益于此，允许"三七分拨"之例实行便也无妨了。[2]但我们仍想追问，"三七分拨"府学学额与"崇祯定案""康熙二十八年定案"一样是背离了国家制度规定的地方惯例，前案既被严令禁止，此案何以允许维持？除却皇帝个人好恶的主观因素外，较为合理的解释是其与前案具有性质上的差异。"崇祯定案"与"康熙二十八年定案"如出一辙，都否定了府学招收所属各县童生的原则，而"三七分拨"则是在肯定府学招收各县童生的前提下对具体比例的再划定。前者与制度有质的区别，后者则仅是具体数目上有所差异。因此，在弹压成本过高的情况下，朝廷自然也会考虑予以认可，以减轻行政压力。乾隆三十八年（1773），素尔讷主持编修了新的《学政全书》，莆仙两县"三七分拨"府学学额的做法被当做成案载入其中，兴化府独特的学额运作模式最终完成了从地方惯例到国家制度的转变。

结　语

让我们沿着地方社会的历史脉络，重新审视莆仙学额争端发展与地方历史演进之间的联系：明初田粮协济与嘉靖年间的倭乱导致莆田移民、寄庄户大规模涌入仙游，为崇祯年间两县学额争端的爆发埋下了伏笔。明清易代的动乱破坏了明王朝建立的科举秩序，清初近四十年中，在王朝鼎革、沿海迁界、三藩之乱等一系列事件的影响下，莆仙地区的科举秩序经历了"崩解—重建—再崩解—再重建"的反复过程。随着局势走向稳定，王朝中央逐渐收拢权力，在中央介入下，莆仙地方科举惯例最终或被废止、或被纳入制度轨道，实现了与王朝体制的统一。由莆仙一案出发，学额制度与地方社会互动之关系已然呈现于我们眼前。

首先，在学额争端的过程中，科举成绩与人口数量变化的影响值得我们关注。检诸方志，不论是举人或是进士数量，莆田均远超仙游，明代进士更在仙游40倍之上（见表3、表4）。若将明代与清代的情况分别观之，可以看到清代两县科考差距明显缩小。事实上两县仍有较大差距，很难说争端的解决是由于仙游科举成绩的赶超，但莆田县科举成绩显著下滑应是一个重要原因。明代莆田科举极盛，每科进士平均约有6人，到清代却出现了近

---

① （清）素尔讷等纂：《钦定学政全书》卷五〇《福建学额》，沈云龙主编：《近代中国史料丛刊》，第293号，第941—942页。

② 乾隆对于童生闹事颇为着意，曾下令要求对其严加管控。《清高宗实录》卷一七二，"乾隆七年八月丁亥"条，北京：中华书局，1986年，第186页下—第187页上。

半数科考无人中进士的情况。科举不兴带来的结果便是无人任职高位，势必削弱其话语权。此外，上文曾提到明中期莆田户口十倍于仙游，据曹树基统计，到了道光九年（1829），莆田人口仅为仙游的2.3倍，①两县人口此消彼长可见一斑。更有趣的是，人口倍数换算为整数恰恰又接近于三七分成，这与乾隆年间两县达成的府学学额分割比例何其相近！虽然没有更直接的证据证明府学"三七分拨"学额与人口比例有关，但这一惊人巧合再次提示我们，不能忽视人口对学额分配的影响。总之，科举成绩下滑与人口优势的丧失，使得莆田县难以维持其在兴化府内对仙游的压倒性优势，这是莆仙学额争端最终走向妥协的一大背景。

表3　明清时期莆仙两县历次科举考试成绩统计表②

县别	朝代	举人数量	进士数量	举人、进士比	科均举人1	科均举人2	科均进士1	科均进士2
莆田	明代	1723	527	3.269	19.36	19.36	5.989	5.989
	清代	261	39	6.692	6.525	6.525	0.975	1.773
仙游	明代	95	12	7.917	1.067	1.727	0.136	1.091
	清代	50	3	16.667	1.25	2	0.075	1

说明：

① "举人、进士比"将举人数量除以进士数量，反映的是考取举人到考取进士的转化率；② "科均举人1""科均进士1"将历次开科总数作为除数，"科均举人2""科均进士2"则只将有考中的科数作为除数；③ 表中清代举人、进士统计截至乾隆十七年（1752）；④ 计算结果保留3位小数。

表4　明清时期莆仙两县科举考试成绩对比表③

朝代	两县举人比	两县进士比
明代	18.137	43.917
清代	5.22	13
总计	13.683	37.733

其次，从莆仙学额争端中尚可发现，学额并非简单的数目字，而是必须具体落实到童生身上的入学资格。莆仙两县百余年的学额争端，实际上正是不同人群对具有进入官绅阶层"资格"的争夺。需要注意的是，一方面，莆仙两地人员流动频繁，存在大量跨县宗族，士人交往也颇为密集，④这里的人群并不单以县域为界，两县学额争夺更不能简单地理解为政区上的对立。另一方面，根据以往研究，土棚学额争端往往通过土棚分额、客民另编字号单独取进的形式解决，与棚民无根可依的情形不同，莆田移民或寄庄户往往有旧

---

① 曹树基：《中国人口史·清时期》，上海：复旦大学出版社，2001年，第185页。

② 资料来源：乾隆《莆田县志》卷一三《选举志》，《中国方志丛书》华南地方第81号，第332—372页；乾隆《仙游县志》卷二九《选举》，《中国方志丛书》华南地方第242号，第638—639、647—653页。

③ 资料来源、说明同表3。

④ 在仙游大族的祝寿、祭礼、修谱等活动中，均可见到莆田士绅的文字。如仙游傅氏族谱之中，5篇由族外士人撰写的谱序中，便有3篇来自莆田人之手。参见《仙溪罗峰傅氏族谱》卷首《目次》，福建省图书馆藏民国刻本，第1页b。

籍可回，仙游人即便不能入府学，也仍可选择投考县学，因而争端解决之道势必有所不同。如上文所述，入籍或拥有田地只是入学的一个必要不充分条件，更重要的标准来自莆田人、仙游人两大原生群体的认同，凭借姻亲关系、家族交往而得以在邻县入学的例子并不罕见，上文所举戴震亨、许必昌等人便是如此。而这抽象的认同感，归根结底源于彼此间的利益关系，可以说，"流动"的身份以利益为基础，又以认同为途径，不同人群通过彼此微妙的认同关系相互博弈，有选择性地对学额制度加以利用，这是中央力量尚未强势介入地方前，学额体系在莆仙地区的基本运行模式。

最后，从制度视角来看，在莆仙学额争端中，学额运作机制的内在逻辑也展露无遗。早在宋元明时，即有临时官管理科举事务，明代有提学道，到清初顺治、康熙年间，开始不断提高其地位，选翰林官外出任职，至雍正年间，统一改为提督学政，与督抚地位相埒。清王朝通过不断调整制度设计，大大加强了对基层科举考试的控制，与此同时，地方上对学额的运用也被反映到了上层，连接制度上下两大主体的正是以学政为代表的官员群体。中央作为学额制度设计者难以"亲临"地方，必须通过一省学政作为代言人来具体实施政策，由学政主持的院试也就成了学额制度得以运作的最核心环节。在院试中，学政可根据地方上的实际情况对学额制度加以解释、补充，与之相应地，地方士人（一个包括所有童生的利益共同体）需要参加考试以获取入学资格，他们的要求则通过知县、知府这些基层官员转达。明末清初很长一段时间里，这一学额运作模式在莆仙地区长盛不衰。同时，我们不能忽视学政规制变化对学额体系调整的作用。福建学政规制转变的关键节点在康熙四十二年（1703），此后以"康熙四十八年定案"为界，地方科举惯例逐渐被统一的王朝规制所压制，与制度抵牾的地方惯例有可能被强令废止，也有可能被纳入制度轨道而成为制度的一处新注脚。正是由于学政乃学额制度的实际执行人，其权责升降，能直接对学额分配造成影响，争端第一阶段的结束正是在这一背景下实现的。

要之，莆仙地方的学额争端由明末学额逐渐紧缩而爆发，因明清鼎革造成的科举秩序崩溃而暂歇，又因清王朝对学额制度的完善而终结。两县对学额的争夺受到了地域社会历史演进与学额制度逐渐成熟两大进程的相互影响。这一纷争的最终解决不仅是中央决策的产物，更是在清王朝划一制度的背景下，地方各势力相互平衡、相互妥协的结果。

（本文后刊于《"中央研究院"近代史研究所集刊》2020年第2期。蒙业师黄忠鑫先生、邹怡先生悉心指点，在论文写作、修改过程中，曾先后于华东师范大学、西北大学、北京大学、曲阜师范大学等高校宣读，收获颇丰。《"中央研究院"近代史研究所集刊》两位匿名审稿人的意见切中肯綮，笔者亦获益匪浅，谨致谢忱！）

老师点评：这是一篇讨论制度在区域社会运作的习作。作为科举制度的重要构成部分，学额是国家向地方社会提供的政治、文化资源，强烈吸引着地方士人的关注。因此，学额如何分配，就成了国家与地方博弈、互动的一个关节点。学额制度的研究并不算多，但因为制度内涵的艰深费解，很难成为当下追求"短平快"的年轻学子的研究选题。作者叶鹏坚定地以"学额制度与区域社会"作为学术生涯的主要领域之一，取得了初步的成绩，这篇论文可谓是起点。能够通过著名期刊的严格匿名审查、最终录用刊登，本身就说明了该论文的价值。我不再赘述其优点，仅谈及选题由来和写作过程中的所见一二。

论文的选题带有一些偶然性。当叶鹏入选学校的优异本科生培养计划并联系我作为指导老师时，他正执着于闽北政区地理的史料整理编年。但我希望他能够从问题而不是从某个区域入手，以专题形式作为科研训练。当他跳出乡邦文献、沿革地理的束缚，在更大范围阅读史料时，找到了莆田地区的政区调整与纠纷，进而读到了学额争端的材料。一开始，我们讨论将政区研究与学额分布联系起来，能够符合他的现有兴趣。但在区域社会中有着极为复杂的关联因素，绝非政区与学额的简单对应关系，所以将探索视野继续放大，最终形成这样的框架。

整个研究过程持续了三四年。从暨大的大三到复旦的研二，叶鹏多次推翻文中的不少内容，耐心打磨。写作和持续修改的过程，也是他深化对科举制度、区域社会认识的过程。叶鹏整理出详尽的研究成果目录和史料全文，是这篇论文背后的有力支撑。他还与科举史和历史地理学相关领域专家取得联系，积极请教。在具体问题的探索中，扎实积累，由点而面，其实是一个学术成长的历程。我所接触的一些本科生、研究生，手把手指导写出的论文尚可过关，一旦放手去探讨下一个问题、写下一篇论文时，却往往无所适从，正是缺少了叶鹏这样的自我积累之历练。

论文指导老师：黄忠鑫

广州民众的沦陷记忆

——基于现存亲历者口述资料的研究[①]

2014级　朱瑞琪[②]

摘　要： 广州民众对于沦陷时期的共同记忆主要包括对空袭的记忆、对逃难的记忆、对侵华日军的记忆、对沦陷生活的记忆四个部分。广州民众在沦陷期间的个人经历是沦陷记忆形成的基础和主干。个人经历受到社会环境、年龄、原生家庭情况等因素的影响，其多寡直接决定记忆是否丰富。因个人经历不尽相同，个体记忆具有独特性。沦陷记忆包含个人情感，因痛苦的遭遇会给人带来强烈的心理感受，所以民众对其记忆往往最为深刻。传闻是民众沦陷记忆的重要组成部分，人们通过传闻不断延伸自我对家庭、社会的记忆，而传闻又强化他们对战争恐怖、日军残暴的固有印象。抗战宣传教育对民众构建沦陷记忆有重要影响，其中蕴含的民族意识与爱国主义思想通过舆论对个体沦陷记忆的构建施加作用。

关键词： 广州沦陷；亲历者口述；沦陷经历；沦陷记忆的构建

广州民众在沦陷时期的经历是广州抗战史的一个重要组成部分，迄今为止，学术界在该领域的研究已取得一定成果。早期，关于沦陷时期广州民众经历的学术著作大多注重阐述日军的暴行和民众遭受的苦难，并突出广州民众对日伪残暴统治的反抗。如中共广州市委党史资料征集研究委员会办公室编的《沦陷时期广州人民的抗日斗争》和广州市政协文史资料委员会等合编的《广州抗战纪实》等。[③]相关论文有方忠英的《日寇在广州的暴行和广州人民的抗日斗争》、沙东迅的《抗日战争时期广东人民的生活》等。[④]这些论著有力地揭露了侵华日军的残暴行径以及日本侵华战争对中国人民造成的巨大伤害，具有重要的

---

① 本文为2016年暨南大学大学生创新创业训练计划项目成果，现已收录于林卉、胡杨主编：《口述历史在中国（第三辑）：记忆的建构与社会传承》，桂林：广西师范大学出版社，2021年。

② 朱瑞琪，广东广州人。暨南大学历史学系2018届毕业生，中山大学历史学硕士，专业方向为中国近现代史。现为广州市第十七中学历史教师。曾获第十一届"全国史学新秀奖"、中山大学研究生国家奖学金和2022年度唐德刚教授优秀历史论文奖等多项荣誉及奖励。

③ 中共广州市委党史资料征集研究委员会办公室编：《沦陷时期广州人民的抗日斗争》（党史资料选编），1985年；广州市政协文史资料委员会等合编：《广州文史》第48辑《广州抗战纪实》，广州：广东人民出版社，1995年。

④ 方忠英：《日寇在广州的暴行和广州人民的抗日斗争》，《广东史志》1995年第3期，第80—87页；沙东迅：《抗日战争时期广东人民的生活》，《广东史志》2002年第4期，第3—7页。

历史意义。然而，由于政治立场、个人情感和资料有限等因素的影响，这些论著一般都存在脸谱化、片面化的倾向。而且，上述论著通常笼统地叙述沦陷时期广州民众的群体遭遇，对个体感受则关注不够。

近年来，学者开始从不同角度研究沦陷时期广州民众的生活。首先，从经济角度看，马永的《日伪统治时期的广州经济》、骆立的《抗战时期日军对广州沦陷区工商业物资的统制和掠夺》和黄菊艳的《日军侵粤战略与广东战时经济损失（上）》等文章在研究广州沦陷时期的经济情况的同时，均提到当时民生艰难。①钟荣帆的《抗战期间广州生活必需品价格研究》则通过考察与普通民众生活息息相关的物价水平，说明沦陷期间广州生活必需品价格的动荡使人民的生活极度困难。②周蕴蓉的《抗战时期广东的灾况和社会救济》、张遂新的《抗战时期日伪政权在广州的"社会救济"》等论文则从日伪当局的"社会救济"措施入手，论述了日伪政府财政状况的捉襟见肘和救济工作的虎头蛇尾，反映了沦陷时期广州经济的衰败和民众生活的困难。③其次，从人口变动角度看，黎淑莹的《广州沦陷前后的难民问题》④叙述了沦陷前后大量广州民众因战乱而沦为难民，并考察了广州民众逃难的几条主要路线。张遂新在《日伪统治时期广州的人口迁移》一文中指出，广州沦陷时期，由于战争和自然灾害的影响，社会经济濒临崩溃，人民生活之艰辛倍于以往，因此人口统计数据剧烈变动。⑤此外，沈成飞的《广州沦陷时期保甲制度的推行及其特色》从保甲制度的角度研究了日伪政权对基层社会的控制及其对广州民众的影响。⑥总的来说，以上各成果丰富了广州抗战史的研究，有助于进一步扩展和细化学术界关于广州沦陷时期民众生活状态的认识。然而，从研究资料来看，上述各学术成果仍主要采用传统的文献资料，对口述资料的运用则有所不足。此外，依然存在对个体感受关注不够的问题。

值得注意的是，口述历史在我国抗战史研究领域日益受到重视，特别在港澳地区，整理研究普通民众抗战记忆的口述历史著作已经出现，如刘智鹏、周家建的《吞声忍语——日治时期香港人的集体回忆》，其中收录了17位亲历日治香港时期（1941年12月25日——1945年8月30日）幸存者的口述回忆。⑦林发钦、江淳主编的《平民声音：澳门与抗日战争口述历史》一书则整理了超过40位经历抗战的澳门普通民众的口述资料。⑧这些学术作

史海学步——暨南大学历史学系本科生优秀论文选

---

① 马永：《日伪统治时期的广州经济》，广州大学硕士学位论文，2007年；骆立：《抗战时期日军对广州沦陷区工商业物资的统制和掠夺》，《前沿》2012年第20期，第159—160页；黄菊艳：《日军侵粤战略与广东战时经济损失（上）》，《红广角》2016年第2期，第4—8页。

② 钟荣帆：《抗战期间广州生活必需品价格研究》，《乐山师范学院学报》2015年第7期，第80—86页。

③ 周蕴蓉：《抗战时期广东的灾况和社会救济》，暨南大学硕士学位论文，2004年；张遂新：《抗战时期日伪政权在广州的"社会救济"》，《广东技术师范学院学报》2013年第11期，第28—34页。

④ 黎淑莹：《广州沦陷前后的难民问题》，《南京大屠杀史研究》2011年第2期，第53—58页。

⑤ 张遂新：《日伪统治时期广州的人口迁移》，《广州社会主义学院学报》2013年第3期，第96—103页。

⑥ 沈成飞：《广州沦陷时期保甲制度的推行及其特色》，《广东社会科学》2009年第4期，第111—119页。

⑦ 刘智鹏、周家建：《吞声忍语——日治时期香港人的集体回忆》，香港：中华书局（香港）有限公司，2009年。

⑧ 林发钦、江淳主编：《平民声音：澳门与抗日战争口述历史》，广州：广东教育出版社，2015年。

品为研究抗战时期港澳地区的社会民生提供了珍贵的参考资料。近年来，已有学者开始使用亲历者口述资料研究广州沦陷史。如上文已提及的《抗战时期日伪政权在广州的"社会救济"》一文就使用了广州沦陷亲历者吕强的访谈资料，但口述资料在该文中仅用以辅助。曾巧兰的《抗战时期的广州白鹤洞难民区》则大量采用了亲历者刘芳的口述资料，但该文并非严格意义上的学术论文。①可见，与港澳地区相比，广州民众的口述记忆还未受到足够重视，对其挖掘利用也尚未充分。

亲历者口述资料的收集和使用对进一步探索广州沦陷时期的历史有重要作用。首先，使用亲历者的口述资料可以弥补先行研究忽略个体感受的不足，有利于反映历史的复杂性和人文性，从而在社会情况与民众心理的角度拓展研究空间。其次，随着时间的推移，在世亲历者的人数将会不断减少，对他们进行访谈，收集他们的口述资料是一项抢救性工作。因此，通过亲历者口述资料研究广州沦陷史具有一定的学术意义和社会意义。

本文依据20位广州沦陷亲历者的口述资料，并结合相关的文献资料，对广州民众的沦陷记忆进行研究。沦陷记忆不仅包括对沦陷时期的记忆，还包括对沦陷前夕及抗战胜利初期的记忆。本文第一部分介绍20位访谈对象的基本情况，包括姓名、性别、出生地或幼年生活地点、受教育程度和原生家庭情况等。第二部分对访谈对象的口述资料进行整理，展示广州民众沦陷记忆的主要内容，以此探讨广州社会对沦陷时期的共同记忆。第三部分重点研究广州民众沦陷记忆形成和构建的过程，分析个人经历、传闻和抗战宣传教育在其中发挥的作用，借此初步探索广州民众民族意识的觉醒历程。

一、访谈对象基本情况

本义主要采用20位亲历抗战的广州老人的口述资料。在接受访问的老人中，在广州出生的有13人，他们讲述的内容是本文的主要参考资料。另外，有4位老人生于距离广州较近的顺德、南海。其余3位老人分别在距离广州较远的肇庆、台山和兴宁出生或成长。在这7位老人中，有的曾在沦陷时期的广州生活，有的则于战后初期迁至广州，他们的口述内容可作为本文的补充资料，也具有一定的参考价值。在20位老人中，有7位男性，13位女性，年龄最大的为97岁，最小的为83岁（截至2018年）。访谈对象的基本情况见下表：

表1　访谈对象基本情况

姓名	性别	出生时间	出生地或幼年生活地点	受教育程度	原生家庭情况	沦陷时期年龄
刘苏	男	1928年3月11日	广州大沙头（广州近郊）	私塾1年，工作后接受扫盲教育	父亲曾开设小型船舶修理厂	10—17岁

---

① 曾巧兰：《抗战时期的广州白鹤洞难民区》，《文物天地》2015年第8期，第43—45页。

姓名	性别	出生时间	出生地或幼年生活地点	受教育程度	原生家庭情况	沦陷时期年龄
林鉴好	女	1924年2月	广州大沙头（广州近郊）	文盲	父亲为船舶修理工，早逝，家庭贫困	14—21岁
邝福民	男	1933年12月	广州河南（广州近郊）	初中	父亲为广东省银行职员	5—12岁
袁耀南	男	1935年	广州龙津路（广州市区）	小学以上	父亲袁节卿为中医师，曾入精武会，与关崇志等倡设私立广东体育专门学校	3—10岁
李时	男	1933年	广州带河路（广州市区）	私塾	父亲为布匹经纪	5—12岁
陈少容	女	1932年	广州河南圆门口（音）（广州近郊）	私塾1年，工作后接受扫盲教育	父亲为旅店员工	6—13岁
李礼帮	男	1933年5月	广州第十甫路曾二巷（广州市区）	初中以上	父亲为南洋侨工，家境殷实	5—12岁
谭志明	男	1929年或1930年	广州东山（广州市区）	文盲	家庭贫困	9—16岁或8—15岁
何端	女	1921年	生于番禺，少年时生活在广州三角市、灰巷（音）、高第街、多宝路等地	文盲	家境殷实，祖上曾在广州三角市等地开设银铺。丈夫为大学生，在广三铁路工作	17—24岁
黄丽娥	女	1935年	广州大新路（广州市区）	私塾3个月	父亲为小贩，家庭贫困	3—10岁
林四妹	女	1934年	广州东平村（广州远郊）	文盲	父母皆为农民，家庭贫困	4—11岁
戴女	女	1926年	广州芳村石围塘（广州近郊）	文盲	父母皆以种田、卖菜为生，家庭贫困	12—19岁
范少如	女	1930年	广州多宝路（广州市区）	高中	父亲曾在广州、韶关任铁路站长，后开设进出口商行，家境殷实	8—15岁
黄桂仙	女	1933年	生于顺德，后居于香港，7岁时由香港返回顺德，1942年逃至广州	工作后接受扫盲教育	3岁时，父亲在越南去世，母亲改嫁，由祖父母抚养。祖父母去世后，由姑姑抚养成人	5—12岁
劳耀颜	女	1931年	生于广东南海，曾在香港、澳门、广州生活	工作后接受扫盲教育	父亲曾开设小餐馆	7—14岁
叶少情	女	1933年	广东南海大沥	文盲	父母为农民	5—12岁

姓名	性别	出生时间	出生地或幼年生活地点	受教育程度	原生家庭情况	沦陷时期年龄
何银宽	女	1924年	广东顺德杏坛上地	工作后接受扫盲教育	父母为农民	14—21岁
何巧云	女	1928年	生于新加坡，8岁时经香港、广州返回肇庆	小学2年	父亲为新加坡华侨	10—17岁
谢佩娟	女	1932年	广东台山	文盲	父母为农民，家境贫困	6—13岁
温子宏	男	1933年	广东兴宁	中学以上	父母为农民	5—12岁

二、广州民众沦陷记忆的主要内容

1938年10月21日下午2时，日军机械化部队三千余人侵入广州，广州从此进入长达7年的沦陷期。[①]亲历者对这一特殊历史时期有共同的记忆。根据现存亲历者的口述资料，他们的沦陷记忆主要包括四个方面：对空袭的记忆、对逃难的记忆、对侵华日军的记忆、对沦陷生活的记忆。

（一）对空袭的记忆

抗日战争期间，广东曾遭受多次空袭。在20位接受访问的老人中，有17位老人亲历飞机轰炸，13位在广州出生的老人全部包括在内。虽然日军对广州的空袭主要集中在沦陷前夕，但依据民众记忆的特点，关于日军空袭的记忆常常与沦陷时期的记忆联系在一起。因此，广州民众对空袭的记忆是他们沦陷记忆中必不可少的组成部分。

自1937年8月31日到1938年10月21日广州沦陷期间，日军对广州实施了长达14个月的飞机轰炸。1938年春，日军飞机重点轰炸粤汉、广九、广三铁路和沿线各站。[②]当时居住在广九铁路附近的林鉴好称："他们来炸广九车头[③]的时候，我们就特别害怕。有一次，飞机又来轰炸了，炸弹落偏了，落到我们木屋对面的那块田上，炸到田里了。那个地方落过炸弹，几年都不长禾苗。我们吓得不得了，我就躲在床底下，用破席子、破被子挡着。"[④]范少如对日机袭击交通线的记忆也十分深刻，她称："飞机炸得太厉害了，炸铁路、

---

① 中国人民政治协商会议广东省广州市政协文史资料研究委员会编：《广州百年大事记》（下），广州：广东人民出版社，1984年，第502页。

② 曾庆榴、官丽珍：《侵华战争时期日军轰炸广东罪行述略》，《抗日战争研究》1998年第1期，第108页。

③ 即广九铁路。本文依据受访者口述照录，未做更改。

④ 访谈者：朱瑞琪，受访者：林鉴好，访谈地点：广州市荔湾区芳和花园，访谈时间：2016年9月29日。林鉴好，女，1924年生于广州大沙头，亲历广州沦陷。

炸桥梁、炸小艇。"[①]

　　自1938年4月中旬起，日机在多次窥探后，开始对广州市区狂轰滥炸。[②]《新华日报》载："广州市被连续无目的地轰炸了十二日了……五月二十八日起，敌机大规模地向广州市区轰炸了，来的飞机最少的时候是十二架，最多的时候是五十二架，掷的炸弹都是三百磅至五百磅的巨弹，一次投下的弹数最多的时候是一百二十个，每天来袭最少三次。五月二十九（日）、六月六日，整日在轰炸中，全市市民简直没有喘息的机会。"[③]当时居住在广州带河路的李时说："有飞机轰炸，但是我们家没有被他们炸中，所以我们捡回了性命。当时我们听到警报声以后就成天躲在屋子里，就躲在床底下。"[④]居住在市区的何端也称："警报响了，不知道多少架飞机来了，我们就逃跑，逃去不炸的地方。我在广州市见过飞机轰炸，那时候我们有钱，就去长堤那间新亚酒店租房，因为新亚建得那么结实，炸不到的。我们去那里避一下，很多人去那里避难。"[⑤]

　　日机在疯狂轰炸铁路沿线站点和市区的同时，也袭击了广州远郊。林四妹称："那架飞机一飞过，就有炸弹掉下来，炸弹刚好掉到一家人的房子里，他全家人都死了。刚刚在吃中午饭的时候，飞机来，'轰轰轰'，来不及逃跑。"[⑥]当时已逃回番禺石楼乡下的陈少容也回忆称："我姑姑背着我逃，去到那个灵兴庙（音），那里有棵大树，我们看到那些飞机就在头顶盘旋。我们围着那个粪坑，那个粪坑里有很多粪便，粪虫一只只往上爬，看见就害怕，那些飞机又在轰炸。"[⑦]

　　抗日战争期间，日军除轰炸广州外，也袭击了广东其他地区。因此，不少老人在逃出广州后也经历了空袭。由于韶关在广州沦陷后一度成为广东战时省会，因此日军对粤北的轰炸十分残酷，持续时间也最长。[⑧]当时在韶关避难的范少如对日机轰炸之频繁之残酷印象深刻："那时候天天躲飞机，那些飞机，天天都来炸，由广州起飞，一路飞到韶关，3架、6架、9架来炸。那些人理着头发都马上逃跑。连那些山洞、山头都炸过。有时候那些老师就在防空洞门口给我们上课。我好几个同学都被炸死了。我们小学也被炸了。所以每

　　① 访谈者：朱瑞琪，受访者：范少如，访谈地点：广州市越秀区元岗中路，访谈时间：2018年2月5日。范少如，女，1930年生于广州，广州沦陷前夕，随家人逃往韶关避难。1945年抗战胜利后，返回广州。

　　② 左双文：《华南抗战史》，广州：广东高等教育出版社，2015年，第9页。

　　③ 夏衍：《广州在轰炸中》，《新华日报》1938年6月12日，第2版。

　　④ 访谈者：朱瑞琪，受访者：李时，访谈地点：广州市海珠区南北广场，访谈时间：2016年10月4日。李时，男，1933年生于广州带河路，亲历1938年10月广州沦陷，沦陷期间随家人逃至香港避难。

　　⑤ 访谈者：朱瑞琪，受访者：何端，访谈地点：广州市海珠区燕子岗路，访谈时间：2018年1月25日。何端，女，1921年生于番禺，青少年时期生活在广州高第街、三角市一带，家境殷实。广州沦陷期间，何端与丈夫在广州德政北路生活了两年。1940年，何端回到丈夫故乡顺德。1941年，再跟随丈夫迁往肇庆。抗战胜利后返回广州。

　　⑥ 访谈者：朱瑞琪，受访者：林四妹，访谈地点：广州市白云区石井镇庆丰村，访谈时间：2018年1月31日。林四妹，女，1934年生于广州东平村，幼年时随父亲逃往广州太和茅草庄避难，亲历广州沦陷。

　　⑦ 访谈者：朱瑞琪，受访者：陈少容，访谈地点：广州市海珠区南北广场，访谈时间：2018年2月7日。陈少容，女，1932年生于广州，广州沦陷前夕，她随父母逃往番禺石楼、石碁等地避难，1945年抗战胜利后返回广州。

　　⑧ 左双文：《华南抗战史》，第11页。

次轰炸完，人们都回家数人，看看家里有没有被炸死的，或者失踪的。有一次很惊险，我们小学被炸了，炸死很多人。我们发现我弟弟没回来，担心得要死……快到夜晚他才回来，他那时候还很小，他说害怕炸到他，所以绕过一座大山头回来，韶关的山很高的……我们家的房子都被炸掉了两间，还有一间木屋是因为隔壁着火烧到了……那时候很可怕，我都不知道自己什么时候会死……那些炸弹掉下去，就是一个水塘那么大的坑……我和我外婆去清远，坐在一艘小艇上。日本仔①真坏，专门炸小艇。那些疍家婆来不及走，我和我外婆、我弟弟也来不及走，我外婆就说：'神保佑啊……'……那些疍家婆跑，我们也跑，逃回滩上。"②当时同样身处韶关的邝福民也有类似的经历，他说："当时日本飞机来空袭，我亲眼见过飞机飞过落炸弹。日本仔飞机来的时候有警报，警报一响，我们课也不上就躲在山岩里避难，解除警报以后才上学。"③

珠江三角洲南部和西部同样受到了日机的骚扰。李礼帮提到他在老家新会曾目睹空战："那时候那些飞机在我们家乡上空飞。我们在地面看上去，那些飞机大概一个暖水瓶那么大……我们站在地上，看到两架飞机在格斗，在天空上边打架，我们就到操场那里。"④何巧云则对日机袭击肇庆有记忆，她称："日本仔的飞机每天都来轰炸两三次，每次防空警报一响，我们就要逃跑，跑得很急。那些飞机每次过来都炸1个小时，飞机'轰轰轰'地响，用飞弹炸，扔完炸弹就用机关枪'啵啵啵'地扫射下来。"⑤

广州沦陷后，盟军为打击日伪，也对位于沦陷区的广州进行飞机轰炸。1945年4月—5月，美机多次向广州河南军事目标区投弹。⑥当时居住在广州芳村石围塘的戴女对此有深刻记忆："他们炸那些大营，炸那些车头，我们就逃去池塘边。我们附近有很多荔枝树，我们抓住那些荔枝树来躲。三更半夜，那些飞机来炸，我们也要逃跑。那些飞机来炸那些大营，我们看着那些飞机'刷'一声飞过，看到那些炸弹就挂在飞机两只机翼上……炸黄沙的时候，他们想炸南站，没炸准，炸弹掉在马蹄（荸荠）茨菰塘里，那些泥飞得老高，炸了一个大坑。日本仔来了以后，就在石围塘集合，石围塘车站那里是他们的大营。那些飞机来炸，不是日本仔来炸，是中国人、外国人来炸的，炸断那些路，不让日本仔通

① "日本仔"是广州民众对侵华日军的蔑称，下同。

② 访谈者：朱瑞琪，受访者：范少如，访谈地点：广州市越秀区元岗中路，访谈时间：2018年2月5日。

③ 访谈者：朱瑞琪，受访者：邝福民，访谈地点：广州市海珠区南北广场，访谈时间：2016年10月3日。邝福民，男，原籍广东斗门，1933年12月在广州出生，亲历1938年10月广州沦陷，后逃至韶关马坝避难。

④ 访谈者：朱瑞琪，受访者：李礼帮，访谈地点：广州市越秀区人民街日间托老服务中心，访谈时间：2018年1月23日。李礼帮，男，祖籍广东新会，父辈为南洋侨工，1933年5月生于广州，幼年时期生活在广州市第十甫路曾二巷，广州沦陷前夕随家人逃至故乡新会农村避难。

⑤ 访谈者：朱瑞琪，受访者：何巧云，访谈地点：广州市海珠区南北广场，访谈时间：2016年10月4日。何巧云，女，祖籍广东肇庆，1928年生于新加坡华侨家庭，8岁时随家人由新加坡乘船经香港、广州返回肇庆，亲历日本侵华战争。

⑥ 左双文：《华南抗战史》，第142页。

行。"①沦陷后期在广州十八甫生活的黄桂仙对此也有印象："说起空袭，我记得日本仔投降那年，炸十八甫路。我们就在附近，炸十八甫怀远驿口那间丽华大药房（音）。那些职工死了十几个人，那个炸弹刚好落到那间药房那里，人全死了，很惨的！"②

据有关方面不完全统计，仅 1937 年 8 月 31 日至 1938 年 10 月 21 日期间，日机对广州的轰炸共炸死居民 6000 多人，毁坏房屋 4000 多间，毁坏船只近百艘。③而 1944 年 7 月至 10 月的盟军连续轰炸也使得广州市民死伤惨重。④空袭对广州民众造成的巨大死伤令他们胆战心惊，是他们沦陷记忆的重要组成部分。

（二）对逃难的记忆

广州沦陷前后，大量民众因战乱离开广州，踏上外逃之路。在广州出生的 13 位访谈对象中，林鉴好、李时、袁耀南、何端、戴女等 11 位老人都曾有过逃难的经历。虽然刘苏本人没有逃难，但他的母亲、大哥大嫂等人都曾在广州沦陷前后逃往外地。可见，有关逃难的记忆是广州民众沦陷记忆的另一重要组成部分。

根据老人们的口述，广州民众逃难的主要原因有三：第一，对战争和日军的恐惧导致广州民众大量外逃。首先，不少民众为躲避日军空袭而逃离广州。陈少容回忆道："日本仔来嘛。那时候到处都兵荒马乱的，不走怎么行？人人都逃跑，到处都爆炸。主要是为了躲避空袭。"⑤其次，关于日军残暴的传言在广州市内广泛传播，日军行为不检，许多广州民众因此惊恐外逃。谭志明称："我父亲就带着我们到处乱逃，跟着大队（人群）。我们问别人，他们说日本仔来杀人了，我们就跑。他们说，日本仔又来杀人了，我们就接着跑。"⑥刘苏也称："当然害怕，因为要疏散家人，如果不疏散可能会全家遇害。生活很困难，有点钱的人肯定走，可以走的人都走了。"⑦戴女也表示："我们逃跑是害怕日本仔来，

① 访谈者：朱瑞琪，受访者：戴女，访谈地点：广州市越秀区下塘宝汉直街，访谈时间：2018 年 2 月 1 日。戴女，女，1926 年生于广州芳村石围塘，广州沦陷前后随家人逃往南海、东漖、茶漖等地避难，不足 1 年即返回石围塘居住，亲历广州沦陷。

② 访谈者：朱瑞琪，受访者：黄桂仙，访谈地点：广州市越秀区下塘宝汉直街，访谈时间：2018 年 1 月 26 日。黄桂仙，女，1933 年生于广东顺德龙山。日本发动全面侵华战争后，黄桂仙逃到香港避难，投靠在香港打工的姑姑。1941 年日军占领香港，黄桂仙与家人被遣返回乡。1942 年，9 岁的黄桂仙乘船到广州，生活在广州十八甫一带，亲历广州沦陷后期诸事。

③ 肖敬荣主编，广州市档案馆编著：《侵华日军在广州暴行录》，北京：中国档案出版社，2005 年，第 140—141 页。

④ 肖敬荣主编，广州市档案馆编著：《侵华日军在广州暴行录》，第 162 页。

⑤ 访谈者：朱瑞琪，受访者：陈少容，访谈地点：广州市海珠区南北广场，访谈时间：2018 年 2 月 7 日。

⑥ 访谈者：朱瑞琪，受访者：谭志明，访谈地点：广州市越秀区人民街日间托老服务中心，访谈时间：2018 年 1 月 23 日。谭志明，男，生于 1929 年或 1930 年，世居广州东山，亲历广州沦陷。

⑦ 访谈者：朱瑞琪，受访者：刘苏，访谈地点：广州市越秀区建设横马路 5 号，访谈时间：2016 年 9 月 14 日。刘苏，男，原籍东莞中堂，1928 年 3 月 11 日生于广州大沙头，亲历广州沦陷。

不知道日本仔到了以后会怎么样。"①

第二，战争和日伪的残酷统治使得广州经济凋敝，不少民众因无法在广州谋生而外逃。广州沦陷前夕，不少工人已由于局势动荡而失业。陈少容称除空袭外，父亲的失业也是全家人逃回乡下的重要原因。②遭日军占领后，广州的经济也没有得到恢复。李时称："最初，日本仔来的时候，我们不知道他们这么坏。直到后来慢慢发现不能留在广州了，在这里无法谋生，所以我们就像逃命一样，托别人带路，筹集路费，逃去了香港，在那里谋生，我们没有帮日本仔打工。"③除城市居民外，广州远郊的农民也由于无法耕种而不得不外逃。曾生活在广州远郊东平村的林四妹称："日本仔来的时候，我们还在东平。后来，我们到处逃跑，搬去太和了，那里叫作茅草庄。我们主要靠耕田谋生，有些贼佬来，把牛、猪、鸡都抢走了，我们没有牛可以用，就耕不了田，没得吃，我们没有办法谋生就逃走了。"④

第三，由于国民政府机关在广州沦陷前已逐步撤退到粤北，一部分在政府部门或国营企业工作的民众跟随政府撤出广州。邝福民称："由于我父亲是以前广东省银行里的职员，日本仔来的时候，他就一个人先上韶关马坝避难，每个月寄钱回来。"⑤范少如老人称："我七八岁的时候去了韶关。那时候广州快要失陷了，我们坐火车去的。我父亲是在铁路部门工作的，他原来在广州当站长，后来他就在韶关当站长。"⑥

此外，还有民众因个人原因逃出广州。袁耀南称："日本仔来的时候……本来我父亲就很怕事，他不想万一出了什么事就要被拉去做汉奸，他不想，所以他带我们逃难。"⑦

通过整理分析访谈资料可知，广州民众逃难的总方向是由沦陷区逃往非沦陷区，这与先行研究的成果基本吻合⑧。分方向主要有4种去向：第一，大部分广州民众选择返回祖籍所在地。李礼帮称："广州将要沦陷的时候，我们就回江门那边了，回我老家了。全家搬

① 访谈者：朱瑞琪，受访者：戴女，访谈地点：广州市越秀区下塘宝汉直街，访谈时间：2018年2月1日。
② 访谈者：朱瑞琪，受访者：陈少容，访谈地点：广州市海珠区南北广场，访谈时间：2018年2月7日。
③ 访谈者：朱瑞琪，受访者：李时，访谈地点：广州市海珠区南北广场，访谈时间：2016年10月4日。
④ 访谈者：朱瑞琪，受访者：林四妹，访谈地点：广州市白云区石井镇庆丰村，访谈时间：2018年1月31日。
⑤ 访谈者：朱瑞琪，受访者：邝福民，访谈地点：广州市海珠区南北广场，访谈时间：2016年10月3日。
⑥ 访谈者：朱瑞琪，受访者：范少如，访谈地点：广州市越秀区元岗中路，访谈时间：2018年2月5日。
⑦ 访谈者：朱瑞琪，受访者：袁耀南，访谈地点：广州市海珠区南北广场，访谈时间：2016年10月3日。袁耀南，男，黄啸侠拳会永远会长，岭南武术运动讲习所特聘专家。1935年在广州龙津路出生，广州沦陷时跟随父母由广州逃往英德。其父袁节卿，中医生，曾加入精武会，20世纪20年代末与关崇志、区声白等人在连元街陈家祠倡设私立广东体育专门学校。
⑧ 黎淑莹在《广州沦陷前后的难民问题》中指出广州民众逃难的主要路线有：一、短距离的流亡，即往广东北部、西北、西南方向逃亡，且尽量往远离交通线的山区和乡间避难。二、长距离的流亡，主要往内地逃亡。三、流亡到港澳地区。参阅黎淑莹：《广州沦陷前后的难民问题》，《南京大屠杀史研究》2011年第2期，第55页。

回去了。"①袁耀南称："我3岁大就回到了英德，就是广东省英德县，我原籍。"②当时身在肇庆农村的新加坡归国华侨何巧云也表示："广州市里的人有乡下的都逃回乡下避难，没有乡下的就没办法了……广州市里很多人都逃回乡下避难。"③

第二，是跟随国民政府撤退到广东省战时省会韶关。如上述的邝福民和范少如。第三，部分有条件的民众选择逃往当时尚未受到战火波及的港澳地区。除李时外，黄桂仙也曾由顺德逃去香港，投靠在香港打工的自梳女姑姑。"走日本仔④的时候，我从顺德逃到香港……后来我爷爷奶奶死了，我没了依靠就去香港投靠自梳女姑姑，很凄凉的！"⑤在香港沦陷⑥后，澳门成为难民的下一个避难地。生于广东南海的劳耀颜就在香港沦陷后再逃往澳门。她称："日本仔在广州的时候我在澳门，我8岁就在香港。十一二岁就在澳门。因为日本仔打香港，我们就从香港逃去澳门。"⑦

第四，不少世代生活在广州的底层民众既无祖籍地可回，又没有能力逃往粤北、港澳等地，因此只能在广州郊区或周边农村躲避。世居东山的谭志明称："乡下比较近的，就回乡下。我们这些没有乡下的，都不知道乡下在哪里，我父亲说我们家几代都没回过乡下了。所以我父亲就带着我们到处乱逃，跟着大队（人群）跑……逃到那些郊区，从西村那里走。"⑧原本就生活在广州郊区的民众则选择迁往远郊或周边农村。当时居住在广州芳村石围塘的戴女称："我们逃去那些乡下地方了，逃去南海了。我们在那边都没有亲戚朋友，住我们隔壁的那户人家在南海有亲戚，我们跟着他们一起去他们亲戚那里。"⑨这部分民众逃难的时间一般都比较短暂，他们通常在局势稍稍平稳后即返回广州。

不少老人依然清晰地记得逃难过程中的艰辛。戴女回忆："我们都没床睡觉，就铺张席子睡，姐妹母亲几个挤在一起。我们逃到哪里，日本仔跟着又去了哪里。我们只能接着逃跑，逃去芳村东漖、茶漖那里，在那里睡祠堂，就是拿些稻草，垫张席子，睡在别人的

① 访谈者：朱瑞琪，受访者：李礼帮，访谈地点：广州市越秀区人民街日间托老服务中心，访谈时间：2018年1月23日。

② 访谈者：朱瑞琪，受访者：袁耀南，访谈地点：广州市海珠区南北广场，访谈时间：2016年10月3日。

③ 访谈者：朱瑞琪，受访者：何巧云，访谈地点：广州市海珠区南北广场，访谈时间：2016年10月4日。

④ "走日本仔"意为"因日军侵粤而外逃"。

⑤ 访谈者：朱瑞琪，受访者：黄桂仙，访谈地点：广州市越秀区下塘宝汉直街，访谈时间：2018年1月26日。

⑥ 1941年12月25日，驻港英联邦军在杨慕琦及莫德庇的指示下向日军投降，香港沦陷，从此进入所谓的"三年零八个月"时期。参阅邝智文：《重光之路——日据香港与太平洋战争》，香港：天地图书有限公司，2015年，第16、32页。

⑦ 访谈者：朱瑞琪，受访者：劳耀颜，访谈地点：广州市越秀区人民街日间托老服务中心，访谈时间：2018年1月29日。劳耀颜，女，1931年生于广东南海，幼年时期曾长期随母亲生活在广州。全面抗战爆发前随父前往香港，香港沦陷后再逃往澳门，抗战胜利后返回广州。

⑧ 访谈者：朱瑞琪，受访者：谭志明，访谈地点：广州市越秀区人民街日间托老服务中心，访谈时间：2018年1月23日。

⑨ 访谈者：朱瑞琪，受访者：戴女，访谈地点：广州市越秀区下塘宝汉直街，访谈时间：2018年2月1日。

祠堂里。"①邝福民称："我们由广州一路经清远、乐昌、九江、连县、沙坪、花了一整月才到韶关马坝……我们3个当时由我大哥带领，搭艇，经历千辛万苦。"②袁耀南也对逃难过程中的艰辛记忆犹新，他称："我们就走了，就是说走路回英德……我那次快死了。我最小，我母亲背着我，顾不得我多少，她光顾着逃跑，逃慢一点都不行。那时我们都很紧张，由芦苞、清远一路到英德。日本仔跟着就来了……我喝了很多雨水。"③

抗战时期，由于日军残暴，无法营生，政府撤离，大量广州民众外出逃难，他们或返回原籍，或撤至粤北，或奔逃港澳，或流徙乡下。被迫逃难的无可奈何，逃难过程中的千辛万苦都在广州民众的心里留下深刻的印象，这使得逃难记忆成为广州民众沦陷记忆的重要组成部分。（图1）

图1　1938年10月广州民众慌忙出逃④

（三）对侵华日军的记忆

广州沦陷后，日军入城。在广州民众眼中，侵华日军开始由传言想象中的笼统形象转变为真实可感的清晰群体，而部分民众与日军有过直接接触，对其形成了比较具体的认识。

广州沦陷初期，由于日军军纪败坏，加之有关日军暴行的传言在民众间广泛传播，广州民众极为害怕侵略军，几乎所有访谈对象都表达了他们对日军的恐惧。

其中，最突出的是他们对日军性暴力的惊惧和憎恨。广州沦陷前后，市内到处都流传着日军强奸妇女的消息，刘苏、林鉴好、戴女、黄丽娥等十多位老人都表示自己曾经听到过相关的传言或亲眼看见过日军的暴行。戴女称："我们去石围塘偷煤……芳村山村那里也有很多人去石围塘偷煤。我听那些人说，有个芳村山村的女孩被日本仔捉到，被7个人轮奸，生生把她弄死了……那时候，日本仔见人就捉，见女人就捉来强奸。我们那时候有

① 访谈者：朱瑞琪，受访者：戴女，访谈地点：广州市越秀区下塘宝汉直街，访谈时间：2018年2月1日。
② 访谈者：朱瑞琪，受访者：邝福民，访谈地点：广州市海珠区南北广场，访谈时间：2016年10月3日。
③ 访谈者：朱瑞琪，受访者：袁耀南，访谈地点：广州市海珠区南北广场，访谈时间：2016年10月3日。
④ 资料来源：肖敬荣主编，广州市档案馆编著：《侵华日军在广州暴行录》，第64页。

禾田，堆了稻草堆，日本仔用枪尾剑①戳那些稻草堆捉人。我姐姐就躲在稻草堆里，免得被他们捉到，如果被捉到了就会被他们强奸。那时候他们叫那些女孩'花姑娘'。我也很慌张的，因为我也十二三岁了。他们不管老嫩大小的，八九十岁的他们也捉来强奸。芳村葵蓬洲（音）……有一个老太婆，70岁了都被日本仔捉来强奸。没人性的！"②谭志明、黄丽娥甚至亲眼看见了日军的暴行。谭志明说："我亲眼看见他们当场按死一个六十多岁的老太婆。那时候我虽然小，还是看到了，好多人远远地看，哪里敢围上去？……人人都说残忍，真的！"③黄丽娥称："日本仔一下车，就'花姑娘''花姑娘'这样叫，老婆婆都被他们用一把梯子压住，他们就这样强奸了那个老婆婆……我们那时候虽然不是很懂，但是都看到一点。"④林鉴好的经历则更为惊险，她回忆称："有一次，我在河边摸蚬的时候，被日本仔看到了，他就追过来，我只能蹚水逃跑，水已经漫到我大腿中部了。因为他穿着皮靴过不来，我才跑掉的。还有一次，日本仔进城的时候，两个日本仔扛着枪就来找'姑娘'。我当时十多岁，我母亲只有我一个孩子。我们都很害怕，当时我母亲拖着我跑到隔壁，钻到床底下躲起来。我父亲就拦着房门，不让他走进来。那一次，如果他们进去了，我们母女俩被他们捉去就完了。那些日本仔穿皮靴，就是会'嘎噔嘎噔'响的那种。因为我父亲拦着房门不让他们进去，他们就踢了我父亲两脚，因为这个，又没钱给我父亲治疗，我父亲后来就死了。"⑤

其次，不少访谈对象都记得日军殴打杀害民众的残暴行径。戴女回忆日军残杀她邻居时仍心有余悸，她说："我们隔壁那户有一个男孩……二十多岁，也在石围塘被日本仔捉到了……日本仔用绳子把他吊着，扔到石围塘最深的地方淹着。他快死的时候，又把他拉上来，再碾他，把水都碾出来，就这样把他弄死了。"⑥袁耀南也目睹了遭到日军杀害的同胞的惨状："他们走后，我们就看到那些躺下的（死的）。……事后，我们去左邻右里看一下。唉，那些很可怕的！我看到那些被他们刺死的，有些可能是反抗的，不让他们抢东西的。"⑦林四妹也称："我婶婶的手都被日本仔打断了。他们逃去很远的河塘那边的深坑里躲起来，我婶婶的孩子又不听话，一直哭。因为害怕哭声会被日本仔听到，那些人就不和我婶婶一起走了，让她自己走。日本仔看到她，就把她的手打断了。"⑧

此外，在不少老人的回忆中，日军还大肆破坏、抢掠。戴女回忆称："我们家的房子

---

① 即刺刀。本文依据受访者口述照录，未做更改。

② 访谈者：朱瑞琪，受访者：戴女，访谈地点：广州市越秀区下塘宝汉直街，访谈时间：2018年2月1日。

③ 访谈者：朱瑞琪，受访者：谭志明，访谈地点：广州市越秀区人民街日间托老服务中心，访谈时间：2018年1月23日。

④ 访谈者：朱瑞琪，受访者：黄丽娥，访谈地点：广州市越秀区北京南路太平沙同庆坊，访谈时间：2018年2月5日。黄丽娥，女，1935年生于广州大新路，亲历广州沦陷。

⑤ 访谈者：朱瑞琪，受访者：林鉴好，访谈地点：广州市荔湾区芳和花园，访谈时间：2016年9月29日。

⑥ 访谈者：朱瑞琪，受访者：戴女，访谈地点：广州市越秀区下塘宝汉直街，访谈时间：2018年2月1日。

⑦ 访谈者：朱瑞琪，受访者：袁耀南，访谈地点：广州市海珠区南北广场，访谈时间：2016年10月3日。

⑧ 访谈者：朱瑞琪，受访者：林四妹，访谈地点：广州市白云区石井镇庆丰村，访谈时间：2018年1月31日。

就被日本仔拆了，他们把家里的东西全部搬走了。他们没柴烧，就拆我们的房子，拆我们的床板，劈了烧火煮饭……柴米油盐都被拿走了，鸡鸭鹅都被抓走了……我们逃跑的时候，那些禾苗快要成熟了……日本仔把我们的禾苗都割了，用来喂马。"①当时已避居新会的李礼帮也称："那时候日本仔经常进屋骚扰。那些日本仔，包括我们家里的那个座钟，德国制的，他们也识货，抢走了。"②

笔者收集的口述资料显示，由于接触的日军个体不同，不同广州市民对日军的记忆有一定独特性。在刘苏老人的记忆中，那个与他直接接触的日军并不像传闻中的那样可怕，他称："那时候只剩下我和我父亲在大沙头。房子旁边有一小块地，我父亲在那里种菜，以供食用。有一次，我父亲光顾着种菜，有个日本仔③过来，问我有没有他手中那种香烟，我回答说没有。那时候我父亲抽那些熟烟，有一两包，用些杂物盖住，怕别人偷。我把这些烟找出来，对日本仔说有这些。那个日本仔说不抽这些。就是这样，我们用手势和点头、摇头的方式沟通。那个日本仔不是凶神恶煞的，他可能看我年纪小吧。"④黄桂仙也有类似的记忆，她称："我们走到一个地方，有一帮日本仔在。当时去很多地方都要过日本仔的关卡的。我那时候小小的，穿件大人衣服，像个乞丐一样，有个日本仔倒了不知道什么东西给我吃……然后摸了一下我的头，拍了一下。我小小的，那个时候说日本仔很喜欢小朋友的。"⑤

然而，在袁耀南的记忆中，他与日军的直接接触则相当惊险。他称："那时候要拉壮丁当汉奸，日本仔入城了，我父亲那个时候不管怎么说都比较合适。他就装病，用一条船……他睡在里面，盖着被子，我们几个……和我母亲盘着坐。唉！日本仔到了，他们一踩那条船，把我父亲拉起来，看一下他是不是真的病了。那时候很惊险。"⑥戴女关于与日军直接接触的记忆也充满恐惧。她说："我们要去大同路卖菜，我们过海（珠江）要经过码头，好几个日本仔守着那个码头。我们走过，他们会捉住我们，给我们打针，什么时候

---

① 访谈者：朱瑞琪，受访者：戴女，访谈地点：广州市越秀区下塘宝汉直街，访谈时间：2018年2月1日。

② 访谈者：朱瑞琪，受访者：李礼帮，访谈地点：广州市越秀区人民街日间托老服务中心，访谈时间：2018年1月23日。

③ 由于当时有较多日本平民居住在广州市内，为免争议，笔者特意在2017年3月19日再次询问刘苏老人。刘苏老人明确表示他所接触的日本仔是日军，而非日本平民。他称这个日本仔当时身穿军服，还背着枪尾剑。特此补充。

④ 访谈者：朱瑞琪，受访者：刘苏，访谈地点：广州市越秀区建设横马路5号，访谈时间：2016年9月14日。

⑤ 访谈者：朱瑞琪，受访者：黄桂仙，访谈地点：广州市越秀区下塘宝汉直街，访谈时间：2018年1月26日。

⑥ 访谈者：朱瑞琪，受访者：袁耀南，访谈地点：广州市海珠区南北广场，访谈时间：2016年10月3日。

要打一次都有规定。①……我趁着他们给我姐姐打针的时候，就静悄悄地躲过去，我最害怕打针了。"②

需要指出的是，有个别访谈对象表示，广州沦陷期间，她们从来没有见过日军。广州沦陷后，何端曾在德政北路丽水坊一带居住了两年，但在这两年里她从未看见日军。③陈少容也称自己从没亲眼见过日军。④经访谈对象及其亲属补充，原因可能在于当时她们不经常出门，而且日军并未深入她们居住的街巷。⑤

广州沦陷时期，侵华日军暴行累累，广州民众由此形成了恐惧憎恨日军的共同记忆。由于部分民众曾与日军有过直接接触，因此他们对日军的记忆又具有一定独特性。

（四）关于沦陷生活的记忆

广州民众对沦陷生活的记忆主要包括对沦陷期间物质生活水平、广州社会状态的感性记忆。沦陷时期，因战争摧残和日伪掠夺，广州市面百业萧条，民众生活极为贫困。广州民众对沦陷时期的生活有切身体会，因而不少访谈对象对此的记忆十分具体。

广州普通民众对沦陷时期生活之贫困，谋生之艰辛记忆颇深。当时经济的残破和日军的抢掠令社会底层民众的生活雪上加霜，贫困的人们只能想尽一切办法寻找食物。林鉴好称："我母亲就天天去海珠桥脚一德路果栏那里买把甘蔗回来，切开一块块后，让我摆在旧时卜卜斋门口卖。东山那里有一座耶稣堂……我母亲天天去那里听耶稣，听完就拿一勺子粥吃。她听完耶稣回来，花1毛钱买日本仔的剩饭……给我吃一碗，再留下一半当天晚上我们母女俩一起吃。"⑥戴女也回忆道："我们逃难回来的时候就惨了，什么都没了，家空物净。禾苗被他们（日本仔）割了，东西都被他们（日本仔）搜刮干净了……我们就摘路边的野菜吃……我母亲就受不住了，吃着吃着，肚子胀得很大，好像有了孩子一样……又没钱看病。"⑦为了谋生，戴女曾为日军挑泥修筑基围，"5毛钱军票挑一天，5毛钱军票

① 日伪出于防疫或施行化学战的目的曾强迫沦陷区民众注射药物，戴女的回忆可能源于此。南京大屠杀后，日伪当局曾通过关闭城门、检查防疫证明、户口调查等强制手段广泛进行注射。参阅张慧卿：《"宣抚"还是控制：后大屠杀时期日军在南京的卫生防疫》，第五届抗日战争史青年学者研讨会（上海：复旦大学），2018年5月12—13日，第11页。而1940年6月5日《抗战旬刊》报道："（番禺县）市桥日寇借名防疫，强迫我各地同胞赶（赴）市桥打针……有打五六针的，有打眼眉及额头的，连日惨死已达4人。谣传此类毒针有断种的，有癫痫的，有急性的，有慢性的，不一而足。一般同胞甚为恐慌，多不敢到市桥，故市桥异常冷淡。"参阅沙东迅：《侵华日军也曾在粤进行化学战》，《抗日战争研究》1998年第4期，第125页。

② 访谈者：朱瑞琪，受访者：戴女，访谈地点：广州市越秀区下塘宝汉直街，访谈时间：2018年2月1日。

③ 访谈者：朱瑞琪，受访者：何端，访谈地点：广州市海珠区燕子岗路，访谈时间：2018年1月25日。这部分由其子陈向欣补充说明。

④ 访谈者：朱瑞琪，受访者：陈少容，访谈地点：广州市海珠区南北广场，访谈时间：2018年2月7日。

⑤ 陈少容明确表示自己当时还是小孩子，很少上街。何端长子陈向欣也对笔者说，他母亲结婚后，整天都待在家里，所以并不知道外面的事情。

⑥ 访谈者：朱瑞琪，受访者：林鉴好，访谈地点：广州市荔湾区芳和花园，访谈时间：2016年9月29日。

⑦ 访谈者：朱瑞琪，受访者：戴女，访谈地点：广州市越秀区下塘宝汉直街，访谈时间：2018年2月1日。

只能买 1 斤米……那时候买米也困难，米很贵，每天不同价钱。那时候用军票，我们姐妹两个就赚 1 块钱军票，赚两斤米，两斤米刚刚够我们父女 3 人吃 1 天。我那时候十二三岁了，挑泥的时候，腿都长满了冻疮，很辛苦的，没办法。我父亲年纪大了，唉，那时候很凄凉。……我们早上去排队……很多人去挑的"。①

广州市内很多原本殷实的家庭也不能幸免，生活水平一落千丈。陈少容回忆："日本仔没来的时候，虽然我父亲要养一家人，但我们家的环境很好的，我们家很漂亮的。日本仔来了以后，我们能卖的就卖，能借的就借，能当的就当。那些当票都有这么厚（大概 2 厘米），慢慢就没钱了，就断当了，东西就没了。什么都拿去当，只要是能卖的就卖掉，只要是能吃的我们都吃……吃番薯、吃野菜，什么都吃过了。那时候很艰难，没饿死就已经很好了。那时候我父母和我在石碁住，没饭吃。市桥李塱鸡的母亲做大寿，去了的话，一人可以分 4 两米。那时候听别人说起，我们知道了，就 3 个人一起去……那些米是不可以带出村的，我母亲就拿些小袋子，绑在身上，害怕他们查。唉，那时候风大雨大，我们仨走得像狗一样……全湿了。为了 1 斤 2 两米，我们走了十几条村……由石楼走到市桥。"②

不少访谈对象对沦陷时期广州市面的景象也有一定记忆。沦陷前后，因大量市民外逃，广州市内人口大幅减少，街道冷清。1937 年，广州人口为 121.9 万人。③到 1938 年 8 月 25 日，市公安局调查显示，广州市仅 623694 人。④到 1938 年 10 月，由于日军侵粤，广州市内人口进一步减少，但无法得知具体数字。⑤莫嘉度写道："1938 年 10 月 22 日，市内只有火灾和破门入户。一些好奇的外国人和路透社及美联社的代表参观了城市。市内'生灵俱灭'，见不到日本人，也没有中国人的踪影，只有火灾、撬门和抢劫。"⑥林鉴好回忆："人都走光了，没人了。我们逃难的时候都没人了，人人都逃回乡下了，全静下来了。"⑦

1938 年 12 月 10 日伪广东治安维持会在广州成立，其后极力号召民众返回广州。⑧日军

① 访谈者：朱瑞琪，受访者：戴女，访谈地点：广州市越秀区下塘宝汉直街，访谈时间：2018 年 2 月 1 日。

② 访谈者：朱瑞琪，受访者：陈少容，访谈地点：广州市海珠区南北广场，访谈时间：2018 年 2 月 7 日。

③ 广州市地方志编纂委员会编：《广州市志》卷二，广州：广州出版社，1998 年，第 277 页。

④ 肖敬荣主编，广州市档案馆编著：《侵华日军在广州暴行录》，第 174 页。

⑤ 时任葡萄牙驻广州总领事莫嘉度认为到 1938 年 10 月 12 日，广州居民尚有 40 万，但在 5 天之内全部消失。参阅 [葡] 莫嘉度：《从广州透视战争——葡萄牙驻广州总领事莫嘉度关于中日战争的报告》，舒建平、菲德尔译，上海：上海社会科学院出版社，2000 年，第 179 页。1938 年 10 月 16 日《国华报》则载："日寇南侵……因此离市者甚多，尤以十四晚及十五昼为众，以老弱妇孺占大多数……计两日内离省者当有数万人。"参阅作者不详：《老弱妇孺离市》，《国华报》1938 年 10 月 16 日，第 4 页。而林沛端认为广州沦陷当天，留市未走的市民"不过三数千人"。参阅林沛端：《抗战时期广州沦陷情状》，李齐念主编：《广州文史资料存稿选编》第 4 辑《军政类》，北京：中国文史出版社，2008 年，第 206 页。

⑥ [葡] 莫嘉度：《从广州透视战争——葡萄牙驻广州总领事莫嘉度关于中日战争的报告》，舒建平、菲德尔译，第 160 页。

⑦ 访谈者：朱瑞琪，受访者：林鉴好，访谈地点：广州市荔湾区芳和花园，访谈时间：2016 年 9 月 29 日。

⑧ 张遂新：《日伪统治时期广州的人口迁移》，《广州社会主义学院学报》2013 年第 3 期，第 97 页。

广州民众的沦陷记忆——基于现存亲历者口述资料的研究

193

的行为在局势稳定后也得到约束，一部分外逃的市民开始回城。刘苏称："日本仔得到广州之后，他们的骚扰没有那么厉害了，稍稍平静了下来。"①林鉴好也称："后来，那些日本仔就不敢那么无礼了，就有些规矩了，平静一点了，我们才回来。后来一个时期人们陆陆续续都回来了，日本仔来了一段时间以后就有点礼貌了，不敢乱抓人了，不敢怎样怎样了，就是有点规矩了。"②谭志明也有类似的经历："到处乱逃了一段时间以后，听别人说，到三几年的时候就平定下来了。有些人就回广州市住了……我们跟着大队（人群）逃去比较远的郊区，很快就回来了。"③

然而，因经济凋敝，不少民众回城后仍然失业，贫民无以为生，广州街头上乞丐日渐增多，甚至出现了饿死人的惨象。谭志明称："每间铺头的东西全没了，全被人偷走了。想重新做生意，因为没工打。……靠做小贩维持生计，但是又没人买东西。街上都没人走，广州市都安静成什么样子了！那样就开始饿死人了，这样的情况一直持续了下去，不知道饿死了多少人。"④陈少容也称："那时候很惨的。很多人卖儿卖女，饿死的，什么人都有。路上有很多乞丐，很惨的！街上好多饿死的，有些小孩子瘦得像根藤一样，他们后来都饿死了。"⑤《侵华日军在广州暴行录》载："1940年5、6月间，广州粮荒严重，饿毙路尸及弃婴随处可见，城西方便医院附近，恒有因饥饿僵毙道旁者。"⑥

到沦陷后期，日伪更通过限时兑换加紧对广州金融的控制，以便进行经济掠夺。1942年7月，伪中央储备银行广东分行在广州成立，中储券开始在沦陷区流通使用，广东伪政权要求广东商民在两个星期内完成中储券和旧币（法币和毫券）的兑换。⑦黄桂仙还能清晰回忆起当时的情况："我就记得那些钱一夜之间全没了，储备券，关金券（音）……那时候街上都有'剃刀门楣'。摆街的，就是现在的储蓄所，买卖钞票，那些叫'剃刀门楣'。'剃刀门楣'就是理发店里那些人弄一条布，好像妇女的马带（音），帮别人剃面，完了之后，就刮一刮，就叫作'剃刀门楣'。就是说这些铺头出门让他们搜刮一下，进门也让他们搜刮一下。"⑧在这种情况下，广州民众的生活更加困难，社会治安也难以维持。黄桂仙回忆："街上很多乞丐，比如你在街上拿着一块叉烧，他们抢了就吃。还有抢东西的，什么都有。"⑨黄桂仙的记忆与相关资料的记录非常相似："不少马路边，每天都有十

---

① 访谈者：朱瑞琪，受访者：刘苏，访谈地点：广州市越秀区建设横马路5号，访谈时间：2016年9月14日。

② 访谈者：朱瑞琪，受访者：林鉴好，访谈地点：广州市荔湾区芳和花园，访谈时间：2016年9月29日。

③ 访谈者：朱瑞琪，受访者：谭志明，访谈地点：广州市越秀区人民街日间托老服务中心，访谈时间：2018年1月23日。

④ 访谈者：朱瑞琪，受访者：谭志明，访谈地点：广州市越秀区人民街日间托老服务中心，访谈时间：2018年1月23日。

⑤ 访谈者：朱瑞琪，受访者：陈少容，访谈地点：广州市海珠区南北广场，访谈时间：2018年2月7日。

⑥ 肖敬荣主编，广州市档案馆编著：《侵华日军在广州暴行录》，第177页。

⑦ 左双文：《华南抗战史》，第105页。

⑧ 访谈者：朱瑞琪，受访者：黄桂仙，访谈地点：广州市越秀区下塘宝汉直街，访谈时间：2018年1月26日。

⑨ 访谈者：朱瑞琪，受访者：黄桂仙，访谈地点：广州市越秀区下塘宝汉直街，访谈时间：2018年1月26日。

个八个饿死的人，一些因饥饿过度而在街上抢食物的，被物主追赶跌倒，虽已是头破血流，但临死之时，还要将抢得的食物往嘴里塞，确是惨不忍睹。"①

贫困饥饿是广州民众对沦陷生活的共同感受，在战争摧残与日伪掠夺双重打击下，原本富庶繁荣的广州城人口减少，经济凋敝，民生艰难，社会混乱。

三、广州民众沦陷记忆的形成与构建

以亲历者的口述资料为例，广州民众的沦陷记忆有如下特点：第一，以个人经历为主，同时包括关于他人经历的传闻。第二，着重记忆日军的暴行。第三，沦陷记忆中不仅有具体事件，还包含个人感受和情绪。这些特点体现了广州民众沦陷记忆形成和构建的过程，本文将在以下内容中对其进行探讨。

（一）个人经历是形成沦陷记忆的基础与主干

广州民众在沦陷时期的个人经历主要是指他们在沦陷期间的亲身遭遇，这些经历为他们个体记忆的产生提供了初始材料与时间线索，是形成沦陷记忆的基础与主干。而个体意义上的沦陷记忆实际上是一种以自我经历为原点，通过眼见、耳听等方式向外延伸，触及家庭遭遇、社会变化的记忆，即所谓的"个人主体下的家庭史、社会关系史"②。

沦陷时期个人经历的多寡对沦陷记忆是否丰富有决定性作用。以戴女的沦陷记忆为例，她的经历如下：

（1）广州沦陷前夕，遭遇日机轰炸，祖母因惊吓过度而死。

（2）广州沦陷时，逃往南海、东漖、茶漖避难，逃难过程十分艰辛。

（3）逃难约1年后返回，因家中房子已遭日军拆毁，庄稼也被日军割尽，被迫吃野菜充饥，母亲因此而死。

（4）沦陷期间，曾与姐姐一起在石围塘偷捡煤块。

（5）看见日军在石围塘扎营。

（6）去大同路卖菜时经过日军关口，险些被日军强迫注射药物。

（7）日军修筑石围塘基围时，为赚取军票，曾去挑泥。

（8）亲历盟军飞机轰炸。

（9）日本投降后，卖菜时看到日军扫街，亲眼看见大量日军尸体顺着珠江流走。③

① 汪宗猷：《广州满族简史》，广州：广东人民出版社，1990年，第89页。
② 杨小平、朱成山：《南京大屠杀受害者与广岛原子弹爆炸被爆者的口述史对比研究》，第三届"口述历史在中国"国际研讨会（北京：中国传媒大学），2017年11月10—12日，第37页。
③ 以上各条皆根据戴女口述整理。

因为经历颇多，戴女的沦陷记忆与其他受访者相比显得特别丰富。个人经历的多寡受到多种因素的影响。首先，个体在战时的遭遇与其所处的社会大环境密切相关，个人经历是群体经历的缩影。以广州、香港两地民众对日机空袭的记忆差别即可说明。如上文所述，由于日机对广州的空袭持续时间长、次数多、范围广，广州民众普遍对其有深刻印象。虽然香港民众对日机空袭也有一定记忆，但他们的记忆大多集中在1941年12月8日日机轰炸启德机场，"1941年12月8日早上8时，我在家中听到几声巨响，一时不知是什么声音，便隔窗观看，才知是日本军机轰炸启德机场"①。这是因为日机对香港的空袭主要发生在1941年12月8日至25日间，②袭击次数也远较广州少。香港、广州虽然同处华南沿海，但战时情况不完全相同，民众在抗战时期的遭遇因而会有所不同，所以两地民众的抗战记忆虽然有类似的背景和底色，但也具有一定差异性。

此外，年龄、原生家庭情况等主观因素也对个人在沦陷时期的经历有直接影响。一般情况下，年龄越大，个人经历就会越多，同时心智也越成熟，沦陷记忆就会越丰富。反之亦然。如果原生家庭的经济情况相对较好，如范少如、李礼帮、何端等，因为几乎没有挨饿受冻的经历，所以他们关于生活困难的记忆就会相对较少。而原生家庭非常贫困的，如戴女、林四妹、林鉴好等，有长期不得温饱的经历，她们关于物质匮乏和艰难求生的记忆就会特别多。

由于沦陷时期每个人的经历不同，对个人而言，沦陷记忆本质上是一种属于自我的独特记忆。每位访谈对象的沦陷记忆都具有鲜明的个人色彩。何端在访谈中反复提起她在肇庆生孩子的事情，她称："我们就去肇庆，逃到那些大有钱佬③那里。我们就住在有钱佬的房子里，我丈夫在那里教有钱佬的孩子们读书，我就跟着。那个有钱人说：'我让你在这里住，可不是让你在这里生孩子的。'刚好隔壁有间房子，我们就租下了，我家婆跟着，我在那间房子里生下了他（长子陈向欣）。那时候我们去了肇庆，在上瑶、下瑶那里。"④袁耀南提到了他在英德撞船遇险的事，他称："有一次，在浛洸，就是日本仔到了英德城再出来，去到英德连江口。我们一家人坐货船，那船撞上大石头了，破了一个大洞。……船上装了货，船头撞了个大洞，水慢慢进来。我父亲把我们抱上岸。我们都在发抖。"⑤在刘苏的沦陷记忆中，有关于他父亲想办法让被强征当兵的哥哥逃回家的事，他称："我另一个哥哥叫刘本，国民党当政的时候三丁抽一……抽中了他，他就去当了国民党的兵，与日本仔对抗。他去了广西南宁。……我父亲开船厂……请到一个广西南宁的工人……我父

① 刘智鹏、周家建：《吞声忍语——日治时期香港人的集体回忆》，第130页。
② 日军在1941年12月8日上午派飞机空袭香港皇家空军启德基地，几乎消灭驻港英军微弱的空中力量。12月16日，日军由台湾及广州派出逾60架双引擎轰炸机空袭港岛军事设施及炮台。日军炮轰港岛北岸期间，市区不时中弹，造成市民伤亡。参阅邝智文：《重光之路——日据香港与太平洋战争》，第29—30页。
③ 即极为有钱的人家。本文依据受访者口述照录，未做更改。
④ 访谈者：朱瑞琪，受访者：何端，访谈地点：广州市海珠区燕子岗路，访谈时间：2018年1月25日。
⑤ 访谈者：朱瑞琪，受访者：袁耀南，访谈地点：广州市海珠区南北广场，访谈时间：2016年10月3日。

亲想跟他打听一下儿子的消息。后来，他（工人）和家人通信，知道他（刘本）在哪个地方。我们花点钱伪造了一个良民证。……让这个工友去南宁打探他在哪里。……我父亲花了一点钱，把刘本搞了回来。"①这些访谈对象的口述资料充分展示了广州民众沦陷记忆的个体独特性。

以自我经历为基础的沦陷记忆既包括了个人在沦陷期间的遭遇，也包含了个人在面对这些遭遇时的感受和情绪。通过阅读访谈对象的口述资料可知，他们的沦陷记忆中最刻骨铭心的部分往往都带有极深的感情印记。如黄丽娥关于在石室②避难的记忆，她称："刚刚沦陷的时候，三千多人躲进石室了。我就看着那些还没到1岁的婴儿，父母又不敢掐死他们，就给其他人掐着脖子掐死了。（他们的父母）说：'这是我的儿子，害怕他哭招惹日本仔来，连累石室里躲的几千人，给你们男人掐死吧。'就这样，那些孩子都被掐死了。我看到两三个后就走开了。我不敢再去看，也不敢出声。"③黄桂仙则对被日军由香港遣返顺德的经历记忆最为深刻。她回忆称："我7岁的时候，日本仔攻陷香港。接着日本仔就要把我们遣返回去，就是说原来是顺德的就回顺德。顺德的，番禺的，就集中在一个地方，开始说用船运，后来没船过来。我们就睡大街，等船。……等了很久都没车、没船。后来有些人说：'走路吧。'我们就从沙井、大埔、上水一路走回顺德。我们一共走了14天，我最记得的就是走了14天。……我印象最深刻的是当时我穿着旧时大人穿的大襟衫，我穿就变成长衫了，衣摆垂到这里（手比划着膝盖）。说起来又好笑又好生气。……我最难忘的就是去到沙井……那里的农民熬些粥分给我们这些难民吃。……去到农村，我们就睡在祠堂里，那些农民给我们一把稻草，让我们垫着睡觉。这样走了14天，足足14天。"④再如上文已经提到的戴女对日军掠夺，母亲因吃野菜而死的记忆；林鉴好对被日军追逐，与母亲仓皇躲藏的记忆；范少如对在粤北躲避空袭的记忆；等等。

令回忆者印象最深刻的通常都是那些充满了痛苦的经历。这与南京大屠杀受害者常志强对于"南京大屠杀"的口述特点非常类似，他在描述个人经历的同时，也包括了感情的追溯。⑤虽然人们在访谈过程中几乎都不会流露太过激烈的情绪，但可以想见，逃难的艰辛、至亲的死亡、空袭的恐怖、日军的残暴等，都会引起当时年龄尚小的访谈对象或惊恐，或悲伤，或仇恨的强烈情绪，并对他们造成巨大的心理创伤，因此，这些记忆才会如此深刻。

广州民众在沦陷期间的经历是形成沦陷记忆的基础，个体经历的多寡对其沦陷记忆是

---

① 访谈者：朱瑞琪，受访者：刘苏，访谈地点：广州市越秀区建设横马路5号，访谈时间：2016年9月14日。

② 石室，即广州石室圣心大教堂，位于广州市越秀区一德路。

③ 访谈者：朱瑞琪，受访者：黄丽娥，访谈地点：广州市越秀区北京南路太平沙同庆坊，访谈时间：2018年2月5日。

④ 访谈者：朱瑞琪，受访者：黄桂仙，访谈地点：广州市越秀区下塘宝汉直街，访谈时间：2018年1月26日。

⑤ 杨小平、朱成山：《南京大屠杀受害者与广岛原子弹爆炸被爆者的口述史对比研究》，第32页。

否复杂丰富有决定性作用。个人经历受年龄、原生家庭情况等因素的直接影响，而社会大环境则为个人经历和个人记忆划定了时空范围。由于经历不同，沦陷记忆具有个体独特性。记忆不仅包括当时发生之事，也包含着个人情感。由于痛苦的遭遇会给人带来强烈的心理感受，甚至造成心理创伤，因而成为广州民众沦陷记忆里印象最深刻的部分。

（二）传闻是组成沦陷记忆的重要部分

通过分析整理已有的访谈资料，不难发现，几乎所有访谈对象的沦陷记忆里都或多或少地包含着他们战时或战后初期听到的传闻。

在市民个体的沦陷记忆中，关于家庭成员经历的传闻通常占据十分重要的位置。如上文所述，沦陷记忆以自我经历为原点，向外延伸，而关于家庭成员经历的传闻就是个体在自我经历以外首先接触到的，由于这些传闻都来自亲人的真实经历，并且通常都由当事人或者其他亲属讲述，因而对记忆者有着很强的冲击力和感染力。戴女、黄丽娥、范少如等访谈对象的沦陷记忆里都包含着"听到"的关于家庭成员遇险或遇难的经历。[1]戴女称她父亲曾对她说过遭日军殴打之事："我父亲走过他们的关口，他们守着关口的，我父亲忘记点头了，就被他们打了一耳光。我父亲回来跟我们说的。"[2]黄丽娥的沦陷记忆中关于母亲在江村被飞机炸死的部分，来自她哥哥姐姐的转述。[3]范少如的记忆中有婶婶遭遇空袭的经历，她称："我听我婶婶说，她在韶关，飞机过来了，她们害怕，就躲在巷子里，一个叠着一个。后面炸了，那时候是燃烧弹，那些碎片飞过来，躲在后面那个就死了。她'呀'地叫了一声，我婶婶还让她别吵，因为飞机还在。后来她发现那个人已经死了，她都快被吓死了。"[4]

访谈对象通常都会在回忆日军的暴行以及战争所带来的苦难时提及亲人的经历。可见，记忆家庭成员的经历，既是老人们对自我记忆的一种补充，也是他们表达自己情感与态度的一种方式。

因此，这种记忆现象也常见于其他非广州出生的访谈对象。黄桂仙就称："我的一个堂叔，见到他们（日军）没鞠躬就被他们戳死了。他住在我家隔壁。……我听大人说的，就是那些堂姑姑、堂伯父说的。"[5]何银宽也有类似的记忆，她称："抗战胜利以后，我回去顺德家里探望我舅舅，听我舅舅说，我家里人全被日本仔害死了。我弟弟、父亲都被日

---

① 这与广岛原子弹爆炸被爆者对于"原子弹爆炸"的口述有类似之处，即口述的经历不仅有自己的，也有"听到"的家庭成员的。参阅杨小平、朱成山：《南京大屠杀受害者与广岛原子弹爆炸被爆者的口述史对比研究》，第36页。

② 访谈者：朱瑞琪，受访者：戴女，访谈地点：广州市越秀区下塘宝汉直街，访谈时间：2018年2月1日。

③ 访谈者：朱瑞琪，受访者：黄丽娥，访谈地点：广州市越秀区北京南路太平沙同庆坊，访谈时间：2018年2月5日。

④ 访谈者：朱瑞琪，受访者：范少如，访谈地点：广州市越秀区元岗中路，访谈时间：2018年2月5日。

⑤ 访谈者：朱瑞琪，受访者：黄桂仙，访谈地点：广州市越秀区下塘宝汉直街，访谈时间：2018年1月26日。

本仔打死了。我母亲因为脚疼，躺在床上不能起床干活，就活活饿死了。……我妹妹也被日本仔弄死了。"①劳耀颜也称："我有两个表姐，她们是孪生姐妹。日本仔来的时候，她们父亲刚刚去世，就要办丧事。日本仔一听到她们办丧事，就马上过来了。因为他们要找'花姑娘'。我两个表姐当时都十六七岁了，都很漂亮。我表姐的母亲为了保护两个女儿，就刮了一些锅底灰，用水调开，把两个女儿的脸都涂黑了。日本仔到了，他们用东西挑起我两个表姐的脸，一看，发现她们怎么这么丑。……所以日本仔就没有强奸她们。我的姨妈，在另一个地方，当时我姨妈的丈夫已经死了，但是她才50来岁，还是很年轻的。那些日本仔看见她，就强奸了她。……她被强奸后气不过，自尽了。……我舅舅就告诉了我们这件事。"②

不少访谈对象的沦陷记忆里还包含了关于其他陌生人经历的传闻。与前者比较详细具体不同的是，后者一般都比较简略。如刘苏称："有听说过日本仔专找女人下手，就是找'花姑娘'那些。"③邝福民称："就听说过他们（日军）到处杀人、奸淫妇女。"④陈少容称："如果不服从他们（日军），他们就灌水，把人的肚子灌胀，再用一块板把水踩出来。他们抛起小孩子，再用剑挑起来，像挑豆卜⑤一样。如果经过他们的关口，没有良民证，他们就一脚踢过来。……这都是我听别人说的，自己没看到。"⑥除上文提到的戴女记忆中关于山村女孩遭到日军强奸的传闻外，比较详细的仅有李礼帮幼年时从长辈处听到的传闻。他称："我读四五年级的时候，大概10岁吧，就听我母亲和那些老人说，日本仔来的时候，在江门那里，有些关卡，那时候交通不是很方便，在这种情况下，有劳动力的妇女，就从荷塘那边赶去江门那边，把米挑回荷塘卖。她们一到江门北街那边的关卡，就被侵略军捉进去强奸，她们受到了这样的羞辱，在农村，封建思想还是很严重的，甚至有些妇女就这样跳河而死了。"⑦这些传闻虽然看似与访谈对象的个人经历无关，但它们和关于家庭成员经历的传闻一样，有助于广州民众补充完善自我记忆，强化了他们对于日军残暴、战争残酷的认知，因此也是民众沦陷记忆的重要组成部分。

对传闻的记忆体现了沦陷记忆的集体性和社会性。王明珂指出："个人从社会中得到与建立部分记忆的同时，他与其他社会群体成员也在各种社会活动中，共同保存、回忆、

①访谈者：朱瑞琪，受访者：何银宽，访谈地点：广州市越秀区下塘新村蘸湖居，访谈时间：2018年1月26日。何银宽，女，1924年生于广东顺德杏坛上地。广州沦陷前夕，与干妈前往江西庐山养病，后因日军进犯广东，被迫留在庐山。抗战期间，曾先后在广东梅县、湖北、湖南、四川等地避难。抗战胜利后，何银宽返回广东，现居广州。

②访谈者：朱瑞琪，受访者：劳耀颜，访谈地点：广州市越秀区人民街日间托老服务中心，访谈时间：2018年1月29日。

③访谈者：朱瑞琪，受访者：刘苏，访谈地点：广州市越秀区建设横马路5号，访谈时间：2016年9月14日。

④访谈者：朱瑞琪，受访者：邝福民，访谈地点：广州市海珠区南北广场，访谈时间：2016年10月3日。

⑤豆卜，一种由豆腐经高温油炸而成的食品。本文依据受访者口述照录，未做更改。

⑥访谈者：朱瑞琪，受访者：陈少容，访谈地点：广州市海珠区南北广场，访谈时间：2018年2月7日。

⑦访谈者：朱瑞琪，受访者：李礼帮，访谈地点：广州市越秀区人民街日间托老服务中心，访谈时间：2018年1月23日。

创造'社会记忆'。"①通过考察广州民众的沦陷记忆可以发现，群体记忆与个人记忆通常呈现相互包含的状态，群体记忆由个体记忆组成，个体记忆中又渗透着群体记忆。个体通过记忆他人的遭遇补充自我的记忆，理解社会的经历。

这些传闻就像一个引子，在某个特定的时刻，比如在看到某些类似的资料时，比如在与某人谈论相关的话题时，唤起亲历者对那一段历史的记忆。正如莫里斯·哈布瓦赫在《论集体记忆》中所说的那样："如果我们仔细一点，考察一下我们自己是如何记忆的，我们就肯定会认识到，正是当我们的父母、朋友或者其他什么人向我们提及一些事情时，对之的记忆才会最大限度地涌入我们的脑海。"②李礼帮也说："我们小时候，怎么会去经历那些，都是听长辈说的。这些都是我们长大以后，重新记起来的。"③

在广州市民的沦陷记忆中，不仅有自我的经历，还有关于他人经历的传闻。个体市民通过听闻、了解他人的经历，不断延伸自我对家庭、社会的记忆，深化对广州沦陷这一历史时期的认知。在这个过程中，他人的经历成为自我记忆的一部分，与个人经历共同组成了共性与个性相统一的沦陷记忆。

（三）抗战宣传教育对构建沦陷记忆的影响

抗战宣传教育在广州民众构建沦陷记忆的过程中发挥着很大作用，具体可根据时间和影响程度分为两个阶段，一是战时宣传教育，二是战后宣传教育。

战时宣传教育对广州民众有不同程度的影响。由于广州处于沦陷区，留居广州的民众在战时接受的抗战宣传教育有限。沦陷时期曾在广州生活的刘苏、戴女、林鉴好、陈少容、黄桂仙等均表示自己当时并没有听说过有关抗日的宣传。这固然与访谈对象当时年龄较小，文化程度较低有关，但日伪当局对舆论的严密控制也是抗日思想难以广泛传播的重要原因。林鉴好回忆："没人讨论街头巷尾的事，人们不敢的。怕日本仔来，日本仔经常来巡查。三个一队，扛着枪，有枪尾剑，这样巡街的，整天有人巡街的。"④李时也称："他们（父母）不敢对我们说，怕我们年纪小不懂事，就告诉我们，总之见到日本仔就避开，不要和他们接触，千万不要得罪他们。"⑤同时，在沦陷初期极度恶劣的环境里，留居的民众往往为生存已精疲力竭，没有余力再去了解相关的宣传教育。如同莫嘉度在1938年11月2日的外交报告里写的那样："在这里有利益的英国，还有美国、法国和其他这么多民主国家不捍卫自己的利益和自由。那么，那些在这里仅仅是为生计奔波的人们又何必要操

---

① 王明珂：《谁的历史：自传、传记与口述历史的社会记忆本质》，载定宜庄、汪润主编：《口述史读本》，北京：北京大学出版社，2011年，第62页。

② ［法］莫里斯·哈布瓦赫：《论集体记忆》，毕然、郭金华译，上海：上海人民出版社，2002年，第68页。

③ 访谈者：朱瑞琪，受访者：李礼帮，访谈地点：广州市越秀区人民街日间托老服务中心，访谈时间：2018年1月23日。

④ 访谈者：朱瑞琪，受访者：林鉴好，访谈地点：广州市荔湾区芳和花园，访谈时间：2016年9月29日。

⑤ 访谈者：朱瑞琪，受访者：李时，访谈地点：广州市海珠区南北广场，访谈时间：2016年10月4日。

心呢？"①

由于上述原因，到1945年日本宣布无条件投降时，对于抗战胜利的概念和意义，广州民众的认知程度参差不齐，这从他们对待抗战胜利庆祝活动的不同态度即可体现。部分广州民众，特别是生活在市区以外的下层民众对相关的庆祝活动并没有什么印象。刘苏、戴女、林四妹等均表示自己从没见过或参加过相关的庆祝活动。刘苏称："抗战胜利的时候哪有什么庆祝呢？国民党根本不理人民。那时生活很艰难。"②戴女回忆："我们都没文化，哪里懂这些，不管他们（日军）生死。……我们光顾着谋生，卖东西谋生。……没什么庆祝活动。"③林四妹称："没有人庆祝。人人都走了。个个都是农村人，又很穷。村里人口也很少。"④这固然与访谈对象个人见识不多有关，但从他们的口述中也可发现，对于部分生活困难的下层民众而言，与庆祝抗战胜利相比，想方设法谋生显得更为重要，他们对抗战胜利的意义并没有清晰的认知。

部分生活在市区的民众虽然有目睹庆祝活动，但他们同样对此没有深刻的理解。黄丽娥说："在大新路，人人都举旗，我们就出去看，又不会喊口号。……那些老板就庆祝，我们就是巡行的时候在街口看一下。那些有钱的人当然会去庆祝，我们做女孩的，年纪小，哪里懂庆祝不庆祝？"⑤李时也表示因当时没有老板雇他，让他参加庆祝活动，所以他没去。⑥

然而，另一部分广州民众则积极参加庆祝活动。在黄桂仙和陈少容的记忆中就有民众热烈庆祝抗战胜利的场面。黄桂仙说："日本仔投降的时候，人们就捉了些日本仔游街，抓他们的头头游街。我们住在马路边，他们游过，我就去看。那时候人人都去看，有些人扔东西，有些人就拍拍手掌，说：'哼，你们也有今天！'"⑦陈少容也称："和平了，当然好啦，那时候烧炮仗⑧，开心得不得了。很多人庆祝，为了把他们赶走，我们死了多少人。"⑨虽然他们接受的战时宣传可能不多，他们对日军的憎恨在很大程度上也源于日军的残暴行径，而并未意识到日本侵华是对中国尊严的一种伤害，但出于朴素的民族情感和爱国主义精神，他们由衷地为抗战胜利感到高兴。概言之，虽然广州民众在战时接受的宣传教育可能在个体意义上程度略有差异，但在总体上是有限的，而广州普通民众对抗战胜利

① ［葡］莫嘉度：《从广州透视战争——葡萄牙驻广州总领事莫嘉度关于中日战争的报告》，舒建平、菲德尔译，第179页。

② 访谈者：朱瑞琪，受访者：刘苏，访谈地点：广州市越秀区建设横马路5号，访谈时间：2016年9月14日。

③ 访谈者：朱瑞琪，受访者：戴女，访谈地点：广州市越秀区下塘宝汉直街，访谈时间：2018年2月1日。

④ 访谈者：朱瑞琪，受访者：林四妹，访谈地点：广州市白云区石井镇庆丰村，访谈时间：2018年1月31日。

⑤ 访谈者：朱瑞琪，受访者：黄丽娥，访谈地点：广州市越秀区北京南路太平沙同庆坊，访谈时间：2018年2月5日。

⑥ 访谈者：朱瑞琪，受访者：李时，访谈地点：广州市海珠区南北广场，访谈时间：2016年10月4日。

⑦ 访谈者：朱瑞琪，受访者：黄桂仙，访谈地点：广州市越秀区下塘宝汉直街，访谈时间：2018年1月26日。

⑧ 即鞭炮。本文依据受访者口述照录，未做更改。

⑨ 访谈者：朱瑞琪，受访者：陈少容，访谈地点：广州市海珠区南北广场，访谈时间：2018年2月7日。

意义不同层次的认识则反映了抗战期间大众民族意识产生与发展的动态过程。

与留在沦陷区的民众相比，那些避居在非沦陷区的广州民众，特别是曾在非沦陷区上学的学生，则接受了较多的战时宣传教育。"一个国家的战斗精神往往是靠必胜的信念来维系的。"①在国民政府控制区内，对中小学生进行抗战宣传教育相当普遍。范少如可以清晰地回忆起小学时接受的抗战教育："唱歌，唱的全部都是抗日战争的歌。就是'张老三，我问你，你的家乡在哪里？''来一个，杀一个。来一双，杀一双。打退东洋保家乡。'这些。……还有就是演话剧，我们学生都演话剧的，都是演岳飞、花木兰这些。……都很爱国的。……人人都很活跃。……有些人挑着东西来问，如果你不给钱，就给些货物慰问那些将士。小学里都有挑着一担东西去叫人们捐献的。"②李礼帮对此也有印象，他称："我们那时候还参加了童子军。那时候，一到六年级就演话剧，参加童子军。"③虽然这些访谈对象当时都尚属幼龄，对抗战精神的内容未必有深刻的理解，但他们接受抗战教育的过程本身就是个人记忆的一部分，而且抗战教育所宣扬的国家观、民族观、价值观等很可能会在他们成年以后，影响他们对抗日战争及广州沦陷的理解。

战后的宣传教育对广州民众构建沦陷记忆的影响更大。抗战胜利后，由于政府宣传、学校教育等因素，广州民众得以更全面地了解抗日战争。战后宣传教育对个体沦陷记忆的影响之大，以访谈对象谭志明的例子即可说明。他回忆起日机空袭广州时称："又有轰炸，飞机又来轰炸，集中来炸，白天来，夜晚又来，没一天不来，八年这么长，日夜都来过，好像哪里没炸过他们就不安生。我在东山那边住，我父亲在达道路里面的平房村（音）那里住，那里炸得最狠。"④老人所说的"八年"并不准确，这个说法显然是受到后来"八年抗战"宣传的影响，老人因此误认为日军在八年里都对广州进行了轰炸。可见，在他的沦陷记忆中，战后所听到的宣传与个人的亲身经历已混合在一起，以致出现了不准确的记忆而不自知。

战后宣传教育对民众沦陷记忆的影响首先体现在其通过社会舆论强化民众的抗日情感上。"记忆需要来自集体源泉的养料持续不断地滋养，并且是由社会和道德的支柱来维持的。"⑤由于战后宣传教育往往着重揭露侵华日军的滔天罪行，广州社会关于日军可恶的共同印象因此再次得到证明和深化。刘苏称："那时候（解放初期）很多人说日本仔的暴行。那时候很多人都说日本仔该失败，日本仔该死，实施'三光政策'什么的。"⑥邝福民也

① ［美］拉斯韦尔：《世界大战中的宣传技巧》，张洁、田青译，北京：中国人民大学出版社，2003年，第92页。

② 访谈者：朱瑞琪，受访者：范少如，访谈地点：广州市越秀区元岗中路，访谈时间：2018年2月5日。

③ 访谈者：朱瑞琪，受访者：李礼帮，访谈地点：广州市越秀区人民街日间托老服务中心，访谈时间：2018年1月23日。

④ 访谈者：朱瑞琪，受访者：谭志明，访谈地点：广州市越秀区人民街日间托老服务中心，访谈时间：2018年1月23日。

⑤ ［美］刘易斯·科瑟：《导论 莫里斯·哈布瓦赫》，载［法］莫里斯·哈布瓦赫：《论集体记忆》，第60页。

⑥ 访谈者：朱瑞琪，受访者：刘苏，访谈地点：广州市越秀区建设横马路5号，访谈时间：2016年9月14日。

称："人人都说国民党不行，还优待日本仔，让他们扫街，应该枪毙他们。他们害得中国人民这么惨痛，妻离子散，家破人亡，很多人有这些遭遇。"①袁耀南回忆称："上了年纪的人知道事实，都憎恨他们。解放初期，在越秀山对面有个苏联展览馆，摆过日本展览，很多人想砸烂，群情汹涌，可见人们多憎恨他们。"②在社会共识与社会舆论的影响下，个体市民沦陷记忆中关于日军暴行的部分和憎恨侵华日军的情感得到强化。

此外，战后宣传教育在某种程度上塑造了普通民众对抗战的认知。如上文所述，刘苏、邝福民等在广州生活的访谈对象都认为国民政府和国民党军队在战时和战后表现欠佳。何巧云更指出："国民党最坏了！国民党失败就是因为这个，没有抵抗，任由他们（日本仔）过来。……我都没有见过国民党的军队，他们全退缩了，不知道去了哪里？……如果没有美国扔原子弹，国民党的军队就算全部战死，日本仔都不会投降。后来1949年就解放了，共产党来了就好了。"③然而，在香港生活的郑秀鸾却认为日治时期她利用护士身份秘密支援东江纵队是犯了"错误"的，她称："在护士的工作方面，我觉得我犯了些'错误'。当时东江纵队很需要药物，我一直暗中支援他们。……有时候自己回想起来，虽然自己可能犯了错，但我一个人的错，却救赎了很多人，而且我是中国人，我只是凭良心救国，又怎能算犯错呢？"④由于香港与内地在战后推行的抗战宣传教育不完全相同，民众对抗战产生差异化的认识和理解有因可循，个体民众的记忆也难免受到其影响。正如有学者指出："个人对于过去的记忆并非是一连串'事实'的组合，个人或群体都选择、重组或遗忘一些过去，以符合某种社会群体的认同，或作为适存于现实社会的策略。"⑤

时至今天，抗战宣传教育的作用还在继续，大众媒体的发展在其中发挥了至关重要的作用。"现代大众传播媒介在回忆文化领域所做的工作，其影响力乃是最大的。……大量报纸、广播、电视节目和因特网服务项目，为公众提供许多回忆内容和回忆启发。"⑥不断涌现的有关抗战的书籍、影视作品等，都或多或少地影响着广州民众对沦陷记忆的构建。如陈少容说："南京杀了多少万人啊。我看电视的时候知道了，一开始我们都不知道。"⑦何巧云也表示她通过看电影知道了日军的暴行。⑧

在接受抗战宣传教育的过程中，广州民众的国家意识和民族意识也在逐步增强。不少

① 访谈者：朱瑞琪，受访者：邝福民，访谈地点：广州市海珠区南北广场，访谈时间：2016年10月3日。
② 访谈者：朱瑞琪，受访者：袁耀南，访谈地点：广州市海珠区南北广场，访谈时间：2016年10月3日。
③ 访谈者：朱瑞琪，受访者：何巧云，访谈地点：广州市海珠区南北广场，访谈时间：2016年10月4日。
④ 刘智鹏、周家建：《吞声忍语——日治时期香港人的集体回忆》，第205—206页。
⑤ 王明珂：《谁的历史：自传、传记与口述历史的社会记忆本质》，第63页。
⑥ ［以色列］摩西·齐默尔曼：《以色列人日常生活中的迫害神话》，载［德］哈拉尔德·韦尔策编：《社会记忆：历史、回忆、传承》，季斌、王立君、白锡堃译，北京：北京大学出版社，2007年，第316页。
⑦ 访谈者：朱瑞琪，受访者：陈少容，访谈地点：广州市海珠区南北广场，访谈时间：2018年2月7日。
⑧ 访谈者：朱瑞琪，受访者：何巧云，访谈地点：广州市海珠区南北广场，访谈时间：2016年10月4日。

老人都表示自己至今都非常憎恨侵华日军。袁耀南在接受访谈时说，中国人应该永远记得日本的侵略。[1]劳耀颜也说，中国和日本本来是两兄弟，日本怎么可以这样欺负中国呢？[2]

由于广州在抗战时期处于沦陷区，战时宣传教育对广州民众的影响有限。战后因政府有力宣传，学校加强教育，大众媒体发展，广州民众对抗战的认识得到进一步提高。抗战宣传教育中所蕴含的价值观念和情感态度通过一定的舆论氛围，对广州社会有关抗战的集体记忆施加作用，并最终影响个体市民沦陷记忆的构建。

结　语

根据亲历者的回忆，沦陷前夕，日机对广州狂轰滥炸，使广州民众死伤惨重。大量市民因日军残暴、无法营生、政府撤离等原因逃离广州，他们或返回原籍，或撤至粤北，或奔逃港澳，或流徙乡下。因此，沦陷前后，广州人口剧烈减少。日军侵占广州初期，军纪败坏，暴行累累，广州民众对其极为恐惧。然而，由于接触的日军个体不同，市民对其的记忆具有独特性。广州沦陷期间，经济凋敝，更兼日伪掠夺，普通民众生活极为贫困，广州市面萧条，治安混乱。可见，空袭可怖、逃难艰辛、日军残暴、贫困饥饿是广州民众对沦陷时期的共同记忆。广州民众的沦陷记忆既是华南抗战历史的一个缩影，又体现了抗战时期广州社会的特点。通过比照可以发现，亲历者的回忆与文献资料相互印证，是广州沦陷时期民生情况和社会状态的生动反映。更重要的是，传统抗战史料往往因其宏大叙事模式而难以顾及普通个体的经历和情感，口述沦陷记忆可以对此有所补充，从而展示以往被忽略的细节。对亲历者记忆的关注有利于克服先行研究中对社会群体脸谱化、片面化的认识倾向，充分体现了对作为历史主体的"人"的尊重。

本文认为，个人经历是广州民众沦陷记忆形成的基础和主干，"听到"的传闻是市民沦陷记忆的重要补充，抗战宣传教育对沦陷记忆的构建有巨大影响。民众在抗战时期的个人经历为其抗战记忆的形成提供了原始素材，由于痛苦的遭遇会引起当事人强烈的情绪，故民众对此刻骨铭心，因而形成了日军可怕、战争恐怖的深刻记忆。同理，抗战时期的传闻常常以他人的悲惨遭遇为内容，且在流传过程中被讲述者筛选和夸大，因此可以引发民众的同情与共鸣，同时也印证了民众对日军残暴的认知。由于抗战宣传教育注重向民众揭露日军的罪行，广州社会关于日军可恶的共同记忆再次强化，在社会舆论的影响下，抗战宣传教育中蕴含的爱国主义精神和民族意识在潜移默化中对个体沦陷记忆的构建施加作用，广州民众由此选择性地记忆了自身的沦陷经历和"听到的"传闻。至此，在广州民众的脑海中，逐步构建起了以个人经历和相关传闻为主要内容的，受到个人情感和民族意识

① 访谈者：朱瑞琪，受访者：袁耀南，访谈地点：广州市海珠区南北广场，访谈时间：2016年10月3日。

② 访谈者：朱瑞琪，受访者：劳耀颜，访谈地点：广州市越秀区人民街日间托老服务中心，访谈时间：2018年1月29日。

深刻影响的个性与共性相统一的沦陷记忆。

综上所述，广州民众沦陷记忆的构建过程反映并影响着广州社会对抗战历史的再认识和再理解，其既是在民众视角下对抗战历史的一种回溯，同时也折射了中国大众民族意识与爱国主义精神觉醒与发展的动态历程，是真正意义上的"一切历史都是当代史"的体现。

由于现存广州沦陷亲历者的人数尚未得到确切统计，且还在不断减少中，同时本文所采用的口述资料皆是亲历者在高龄情况下对幼年或少年时期经历的回忆，因此本文的研究内容具有一定的特殊性和极端性。此外，因访谈地点、访谈时间、受访者的个性及其对访谈活动的认知等因素都会对其口述的沦陷记忆有一定影响，故本论题还有待进一步的探索。

老师点评：抗战史研究是近年来国内史学研究领域的热点之一，华南抗战则是中国抗战的重要组成部分。以广州为中心的珠三角地区在1938年末相继沦陷，在广东境内形成沦陷区与国统区的对峙局面。战争造成沦陷区民众颠沛流离，很多人因此丧失财产、亲友乃至生命，这些都是每一名亲历者不可磨灭的痛苦记忆，而众人的记忆则汇聚成为地域乃至民族的历史。此前的抗战史研究大多秉持经典的历史研究方法，即通过有关史料复原历史面貌，但是这也造成有关研究具有共通的局限性，那便是其研究视角往往停留在国家、地域、战场，或者是政权、政党、精英人物、特殊群体等层面，往往无法"下沉"至民间，尤其是去关怀普通个体的战争经历。针对以上状况，朱瑞琪的论文选取广州作为研究地域，以探究战时普通市民经历作为研究视角，在广泛参考既有研究从宏观角度对广东沦陷区进行的史实考证基础上，对多达20名样本人物进行口述访谈。并以此作为基础资料，尝试在一定程度复原沦陷时期广州普通民众的生存状态、精神状况与历史记忆。该文的思路形成于2016年，成文后作者受邀参加国内多个学术会议，期间几经修订，并在第十一届"全国史学新秀奖"论文评选中获得三等奖。这种认真磨砺的态度同样值得肯定。

论文指导老师：张传宇

名实之间

——南京临时政府行政部门组织原则再研究

2015级　高博文[①]

摘　要： 在南京临时政府的组织建构中，行政九部总长涵括革命党、立宪派以及旧官僚等各方头面人物；而在由孙中山直接任命的次长中，同盟会却独占八席。对此，存在一个"总长取名，次长取实"的说法，许多学者将其视为南京临时政府行政部门的组织原则，并普遍将其阐释为"总长取虚名，次长掌实权"。然而，就该原则提出的时机和目的而言，其并非是针对权力问题。孙中山等人对总长席位也始终进行坚决的争取。在临时政府实际运行中，各部总长的权力更未受到任何限制。"总长取虚名"之阐释实难成立。兼纳众流、克副民望的总长名单，实是当时政治背景下的大势所趋。将"总长取名"理解为"总长取名望之士"，才更符合史实。"次长取实"亦更宜阐释为"次长参与处理实际部务"。

关键词： "总长取名，次长取实"；南京临时政府；辛亥革命

1912年1月3日，中华民国南京临时政府行政九部总长、次长人选相继出台。总长中，仅黄兴、蔡元培、王宠惠三人为同盟会成员，其余六人或为旧官僚，或为立宪派。但在次长中，除汤芗铭外，剩下八人均属同盟会。

对于南京临时政府行政九部总长、次长人选的如此安排，史学界普遍认同"总长取名，次长取实"是其组织原则。但通过学术史的梳理，笔者却认为多数学者在引用这一原则的过程中，存在以下问题：

其一，截至目前，关于南京临时政府，学术界已有较多研究成果，但很少有论著对"总长取名，次长取实"原则进行专门探讨。如在刘楚湘编《癸亥政变纪略》、谷钟秀《中华民国开国史》、吴玉章《辛亥革命回忆录》、李守孔编《民初之国会》、史全生《关于南京临时政府的性质问题》、胡绳武《孙中山在临时政府时期的斗争》、李时岳《近代中国社会的演化和辛亥革命》、赵矢元《论南京临时政府的性质》、彭明《论南京临时政府》等论著中，对于"总长取名，次长取实"八字，皆以直接引用为主，即把该原则作为史实、论

---

① 高博文，安徽宿州人，暨南大学历史学系2019届本科毕业生。现为暨南大学历史学系2021级硕士研究生，主要研究兴趣是中国近现代政治史。

据，为研究南京临时政府服务，而并未对其本身进行深入阐释。

其二，多将"总长取名"之"名"取虚名之意，即将该原则理解为"总长取虚名，次长掌实权"。如唐德刚在《袁氏当国》中有"舍名取实"之说，[①]徐立刚在《民初孙中山组建南京临时政府之权力分配格局再认识》中认为，由于"部长取名"，故"立宪派、旧官僚出身的总长大多并无实权"。[②]在金冲及、胡绳武的《辛亥革命史稿》中，也认为正是由于"总长取名，次长取实"原则，使"实权掌握在革命党人手中"，临时政府中"革命派居于主导地位"。[③]类似的表述普遍存在于朱晓东《民国北京政府选官制度研究》、韩乐《论民国初年的议会政治》、李艳玲《辛亥革命时期的居正》、马良玉《民国时期政府官员群体述略》等论著之中。

其三，对于该原则的出台性质存在不同见解。张海鹏主笔的《20世纪的中国·政坛风云卷》认为，九部总长名单的出台过程及其内容具有妥协性质，作为其指导原则的"总长取名，次长取实"自然也带有妥协意味。[④]李守孔编的《民初之国会》认为孙中山是在不得已的情势下，采取"总长取名，次长取实"策略。[⑤]徐辉琪的《略论孙中山与民初政党政治》也认为该原则是"变通办法"，"终究含有妥协的意味"。[⑥]与此相反，徐立刚则认为，这一原则反映出同盟会试图以一党排斥他党、维护其当权之势的意向，[⑦]其出台不仅不是妥协，反而具有主动攫取权力的激进意味。

其四，对于该原则取得的实际效果存在不同看法。如张海鹏认为，"总长取名，次长取实"帮助革命派抵抗住了立宪派、旧官僚的干扰和影响，得以制定符合革命意志的政策措施，得以反映资产阶级的意愿利益。[⑧]赵矢元认为非革命党人虽然参加了临时政府，但该原则的采用，使得这些人并不处于主导地位。[⑨]韩乐也认为这一原则使得同盟会"独占政权"，保证了临时政府是革命政权。[⑩]但还有很多学者坚持，南京临时政府只是一个过渡的、联合的政府，一方面中央无实际权力可言，另一方面立宪派和旧官僚也拥有相当大的实力，足可牵制政府，[⑪]甚至"扮演了领导的角色"[⑫]，那么该原则之实际效果便实在有限。

---

① 唐德刚：《袁氏当国》，桂林：广西师范大学出版社，2004年，第15页。
② 徐立刚：《民初孙中山组建南京临时政府之权力分配格局再认识》，《南京社会科学》2017年第5期。
③ 金冲及、胡绳武：《辛亥革命史稿》第4卷，上海：上海人民出版社，1980年，第20—21页。
④ 张海鹏主笔：《20世纪的中国·政坛风云卷》，兰州：甘肃人民出版社，1999年，第71页。
⑤ 李守孔编：《民初之国会》，台北：正中书局，1977年，第28页。
⑥ 徐辉琪：《略论孙中山与民初政党政治》，《近代史研究》1993年第6期。
⑦ 徐立刚：《民初孙中山组建南京临时政府之权力分配格局再认识》，《南京社会科学》2017年第5期。
⑧ 张海鹏主笔：《20世纪的中国·政坛风云卷》，第71页。
⑨ 赵矢元：《论南京临时政府的性质》，《吉林师大学报》1979年第2期。
⑩ 韩乐：《论民国初年的议会政治》，安徽师范大学硕士学位论文，2007年，第11—12页。
⑪ 林增平等：《辛亥革命》，成都：巴蜀书社，1989年，第136—139页。
⑫ 彭明：《论南京临时政府》，《近代史研究》1981年第3期。

基于以上种种，笔者认为"总长取名，次长取实"这一在学界普遍引用的原则，实际上是存在争议的。而厘清该原则，对于研究南京临时政府、梳理民初各方政治势力、探讨同盟会的建国理念等，都有重要意义。本文便希冀从这一原则出发，结合民初的历史背景，通过分析临时政府总长、次长人选及其出台过程，将"总长取名，次长取实"的原则与政府实际运行情况相比对，还原历史本来面目。

一、总长人选的出台过程

1912年1月1日，孙中山宣誓就职临时大总统，中华民国自此成立，南京临时政府行政各部的组织建构正式开始。

（一）第一份总长提名名单

1月2日，《临时政府组织大纲修正案》获得通过，依据修正案规定，临时大总统提名"任命国务各员"，需"得参议院之同意"方能合法生效，[①] 此处国务各员即指行政各部总长。而在参议院成立之前，由各省都督府代表联合会（以下简称代表会）代行参议院职权。

故1月3日，经过同盟会内部讨论，并咨询各方意见后，孙中山"苊代表团交议中央行政各部及其权限案"[②]，向代表会提名国务员人选，此便是第一份总长提名名单：内务总长宋教仁、外交总长王宠惠、财政总长陈锦涛、司法总长伍廷芳、交通总长汤寿潜、实业总长张謇、教育总长章炳麟、陆军总长黄兴、海军总长黄钟瑛。

而此时，"总长取名，次长取实"的说法尚未被提出。

在这份总长提名名单中，孙中山等人均衡各方，使革命党与同情革命的立宪派、旧官僚等政治势力均占据若干席位。与此同时，同盟会也积极争取重要部门的总长之职，其成员黄兴、宋教仁、王宠惠三人，分别被提名陆军总长、内务总长和外交总长。

除此三人外，获提名教育总长的"国学大师"章炳麟，也属革命党阵营。他曾加入同盟会，但作为光复会的创立成员和重要领导者，其革命理念与同盟会始终存在分歧。在临时政府成立前后，光复会与同盟会的矛盾持续加深，章炳麟本人也与同盟会成员关系不断恶化。

张謇与汤寿潜是立宪派的头面人物，威望甚高，尤其是张謇，他曾是晚清官僚，后辞官投身实业，此时出任实业总长可谓众望所归。作为清末立宪运动的领袖，他二人虽然更认可君主立宪，但在武昌起义后，也选择顺应革命，汤寿潜出任浙江军政府都督，张謇出

---

① 刘星楠：《辛亥各省代表会议日志》，中国人民政治协商会议全国委员会文史资料研究委员会编：《辛亥革命回忆录》（第六集），北京：文史资料出版社，1981年，第253页。

② 李守孔：《民初之国会》，第28页。

于尽快平息动乱、促进实业发展等考量，转向支持共和。

黄钟瑛、伍廷芳二人，则被视为旧官僚的代表人物。黄钟瑛本任清朝海军管带，武昌起义后，接替萨镇冰担任临时舰队司令，率海军起义，投身革命，沿江助战，可谓海军总长的不二人选。伍廷芳曾任清廷修订法律大臣、外务部右侍郎等职，曾以法律顾问身份随李鸿章参与处理中外交涉事宜，熟稔法律与外交事务；武昌起义后，加入革命阵营，被推为民军对外交涉总代表、南方全权代表，主持南北议和。

被提名财政总长的陈锦涛，身份较为特殊，一方面，他曾留学美国，获经济学博士学位，是毫无疑问的经济学人才；归国后又获清政府法政科进士，曾在度支部、统计局、银铸局、币制改良委员会等机构任职，是新式官僚的代表；另一方面，陈锦涛又与革命党关系密切，据称他与孙中山早已相识，严复也说陈"本老同盟会人"。武昌起义后，陈锦涛称病辞官，南下投奔革命。

（二）第一份名单的被否决及其原因

但是，以上总长人选，却并未完全获得代表会之满意。

在孙中山提出这第一份总长名单后，代表会随即召开谈话会交换意见，极不满意，会场中不同意之声四起，继而否决之。具体而言，"代表中有一派反对宋教仁与王宠惠及章炳麟者"，主要是针对宋教仁掌内务、王宠惠掌外交、章炳麟掌教育这三项任命，"争执不决"，[1]名单由是未被通过。

宋教仁之所以被否决，是因为他曾经力"主内阁制，并欲自为总理"[2]，年纪太轻而心高气盛，为实现自己的政治主张，不但与孙中山、黄兴等人争论，更与代表会成员多次发生争执，故而引起部分代表之不满，对其任内务总长之提议坚决反对。

至于王宠惠，部分代表认为其刚从海外归国，资历、经验尚浅，不若伍廷芳老练持重，故"有以伍廷芳改外交者"。[3]

章炳麟在武昌起义后，与孙中山的矛盾继续扩大，转而拥护黎元洪等人，更公开发表"革命军起，革命党消"之言论，再加上本身脾气怪诞、性格孤傲，尤使同盟会代表不喜。

有学者认为名单之所以被否决，是因为未能取得立宪派、旧官僚的满意，对此笔者有不同意见。

首先，1月3日的与会代表包括各方势力，但其中拥有同盟会背景的成员更要占据多数，议长赵仕北与副议长马君武也均为同盟会成员。因此，对于宋、王、章三人的不满与

---

① 居正：《辛亥札记》，陈三井、居蜜合编：《居正先生全集》（上），台北："中央研究院"近代史研究所，1998年，第79页。

② 胡汉民：《胡汉民自传》，罗家伦主编，中国国民党"中央委员会"党史资料编纂委员会编辑：《革命文献》（第三辑），台北：中央文物供应社，1978年，附录第57页。

③ 居正：《辛亥札记》，陈三井、居蜜合编：《居正先生全集》（上），第79页。

否定，显然不会全由立宪派和旧官僚代表提出。如宋教仁，不仅"招致党外人士的嫉忌，甚至同盟会内也有反对的声音"[①]，而对于屡屡抨击孙中山和同盟会的章炳麟，代表会中同盟会成员的反对声音甚至要更大。此外，若立宪派、旧官僚果真不满同盟会，为何只反宋、王，却不反黄兴？

由此，可以初步认定，第一份总长提名名单被否决、继而提出第二份名单的原因，或许有立宪派、旧官僚想要争夺更多权力的因素，但就主要而言，应该还是代表会针对宋、王、章三个特殊人选本身的异议。

（三）第二份总长提名名单

在第一份总长提名名单被否决后，经过同盟会一干成员的再次磋商斟酌，黄兴带着新的名单和孙中山的意思，至代表会说明情况。代表会乃再次召开会议，讨论人选，最终按照名单一一通过。南京临时政府行政九部总长人选正式出台，相较于第一份名单做了以下调整：

第一，内务总长原提名宋教仁，现改提名程德全。程德全本为晚清督抚，曾投身立宪运动。武昌起义、上海光复后，程德全被推为苏军都督，是第一位响应革命的清朝封疆大吏；苏州的和平光复和江苏独立，也直接带动了东南六省在五天之内相继起义，"程德全民国元勋之地位由此而确立"，其名望远在宋教仁之上。

第二，教育总长原提名章炳麟，现改提名蔡元培。章、蔡二人，虽同为光复会的创建者和早期领袖，但与章炳麟交恶同盟会不同，自光复会退出同盟会后，蔡元培与光复会的关系日渐疏远，最终成为同盟会的要员。前文提到，许多学者认为第一份名单之所以被代表会否决，是因为未得到立宪派和旧官僚的满意，若果真如此，去否决一位与同盟会交恶的章炳麟，反而通过与同盟会关系密切的蔡元培，又如何解释得通？

内务总长，由立宪派、旧官僚的代表程德全取代同盟会领袖宋教仁；教育总长，又由亲近同盟会的蔡元培取代交恶同盟会的章炳麟；这看似矛盾的人员调整，进一步表明，代表会对于总长人选，并未囿于党派之见，纯以个人名望为计。

除内务、教育两部进行如上人员替换外，其余各部总长人选照旧，各方势力所占名额变化不大，依旧保持着革命党、立宪派、旧官僚等各方势力的相对均衡。革命党方面减少一人，宋教仁、章炳麟被替下，换上同样拥有同盟会、光复会背景的蔡元培。立宪派、旧官僚方面由原来五人变为六人，程德全加入。对于这两份名单的变化与代表会表现出来的态度，笔者认为有以下三点值得注意：

其一，王宠惠掌外交是代表会否决第一份名单的原因之一，并有王宠惠与伍廷芳对调之提议。这一提议虽未被采纳，即第二份名单中王、伍之职依然如初，但即使二人互换部

---

① 唐德刚：《袁氏当国》，第13页。

门，也不会改变名单中各方势力的比例。

其二，第二份名单所做三处调整，均是基于先前代表会的意见。宋教仁最终被立宪派替换，但代表会中的同盟会成员却未就此提出异议，可见不让宋教仁出任内务总长是代表会的主要目的，至于由谁出任则并非关注重点。

其三，在第一份名单中，非革命党人已经占据多数席位，在更改过的第二份名单中，也只是再增加一位。

此三点可进一步证明，第一份名单的被否决和总长名单的调整，是常规的对于个别人选不满意而进行的操作。

（四）总长名单出台背景

虽然人员有所调整，但无论是第一份还是第二份总长提名名单，都有一个共同的特点，即囊括了各方势力的代表人物，而这显然是当时错综复杂的社会政治背景的体现。

1.同盟会迅速崛起

武昌起义后、临时政府成立前，同盟会等革命势力迅速崛起，各省纷纷宣布光复或独立；大批立宪派人士和旧军阀旧官僚也认识到清廷之覆灭已经不可逆转，纷纷加入革命阵营。此举黄兴与孙中山二人的例子，略论同盟会人的声望：

其一，南京光复后不久，在苏督、浙督及各方人士的鼓动之下，独立各省在沪代表即以“援鄂、北伐之师待发，急需统一”为由，于1911年12月4日举行代表会议，“举黄君兴为暂定大元帅”，负责临时政府的筹组。[①]

其二，有关临时大总统的人选，各方势力间的意见分歧一度很大，但随着孙中山的归国，临时大总统之选随即尘埃落定。孙尚在海外时，革命党人便促其回国，“以组织政府之责相属”[②]。立宪派领袖程德全也通电各省，“恳请孙中山先生迅速回国”，并直言“中山先生为首创革命之人”，组织临时政府“舍伊莫属”。[③]美国报纸也报道曰：“首任总统，当属之孙逸仙云云。”[④]

1911年12月29日正式选举临时大总统，根据28日晚的投票结果，拥有候选资格的为孙中山、黄兴、黎元洪三人。当日代表会到会者共计十七省四十五人，选举以每省一票为原则，满投票人数三分之二的当选。[⑤]最终，孙中山独得16票，以绝对优势当选。革命党人对孙中山出任临时大总统自然无甚异议。但很值得注意的是，在这次参加投票的四十五

---

① 《各省代表团关于选举黄兴为大元帅黎元洪为副元帅电》，《革命文献》（第一辑），第6页。

② 《南京临时政府公报》第1号，中国科学院近代史研究所史料编译组编辑：《辛亥革命资料》，北京：中华书局，1961年，第3页。

③ 《江苏都督程德全致各省公请国父返国组织临时政府电》，《革命文献》（第一辑），第4页。

④ 《孙中山选集》上卷，北京：人民出版社，1956年，第184页。

⑤ 金冲及、胡绳武：《辛亥革命史稿》第4卷，第16页。

人中，立宪派人士占据多数，孙中山的当选，便表明在当前情势之下，非革命党人也承认同盟会在辛亥革命中起到了不可替代的作用，即在袁世凯反正之前，组织政府"非孙莫属"①。

2.立宪派、旧官僚势力根深蒂固

不可忽视的是，早在革命成势之前，立宪派、旧官僚等他派势力便已多次掀起立宪运动，与清皇权进行博弈，其实力较革命派更加根深蒂固。

武昌起义爆发后，这两派人物名义上顺应形势、转赴革命，但在实际上则趁机侵夺地方权力，致使独立各省多由他们实际掌控。在湖北，黎元洪先后被推举为湖北军政府都督、中央军政府大都督；在湖南，新军旧军官在立宪派的挑唆下发动叛乱，焦达峰、陈作新等革命党人惨遭杀害，立宪派人士谭延闿被推举为都督；在广西，原清政府巡抚沈秉堃宣布反正后，便自任新政权大都督。

对于同盟会来说，更难以回避的问题是，掀起革命大潮的武昌首义，虽受到同盟会在多个方面的影响与帮助，但归根结底并非由其直接领导。起义爆发之初，同盟会高级干部无一人在场，既无嫡系军队参与，也无实际资金支持。黄兴虽然亲临前线，但待他到达武汉时已是1911年10月28日，且不久汉阳失陷，时任民军总司令的黄兴更是黯然辞职赴沪。其后，他虽领兵光复南京，但所用之兵又以江浙联军为主，战果自然被程德全等人分去。故自始至终，仅靠声望将兵的黄兴都未能掌握实际军权。

正因如此，黄兴虽如前文所述，一度被上海代表推为临时大元帅，但立即引发黄黎之争。黎元洪闻知此事后，即刻发电反对，认为其"情节甚为支离"，请"设法声明取消"，对于此议决，在鄂代表也"决议不予承认"。②

各方人物也纷纷表态反对，有"老名士挥泪"曰："黎宋卿在武昌首义，劳苦功高……今反选彼为副元帅，在黄兴之下，太不合理矣。"程德全派驻南京的代表章驾，更是"欲将选举案推翻，以黎为大元帅"。③章太炎也表示"武昌先起，今处黎督何地"。④

浙江都督汤寿潜"致电留沪代表，不承认选举大元帅之议案"。⑤代表团在南京开会时，"挟战胜余威驻宁之苏浙联军"，以浙军司令朱瑞、参谋长吕公望为代表，"亦不满于黄兴"，⑥表示"不愿隶属汉阳败将之下"，二人虽是革命党人，却认可黎元洪是首义元勋，理应众望所归。一时间，"沪、鄂代表各持一端"，⑦拥黄、拥黎争执不断。

---

① 中国史学会：《辛亥革命》（八），上海：上海人民出版社，1981年，第8页。

② 《黎元洪反对留沪代表选举大元帅通电》，易国干、宗彝、陈邦镇辑：《黎副总统（元洪）政书》，台北：文海出版社，1971年，第21页。

③ 居正：《辛亥札记》，陈三井、居蜜合编：《居正先生全集》（上），第82—83页。

④ 《章太炎自订年谱》，《近代史资料》1957年第1期，第124—125页。

⑤ 李守孔编：《民初之国会》，绪论第18页。

⑥ 林长民：《参议院一年史》，左舜生：《中国近百年史资料续编》，上海：中华书局，1933年，第211页。

⑦ 李守孔编：《民初之国会》，绪论第1页。

最终，黄兴辞去临时大元帅之职，公开表示"应推黎大都督为大元帅"。代表团随即推翻前案，"推举大都督为大元帅，黄克强（即黄兴）为副元帅"，但又增补《临时政府组织大纲》，规定"若大元帅不在临时政府时，即以副元帅代行其职务"。[1] 所以黄兴虽降为副元帅，但依旧被托付组织政府之重责。

由黄黎大元帅之争与孙中山当选临时大总统，可以看出，以孙、黄为代表的同盟会长期以来对中国革命事业做出的贡献，是被各方势力所承认的，这为他们赢得了很大的尊敬和信任。但无论孙中山也好，黄兴也好，他们得以竞争新政权的领导人，只是靠着清末十几年来的革命事业所积累的声誉。作为革命领袖，他们在革命党内、在社会中有相当威望，但绝没有绝对优势。

再结合时代背景来看，新加入革命阵营的立宪派、旧官僚等势力的影响力不容忽视，武昌起义的成功是各方势力共同促成的结果，同盟会的力量只是一部分，甚至不是其中最主要的一部分。所以，即使孙中山已经在临时大总统选举中获胜，临时政府的组织也无法完全听由同盟会安排。再加上袁世凯等又对南方革命阵营软硬兼施、分化瓦解，革命党内部也出现了分歧，不少革命党人迅速右转，章炳麟所提"革命军起，革命党消"之论甚嚣尘上。[2]

一时间新旧交替，各方势力冲击碰撞，南京临时政府便是在此背景之下开始组织建构。

3.均衡各方势力的总长名单

政府的组建必然涉及权力的分配，而此时无论是同盟会，还是立宪派、旧官僚，中国政治舞台上的各派势力自然都希望获得更多的权力，以实现己方利益的最大化。

除了政治派别纷争外，以黎元洪、孙武为中心的湖北集团，和以张謇、汤寿潜、程德全为首的江浙集团也与同盟会展开权力角逐。[3] 如此一来，南京临时政府的组建，便成了多方博弈的平台，即各派、各省"人才均须罗致，而位置难以分配"。[4]

行政部门由五部增加到九部，便是各方博弈之结果。1911年12月3日，《临时政府组织大纲》出台，其中第十七条规定，行政部门只有外交、内政、财政、军务、交通五部。[5] 显然，这既无法适应形势发展的需要，也很难做出合乎各派势力满意的安排。因此，1912年1月2日，经各省代表会议审议，《临时政府组织大纲修正案》获得通过，行政部门增加四部为九部，以更好地安置参与革命的各派代表。

---

①《各省代表会致黎元洪就职大元帅电》，易国干、宗彝、陈邦镇辑：《黎副总统（元洪）政书》，第1页。

② 徐辉琪：《"革命军起，革命党消"口号的由来及评价》，《近代史研究》1983年第4期。

③ 张皓：《革命阵营内的名位之争与辛亥革命的失败》，《北京师范大学学报》（社会科学版）2011年第5期。

④ 吴铁城：《吴铁城回忆录》，台北：三民书局，1993年，第21页。

⑤《中华民国临时政府组织大纲》，引自谷钟秀：《中华民国开国史》，上海：泰东图书局，1914年，第36—38页。

大纲修正完成后，"国人所切望者，为国务员之如何组织"。[①]章太炎的意见是，不管"原先属于什么派别"，"共同组建临时中央政权"，[②]具体而言，邮船、学部、财政、外交、法律各部莫宜于汤寿潜、蔡元培、张謇、伍廷芳、沈家本，海军部当从军人中推选。胡汉民的建议是，由汤寿潜、黄兴、张謇、王宠惠、詹天佑、汪精卫和伍廷芳分掌内务、军政、财政、司法、交通、教育和外交各部。贵州都督杨荩诚所提人选，除了教育总长由严修担任外，其余皆同胡汉民。总之，这些提议人虽属不同派别，或是革命党人，或是立宪派人士，或是旧官僚，但在他们所提名单中却显然都涵盖了各方势力的代表。

在1912年1月3日的《申报》上，刊有《临时政府之新组织》一文，称"拟公推黄兴为总理大臣"，行政各部的安排为：伍廷芳掌外交，徐绍桢掌陆军，程璧光掌海军，汤寿潜掌民政，陈锦涛掌财政，张謇掌农工商，王宠惠掌司法，蔡元培掌学务。这份名单是由谁拟定的尚不得而知，也并未成为事实。但名单中，不但革命党人占了相当比重，立宪派人士与旧官僚军官等也都被考虑进来。

临时政府组建之初，宋教仁曾提议"初组政府，须全用革命党，不用旧官僚"[③]，孙中山和黄兴认为其"理由甚充足"[④]，也曾有意以同盟会干部为临时政府之班底。但考虑到立宪派人士和旧官僚的作用和影响，孙、黄也清楚由同盟会控制全部九个部门是不现实的，"得大位已逾分"[⑤]，各部总长由各方势力均分方能符合时势。

日本方面洞若观火："革命军目前似正在为……各重要部门的人事安排而深为焦虑"，虽"欲将权要位置，置于本党的控制之下"，但"在表面上不得不推出有声望的旧官僚及其他德高望重的人事居于要津"。[⑥]

从最终囊括各派代表的总长名单来看，同盟会的确照顾到了各方意见，尽可能地均衡了各方势力。即"为了打开僵局"，而"容纳这些不同主张、不同系统的军阀官僚，和昨天拥护君主今天赞成共和的立宪党人来成立一个混合政府"[⑦]。

二、次长人选分析

次长之任命不同于总长，"次长由大总统简任"，[⑧]即行政各部次长可由孙中山直接

① 谷钟秀：《中华民国开国史》，上海：泰东图书局，1914年，第67页。

② 姜义华：《章炳麟评传》，南京：南京大学出版社，2002年，第120—121页。

③ 罗福惠、萧怡编：《居正文集》（上），武汉：华中师范大学出版社，1989年，第73页。

④ 居正：《辛亥札记》，陈三井、居蜜合编：《居正先生全集》（上），第88页。

⑤ 唐德刚：《袁氏当国》，第14页。

⑥ 邹念之编译：《日本外交文书选译——关于辛亥革命》，北京：中国社会科学出版社，1980年，第191页。

⑦ 马凌甫：《辛亥革命南京临时政府亲历记》，中国人民政治协商会议江苏省委员会文史资料研究委员会编：《江苏文史资料选辑》（第一辑），南京：江苏人民出版社，1982年，第23页。

⑧ 金冲及、胡绳武：《辛亥革命史稿》第4卷，第22页。

任命。

由前文可知，在当时情况下，总长人选的安排和任命面对重重压力，是各方权力博弈的平台。而次长作为副职，受到的重视程度远不及总长。但同时，次长作为部门二把手，其作用也不可忽视；再加上次长人选基本听凭孙中山等人之意愿，于是各部次长的构成尤其能体现同盟会组织政府的构想。

在总长提名名单终获得通过后，同日，孙中山直接以临时大总统的名义任命九部次长。此九位次长，均为留学日本或欧美的资产阶级知识分子，尤其值得注意的是，除海军次长汤芗铭外，其余全部是同盟会成员：

陆军次长蒋作宾，留日学生，参与组建同盟会。归国后，入清政府为官，先后供职于保定军校和陆军部。武昌起义后，利用职位之便，支援起义。临时政府成立前，任九江都督府参谋长。

外交次长魏宸组，晚清举人，留比学生，曾协助筹组同盟会欧洲分会，并担任留比、留法学生联系人。武昌起义后回国，任京津同盟会外交部长。

内务次长居正，晚清秀才，留日期间加入同盟会。同盟会中部总会组织者之一，也是湖北分会主要负责人，致力于谋划武汉革命党人的起义。后参与湖北军政府的筹组工作。

财政次长王鸿猷，留比学生，同盟会布鲁塞尔支会成员。留学期间协助孙中山办理《学报》、组织公民党。武昌起义后随孙中山归国。

司法次长吕志伊，留日学生，参与创立同盟会，任总会评议、云南主盟人。曾参加黄花岗起义，参与创建同盟会中部总会。武昌起义后，赴云南主持革命，任云南都督府参议。

教育次长景耀月，留日学生，同盟会成员。因公开宣传革命思想而被清政府通缉，流亡日本、南洋等地，武昌起义后归国参与革命。

实业次长马君武，留日学生，早年为改良主义者，后投身革命，任同盟会秘书长，也是《民报》主笔之一。武昌起义后，从德国归来，作为各省代表会代表参与起草《临时政府组织大纲》。

交通次长于右任，1906年加入同盟会，任长江大都督，主要负责上海地区的革命事务。先后创办《神州日报》《民呼日报》《民吁日报》《民立报》等革命报纸，因抨击清政府而两次被捕。武昌起义爆发后，受孙中山之邀参与临时政府的组建工作。

次长席位，同盟会九占其八，基本符合"次长必用同志"之"初议"。[①]但其中唯一的例外即汤芗铭任海军次长一事，便足以表明次长的选择也并非能由同盟会人全盘掌握，和任命总长一样，依然受形势所迫。

汤芗铭在赴法留学期间，其实曾短暂加入过同盟会。但在孙中山访问巴黎时，为向驻

① 居正：《梅川日记》，陈三井、居蜜合编：《居正先生全集》（上），第183页。

法公使孙宝琦邀功，汤竟偷割孙中山的皮包，窃取包中文件，便也因此叛离了革命阵营。

归国后，汤芗铭在清政府海军提督萨镇冰手下任职。武昌起义爆发，海军奉旨镇压革命，汤亦随同前往武汉。此时，武昌军政府民政总长汤化龙等人正筹谋策动海军起义，而汤化龙正是汤芗铭的长兄，汤化龙因此便致书其弟，大意说"望策动海军早日反正，以立殊勋云云"①。最终，萨镇冰感念各方旧情，拒绝炮轰革命军，但他也不愿起义，只得弃军而去，并指定黄钟瑛与汤芗铭代其指挥舰艇。萨镇冰去后，黄、汤二人随即率领舰队反正，投身革命。

凭此大功，黄兴在组织政府时，便建言以黄钟瑛为海军总长，汤芗铭为海军次长。这一职位安排，引起不少同盟会成员的不满。但孙中山最终以"汤既率海军反正有功，吾党可以不念旧恶"②为理由，尊重其在革命中的贡献，让他成为唯一一位非同盟会籍次长。

诚然，如孙、黄所言，汤促成海军起义，的确为革命立有大功。但选择汤芗铭出任海军次长，更重要也更实质性的原因是，起义后的海军在事实上依然掌握在黄、汤二人手中。与陆军不同，革命党人在海军内可谓毫无基础，海军的这一特殊性便决定其很难另派他人接管，不让此二人出任海军总长和次长，显然无法做到。此外，相较于同样立有大功而未得任何总长次长职位的武汉革命党人，曾经出卖过孙中山的汤芗铭却得以在临时政府中任海军次长，足见旧势力对革命政权影响之大，亦可见革命党根基之浅。

至此，中央行政九部总长、次长人选名单都已敲定，临时政府于1912年1月5日正式发布任命通知。那么这份名单是否体现出了"总长取名，次长取实"的组织原则？在临时政府前后三个月的存在时间内，行政各部的实际运行中又是否符合了该组织原则？

三、"总长取名"原则

"总长取名，次长取实"这一说法最早出现在居正的《梅川日记》中：在第一次总长提名名单并未取得代表会同意之际，各代表"争执不决"，黄兴认为"在今日情势下，新旧交替……不如总长取名，次长取实"。③

但在当时的报纸报道中，包括在其他南京临时政府亲历者的记述或者回忆中，对于临时政府组建一事，却很少见到"总长取名，次长取实"的说法。如《申报》只载"中华民国临时政府之人员经大总统及参议院一再商榷"；④胡汉民只说"各部之组织，则采取克强

---

① 汤芗铭：《辛亥海军起义的前前后后》，《辛亥革命回忆录》（第六集），第89页。

② 冯自由：《革命逸史》（第二集），北京：中华书局，1981年，第135页。

③ 《辛亥札记》，陈三井、居蜜合编：《居正先生全集》（上），第79页。

④ 《申报》1912年1月5日。

意见"；①张继的回忆是"以一般老官僚任总长，以本党同志任次"；②仇鳌仅言"经黄克强与中山先生商议"。③即使有出现"总长取名，次长取实"的记载，也大都在居正的《梅川日记》出版之后，很难判断其是否受到了居正的影响。故而，这一说法的真实性是存疑的，要解答疑问，就必须回到它的最初出处。

《梅川日记》，也称《辛亥札记》，1945年4月首次公开发行，初版扉页有居正手书"梅川日记，原名辛亥札记，民国乙酉大东书局印"。④又经考证，《辛亥札记》此前曾于1928年在《江南晚报》连载，又于1929年6月汇编发行。⑤

实际上，本书是日记性质的著作，其连载、发行的时间远晚于写作时间。书中自序道："辛亥，武昌首义，余颇有札记，凡重大事，皆随手笔述。"⑥熊十力为此书作序，也道："先生当辛壬之际，开国大事，皆所亲历，札记甚详。"⑦只是后来因为"癸丑讨袁"之事，"流离转徙，札记不幸散失"，直至"十七年回里，偶于故纸中，检得日记一本"，这才交付印刷出版。"此编付印时"，居正也只是"覆阅一过，于字句稍有增损"，并未对内容做过多修改。⑧

基于此，笔者认为，居正作为临时政府的内务次长，亲历南京临时政府的组织过程，《梅川日记》正式出版时间虽晚，但作为日记性文字，其可靠性是可以保证的，熊十力也称其为"开国信史"，"虽不甚详，要堪宝贵"。⑨

进而可以基本肯定，黄兴在同盟会开会讨论新的总长人选时，应该的确向孙中山提出了"总长取名，次长取实"的建议。而孙中山也接受了这一提议，并据此提出第二份总长人选名单和任命各部次长。那么将这八个字视为南京临时政府的组织原则是符合历史逻辑的。

但此时又出现了另一个问题，即在《梅川日记》中，只是提到了"总长取名，次长取实"原则，却并没有明确指出这一原则所表示的具体含义。而居正的叙述又是该原则的最初出处，那么将此原则解释为"总长取虚名，次长掌实权"，显然是后世学者为之，其正确与否有待商榷，以下便就此进行论证。

① 胡汉民：《胡汉民自传》，《革命文献》（第三辑），附录第57页。

② 张继：《回忆录》，李守孔编：《民初之国会》，第45页。

③ 仇鳌：《辛亥革命前后杂议》，《辛亥革命回忆录》（第一集），第447页。

④ 居觉生：《梅川日记》，上海：大东书局，1945年，扉页。

⑤ 熊飞宇：《中华民国的"开国信史"——居正〈梅川日记〉书录》，《内蒙古电大学刊》2013年第1期。

⑥ 《自序》，居觉生：《梅川日记》。

⑦ 《熊序》，居觉生：《梅川日记》。

⑧ 《自序》，居觉生：《梅川日记》。

⑨ 《熊序》，居觉生：《梅川日记》。

（一）司法、财政、内务、实业、交通五部总长的"相符"与相悖

各部人选确定后，孙中山立即致电陈其美，曰："伍、王、陈、程、蔡、张于诸公在沪，乞告知，并派专车延请速到视事"[①]，敦促伍廷芳、陈锦涛、程德全、蔡元培、张謇等总长及个别次长即刻到南京任职。

然而在胡汉民的叙述中，"张、汤仅一度就职，与参列各部会议，即出住上海租界；程固于租界卧病，伍以议和代表不能管部务。陈日经营借款，亦常居租界。故五部悉由次长代理"。[②]

这样看来，似乎在由立宪派、旧官僚代表出任总长的司法、财政、内务、实业、交通五部，多为次长级人物实际负责部务。[③]以上记载便也往往被当做是临时政府采取"总长取虚名，次长掌实权"原则的有力证据。

首先要承认，南京临时政府成立后，总长中的非同盟会人士的确多持观望态度，并不信任新成立的临时政府，甚至各怀异心，因种种原因而未实际到任。

但必须明确一点，此五个部门的次长之所以能够代理部务，是因为其所在部门的总长，在名单出台后主动放弃实权。换句话说，是临时政府的实际运行情况在一定程度上体现了"总长取虚名"原则，而并非是此原则造成了这一现象。依照这样的逻辑，便无法证明"总长取名，次长取实"是临时政府行政部门的组织原则。再结合之前介绍过的总长名单的出台背景，同盟会也明显没有足够大的话语权，让其他势力甘愿放弃自身权力，而服从同盟会提出的政权组织原则。

事实上，当我们把"总长取名，次长取实"理解为"总长取虚名，次长掌实权"的意思时，这一原则与临时政府的实际运行情况亦不符。

首先，实业总长张謇，在临时政府组建后不久，便因汉冶萍华日合资之事，与孙、黄等人发生严重分歧。

汉冶萍公司总经理本为盛宣怀，但武昌起义后，盛被清廷革职，流亡日本。在了解到南京临时政府的财政窘境后，他为了尽快扭转自身的不利处境，即与日商密谋中日合办汉冶萍之事，并向临时政府表示，汉冶萍"华日合办，或可筹借"。孙中山、黄兴等人需款甚急，便准备接受盛宣怀的提议。

1912年2月7日，张謇知晓此事后，立即致信孙、黄，"争汉冶萍不可与日人合资"。[④]

[①]《申报》1912年1月4日。

[②]胡汉民：《胡汉民自传》，《革命文献》（第三辑），附录第57页。

[③]胡象贤：《民初国会之渊源与演进及其失败原因的分析研究》，台北：学海出版社，1983年，第32页。

[④]《为汉冶萍借款致孙总统、黄部长函（1912年）》，《张謇全集》（第一卷），南京：江苏古籍出版社，1994年，第238—239页。

然而直至两日后，孙中山、黄兴才回信张謇，并直言"汉冶萍约已签"。①但张謇并未因此袖手，次日，再次就此事致信孙、黄，做了一定让步，谓"汉冶萍以之抵借犹可"②，但未收到答复。

12日，张謇便致电孙中山"自劾辞职"，曰："汉冶萍事……张謇身任实业部长，事前不能参与，事后不能补救，实属尸位溺职，大负委任。民国成立，岂容有溺职之人滥竽国务，谨自动辞职。"③是日晚，张謇即乘船离宁，前往南通。自此才与临时政府越走越远。

"事前不能参与，事后不能补救"，似可作为张謇乃一虚名总长之印证，但笔者认为，张謇称自己在汉冶萍事件中未能参与和补救，是"尸位溺职"，是"大负委任"，是"滥竽国务"，这正说明此职位担负着重要职责。且若张謇从一开始就清楚实业总长仅虚职而无实权，他又何必因此事而辞职？

对于财政总长一职，胡汉民在其自传中提到，黄兴曾推荐张謇或熊希龄出任，孙中山却认为"财政不能授他派人"④，即不愿意"财政落入党外人"⑤之手。孙的这种考虑便是已经非常明确地表明，财政总长是掌握政府财政大权的。

孙中山中意的人选陈锦涛，虽不是党内人，但"我知澜生不敢有异同"⑥，故而用之。孙因陈"不敢有异同"而用之，便又从侧面说明，财政总长这一职位是可以有异同的，是确实干系到临时政府财政问题的。

而在临时政府财政部的实际运行中，更直接体现了这一点。

陈总长上任伊始，便向参议院呈稿言道，"军兴以来，财政竭蹶"，为解决困局，财政部于1912年2月24日拟定《财政部咨各省发行公债办法》十二条。⑦作为总长，陈锦涛实心办事，《申报》有文曰："公债之事务……财政部长陈锦涛君亦将常驻上海应付各事。"⑧

面对政府财政之困，除负责公债发行外，陈总长更为筹借外款而四处奔走，以下略举数例以为论证：

1912年1月31日，陈锦涛致电孙中山、王鸿猷，曰："苏路款内，已由中华银行解现值日金三十万元。今再由中华银行解捐款十万……现存沪款无多，请撙节。"⑨

1912年2月9日，陈锦涛致电孙中山、黄兴，曰："井上侯于汉冶萍、招商局押款事极

① 《宣统三年二月九日张謇日记》，《张謇全集》（第六卷），第664页。
② 《宣统三年二月十日张謇日记》，《张謇全集》（第六卷），第664页。
③ 《辞实业部长电》，《张謇全集》（第一卷），第240页。
④ 胡汉民：《胡汉民自传》，《革命文献》（第三辑），附录第58页。
⑤ 惜秋：《民初风云人物》，台北：三民书局，1976年，第175页。
⑥ 胡汉民：《胡汉民自传》，《革命文献》（第三辑），附录第58页。
⑦ 中国第二历史档案馆编：《中华民国史档案资料汇编》（第二辑），第313页。
⑧ 《南北政府经济困难之状况》，《申报》1912年2月26日。
⑨ 《陈锦涛致孙中山王鸿猷电》，黄彦、李伯新编著：《孙中山藏档选编》，北京：中华书局，1986年，第190页。

乐相助。"①同日，又致电孙中山，曰："三井森恪□顷交到期票五十万两。"②

1912年2月24日，又从华比银行借款100万英镑，并商定之后再续借25万英镑。③

1912年3月3日，陈锦涛呈《借款救济皖灾案文》，称："四国银行允每星期可借十万两，分十六星期。"④

黄兴曾写信给张謇道："陈公虽去上海，恐外款非即日可能到手也。"⑤可见，借款之决策或许出于孙、黄二人，但具体事宜的办理，则须仰仗陈锦涛。

陈总长不但担着解决财政危机之责，更负有建设新财政体系之任。

陈锦涛在任上曾统筹大清银行的改组工作，使之成为中华民国的中国银行。该银行之人事任命、账款、约法及招股等事务，均须呈请陈锦涛先行核准。⑥在中国银行成立大会上，陈锦涛又发表演讲，阐述其金融改革计划。⑦除了中国银行，陈总长还拟定了商业、农业和庶民等银行的相关实施条例，⑧以求次第施行，不断完备金融制度。

对于币制改革，陈总长经过审度、考察之后，也有一套完整方案。他认为"应速定币制"，兹拟"暂就旧章，另刊新模"。1912年3月9日，陈锦涛又上呈孙中山，再次强调："本部拟先行另刊新模，鼓铸纪念币……其余通用新币花纹式样，亦应一律更改。"⑨

据1912年2月28日《陈锦涛呈孙中山查核各省军事善后拨款文》可知，陈总长还不得不为临时政府的军饷着落考虑："各该省关于前项军队善后必需之款，某省分配数目若干，交由本部酌核。"⑩据胡汉民回忆，在奉命处理皖督求饷一事时，"至财政部"，"总长因在沪，次长愈旁遑无策"。⑪如陈锦涛为虚职总长，财政次长独掌部门实权，胡汉民又何必提"总长在沪"，次长又为何会"愈旁遑无策"？

不但在任职期间兢兢业业，陈锦涛在即将卸任之际，其言行也能体现他作为财政总长的担当。基于以上种种例证，陈锦涛之财政总长显然不能以"虚名"概括，对此，在华外国势力也看得很清楚。如1912年2月7日，佐原笃介致信莫理循，其中就指出：南京的共和政府"不能控制其治下各省的财政"，"然而财政总长陈锦涛却在设法取得控制权"。⑫

---

① 《陈锦涛致孙中山黄兴电》，黄彦、李伯新编著：《孙中山藏档选编》，第193页。

② 《陈锦涛致孙中山电》，黄彦、李伯新编著：《孙中山藏档选编》，第193页。

③ 贾士毅：《民国初年的几任财政总长》，台北：传记文学出版社，1967年，第17页。

④ 广东省社会科学院等编：《孙中山全集》（第一卷），北京：中华书局，2011年，第170页。

⑤ 湖南省社会科学院编：《黄兴集》，北京：中华书局，1981年，第100页。

⑥ 《商股联合会呈大总统文》，《申报》1912年1月28日。

⑦ 中国银行总行、中国第二历史档案馆合编：《中国银行行史资料汇编》（上编），北京：档案出版社，1991年，第9页。

⑧ 董鹏飞：《南京临时政府财政考察——以财政总长陈锦涛为视角》，《广州社会主义学报》2018年第4期。

⑨ 中国第二历史档案馆：《中华民国史档案资料汇编》（第二辑），第408—409页。

⑩ 《陈锦涛呈孙中山查核各省军事善后拨款文》，黄彦、李伯新编著：《孙中山藏档选编》，第203页。

⑪ 胡汉民：《胡汉民自传》，《革命文献》（第三辑），附录第60页。

⑫ ［澳］骆惠敏编：《清末民初政情内幕——〈泰晤士报〉驻北京记者、袁世凯政治顾问乔·厄·莫理循书信集》（上册），刘桂梁等译，北京：知识出版社，1986年，第864页。

内务总长程德全，虽养疴沪上，但在内务部上孙中山之《呈请速颁文官试验令》中却有"总长思从根本上解决此弊，莫如速行文官试验"①的说法，而且根据内务部的这一呈报，孙中山于两天之后，即令法制局编纂《文官试验草案》。

临时总统府秘书处曾于1912年2月7日致函内务部，称"各省司长之调用、顶补……如何斟酌委任，贵部暂筹适当办法"。②内务部对此作出回应之人依然是程德全，他于1912年2月13日呈文孙中山，先指明"民国初立，人才缺乏""地方官吏如府、县各缺，皆仍清之旧人"的困境，再请政府批准"速颁文官试验之令"。③

临时政府行政各部的用人情况，是孙中山极为关注的，而这也正是内务部负责之事务。1912年3月20日，孙中山就此问题发布《慎重用人致内务总长令》，令中要求内务部在中央各部"用人之际"，"务当悉心考察，慎重铨选"，在该令结尾处更明确言道："切切。此令。内务部总长程德全知照。"④试想，若程德全仅为虚名总长，不视部务，则此令发予实际负责部务之次长即可，又为何发给程总长知照？显然内务总长非虚职也。

（二）陆军、外交、教育三部总长明显相悖

在最终获得通过的总长人选中，黄兴、王宠惠、蔡元培三人为同盟会籍，已占到总数的三分之一。对此三位总长在部门中的地位和作用，总统府秘书长胡汉民直言："部长之负责者，黄、王、蔡耳。"⑤若果真如此，"总长取虚名"之说便更加无从谈起了。

就陆军总长一职而言，临时政府的组织建构模仿美国体制。武昌起义后，在沪代表便希望"以美国制度为蓝本"，在发给各省的通电中进一步表述为"美利坚合众国之制，当为我国他日之模范"，这一模仿美制的建议，也得到了武汉方面的赞同。⑥

美国行政体制以国务卿即外交部长为首席部长，但南京临时政府成立之际，各地战事未已，南北议和陷入僵局，政府之存在需以兵权作为后盾，则自然要以陆军总长为首席，居各部之上。

《胡汉民自传》中有言，组织临时政府便"多采纳黄兴之意见"，民国成立后又"独克强兼参谋总长，军事全权，集于一身，虽无内阁之名，实各部之领袖"。⑦张继也说，在孙中山任临时大总统期间，"诸事皆由克强做主"。⑧以上之言论足见黄陆军总长的确名副其实。如此一实权总长居各部之首，那么"总长取虚名"之说又如何能够让人信服？

---

① 张国淦编著：《辛亥革命史料》，上海：龙门联合书局，1958年，第136页。

② 《总统府秘书处为统筹设官分职致内务部函》，《中华民国史档案资料汇编》（第二辑），第23—24页。

③ 《内务部请速颁文官试验令呈》，《临时政府公报》第17号，1912年2月20日。

④ 《临时大总统关于慎重用人致内务总长令》，《中华民国史档案资料汇编》（第二辑），第37页。

⑤ 胡汉民：《胡汉民自传》，《革命文献》（第三辑），附录第57页。

⑥ 唐德刚：《袁氏当国》，第5页。

⑦ 胡汉民：《胡汉民自传》，《革命文献》（第三辑），附录第58页。

⑧ 张继：《回忆录》，李守孔编：《民初之国会》，第45页。

外交总长更是与"总长取虚名，次长掌实权"的说法相悖。如前文所述，希望伍廷芳取代王宠惠出任外交总长，是代表会否决第一份总长提名名单的原因之一。黄兴也向孙中山提议："秩庸与亮畴对调"①，即由王宠惠掌司法部，伍廷芳掌外交部。

表面上看来，伍廷芳为"法界前辈"，于伦敦攻读法学并获博士学位，领有英国律师执照，也是香港立法局首位华人议员，曾在李鸿章手下任法律顾问，又任过清政府修订法律大臣。那么孙中山选其为司法总长确实有足够的理由。

但伍廷芳不但在法律上造诣极深，更有极强的外交才能与丰富的外交经验。在清政府内，伍官至外务部左侍郎，随李鸿章参与多个涉外条约的签订工作，且出任过美国、墨西哥等国公使。武昌起义后，更是代表南方与唐绍仪谈判议和。可称得上外交胜于法律，在当时的南方阵营中，外交总长一职，没有比伍廷芳更合适的人选。

反观王宠惠，亦是法学博士出身，曾担任过广东军政府的司法部长，若由他出任临时政府司法总长，其实也无太大争议。但在外交层面上，王宠惠却要逊色伍廷芳太多，如在南北议和中，王只能是以伍的参赞身份参与谈判。

然而，孙中山坚持选用刚从耶鲁大学毕业、年仅31岁、外交资历和经验远逊于伍廷芳的王宠惠，由他出任外交总长。至于原因，孙中山如是说："外交问题，我欲直接，秩老长者，诸多不便，故用亮畴，可以随时指示，我意甚坚。"②

试想，若根据"总长取虚名"之原则，外交总长仅系虚职，则即使伍廷芳出任此总长，孙中山亦可直接干预外交部务，又何来诸多不便？又何以不顾代表会之不满而坚持任用王宠惠？

另有一点值得注意，面对外交总长之职，王宠惠屡次推脱，"惭悚"而不愿受命，即使自己勉强担任，"亦恐力不称职，贻误邦交"③，亦发电推荐伍廷芳担任此职。但孙中山对其言道："吾人正当破除所谓官僚资格，外交问题吾自决之，勿怯也。"④试问，倘若总长只取虚名，那么王宠惠又何怯之有？

王宠惠就任外交总长后，也的确实际掌控了外交事务。以1912年2月19日爪哇岛排华事件为例。在爪哇岛华侨庆祝民国成立的集会上，荷兰殖民政府武装干涉，当场击毙三人，致使十余人受伤，前后被逮捕者有两千余人。临时政府得电后，王宠惠先后四次急电新当选临时大总统的袁世凯。在第四次的电报中，王要求袁"就近向和国（即荷兰）代表交涉"，而"和代表如何答复，即希电示"。在社会各界的声援之下，王宠惠又在1912年2月26日直接致"电荷兰外交部，要求赔偿损失，辞极激昂"。⑤

① 罗福惠、萧怡编：《居正文集》（上），第73页。

② 罗福惠、萧怡编：《居正文集》（上），第73页。

③《申报》1912年1月5日。

④ 胡汉民：《胡汉民自传》，《革命文献》（第三辑），附录第58页。

⑤ 张国淦编著：《辛亥革命史料》，第318页。

对于教育总长一职，依笔者之见，临时政府教育总长蔡元培虽然任期很短，但他在此职位上对中国近代教育产生的开创性意义，其实并不亚于日后在北京大学的改革。

蔡总长上任后，借鉴各国现行教育制度，并结合民国具体情况，制定《普通教育暂行办法》十四条于1912年1月19日颁布，对学校名称、各科教学内容、教科书内容、不同学校的毕业规则等做了详细规定。①1912年2月1日，在蔡的主持之下，教育部又颁发《普通教育暂行课程标准》十一条，规定中小学、师范等各类学校的暂行课程表，令各校遵行。此外，蔡元培尤其注重高等教育改革和提倡社会教育，由他牵头特设的社会教育司，是社会教育的第一个专门行政机构。

1912年2月，蔡元培撰写《对于新教育之意见》，首次提出"五育并举"之概念，此文虽是以个人名义发表，但在实际上也可将其视为临时政府在教育层面的纲领性文件。

总之，在教育总长任期内，蔡元培始终着力于将自己的教育理念贯彻落实，并也确实取得一定成绩。这亦与"总长取虚名"之观点相左。

且蔡元培与章太炎等曾有"浙人不入南京临时政府"之约，但他不惜背约，毅然出任教育总长之职。②其时临时政府条件简陋，蔡元培甚至需要自取部门印章、自觅办公场所。试想，如果此总长仅取虚名而无实权、无法实现蔡元培的教育理想，他又缘何出任此总长呢？

还有一例可为例证。蔡元培作为南方代表北上迎袁期间，教育次长景耀月曾擅自任命数十人。待蔡总长返宁以后，认为此举并不十分妥当，因而否决景次长所做任命，并将所开之委任状送还临时总统府。③此一事不仅可证明"总长取虚名"之谬误，更可进一步驳斥"次长掌实权"的观点。

（三）海军总长之相悖

胡汉民所论"五部悉由次长代理"与"部长之负责者，黄、王、蔡耳"，只提到八部，而并未涉及海军总长黄钟瑛。通过梳理史料，笔者认为黄之海军总长也不符合"总长取虚名"的原则。

在1912年1月27日的《黄钟瑛致孙中山函》中，有"钟瑛自到部以来，肝痛与咳血之疾时作"之说，显然黄钟瑛实际赴宁出任就职。"部务组织迄今未能就绪，尸位之愧不足以间执烦言"，黄以部务未能组织就绪为自己尸位之故，说明部务组织由其负责。当他以身体原因希望辞去总长之职、推荐刘冠雄继任时，谓刘为"俊杰魁伟之才"，之前未能进入临时政府"令其有置散投闲之叹"，此为"盛时之阙事也"，因而推荐他接替自己。④此

① 金冲及、胡绳武：《辛亥革命史稿》第4卷，第51—52页。

② 《自写年谱》，高平叔编：《蔡元培全集》第7卷，北京：中华书局，1984年，第305页。

③ 朱晓东：《民国北京政府选官制度研究》，郑州大学博士学位论文，2016年，第49页。

④ 《黄钟瑛致孙中山函》，黄彦、李伯新编著：《孙中山藏档选编》，第74页。

即可反证海军总长一职并非"置散投闲"。

不过，黄钟瑛之辞职未能成行，并实际担负起了海军事务。如1912年3月12日《黄钟瑛呈孙中山颁给蒋拯陈兆锵任用状文》中，对于烟台海军学校校长一职，先"查有本部舰政局局长蒋拯堪以胜任，拟即任为烟台海军学校校长"，又决定"所遗舰政局局长一缺，拟以前北洋海军军舰总机械员陈兆锵委任"。[1]海军部人员任命由其亲自负责，又怎可云虚名部长？

综上，如若"总长取名"之"名"取虚名之意，则以司法、财政、内务、实业、交通五部而论，似是一定程度上符合该原则；但以陆军、外交、教育、海军四部而论，却又明显是总长亦取实，违背该原则。且司法等五部，若是细细探究，也有与该原则相左之处。尤其是此五部部长并非是遵循"总长取名，次长取实"原则的安排，被迫让次长处理实际部务，而是出于各人主观原因导致一种看上去"总长取虚名，次长掌实权"的结果。无论如何，此含义下的"总长取名，次长取实"实在难以称为临时政府的组织原则。

在该说法首次出现之处，居正其实并未解释"总长取名，次长取实"的具体含义。至于为什么会被普遍理解为"总长取虚名"原则，多半是因为在临时政府的运行过程中，确实出现了至少五部总长"持观望，不肯接任"[2]，从而导致若干部门部务多以次长代理的局面，再加上各部次长又"多半是与革命事业有密切关系的年青人"[3]，故而很多学者未经细致考察，望文生义，仅凭这一表面情况，便或提出或接受了这一错误理念。

基于此，笔者想提出一个新的观点，即"总长取名"之"名"并非"虚名"之意，而是名望的意思。该原则可以被理解为：安排一些有声望有影响的各派名士担任各部总长。在这种理解之下，通过前文对总长人选的简要分析，九位总长，无一例外地都是革命派、立宪派抑或旧官僚的头面人物，是相关领域的专家或名人，明显符合"总长取名"原则。更有时人记述以为例证，如薛仙舟曾言"此次组阁……各部均以名流任总长"[4]，居正亦有"各部总长，旧时大官名流"[5]之语。而且这种安排既体现了各方博弈之情势，也符合新政权组建之初的常理。

四、"次长取实"原则

南京临时政府行政九部次长，在接到任命通知后，全部赴宁上任。仇鳌在回忆录中曾

---

①《黄钟瑛呈孙中山颁给蒋拯陈兆锵任用状文》，黄彦、李伯新编著：《孙中山藏档选编》，第74页。

②居正：《梅川日记》，陈三井、居蜜合编：《居正先生全集》（上），第183页。

③任鸿隽：《记南京临时政府及其他》，《辛亥革命回忆录》（第一集），第410页。

④蔡元培：《自写年谱》，高平叔编：《蔡元培全集》第7卷，第305页。

⑤居正：《梅川日记》，陈三井、居蜜合编：《居正先生全集》（上），第183页。

写道："各部实权均操在次长之手。"① 但通过前文的论证，已经至少可以肯定陆军、外交、教育三部由总长掌握实权，则此三部之次长自然不能再掌握实权，同时财政、实业、内务、司法等部总长也并非完全置身部务之外。故而仇鳌的记述存在明显夸张，不足为信。

笔者认为，如同"总长取名"之"名"非虚名之意一样，"次长取实"之"实"也不是实权的意思。若将"次长取实"原则理解为，由同盟会青年骨干出任各部次长，参与处理实际部门事务，进行实际工作，则显然更加符合史实。

民国初建，百废待兴，临时政府成立以后，各部门即开始全面履行管理职责，制定新的管理规则和办事章程，根除清朝弊政，处理日常事务，在经济、政治、军事等各方面都作出了一定努力。始终在任的各部次长自然参与其中。

如交通次长于右任，上任之后先后完成制定宁省火车行车时刻表、实行定时开车、加设专供军事专列、减收报业邮电费、成立铁道协会等工作。再如实业次长居正，发电各省令"速行成立"实业司，参与制定《商业注册章程》，鼓励发展金融银行业，有力地推动了民初金融工商实业的发展。其余各部次长处理部务之事，在此不作赘述。

但南京临时政府仅存在约90日，而且根据唐上意的观点，临时政府组织制度的建立健全到1912年2月中旬就已基本结束，从2月中旬到4月初即孙中山辞职期间，已经是临时政府的解散阶段。② 因此，虽然临时政府努力立法建制，除旧布新，作出了许多具体措施，但在当时的大背景下，绝大多数政策并未能贯彻实行，即使付诸施行，其实际效果也很值得商榷，更随着临时政府的解散而大打折扣。

因此，在这样一个过渡政府③中，无论总长还是次长，无论是否拥有实权、是否参与实际部务，其工作的实际效果和实际影响都是值得探究的。故而在厘清"次长取实"之"实"的含义之后，很有必要通过对临时政府权力的宏观把控，进一步探究"实"的程度。

（一）总统之职，虚位待袁

身为中华民国临时大总统，孙中山在法律层面上拥有统治全国政务、统帅陆海军之权，但这在很大程度上是有名无实的，甚至孙的临时大总统之位也往往被默认为权宜之计。

早在孙中山归国之前，各省代表会即达成决议，如"袁世凯响应革命，即选举为临时大总统"。各代表"一闻袁世凯有赞同共和之意，不惜修改已定之《临时政府组织大纲》，承认代表团之选举不合法"，是为"预留临时大总统之位以待袁世凯也"。④

在之后的南京会议上，同样的决议再次得到确认。"袁内阁代表唐绍仪到汉时，黎大

① 仇鳌：《辛亥革命前后杂议》，《辛亥革命回忆录》（第一集），第447页。
② 唐上意：《南京临时政府的立法建制》，《近代史研究》1981年第3期。
③ 徐立刚：《民初孙中山组建南京临时政府之权力分配格局再认识》，《南京社会科学》2017年第5期。
④ 李守孔编：《民初之国会》，绪论第18页。

都督代表已与会晤，据唐代表称，袁内阁亦主张共和"，[1]于是代表会议决："缓举临时大总统。"[2]

"选举袁世凯为大总统"，更是英使朱尔典所列南北议和的条件之一。章炳麟在临时政府成立之前，对于选举总统一事，便有"以功则黄兴，以才则宋教仁，以德则汪精卫"[3]之论，丝毫没有提及孙中山。革命刊物如《神州日报》《民立报》等，也颇提倡举袁之说。前文提到在临时政府组织之初，曾有黎、黄之争，然"均只选大元帅，而不及总统"，各方之意"均系虚此总统大位，有待于袁世凯"。[4]

即使孙中山当选临时大总统后，也未能改变"虚位待袁"的被动局面。张继曾说："群众开会时，总理偶参加，仅坐会场前列，并未特置台上座位。而诸同志仍呼为'先生'，甚少呼大总统者。"[5]

程德全曾致函黎元洪，称"足下死守武昌，支撑残局，勋名赫赫，尽人皆知"，临时大总统之职竟为"孙文攫之而去"，"天下不平之事，又宁有过此者"。[6]

张謇始终未对孙中山给予信任，他在日记中写道，与孙"谈政策"，而其"未知涯畔"。[7]1912年1月11日，张謇写《革命论》，言中国历史上的革命"约其类有四：曰圣贤之革命，曰豪杰之革命，曰权奸之革命，曰盗贼之革命……吾见其蹈于厉与凶悔与亡已耳，革命云乎哉！"[8]这里清晰地表现出了张謇对于武昌起义以来整个事态的否定态度，认为其自蹈于厉、自蹈于凶悔、自蹈于亡，哪有什么"革命"可言？

在孙、袁之间，他毫无疑问更看好后者，在催促袁世凯赞成共和的电报中，他写道："甲日满退，乙日拥公，东南诸方，一切通过。"袁世凯逼迫宣统退位时所颁《清帝逊位诏书》，也是张謇草拟的。而对于孙中山解职临时大总统一事，他评曰："大善。"[9]

章炳麟一向与孙不睦，他先是拒绝出任临时总统府枢密顾问，随即又在程德全等人的支持下组织成立中华民国联合会，正式宣布与同盟会脱离关系。1912年2月1日，章致电黎元洪，明确支持袁世凯尽快代替孙中山出任临时大总统。2月13日，又致电代表会，主张建都北京，公开反对孙中山之政令。更写联曰："群盗鼠窃狗偷，死者不瞑目；此地虎踞龙盘，古人之虚言"，极尽讽刺意味，被胡汉民认为是"公然为反革命之言论"。[10]

① 刘星楠：《辛亥各省代表会议日志》，《辛亥革命回忆录》（第六集），第250页。

② 刘星楠：《辛亥各省代表会议日志》，《辛亥革命回忆录》（第六集），第250页。

③ 胡汉民：《胡汉民自传》，《革命文献》（第三辑），附录第53—56页。

④ 唐德刚：《袁氏当国》，第9页。

⑤ 张继：《回忆录》，李守孔编：《民初之国会》，第45页。

⑥ 《程德全致黎元洪书》，《大公报》1912年1月15日。

⑦ 张謇：《柳西草堂日记》，李明勋、尤世玮主编：《张謇全集》第8册，上海：上海辞书出版社，2012年，第732页。

⑧ 《革命论》，《张謇全集》（第五卷），第161页。

⑨ 《民国元年二月二十六日张謇日记》，《张謇全集》（第六卷），第666页。

⑩ 胡汉民：《胡汉民自传》，《革命文献》（第三辑），附录第59页。

张謇、章炳麟二人弃孙拥袁，或许可以理解，然而根据谭人凤的说法，汪精卫、胡汉民等"同盟会之中流砥柱"也在孙、袁之争中，站在袁世凯一方。"汪在北京既与袁克定商约调停，许推袁世凯为大总统"，"乃闻宣统帝退位之诏下达，汪急欲践前言，胡亦极力劝孙辞职，狐埋狐滑"，"是犹孙先生始料所不及也"。[1]李书城的回忆录中也指出汪精卫"劝南方推戴袁为大总统"，"甚至不惜恶意攻击孙中山先生本人有权利（力）思想"。[2]

其实孙中山早在归国途中，"便深知将来总统一职非袁莫属"[3]，他希望"速定临时总统人选，或举黎元洪，或推袁世凯，要以早日巩固国基为宗旨"[4]，后"欣悉总统自当选定黎君"，而"闻黎有拥袁之说，合亦善宜"。[5]即使"后来虽当选总统"，"仍立电袁世凯，告知备位以待"，更"公告国际，以昭信守，促袁反正"。[6]最终，按照各方之前的约定，宣统发布退位诏书后，孙中山即向临时参议院提交辞呈，随后袁世凯全票当选临时大总统。

综上，孙中山自始至终只是一个过渡总统，除少数同盟会成员外，没有太多人愿意相信他会是位合格的建设者。国家首脑的权力已至如此，由同盟会组织成立的临时政府更不被看好，政府的权力、总长和次长的权力可想而知了。

（二）总长、次长皆似备员

从表面上看，无论是行政部门的人选，还是临时参议院的代表席位，同盟会都占据了人数上的优势。但在实际上，同盟会最终得到多少权力暂且不谈，在宣统退位、袁世凯上位已成定局之际，临时政府当时可做、能做之事都并不多。

自武昌首义到临时政府成立，耗时约八十日；然此政府实际组织办公竟只维持约九十日。谭人凤综其原因，认为这是"稍有时望者观望徘徊不就，而一二急功近利之辈则又随势力以定趋向，无拥护南京政府之决心"[7]所致。程德全直言"共和结果如是如是，可为浩叹"[8]。

所以，临时政府虽为中央政府，看上去很有一番气象，却难以对地方进行实际控制，正所谓"中央行政不及于各省"，"政府号令，不出百里，孙公日骑马上清凉山耳"。[9]又据《时报》报道，"近日除军队议和外，无甚要政"，议和几乎成了临时政府的唯一要政，孙

① 吴相湘：《宋教仁传：中国民主宪政的先驱》，台北：传记文学出版社，1985年，第114页。
② 李书城：《辛亥前后黄克强先生的革命活动》，《辛亥革命回忆录》（第一集），第197页。
③ 唐德刚：《袁氏当国》，第16页。
④ 李守孔编：《民初之国会》，第17页。
⑤ 《国父孙中山先生自巴黎致民国军政府盼速定总统电》，《革命文献》（第一辑），第1页。
⑥ 唐德刚：《袁氏当国》，第16页。
⑦ 吴相湘：《宋教仁传：中国民主宪政的先驱》，第113页。
⑧ 《程德全致黎元洪书》，《大公报》1912年1月15日。
⑨ 汤志钧：《章太炎年谱长编》（上），北京：中华书局，1979年，第363页。

中山也被一些人认为"实际上只不过是一个主持和议的总统罢了"。①

张謇在日记中写道，虽"被推为实业部总长"，然"时局未定，秩序未复，无从言实业也"。②再以司法部为例，临时政府虽十分重视"改革旧的与建立新的司法制度、制定各种法律"，但是在其短短三个月的存在时间内，司法部终究未能建立起新的法律体系，事实上，各地在处理民事、刑事案件时，依然"大多根据清朝法律，加以修改，暂时执行"。③

临时政府面对的最为严峻的危机当属财政。虽然在货币制度、预算制度及金库制度等工作上，作了艰巨的努力，但财政部对临时政府成立以来的财政状况的描述依然是："财政长官由地方推类，各自为政，号令分歧"，"丁漕失征，厘卡闭歇"；④"向为入款之大宗者，今则一无可恃"，"中央政府文电交驰，催令报解，迄无一应"。⑤

总长陈锦涛为解决财政危机而拟定的内债实施办法，其前提条件是中央具有较大权威、地方政府完全服从中央，但就当时的政治环境而言，这是南京临时政府显然不具备的，各省都督只是名义上服从中央，而却绝不可能交出财政实权。最终，凭借着临时政府极其有限的公信力，此次内债总共募款不到500万元，只占预设的5%。⑥

财政之困牵连甚广，陈锦涛在向孙中山呈文时，便言道："各部政费，军队饷费"及"各省度支"，"均虞匮乏"。⑦英国政府的外交文件也记载道，"由于缺乏现款"，无论南京还是各省"内政方面的改组（都）不能获得任何进展"。⑧

财政上的困难直接影响了民军军饷的发放。在前文已经提及的皖督求饷之事中，孙毓筠派专使至宁，"言需饷奇急，求济于政府"，孙中山虽"即批给廿万"，但财政部实际上"金库仅存十洋"，胡汉民不得不"提取粤北军款六万余，更益以他款为之十万元，予之"。⑨英国驻上海领事也报告称："驻南京的其他部队，以及本地招募的士兵在内，都欠有二至四个月的饷银。"⑩

张謇在写给黄兴的信中，曾有如下记述："陆军部止允北伐饷五万，仅来一万余……请于总统，总统委之陆军部，部又不能应。"⑪黄一欧也有回忆，作为陆军总长，黄兴"发

① 吴玉章：《武昌起义前后到二次革命》，《辛亥革命回忆录》（第一集），第117页。
② 张謇：《柳西草堂日记》，李明勋、尤世玮主编：《张謇全集》第8册，第732页。
③ 金冲及、胡绳武：《辛亥革命史稿》第4卷，第34页。
④ 许师慎编：《国父当选临时大总统实录》（下册），台北："国史"丛编社，1967年，第435—437页。
⑤ 张国淦编著：《辛亥革命史料》，第429页。
⑥ 转引自刘孝诚主编：《中国财税史》，北京：中国财政经济出版社，2007年，第265页。
⑦ 许师慎编：《国父当选临时大总统实录》（下册），第435—437页。
⑧ 胡滨：《英国蓝皮书有关辛亥革命资料选译》（下册），中华书局，1984年，第466、454页。
⑨ 胡汉民：《胡汉民自传》，《革命文献》（第三辑），附录60页。
⑩ 《伟晋颂致朱尔典函》，胡滨：《英国蓝皮书有关辛亥革命资料选译》（下册），第536页。
⑪ 《为时政致黄克强函》，《张謇全集》第1卷，第237页。

军饷、买军火都要钱"，但军饷长期"没着落"，民军"日有哗溃之虞"①。可见黄兴虽身兼陆军总长与参谋总长两职，但连基本的军饷也无法按时发放，又何谈调动他省军队，何谈掌握军事全权？

类似的例子不胜枚举。总之，在讨论总长、次长的"名"与"实"之际，首先要明确，南京临时政府初立而战争未已，名多而实少，总长、次长能够处理的实际部务本就不多，其实际效果更是有限，都似备员耳。

五、提出该原则之目的

在厘清谬误、明晰"总长取名，次长取实"的真实含义和实际效果后，便有了足够的基础，去探讨这一原则的性质，即同盟会采取该原则的原因与目的。

前文分析总长名单人选时，曾详细介绍了临时政府组建前后的社会政治背景，而就"总长取名，次长取实"而言，便在很大程度上是迫于当前客观形势，为平衡各方力量而做出的选择。但同盟会人提出这一组织原则，并非只是受到外部条件影响，孙中山、黄兴等人亦存在主观上的目的。

（一）扩大革命影响，巩固政府根基

关于临时政府的组建，孙中山否决了宋教仁"皆用革命党"的主张，更为认同黄兴"新旧交替"的意见。于右任回忆，"这个名单……就中蔡、张诸先生是总理的意思。诸先生在当时是革命的同情者，请他们加入，并不仅是表示对于同情者的答谢，而是寓着选贤举能、天下为公的精神"。

所以说，安排各界有声望、有影响的头面人物担任各部总长，一方面固然是迫于形势，而"不能不收罗海内名宿"②。但另一方面，也是革命派主观上认可和赞同的选择。"建府开基，既需兼纳众流，更当克副民望"③，包容、团结参与革命的立宪派代表人物和反正官员，有利于扩大革命的影响，争取更加广泛的支持。

（二）维持临时政府正常运转

以张謇、汤寿潜等人为代表的立宪派人士，在清政府成立"皇族内阁"后，对其彻底失望，又见革命形势日渐高涨，决定不再去"捧持落日，要来扶起朝阳"。部分旧官僚也

① 黄一欧：《辛亥革命杂记》，文史资料研究委员会编：《湖南文史资料选辑》（第十辑）（内部发行），1978年，第24页。

②《孙中山复蔡元培函》，中国蔡元培研究会编：《蔡元培全集》第14卷，杭州：浙江教育出版社，1998年，第378页。

③ 赵尊岳：《惜阴堂辛亥革命记》，《近代史资料》1983年第3期。

顺应局势，脱离清王朝而加入革命阵营。但这些人虽然参加了南京临时政府，但身在南京，心却向北、向袁。在之前的论述中，曾多次提到非同盟会籍总长们的观望、怀疑态度，他们对组建临时政府缺乏热情，也缺乏信心，甚至不愿在临时政府内任职。

1912年1月28日成立的临时参议院便可作为例证。临时参议院是行使立法权的重要机构，但其中同盟会成员有33人，占全部43名成员的绝对多数，而立宪派只有8名代表。依照规定，临时参议院代表并非由中央任命，而是由"各省举派"①，"独立省份由都督府派遣，未独立省份由谘议局派遣"②。所以说，这样的人员构成并非完全是革命党人收揽权力、垄断政权所致，而是立宪派、旧官僚在主观上对于临时政府的组建并未给予重视。

立宪派、旧官僚等势力对临时政府的这种看法与态度，孙中山、黄兴等人事先不可能毫不知情，必定是有所了解的。虽然前面论述南京临时政府总体上名多实少，但政府初创自然有大量日常事务需要处理。临时大总统秘书胡汉民有言，"每夜余必举日间所施行重要事件以告"，"陈其所以，常计事于达旦"。③

"总长取名，次长取实"之原则的适时提出，尽可能以同盟会青年骨干出任各部次长，专做实际工作，自然有保证临时政府正常运转的考量。

（三）保证同盟会的权力

"创立民国"是同盟会的革命纲领之一，因此在革命取得成功后，若说孙中山等人不想在临时政府内尽可能地保证同盟会的权力，显然是有悖历史逻辑的。

以临时大总统的辅佐机构为例。临时总统府的秘书长"内定胡汉民"④，秘书处又下辖财政、总务、文牍、通译、军事、电报、收发、民政、招待等科所，"举凡一切内政、外交事宜无不囊括"。⑤其他诸如法制院、公报局、铨叙局等机构，亦均由同盟会成员负责。且以上官职人选，皆由孙中山一手任命。

章太炎尖锐地指责道："今以革命党召集革命党人，是欲以一党组织政府。"⑥因此，笔者认为"总长取名，次长取实"原则被提出的另一目的，便是同盟会为了争取更多权力。这一目的更集中地体现在同盟会对武汉革命党人的态度上。

武昌首义成功是中华民国得以创立的首要前提，武汉革命党人又是武昌首义的绝对功勋。代表会曾决议以"各省代表团名义颁发慰问武汉各界文"，"推崇鄂人首义之功"，⑦

---

① 谷钟秀：《中华民国开国史》，第33—35页。

② 李守孔编：《民初之国会》，第8页。

③ 胡汉民：《胡汉民自传》，《革命文献》（第三辑），附录第59页。

④ 任鸿隽：《记南京临时政府及其他》，《辛亥革命回忆录》（第一集），第410页。

⑤ 《总统府秘书处暂行章程》，黄彦、李伯新编著：《孙中山藏档选编》，第60页。

⑥ 《章炳麟消弭党见》，《大公报》1911年12月12日。

⑦ 李守孔编：《民初之国会》，第8页。

云："此次革命大举，湖北人为首功。"①但在临时政府的总长、次长人选中，除去立宪派、旧官僚已占职位，余下职缺却全部为同盟会人占据，武汉革命党人无一人入选。

据前文可知，立宪派与旧官僚实力远胜革命党，同盟会将部分总长、次长职位分给他们是形势使然。但对于武汉革命党人，就连"首义三武"，即曾任湖北军政府军务部部长的孙武、曾任军务部副部长的蒋翊武、曾任战时总司令的张振武，竟也没有得到任何职位，这实在令人费解。

张继认为："以各部次长予海外归国同志，而在武汉首义者，反未顾及，实为一大失策。"②但依笔者之见，此事既非同盟会之"失策"，也不是"未顾及"，而是孙、黄等人主观上便不想顾及而刻意忽略。

首先，于右任事先就已提及"应注意武汉首义同志"，刘成禺等人也曾找到孙中山，建议他对武昌首义将领特别考虑，但最终孙中山和黄兴还是未予考虑。

此外，总长、次长名单的提出受黄兴影响很大，而他对于武汉诸人存有私怨。孙武凭借其组织起义之功，本欲竞争陆军总长，便为黄兴所不满。即使孙武退而求任陆军次长，也未能遂愿。谭人凤指责说："其于同辈中能力胜己者，虽明知而不愿用。"

对于这样的安排，武汉革命党人自然"啧有烦言"③。张振武直接在报纸上抨击同盟会人"碌碌无为，依靠别人成功了，权力却都被你们拿去了"。金煦生在《新闻报》上评曰："空手而来，满志而去。"

总之，孙、黄等人根据"总长取名，次长取实"原则，一边尽量争取同盟会的名望之士出任总长，把陆军、外交等重要部门掌握在自己手中；一边又不惜排挤武汉革命党人，让同盟会成员出任次长，由同盟会尽可能多地参与政府实际事务的处理。

（四）建立理想政府

其实，对于最终确定的总长、次长名单，同盟会内部也有同志不满本会成员多居次长之职。蔡元培就政府用人之事曾写信给孙中山，但孙中山却复信解释道，各部组织用人"惟才能是称，不问其党与省也"，以求"收罗海内名宿"。④

章炳麟在临时政府成立前后，即与孙中山在政治、策略上存在严重分歧，数次掀起倒孙风潮，使同盟会内部纷争不断。但孙中山以革命事业大局考虑，仍提名他为教育总长，认为与章"不过偶于友谊小嫌"，决不能有"世俗睚眦之见"。

再举汤芗铭的例子。汤任海军次长是黄兴提议的，孙中山也未因巴黎往事而予否决。值得注意的是，孙中山此前从未对黄兴等同志提及巴黎之事，直至名单公布后，汤芗铭窃

①《革命文献》（第一辑），第5—6页。

②张继：《回忆录》，李守孔编：《民初之国会》，第45页。

③居正：《辛亥札记》，陈三井、居蜜合编：《居正先生全集》（上），第79页。

④《复蔡元培函》，广东省社科院等编：《孙中山全集》第2卷，北京：中华书局，2011年，第19页。

取孙中山文件之事才被留欧同志揭穿。

所以说，孙中山等人以"总长取名，次长取实"原则组织临时政府时，不仅有顺应局势、扩大政府影响力、保证同盟会权力等方面的考量，还有建立一个由各领域人才共同参与的理想政府的目的。

《泰晤士报》驻华记者莫理循，便对南京临时政府行政各部的人选赞誉有加，曾言道："袁世凯的内阁无法与这个内阁相比"，那是"袁世凯强制组成的，根本无法工作"。①

当然，作为资产阶级革命政党，同盟会希冀的理想政府自然是资产阶级性质的政府。那么以"总长取名，次长取实"为临时政府的组织原则，尽力争取陆军、外交等重要部门的总长职位，安排革命党人占据九部中八部的次长之职，便也可以理解为其实现革命理想的必然操作。

从这一角度出发，宋教仁被否决的"全用革命党"②的主张，便不仅仅是为了掌握临时政府的权力，也是出于纯洁革命队伍、建立纯粹的资产阶级革命政府的目的，是"拿出政治的见解，同他们奋斗"。③

孙中山曾言，清代"权势利禄之争，我人必久厌薄"，政权"皆以服务视之为要领"。④其实，从临时政府成立后颁布的一系列资本主义性质的政策法令，尤其是《临时约法》来看，同盟会在"总长取名，次长取实"原则的助力下，一直在为建立一个理想中的、完善的、先进的资产阶级临时政府而不懈努力着。

结　语

"总长取名，次长取实"的说法最早出现在居正《梅川日记》一书中，是南京临时政府组建过程中，在孙中山向代表会提出的第一份总长提名名单被否决后，由黄兴提出、并为孙中山所采纳的一条建议。根据此建议，孙中山对部分总长人选做出修改，提交了第二份总长提名名单并获得代表会通过，其后，又独立任命各部次长，完成临时政府行政九部的基本组织工作。

长期以来，"总长取名，次长取实"便被学术界普遍认可为南京临时政府的组织原则。而经过本文对该原则的再次深入探讨，笔者认为可以得出以下几点结论：

第一，"总长取名，次长取实"原则是临时政府的组织原则，但最早的记载者即居正

---

① 《致达·狄·布拉姆函》，[澳]骆惠敏编：《清末民初政情内幕——〈泰晤士报〉驻北京记者、袁世凯政治顾问乔·厄·莫理循书信集》（上册），刘桂梁等译，第823—824页。

② 罗福惠、萧怡编：《居正文集》（上），第73页。

③ 宋教仁：《国民党鄂支部欢迎会演说辞》，陈旭麓主编：《宋教仁集》（上册），北京：中华书局，1981年，第456页。

④ 《国父孙中山先生自巴黎致民国军政府盼速定总统电》，《革命文献》（第一辑），第1页。

并未说明该原则的具体含义，"总长取虚名，次长掌实权"的理解是后世学者主观臆断的，是错误的，是与史实、逻辑相左的。正确的理解应为，总长取名望之士，次长参与处理实际部务，如此才符合临时政府组建时的历史背景，符合各部总长、次长的人员安排及实际任职情况，亦符合同盟会建立资产阶级政权的政治理想。

第二，"总长取名，次长取实"是理想化的，根据该原则组织起来的临时政府，在实际运行过程中很难做到"取实"。表面看上去，该原则既保证了同盟会对南京临时政府的主导权，又团结容纳了其他多方力量。但仅存在约九十日的南京临时政府，孙总统虚位待袁，中央命令不及地方，政府仅以"议和"为要政，虚名大于实际，无论总长、次长，皆备员而已。各部次长的确实际参与乃至负责处理各部实际事务，但这些事务的实际效果、实际意义却不尽如人意了。

以孙中山、黄兴为代表的同盟会，提出并采用这一原则的原因和目的较为复杂。在客观上，是出于对当时形势的顺应与妥协，立宪派、旧官僚的强大势力让同盟会不得不安排他们中的代表人物出任总长与次长。但在主观上，同盟会依据此原则，安排社会名士出任各部总长、保证次长参与实际部务、争取同盟会的总长和次长席位，既有扩大革命影响力、巩固临时政府的考量，又有对于立宪派、旧官僚不视事的担心，还包括同盟会希望尽可能地掌握临时政府权力的野心，同时也体现了孙中山等人希望在中国建立起资产阶级革命政权的理想。

老师点评：学术研究贵在创新。作为一名本科生，高博文同学不囿于前人观点的束缚，勇于对辛亥革命研究中视为常识的论断提出新见，实属难能可贵。表面看来，南京临时政府各部总长当中，诸如实业总长张謇、内务总长程德全之类，只得到一些"虚名"，并未在临时政府建设中发挥重大影响，此前"总长取名，次长取实"的说法似有道理。然而，学术研究最怕认真二字，高博文同学不避繁琐，仔细查核每位总长、次长的身份背景，逐一分析其在南京临时政府运作中所起的作用，有理有据地指出了前人说法的不当之处，具有较强的说服力。尤其是推陈出新，将"总长取名，次长取实"理解为"总长取名望之士""次长参与处理实际部务"，体现了敏锐的学术视野及优异的科研潜力。

由于该文迟至考研初试结束之后才仓促动笔，错漏、武断以及有欠规范的地方也在所难免。例如，文中认为"孙中山在法律层面上拥有统治全国政务、统帅陆海军之权，但这在很大程度上是有名无实的，甚至孙的临时大总统之位也往往被默认为权宜之计"，就有点矫枉过正；论述过程中，多次引用《袁氏当国》这种著作立论，也减弱了新论的可靠性。当然，瑕不掩瑜，就这样原汁原味地收入《本科生优秀论文选》，亦不失为一种历史的真实。

论文指导老师：朱文亮

内亚视野下的阿保机军事征伐研究

2015级　葛楚君[①]

摘　要： 阿保机自参与部族事务起即开始征伐周边部族，掠夺代北、卢龙地区。907年即位可汗后，他将契丹领土向更遥远的西部与北部拓展，同时进一步企图卢龙的领土。916年仿汉制称帝建元后，他大举进攻西部民族政权，并意图控制阴山—代北地区。他的野心在胜仗连连与其他政权、藩镇的朝贡中不断膨胀，遂于921—922年大举进攻镇、定，结果惨遭失败，对南用兵重新收缩回卢龙一带，此后的战略重心也转向西征与东征。契丹世选制度下，阿保机的首领地位受到同有继承权的叔伯兄弟的挑战，他当权后不断军事征伐与掠夺的重要目的是维护其并不稳固的地位。这种行为的背后，有着深刻的内亚民族文化传统。

关键词： 契丹；阿保机；军事征伐；内亚传统

契丹于1世纪开始进入汉文历史记载，北朝时主要生活于"和龙之北数百里"[②]，以射猎、畜牧为生，各部相互攻伐，并为西部强邻突厥所侵；唐时，契丹对唐朝时叛时附，出现了李尽忠、阻午可汗等部落联盟领袖；10世纪初终于化家为国，逐渐发展为东接高丽，南与中原诸王朝相抗，西制党项、回鹘、吐谷浑等诸多民族，横跨游牧区、半定居区与定居区，甚至一度入主中原"饮马汴河，兵屯梁苑"[③]的东北亚大帝国。作为辽帝国的奠基者，阿保机在契丹扩张过程中发挥了关键作用，通过与周边部族和国家的战争，他使契丹人的疆域在东、西、南、北四个方向均有拓展。同时，阿保机对内讨平反对者，奠定了其家族在帝国两百年的统治地位。

国内史学界对于阿保机的研究长期以来多从汉族的视角出发，虽然取得了很多重要成果，但契丹视角的缺位也使一些问题难以被看清楚。近年来国内不断有学者尝试从内亚史的角度观察契丹辽朝历史。"内亚"是内陆亚洲（Inner Asia）的简称，这一概念首先作为地理术语为欧美研究者使用，此后更多地被赋予历史文化内涵。内亚研究巨擘塞诺（De-

---

① 葛楚君，暨南大学历史学系2015级本科生。本科期间在《周秦汉唐文化研究》第十辑上发表论文《词臣与使臣：后唐张文宝墓志再考释》，并入选本科优异学生培养计划。后就读于中国人民大学历史学院专门史方向。

② （北齐）魏收：《魏书》卷100《契丹传》，北京：中华书局，1974年，第2223页。

③ 《耶律琮神道碑》，向南：《辽代石刻文编》，石家庄：河北教育出版社，1995年，第58页。

nis Sinor）所界定的内亚是西起黑海、东抵太平洋的自成一体的文化区域，这一广大地区有一些共同的文化特征以区别于其他区域。20世纪70年代以来，随着欧美汉学界对社会科学理论的重视并运用，内亚研究越来越多地借鉴社会学、政治学、人类学等学科，考据的成果所占比例逐渐下降。①

从内亚视角观察和理解起源于中国边疆的王朝，有别于传统的以汉族或汉文化为中心的"汉化"解释模式，内亚观强调边疆帝国的内亚特性，即"从边疆发现中国"。②罗新探讨耶律阿保机之死③、钟焓的《辽代东西交通路线的走向——以可敦墓地望研究为中心》④等，均是国内学界关于内亚视野下辽史研究的很好范例。孙昊总结了国内外内亚视野下辽史研究的脉络，他认为从内亚视野审视辽史并非是将辽史划入内亚史的序列，与中国史割裂，其核心是"注重探讨内亚传统作为一种社会元素，在辽朝社会体制的建构与维系过程中所发挥的作用"。⑤这段陈述极好地回应了对于使用内亚观解读辽史的疑虑，并指出内亚视角下辽史研究所应当关注的问题。本文从内亚视角再度审视阿保机的军事征伐，将有助于我们走出汉文史料的偏见，更加深刻地理解辽朝初期的一些重大政治事件及辽帝国的形成。

舒焚先生的《辽史稿》⑥、漆侠先生主编的《辽宋西夏金代通史：政治军事卷》⑦、任爱君的《辽朝史稿》⑧、张正明的《契丹史略》⑨、孙进己与孙泓的《契丹民族史》⑩等通史、断代史、民族史著作均对阿保机的军事征伐有所涉及。李锡厚先生的专著《耶律阿保机传》⑪重现阿保机的一生，对阿保机的征战展开了细致的讨论。由于史料、语言等因素所限，关于阿保机对不同地区经略的专门研究，在空间上呈现出十分不平衡的状况。

囿于史料，关于阿保机经略西部与北部的研究最少。林荣贵先生的《辽朝经营与开发北疆》对辽朝经略北疆的军政、经济、文化方面进行了系统研究，在书的绪论部分论述了北疆在辽朝处于相当重要的战略地位。⑫纪楠楠的博士学位论文《辽代民族政策研究》⑬，杨军、宁波、关润华编著的《东北亚古代民族史》⑭等民族史研究也涉及阿保机对东北亚

① 钟焓：《重释内亚史：以研究方法论的检视为中心》，北京：社会科学文献出版社，2017年，第198、387页。
② 姚大力：《拉铁摩尔的"内亚视角"》，《读书》2015年第8期。
③ 罗新：《耶律阿保机之死》，收入氏著《黑毡上的北魏皇帝》，北京：海豚出版社，2014年。
④ 钟焓：《辽代东西交通路线的走向——以可敦墓地望研究为中心》，《历史研究》2014年第4期。
⑤ 孙昊：《内亚史视野下的辽史研究》，《文汇报》2016年5月6日，第W13版。
⑥ 舒焚：《辽史稿》，武汉：湖北人民出版社，1984年。
⑦ 漆侠主编：《辽宋西夏金代通史：政治军事卷》，北京：人民出版社，2010年。
⑧ 任爱君：《辽朝史稿》，兰州：甘肃民族出版社，2012年。
⑨ 张正明：《契丹史略》，北京：中华书局，1979年。
⑩ 孙进己、孙泓：《契丹民族史》，桂林：广西师范大学出版社，2010年。
⑪ 李锡厚：《耶律阿保机传》，长春：吉林教育出版社，1991年。
⑫ 林荣贵：《辽朝经营与开发北疆》，北京：中国社会科学出版社，1995年，第30—40页。
⑬ 纪楠楠：《辽代民族政策研究》，东北师范大学博士学位论文，2013年。
⑭ 杨军、宁波、关润华编著：《东北亚古代民族史》，北京：中国社会科学出版社，2014年。

部落的征讨。

中、日、韩三国皆有渤海国史料留存，因而关于阿保机东征渤海国的研究成果稍多。李兴盛与吕观仁主编的《渤海国志长编（外九种）》①，王承礼的《中国东北的渤海国与东北亚》②，魏国忠等的《渤海国史》③，王旭的《渤海古国的历史变迁》④等渤海国史专著，均涉及阿保机东征渤海国。相关论文成果也较多，如盖之庸的《耶律羽之墓志铭考证》考证了契丹在东丹国初期所建官制⑤，何俊哲的《耶律倍与东丹国诸事考》考证了耶律倍与东丹国相关历史事件⑥，蒋金玲的《辽代渤海移民的治理和归属研究》论述了阿保机攻灭渤海国后对渤海遗民的迁徙⑦。

汉文史料中关于阿保机对南战争的记载最多，主要见于《旧五代史》《新五代史》《资治通鉴》《辽史》《契丹国志》等史书。相关研究也非常丰富，专著方面，姚从吾先生的《辽金元史讲义》⑧认为契丹南下的第一步是幽州，第二步是镇州，并采取"远交近攻"的策略以期达到目的。陈述先生的《契丹政治史稿》⑨论述阿保机远交近攻以图南进。曾瑞龙的《经略幽燕：宋辽战争军事灾难的战略分析》⑩从军事史角度出发，提出契丹人在南线的攻略有三层战略纵深：第一层是卢龙、振武，契丹人要求完全控制这一区域；第二层是镇、定、河东、魏博，采取了扶植傀儡政权的方式，建立与中原政权间的缓冲区；第三层则是开封。论文方面，研究成果更是浩如烟海，分别从经济、文化、政权关系、气候、结义等各个不同角度探讨契丹辽朝的南进，在此不一一列举。⑪

阿保机进取幽州引起不少学者的关注。何天明的《论辽政权接管燕云的必然性及历史作用》⑫从中原及幽州政局的客观条件，契丹的客观需求，以及阿保机、德光父子南下称

① 李兴盛、吕观仁主编：《渤海国志长编（外九种）》，哈尔滨：黑龙江人民出版社，1995年。

② 王承礼：《中国东北的渤海国与东北亚》，长春：吉林文史出版社，2000年。

③ 魏国忠等：《渤海国史》，北京：中国社会科学出版社，2006年。

④ 王旭：《渤海古国的历史变迁》，长春：吉林人民出版社，2013年。

⑤ 盖之庸：《耶律羽之墓志铭考证》，《北方文物》2001年第1期。

⑥ 何俊哲：《耶律倍与东丹国诸事考》，《北方文物》1993年第3期。

⑦ 蒋金玲：《辽代渤海移民的治理和归属研究》，吉林大学硕士学位论文，2004年。

⑧ 姚从吾：《辽金元史讲义》，台北：正中书局，1972年。

⑨ 陈述：《契丹政治史稿》，北京：人民出版社，1986年。

⑩ 曾瑞龙：《经略幽燕：宋辽战争军事灾难的战略分析》，香港：香港中文大学出版社，2003年。

⑪ 如林荣贵、陈连开：《五代十国时期契丹、沙陀、汉族的政治、经济和文化交流》，陈述主编：《辽金史论集》（第三辑），北京：书目文献出版社，1987年，第155—186页；任崇岳：《略论辽朝与五代的关系》，《社会科学辑刊》1984年第4期；张国庆：《辽代契丹皇帝与五代、北宋诸帝王的"结义"》，《史学月刊》1992年第6期；王义康：《后唐建国过程中抵御契丹南进政策探微》，《锦州师范学院学报》（哲学社会科学版）2000年第4期；张国庆、刘艳敏：《气候环境对辽代契丹骑兵及骑战的影响——以其南进中原作战为例》，《辽宁大学学报》（哲学社会科学版）2007年第4期；于越：《契丹辽朝与后唐战和关系研究》，渤海大学硕士学位论文，2013年；张晋中：《辽太宗南下拓疆及其影响》，内蒙古大学硕士学位论文，2015年。

⑫ 何天明：《论辽政权接管燕云的必然性及历史作用》，陈述主编：《辽金史论集》（第四辑），北京：书目文献出版社，1989年。

史海学步——暨南大学历史学系本科生优秀论文选

雄的意图等多方面，论证辽政权接管燕云的必然性。郑毅、张儒婷的《五代变局与契丹肇兴——以辽初统治者进取幽州为中心》①详细论述从李克用、阿保机"云州会盟"到石敬瑭割让燕云十六州的整体过程，认为契丹将进取幽州作为对外征伐的中心。李鹏的《试析契丹与刘仁恭政权的幽州博弈》②一文，总结双方攻防的战略手段，认可刘氏父子在牵制契丹南进上发挥的重要作用。

关于阿保机南征的意图，学术界目前主要有以下两种观点：一是占有华北，称霸中原，如何天明认为阿保机有逐鹿中原、成就霸业的意图③；日本学者森安孝夫认为，阿保机第二次称帝表明他作为中原王朝的皇帝以占有华北为目标④。二是经济掠夺与领土占有，如任仲书、马萌认为，阿保机出任夷离堇后，南进目标由掠夺逐渐向扩张演变，两个目标呈时间上的递进⑤；姚从吾认为阿保机南进目标存在空间上的差异，南进幽州是为了占有领土，而出兵镇州则是为了达到经济目的。

总体而言，历史上的汉人史家及大部分国内学者的研究结论有一种倾向，即南征中原是阿保机政治版图中最为重要的一块，其东征与西征只是为将来南侵中原而稳固后方。如林鹄认为耶律阿保机自建立大契丹国开始就有意逐鹿中原，并引阿保机与姚坤的对话，指出阿保机下一步即要问鼎中原。⑥彭艳芬、王路明认为南下中原是阿保机、德光父子坚定不渝的基本国策。⑦任仲书、马萌的观点类似，认为部落联盟时期契丹的军事活动是掠夺，而阿保机出任夷离堇后则是将南进中原，侵夺领土作为战略目标。⑧一些日本学者也持有同样的观点，认为阿保机父子对中原野心勃勃，杉山正明的《疾驰的草原征服者：辽 西夏 金 元》一书中，用三分之一的篇幅书写阿保机父子南进中原⑨；村上正二⑩认为阿保机西征蒙古高原、东征渤海国服务于占有中原这个总目标。部分学者则强调草原本位主义对阿保机拓疆思路的影响，如李锡厚先生认为阿保机为了得到汉人的人力物力，加大自己抗衡契丹内部反对派的砝码，才希望南下扩张。⑪曾瑞龙的观点是中原不是辽朝的唯一目标，

① 郑毅、张儒婷：《五代变局与契丹肇兴——以辽初统治者进取幽州为中心》，《社会科学战线》2011年第5期。

② 李鹏：《试析契丹与刘仁恭政权的幽州博弈》，景爱主编：《地域性辽金史研究》（第一辑），北京：中国社会科学出版社，2014年。

③ 何天明：《论辽政权接管燕云的必然性及历史作用》，陈述：《辽金史论集》（第四辑），第100—115页。

④ ［日］森安孝夫：《从渤海到契丹——征服王朝的成立》，海兰译，《世界民族》1982年第4期。

⑤ 任仲书、马萌：《后晋政权立废与契丹南进的转折》，《内蒙古社会科学》（汉文版）2015年第2期。

⑥ 林鹄：《耶律阿保机建国方略考——兼论非汉族政权之汉化命题》，《历史研究》2012年第4期。

⑦ 彭艳芬、王路明：《五代时期契丹辽朝的中原政策述论》，《赤峰学院学报》（汉文哲学社会科学版）2007年第1期。

⑧ 任仲书、马萌：《后晋政权立废与契丹南进的转折》，《内蒙古社会科学》（汉文版）2015年第2期。

⑨ ［日］杉山正明：《疾驰的草原征服者：辽 西夏 金 元》，乌兰、乌日娜译，桂林：广西师范大学出版社，2014年。

⑩ ［日］村上正二：《征服王朝》，郑钦仁译，郑钦仁、李明仁译著：《征服王朝论文集》，台北：稻乡出版社，2002年，第123—126页。

⑪ 李锡厚：《耶律阿保机传》，第67—92页。

契丹人实际上着眼于一个非常大的区域。①美国人类学家巴菲尔德（Thomas J. Barfield）则认为，辽朝对征服中原的想法是保守的，在处理草原与东北地区事务时，契丹则更有进取心。②学界存在的这一争论将是本文着重讨论的话题。

本文在借鉴前辈学人研究成果的基础上，主要对《旧五代史》《资治通鉴》《契丹国志》《辽史》等史籍及一些碑刻资料进行整理、分析和比对，并借鉴社会学理论进一步说明问题。

一、阿保机的崛起

《辽史·太祖本纪》文末赞曰："（太祖）东征西讨，如折枯拉朽。东自海，西至于流沙，北绝大漠，信威万里，历年二百，岂一日之故哉！"③今人欲理解辽帝国形成并称雄北亚二百年的原因，必须先了解契丹民族发展壮大的过程和机遇。隋唐之际契丹势弱，不得不依违于中原强权与中亚草原强权间谋求生存，而回鹘的式微与唐帝国的崩溃给予契丹极好的独立并壮大的外部条件；加之契丹社会内部的结构性转变，契丹逐渐成为草原上一支强大的力量，阿保机的崛起正是在这样一个有利环境下展开的。但他赖以登上夷离堇、可汗尊位的世选制度也是威胁其地位稳固的深层隐患，为诸弟叛乱埋下伏笔。

（一）阿保机崛起的背景

1. 外部环境

隋唐以来，东北亚的草原部族多为其西边强邻突厥、南边强邻唐朝所控制，在两个强权间辗转投靠。天宝三载（744）突厥大乱，回纥、葛逻禄共同攻击突厥并杀其可汗，同时推举回纥首领称汗建国，次年正式终结了突厥在漠北的统治并建立起新的强权。契丹失去突厥的庇护后，首领李怀秀短暂投唐，唐朝以宗室女为公主出降李怀秀，同年公主为其所杀，契丹叛附回纥。《幽州纪圣功碑铭》载："奚、契丹皆有虏使监护其国，贵以岁遗，且为汉谍，自回鹘啸聚，靡不鸱张"④，张仲武言"契丹旧用回纥印"⑤，可见回鹘对契丹的控制。回鹘政权晚期内乱不止，加之开成四年（839）"方岁饥，遂疫，又大雪，羊、马多死"⑥，回鹘国力大衰。开成五年十月，回鹘叛将与黠戛斯合骑兵十万攻回鹘城，回鹘各部四处溃逃。至此，北方草原出现权力真空，契丹已无强大的西邻。期间契丹与唐交往

① 曾瑞龙：《经略幽燕：宋辽战争军事灾难的战略分析》，第38—39页。

② ［美］巴菲尔德：《危险的边疆：游牧帝国与中国》，袁剑译，南京：江苏人民出版社，2011年。

③ （元）脱脱等：《辽史》卷2《太祖本纪》，北京：中华书局，1974年，第24页。

④ 李德裕：《幽州纪圣功碑铭》，《李卫公会昌一品集》卷2，北京：中华书局，1985年，第9页。

⑤ （后晋）刘昫等：《旧唐书》卷199下《北狄·契丹》，北京：中华书局，1975年，第5354页。

⑥ （宋）欧阳修、宋祁：《新唐书》卷217下《回鹘传》，北京：中华书局，1975年，第6130页。

不断，但一直依附于回鹘，直至会昌二年（842）回鹘国为唐攻灭，契丹再次归附于唐。而此时的唐朝也不复当年强盛。安史之乱前，安禄山"欲以边功市宠，数侵奚、契丹"[1]，甚至深入契丹腹地，给其带来极大威胁。安史之乱后"河朔三镇，朝命不行，已同化外羁縻"[2]，依"河北故事"各行其是；朝廷无力北顾，反而依赖河朔藩镇"俾扞奚、契丹不令入寇"[3]。据于宝林统计，安史之乱后的一百二十余年里，史籍无唐廷对契丹用兵的记载。[4]

9世纪末，长达六年的黄巢起义给孱弱的唐朝致命一击，帝国摇摇欲坠，而多支力量在平定黄巢起义中崛起。沙陀是西突厥别部，贞元年间因苦于回纥压迫，归附吐蕃；元和三年（808）八月，沙陀首领朱邪尽忠率部自甘州东迁投唐，被安置于盐州；灵盐节度使范希朝移镇太原时沙陀从徙河东，被分置于诸州。此后在唐室平定强藩、对抗西北游牧民族中，沙陀皆有助力，首领李国昌历任大同军、鄜延、振武节度使，逐渐成为河东地区一支不容忽视的势力。自咸通十三年（872）起沙陀李氏对唐廷已起反心，北据代北，南侵沂、岚、石诸州，进逼太原，为唐廷讨平，广明元年（880）李氏父子兵败溃逃鞑靼。同年黄巢起义军势如破竹直取长安，中和元年（881）朝廷因招李氏入援。平定黄巢起义军后，李克用镇河东，其弟李克修镇昭义，自泽、潞至云、蔚的广大地区尽为沙陀李氏所有；但代北尚未完全被其掌控。同时凭借抵抗黄巢而崛起的还有朱温势力。中和二年，黄巢手下大将朱温投降河中节度使王重荣，转而助唐室清剿黄巢，次年七月入汴，中和四年大败黄巢，并与河东李氏结怨。在随后十余年间平定蔡州秦宗权、郓州朱瑄与兖州朱瑾等势力的过程中，朱温势力愈发壮大，终于在天祐四年（907）代唐建梁。除河东李氏与朱梁外，河北尚有幽、镇、定等几方势力。唐帝国崩溃后，中原势力忙于争夺地盘，无暇也无力对契丹构成较大威胁。

幽州自隋唐以来即是中原王朝北方的军事重镇，唐玄宗先天二年（713）置幽州节度使以北抗接壤的奚、契丹等东北部族，初辖古北口以南至沧州。安史之乱后幽州节度使兼领卢龙军，幽州至营、平的广大燕地结为一体，基本上处于割据状态；尽管卢龙节度不受中原王朝控御，其边防依然强悍。乾宁二年（895）唐政府任命刘仁恭为卢龙节度使，开启了刘仁恭父子与契丹二十余年的缠斗。刘仁恭采取烧荒等积极主动的防御手段，给契丹带来沉重打击，《资治通鉴》卷264天复三年（903）十二月条胡三省注曰："北荒寒早，至秋，草先枯死。近塞差暖，霜降草犹未尽衰，故契丹南并塞放牧；焚其野草，则马无所食而饥死。"[5]故契丹视幽州刘氏为心腹大患。

① （宋）司马光编著，（元）胡三省音注：《资治通鉴》卷215，北京：中华书局，1956年，第6987页。
② ［清］赵翼：《廿二史札记》卷22《五代姑息藩镇》，北京：商务印书馆，1987年，第426页。
③ 《旧唐书》卷172《牛僧孺传》，第4471页。
④ 于宝林：《契丹古代史论稿》，合肥：黄山书社，1998年，第170页。
⑤ 《资治通鉴》卷264，唐昭宗天复三年十二月条胡注，第8743页。

契丹东邻渤海国为靺鞨族所建，长期接受唐朝招慰，其制度、经济、文化、城市建设等都深受唐朝影响，盛时有"地方五千里，户十余万，胜兵数万"[①]，有海东盛国之誉。然自第十一任君主大彝震后期，渤海国开始衰落，857年大彝震去世后，渤海国内斗激烈，不少王族、显宦率户奔逃高丽。[②]渤海国也逐渐失去对周边部族的控制，886年黑水部与新罗共击渤海国。至阿保机时，渤海国已称不上契丹的强邻。

由此观之，阿保机时代的契丹，西边回鹘被攻灭，南面唐帝国崩溃，中原诸势力自顾不暇，东邻渤海国也现倾颓之势，契丹早已不复强敌环伺的尴尬境地。此时唯有幽州刘仁恭父子能给契丹造成较大外部威胁。

2.契丹社会的结构性变迁

"部"是构成契丹的社会组织形式，据于宝林考察，北朝时期契丹属部并未固定下来，各部在对外交往中常以本部的名义，不称"契丹"名号。[③]诸部之间甚至经常相互攻击，没有共同族属的概念；权力结构方面，也相对应地没有共同首领，各部各自为政。在外部压力下，诸部逐渐走向初步联合，隋时契丹军政大事已由诸部"酋帅相与议之"[④]。约于唐初，契丹八部组成部落联盟，出现被称作"君长"的联盟共同首领，联盟长由八部酋长在大贺氏内推举产生。万岁通天元年（696）契丹首领李尽忠自称"可汗"，这一事件被日本学者爱宕松男视作契丹部族的首次统一。[⑤]

蔡美彪指出，约于8世纪早期契丹权力结构出现了一个重大变化：原为联盟长所掌握的军事领导权被分离出来，此后联盟长负责部落联盟事务，另置一地位仅次于联盟长的军事首领。[⑥]开元十八年（730）契丹军事首领可突干杀联盟长，出自大贺氏的邵固，另立遥辇氏的屈列为新任联盟长，契丹开始进入遥辇氏时代。经过数次战乱，契丹部落凋敝，8世纪中期，军事首领涅里，即迭剌部始祖立阻午可汗为联盟长，二人整合部族，建立起新的部落联盟，契丹重新统一。约于唐开元、天宝年间出现的青牛白马传说也反映了契丹部族的统一意识。同时，涅里被"命为夷离堇以掌刑辟"[⑦]，"立制度，置官属"[⑧]，表明军事首领的职能进一步扩大。柴册礼与再生仪的制定使得首领获得超凡的、为上天所赋予的神圣身份，作为公权力的把持者，首领与酋帅的距离进一步拉开。唐末、五代时，不少汉人越疆进入契丹，他们或是被俘，或是主动投靠，为契丹带来中原汉文化，其中如韩知古、韩延徽、康默记等人甚至被阿保机吸纳为重要的参谋者，成为契丹统治集团中的一

① 《新唐书》卷219《北狄·渤海》，第6180页。

② 王承礼：《中国东北的渤海国与东北亚》，第320—321页。

③ 于宝林：《契丹古代史论稿》，第64—67页。

④ （唐）李延寿：《北史》卷94《契丹传》，北京：中华书局，1974年，第3128页。

⑤ ［日］爱宕松男：《契丹古代史研究》，邢复礼译，呼和浩特：内蒙古人民出版社，1988年，第157—164页。

⑥ 蔡美彪：《契丹的部落组织和国家的产生》，《历史研究》1964年第5—6期。

⑦ 《辽史》卷61《刑法志上》，第935页。

⑧ 《辽史》卷2《太祖本纪》，第24页。

部分。

契丹早期的经济生产生活同传统内亚民族一样，以游牧、射猎为生，用毛皮、畜群与汉人交换农产品，并不时开展军事掠夺。进入遥辇氏时期契丹开始发展农业，史载涅里"教耕织""究心农工之事"[1]。其后契丹农业生产不断扩大，统治者尤其在农业、手工业方面有所作为，如阿保机祖父"喜稼穑，善畜牧，相地利以教民耕"[2]，伯父"饬国人树桑麻，习组织"，父亲"始置铁冶，教民鼓铸"[3]，尤其在阿保机时期，北迁或被俘南人对契丹经济发展贡献极大。契丹经济由原始的游牧渔猎转向农牧并举，社会财富大增。政治权力的整合及经济要素的多样化使得契丹国力迅速膨胀，这集中体现在契丹对周边部族的征讨上。如阿保机伯父释鲁（又作述澜）"北征于厥、室韦，南略易、定、奚、霫"[4]，阿保机前一任可汗痕德堇于光启年间"抄掠奚、室韦诸部落"并"数与刘仁恭相攻"[5]，乃至"乘中原多故，时入盗边"[6]。阿保机正是在契丹如此蒸蒸日上的背景下走上历史舞台。

自涅里当权，阿保机所在的迭剌部开始在遥辇氏部落联盟时期掌握军政大权，"终遥辇之世，强不可制"[7]。9世纪晚期，阿保机伯父释鲁出任契丹于越；这一职衔被契丹人视作贵官，集军政、经济大权于一身，"非有大功德者不授"[8]。唐咸通十三年（872）阿保机出生，随着年岁的增长逐渐被其正当权的伯父释鲁委以重任，约于9世纪末成为挞马狘沙里，即"管率众人之官"[9]，开始参与部族事务。释鲁随后在迭剌部内部权力纷争中遇害以致迭剌部夷离堇位空悬。此时阿保机已在多次对周边部族的征讨中积累了足够的声望，唐天复元年（901）被公推为本部夷离堇。但迭剌部的权力之争并未结束，释鲁之子滑哥、阿保机族叔辖底等几方势力仍觊觎阿保机的位置。[10]

（二）阿保机的即位与称帝

美国著名内亚史学者傅礼初（Joseph Fletcher）在研究奥斯曼土耳其、印度莫卧儿王朝以及从金到清的中华帝国的帝位继承问题时，将内亚式的君权继承原则界定为"血腥的竞争推举继承制"（bloody tanistry），即新任君主以推举方式产生，但前任君主的男性亲属均有继承资格，他们需以流血内斗的方式决出胜者，继任君主之位[11]；故而军事上的胜利与

① 《辽史》卷46《官制二》，第730页。
② 《辽史》卷59《食货志上》，第923页。
③ 《辽史》卷59《食货志上》，第924页。
④ 《辽史》卷2《太祖本纪》，第24页。
⑤ （清）李有棠：《辽史纪事本末》卷1，北京：中华书局，1983年，第1页。
⑥ 《资治通鉴》卷266，第8798页。
⑦ 《辽史》卷32《营卫志上》，第381页。
⑧ 《辽史》卷116《国语解》，第1534页。
⑨ 《辽史》卷116《国语解》，第1534页。
⑩ 耿涛：《迭剌部权力斗争与耶律阿保机建国》，《中国边疆史地研究》2017年第4期。
⑪ 转引自钟焓：《重释内亚史：以研究方法论的检视为中心》，第200—202页。

否几乎决定了竞争者的成败。契丹首领继承也遵循这一内亚传统，因此阿保机自成为迭剌部首领时就面临着其叔伯兄弟的挑战。唐天复元年十月，阿保机被授予大迭烈府夷离堇一职，成为契丹最高军事统领，两年后官拜于越、总知军国事；天祐四年（907）取代痕德堇被推为可汗，年初燔柴即位。汉文史料记载阿保机获得"天皇帝"的尊号，李锡厚先生认为这是对唐太宗天可汗称号的摹仿。[1]罗新先生则持另一观点，认为阿保机获得的称号是可汗而非皇帝，所谓"天皇帝"其实是天可汗（Tengri Qaghan），史籍中的"天皇帝"只是史家在中原话语体系下对"天可汗"的转述。[2]

在酝酿即位时，阿保机与其支持者制造了胎梦、异象等一系列降生神话，树立其个人形象中神性的一面。《辽史·太祖本纪》载："（阿保机）母梦日堕怀中，有娠。及生，室有神光异香。"[3]学界主流观点认为这一传说取材于中国帝王的降生传说[4]；王小甫则认为这是为了附会回鹘人带来的摩尼教信仰，将阿保机塑造为摩尼教的"圣人"[5]。阿保机的降生神话与鲜卑、沙陀统治者的相似度很高，如北魏元恪的母亲怀孕前梦到"为日所逐"[6]，北齐高纬的母亲梦到"日入裙下"[7]而孕等，胎梦中皆出现了太阳；如北魏拓跋宏出生时"神光照于室内"[8]，元诩出生时"有光照于庭中"[9]，李克用出生时"虹光烛室"[10]，等等，皆是出生时伴随"神光"。钟焓探讨安禄山出生神话中所蕴涵的内亚因素时，认为"感光诞子"一类的神话源出流行于北亚的萨满教传统，北亚民族的英雄诞生"仿照精灵下凡进入萨满体内"，以附会王权天授的权力逻辑。[11]阿保机出生前的胎梦与出生时的神异现象与北亚传统是相吻合的。尽管他的降生神话与汉族帝王也有相似之处，但他即位可汗是契丹部族内推举的，一个符合契丹文化的降生神话才能使部族民众产生共鸣。

即位可汗后，阿保机对外延续了契丹不断外扩的趋势，对内则受汉人"中国之王无代立"观念的驱使[12]，紧握权柄，不肯受代。但在内亚传统的"血腥的竞争推举继承制"下，阿保机的汗位并不稳固；如要从根源上稳固地位，他必须要找到另一制度来消解内亚式的

---

① 李锡厚：《耶律阿保机传》，第33页。

② 罗新：《黑毡上的北魏皇帝》，第115—116页。

③ 《辽史》卷1《太祖本纪》，第1页。

④ 如铁颜颜、黄为放：《辽太祖传说研究》，《北方文物》2012年第1期；马驰原：《契丹巫术与辽朝政治研究》，河北大学硕士学位论文，2016年。

⑤ 王小甫：《中古中国的族群凝聚》，北京：中华书局，2012年，第120—127页。

⑥ 《魏书》卷8《世宗纪》，第191页。

⑦ （唐）李百药：《北齐书》卷8《后主纪》，北京：中华书局，1972年，第97页。

⑧ 《魏书》卷7上《高祖纪》，第135页。

⑨ 《魏书》卷9《肃宗纪》，第221页。

⑩ （宋）薛居正等：《旧五代史》卷25《武皇本纪》，北京：中华书局，1976年，第332页。

⑪ 钟焓：《安禄山等杂胡的内亚文化背景——兼论粟特人的"内亚化"问题》，《中国史研究》2005年第1期。

⑫ 蒋金玲：《辽代汉族士人研究》，吉林大学博士学位论文，2010年，第51页。

继承原则，阻遏叔伯兄弟的继承权。916年，即阿保机成为可汗的第十年，他仿汉制称帝并建元神册。关于其这一行为的解释，陈述先生概括有两点："钦慕汉风而长据帝位"与"恋据汗位而缘饰汉俗"。①欲理解阿保机称帝的意图，首先要探讨他为何选择这一时机。阿保机即位第五年至第七年，他的几位弟弟先后发起三次叛乱。学界对诸弟之乱主要有两种解释：一是阿保机违背契丹传统不愿受代，遭到保守势力的抵抗②；二是迭剌部内部的权力纷争③。不管诸弟叛乱的动机如何，他们的野心都是为契丹传统的世选制度所激发的。平叛后阿保机于七年十一月"省风俗，见高年，议朝政，定吉凶仪"④，次年的主要精力仍放在平叛的后续处理上，此外于十月开始营建开皇殿。可见阿保机自平叛后即开始酝酿称帝。九年正月，阿保机所做的第一件事是与长子北征乌古部，携大量人口财富而归。六月时欲对幽州开战，未果。同年契丹国内多次"出现"君基太一神，据《辽史·国语解》载："其神所临之国，君能建极。"⑤北伐、南征、神异都是为其次年称帝而造势。阿保机在诸弟之乱后渐起称帝之心，那么他称帝的意图也很有可能是针对其反对者的。同为国家元首，可汗的地位没有中原帝王尊崇，也不像中原帝王一样在法理上永保帝位。阿保机采用中原的政治架构，可以按照汉人的法理将兄弟排除出继承人的范围。还有一例可印证此观点，阿保机称帝、立太子后，与大臣商讨首先祭祀的对象，群臣提出首先祭祀佛，太子耶律倍提出"孔子大圣，万世所尊，宜先"，阿保机赞同后者，其后建孔庙并亲自祭拜。⑥佛家讲求众生平等，孔子强调严格的等级观念与政治秩序，显然后者与阿保机称帝的企图相合。

　　称帝后，阿保机陆续采取了一系列带有强烈汉制烙印的措施，如立嫡长子为储君，建孔子庙、佛寺、道观，拜谒孔子庙与寺观，营建固定的都城，制契丹大字，定法律，正班爵，等等；显然阿保机在照搬汉人的政治架构。阿保机虽仿汉制，但并不意味着他本人真情实意地倾慕中原文化。姚坤前去告哀时，阿保机对他说了这样一句话："吾解汉语，历口不敢言，惧部人效我，令兵士怯弱故也。"⑦阿保机对"部人效我"的担忧透露出此时绝大部分契丹人完全不会说汉语；而阿保机已建元称帝，用汉制多年，从汉语的普及度来看，阿保机采取的所谓"汉化"措施并不深入。再者，阿保机认为中原文化使兵士"怯弱"，可见他本人对中原文化持怀疑甚至敌视态度，并不希望契丹国汉化。阿保机对汉制

内亚视野下的阿保机军事征伐研究

---

　　① 陈述：《契丹政治史稿》，第69页。

　　② 如蔡美彪：《契丹的部落组织和国家的产生》，《历史研究》1964年第5—6期；杨茂盛：《试论契丹的宗族——家族斗争及其世选制》，《北方文物》1996年第1期。

　　③ 如任爱君：《契丹"盐池宴"、"诸弟之乱"与夷离堇任期问题》，《史学集刊》2007年第6期；耿涛：《迭剌部权力斗争与耶律阿保机建国》，《中国边疆史地研究》2017年第4期。

　　④《辽史》卷1《太祖本纪》，第8页。

　　⑤《辽史》卷116《国语解》，第1536页。

　　⑥《辽史》卷72《义宗传》，第1209页。

　　⑦《旧五代史》卷137《契丹传》，第1831—1832页。

是有选择性的仿效，只欲利用汉制中能够加强君主权力的部分。他建元称帝并非是"钦慕汉风"，欲建立一个如汉民族王朝一般的契丹国家；他的核心目标仍是进一步稳固与抬高自己的地位，不受代立。

由此观之，阿保机的崛起之路伴随着诸多机遇与挑战。北亚草原的权力真空与中原势力大乱斗给契丹的独立与扩张带来极好的机会；加之契丹权力、经济的结构性调整，契丹社会日趋统一并欣欣向荣。迭剌部势大与释鲁的掌权给阿保机提供极好的政治平台，阿保机顺利接手释鲁的政治遗产。然而，根植于内亚民族权力继承原则的权力纷争的阴云也笼罩着阿保机的整个政治生涯。

二、阿保机的征伐战争

契丹首领继承人不仅要在权力斗争中击败其他竞争者，还需具备治理能力，如赵至忠《虏廷杂记》云："凡立王，则众部酋长皆集会议，其有德行功业者立之。或灾害不生，群牧蕃盛，人民安堵，则王更不替代；苟不然，其诸首长会众部，别选一名为王。故王以蕃法亦甘心退焉，不为众所害。"①美国学者巴菲尔德指出，部落社会的理想领袖"是一位受到天佑且兼具幸运与神性魅力的英雄武士，他给他的随从们礼物"②。对于一个崛起中的内亚部族而言，军事掠夺意味着更多的人口及财富，开疆拓土能够带来更广阔的牧场，恐怕没有什么比胜仗更能体现首领的"德行功业"了。

北魏献文帝与文明太后交锋失败而传位于孝文帝后，他以太上皇的身份频频检阅军队、亲征柔然，学者认为他意图控制军权，并通过对外征伐获取威望，以期在权力内斗中获胜。③面对叔伯兄弟对首领之位的挑战，提升威望与巩固地位同样是阿保机最为迫切的需求；他同北魏献文帝一样选择对外征战的做法，既在一定程度上避免了与反对者的正面交锋，又将兵力置于自己掌控之下，同时通过胜仗展现其作为首领的能力。

（一）对周边部族的整合

东北亚长期以来便是多民族杂居区，唐末五代时契丹周边主要有奚、室韦、靺鞨等族。奚"东接契丹，西至突厥，南拒白狼河，北至霫国"④，隋唐时有五部，契丹兴起后分为东、西两部分。室韦非单一族系，据《新唐书》载有二十余部，其分布范围很广，"东至黑水靺鞨，西至突厥，南接契丹，北至于海"⑤。靺鞨是肃慎系各部在隋唐时的泛

① 赵至忠：《虏廷杂记》，引自《资治通鉴》卷266后梁太祖开平元年五月条胡注，第8797页。

② ［美］巴菲尔德：《危险的边疆：游牧帝国与中国》，第3页。

③ 参考康乐：《北魏文明太后及其时代（上）》，《食货月刊》1986年第12期。

④《旧唐书》卷199下《北狄·奚国》，第5354页。

⑤《旧唐书》卷199下《北狄·室韦》，第5356—5357页。

称，"东至于海，西接突厥，南界高丽，北邻室韦"①，黑水部分布在黑龙江中下游地区。此外，北疆乌古（又作于厥）和敌烈（又作敌剌、迭烈德）等部族，分布于呼伦贝尔草原和额尔古纳河一带。

契丹的对外征服首先从周边部族开始，阿保机也延续了这一方略。首当其冲的是最临近契丹的室韦部落与奚国，阿保机开始参与部族事务后即首先攻打小黄室韦与奚，904年至906年，连年征讨室韦，尤以黑车子室韦与黄头室韦为甚。阿保机即位可汗后的两年内，基本将室韦讨平。最顽强的是奚国势力，阿保机即位当年即着手征奚，利用奚人进行间接控制，五年（911）正月，阿保机再度亲征叛服无常的奚人，于是"东际海，南暨白檀，西逾松漠，北抵潢水"②，五部奚人的土地进入契丹的版图。至此，契丹周边部族基本上降服于契丹。但西部奚仍未完全臣服，后梁乾化三年（913）李存勖得幽州后，西部奚再叛契丹，欲借河东李氏的势力抵御来自契丹的压力。天赞三年（923），奚王族十部帐再度叛乱，阿保机平叛后重新检括户籍，将诸部隐匿与流散的丁口重新组合，置"堕瑰部"，直接插手奚部族的整合；奚王族受到重创，反叛的力量难以聚合。③同时，契丹周边的霫国、越兀、女真等也在阿保机的征伐下陆续降服于契丹。

阿保机称帝建元后，契丹对其北方遥远的部落有所企图。神册二年（917）北疆部族的叛乱引起阿保机的注意，命室鲁讨平裕库呼（又作于骨里）叛乱。李有棠认为"于骨里"即乌古部。④神册四年阿保机与耶律倍再度北顾，俘获乌古部14200人口，20余万牛马车乘、庐帐等器物，乌古部在此打败下选择归附辽朝。此次北伐中有一个细节，"冬十月丙午，次乌古部，天大风雪，兵不能进，上祷于天，俄顷而霁"⑤，这为阿保机此次顺利的征伐添上了一层"天助"的神秘色彩。

阿保机对周边部族的收服不是一劳永逸的，契丹辽朝并不能完全控制如此广袤的地区。对于一些部族而言，被打败之后的被迫归附只是暂时，它们长期处于叛服不定的状态。如穆宗时期，大、小黄室韦，北疆的乌古、敌烈等，均发生叛乱。但是契丹辽朝对其龙兴之地附近区域的控制力很强，能够迅速将临近部族的叛乱讨平。

（二）西征及东征

神册元年（916）阿保机建元后，开始对更遥远的西部地区跃跃欲试。七月，阿保机亲征突厥、吐谷浑、党项、小蕃、沙陀诸部，俘虏回鹘酋长，获得15600户，90余万铠甲、

---

①《旧唐书》卷199下《北狄·靺鞨》，第5358页。

②《辽史》卷1《太祖本纪》，第4—5页。

③关于阿保机对奚的控制，详参任爱君：《契丹对奚族的征服及其统治方略》，《内蒙古社会科学》（汉文版）2010年第2期。

④《辽史纪事本末》卷1，第24页。

⑤《辽史》卷2《太祖本纪》，第15页。

兵仗、器服，以及不可胜算的畜群和财货。此次西征卓有成效，神册三年二月，辖戛、回鹘、阻卜、党项等纷纷遣使来贡。天赞三年（924）六月，阿保机预言自己"三年之后……必有归处"，然有西征与攻灭渤海两件未终之事，随即携大元帅耶律德光再度大举西征，掠乌孤山、古单于国、古回鹘城，甚至逾流沙，拔浮图城，《辽史》称其"尽取西鄙诸部"①，"阻卜望风悉降，西域诸国皆愿入贡"②，十一月俘获甘州回鹘都督。对待西域部落，阿保机"不营城邑，不置戍兵"③，没有采取控制措施。西边诸部中，阿保机对位于西南边疆的党项用兵最为频繁。除上述两次大规模西征外，神册五年（920）党项诸部叛乱，阿保机亲征，俘获2600余人口。天赞四年（925）二月，大元帅耶律德光略党项东归后，突吕不屯驻西南疆复讨党项，多获而还。党项再度臣服，其后在阿保机东征渤海时出兵从征。诚如孙进己所言，有的西边部落在契丹来征时平，一走即叛，未必长期归属契丹④；但两次大规模向西用兵使得它们在阿保机的时代，维持了对契丹的臣属关系。甚至遥远的中亚也为其所威慑，天赞二年六月波斯来贡，次年八月大食来贡。

从《辽史》记载来看，第一次西征带有鲜明的攻击性与掠夺目的，第二次西征与之相比实用意义小了很多，仪式性则更强，歌功颂德的祭祀活动明显增加，如"至乌孤山，以鹅祭天"，"登阿里典压得斯山，以麃鹿祭"，"次古回鹘城，勒石纪功"，"拜日于蹛林"，"取金河水，凿乌山石，辇致潢河、木叶山，以示山川朝海宗岳之意"，"诏奢辞遏可汗故碑，以契丹、突厥、汉字纪其功"，"次业得思山，以赤牛青马祭天地"，"射虎于乌剌邪里山，抵霸室山"。⑤这些记载鲜明地体现了辽帝国初期军政事务上内亚民族萨满崇拜的印记。

天赞四年九月，阿保机西征归来，十二月即与述律后、皇太子耶律倍、次子耶律德光一同东征渤海国。渤海国传至第十五代君主大諲撰时早已衰落，但仍然是契丹称霸东北亚所必须清除的障碍。金毓黻对渤海国如此描述："渤海诸王受唐封号，朝贡不绝。唐亡之后，其事朱梁及后唐也，亦以事唐之礼事之。又能南结新罗，东聘日本，西通契丹，盖以方五千里之地周旋于数国之间，可谓极事大交邻之能事矣。"⑥可见其为自保，与邻近所有政权都保持明面上良好的外交关系。但阿保机对渤海国是早有企图的，即位三年便修辽阳故城，易其名为东平府，置防御使，"东平"二字可一窥阿保机对契丹东邻的野心。渤海国也在扶余府加强防备。

渤海国不堪一击，至天赞五年正月，契丹拔扶余城，并一鼓作气包围渤海国都忽汗

① 《辽史》卷2《太祖本纪》，第20页。
② 《辽史》卷103《萧韩家奴传》，第1447页。
③ 《辽史》卷103《萧韩家奴传》，第1447页。
④ 孙进己、孙泓：《契丹民族史》，第217页。
⑤ 《辽史》卷2《太祖本纪》，第20页。
⑥ 金毓黻：《渤海国志长编》卷5，第301页。

城。二月，阿保机改元天显，对新征服的领土做了一番部署：改渤海国为东丹国，国都忽汗城为天福，册封皇太子倍为人皇王，在东丹国主政；新任四位宰辅中，两位契丹人，两位渤海旧相。三月班师，将原渤海王族举族迁往契丹。其后，周边的高丽、濊貊、铁骊、靺鞨等部族皆来朝贡。战争并未结束，三月至七月，耶律德光、康默记、韩延徽等人讨平未投降的州府。至此，渤海国基本被平定，耶律阿保机一统东北亚的广大地区。对于渤海王族，阿保机的处理办法是将其约束在皇都西边，并给渤海王夫妇赐姓名加以安抚；渤海旧官员则继续参与新的东丹国的统治；对于渤海民户，阿保机采用强制移民的方式，将人户与原籍割裂开来，如扶余县“本龙泉府，太祖迁渤海扶余县降户于此”，富义县“本义州，太祖迁渤海义州民于此”。[1]阿保机离世后其次子耶律德光即位，继续加强对东丹国的控制，听从耶律羽之的建议将渤海民户大规模西迁。耶律倍南奔后唐以后，东丹国名存实亡，于辽景宗时并入辽朝东京道。

《资治通鉴》云：“契丹主谋入寇，恐渤海掎其后，乃先举兵击渤海之辽东”[2]，认为东征渤海国乃服从于南下中原这个总目标。然观阿保机出征前的诏书，攻灭渤海国被阿保机摆在与西征诸草原部落同样重要的地位，且阿保机大规模西征前，并未担心渤海国乘虚而入。事实上，在南进举措受挫后，阿保机的南向用兵便大幅收缩。考虑到阿保机第二次大规模西征与东征渤海国是在其预言自己的死亡之后，且对他地位的觊觎者此时已基本被肃清，这两次大规模的拓疆战争或许是阿保机为其继承者积累的政治资本。

（三）经略南疆

唐季契丹趁中原无暇北顾，不时寇边，9世纪末时契丹于越释鲁甚至深入易、定。阿保机自出任迭剌部夷离堇起，多次对南用兵，以至不少学者认为阿保机与其继任者耶律德光一样，意图“坐制南邦，混一天下”[3]。囿于史料，今人很难判断阿保机南进在多大程度上是受个人野心的驱使，但他南下骚扰、掠夺的次数明显多于占据领土；这种骚扰、掠夺的军事行动非阿保机首创，而明显带有内亚传统的惯性。且有研究显示辽帝国早期处于寒冷期[4]，契丹的南下也一定程度上关乎部落的生存。契丹势力范围以南的北中国地域广阔，阿保机对于不同地域，在不同时期的用兵情况完全不同，其意图也不是一成不变的。本节将阿保机的南进从空间上划分为代北—阴山一带、幽燕地区及河北腹地三个部分，论述不同时期，阿保机对于其南邻不同区域的军事、外交行为及其意图，最后简要论述契丹统治集团内部对于南进的质疑，以此讨论阿保机对南疆的意图及面临的困境。

---

① 《辽史》卷37《地理志一》，第443—444页。

② 《资治通鉴》卷273，第9047页。

③ 《辽史》卷75《耶律羽之传》，第1238页。

④ 张晋忠：《辽太宗南下拓疆及其影响》，内蒙古大学硕士学位论文，2015年。

1. 掠地代北—阴山

唐天复二年（902）七月，即阿保机出任本部夷离堇的第二年秋，他率四十万兵力南下，攻下河东代北九郡，获95000人口以及不可计数的畜群；这是阿保机第一次南下试探。这次成功的试探让阿保机尝到甜头，次年秋，阿保机复攻河东怀远军、蓟北，同样挟大量人口财货而还。归国后阿保机被拜为于越，足见契丹对阿保机武功的认可。此时的河东李氏在梁晋之争中陷入僵局：天复元年朱温攻下晋、绛、河中，四月汴将从东南两面六路进军，直逼太原府，汾州、辽州守将皆叛，加之并、汾饥，民众叛乱，太原府危在旦夕。尽管因天气原因，梁军溃退，但第二年梁军发起更加猛烈的攻势，太原被围，李克用几欲奔逃北蕃。又值梁军大疫，晋军得以收复失地。阿保机对时机的把握值得称道，李氏父子此时完全无力分兵北御契丹。天复三年五月，云州叛附刘仁恭，李克用遣李嗣昭讨平云州，而刘仁恭亦以五万兵力来援，李嗣昭选择避其锋芒。可见此时，李氏父子在这一地区控制力不强。阿保机即可汗位第一年，再率三十万大军进攻云州，后与李克用结盟而还。

此后多年，阿保机未在契丹西南邻地用兵，即皇帝位后，神册元年（916）八月，阿保机西征诸蕃后，返程时拔朔州，擒节度使李嗣本，进而向东攻下蔚州。李存勖欲领兵救之，行进至代州北，听闻蔚州陷落后班师。至十一月，契丹尽得代北至阴山之地，但未能据守。是月，阿保机设西南面招讨司。[①]神册三年正月，命皇弟安端攻云州及西南诸部。神册五年九月、十月接连攻打天德军、云内，天德军被更名为应天，天德民户被徙于阴山南。

阿保机设"西南面招讨司"的目标直指代北至阴山一带及党项部落，并且阿保机多次亲征或派遣大元帅耶律德光出征，一有叛乱当即就发兵讨平，其西南边陲经营的力度可见一斑。

2. 与幽州的对峙

契丹与汉族王朝早在隋唐时就爆发过较大规模的冲突，7世纪末，契丹首领李尽忠与妻兄孙万荣反于营州，携数万人马下平州、蓟州、幽州，甚至深入冀州、赵州。五代时期契丹南下几次路线也大体相同。可见卢龙是中原北御契丹最重要的屏障，卢龙一失，契丹便可轻易长驱直入。刘仁恭父子十分重视对契丹的防御，在西北重要关隘——榆关布下八防御军，将大量财赋收入用作榆关军用物资。榆关又作渝关，距幽州七百一十四里，路振《乘轺录》载："虏之兵欲南牧，皆集于幽州。兵入幽州有四路，一曰榆关路，二曰嵩亭路，三曰虎北口路，四曰石门关路。"[②]榆关三面皆海，北面山川陡峻，宋白称其"所以天限戎狄者也"[③]，可见榆关对于幽州控遏契丹于中原之外具有重大意义。反之亦然，开元

---

① 何天明：《辽代西南面招讨司探讨》，《内蒙古社会科学》1990年第6期。

② 路振：《乘轺录》，晁载之：《续谈助》卷3，北京：中华书局，1985年，第49页。

③ 《资治通鉴》卷269，均王贞明三年二月条胡注，第8933页。

二十一年（733）幽州军讨伐契丹可突干，同样屯兵于榆关外。①刘仁恭在战术上利用榆关地理优势，"契丹至，辄闭壁不战，俟其去，选骁勇据隘邀之"，拒契丹军于榆关之外，使其不敢轻易来犯。②此外他还大力奖赏战功，激发边军斗志。契丹在阿保机用事前便不时南下骚扰，但在刘仁恭的有效遏制下，契丹在燕地处于弱势地位。阿保机为本部夷离堇后即开始对幽州刘氏用兵，连年骚扰蓟北，俘人口财物而还。同年底，阿保机派遣其妻兄阿钵领一万骑兵寇榆关。刘仁恭使计遣刘守光戍平州，假意和谈，在城外设宴款待，趁酒酣之时伏兵扣下阿钵，既威慑了契丹又获得大笔赎金。天祐元年（904）九月契丹讨黑车子室韦时，刘仁恭遣养子赵霸领兵数万来助室韦，为契丹所败。

刘仁恭在中原两大势力间首鼠两端，结果两边都不讨好，天祐二年春，刘仁恭父子被朱温支持的魏博节度使罗绍威大败于内黄，"自是垂翅不振者累年"③，次年刘仁恭之子沧州刘守光为汴人所败。或许是南方战场的败势削弱了刘氏的整体实力，契丹逐渐开始在幽、蓟占据优势。云州会盟后，契丹对刘仁恭发动攻势，掠数州之民以归，次年（906）二月再攻幽州。907年，阿保机被尊为"天可汗"。同年契丹南疆发生两件大事：一是朱温代唐并遣使往契丹以告；二是幽州刘氏内讧，刘仁恭为其子刘守光囚禁，而刘仁恭另一子刘守奇率众附于契丹。阿保机即可汗位三年（909）三月，时沧州节度使刘守文为刘守光所攻，遣人向契丹求助。阿保机命皇弟舍利素、夷离堇萧敌鲁攻刘守光于北淖口，刘守光溃去。五月，刘守文合契丹、吐谷浑之兵，于蓟州击败刘守光。阿保机即可汗位五年（911）三月再次略地蓟州，五月诸弟谋反。同年六月，幽州刘守光恃"地方二千里，带甲三十万"④准备称帝，八月正式即位，国号"大燕"，当日契丹陷平州。次年二月，阿保机亲征刘守光，七月命弟刺葛分兵攻平州。同时，契丹完成了对周边部族的整合，幽州刘氏在其西北方向的盟友黑车子室韦与西奚被阿保机歼除。至此，幽州北面门户大开。⑤

李存勖也加快了进攻幽州的脚步。阿保机即可汗位七年（913）十月，卢龙巡属皆入于晋，幽州被包抄。刘守光独守幽州城，求援于契丹未果。司马光认为契丹不救刘守光是因其无信，然这一观点带着浓重的汉族官僚的政治理想色彩。此时河东李氏对幽州势在必得，后梁乾化二年（912）十二月遣周德威、李嗣源等大将率蕃汉之兵征讨刘守光。周德威一边围刘守光于幽州，一边分兵攻打幽州周边地区，燕地官员守将纷纷望风而降，次年十一月李存勖亲自前去幽州受降，十二月掳刘仁恭父子归晋阳，周德威留镇幽州。此时，契丹正陷入内乱的泥淖，阿保机无力南顾。双方的相安无事只是暂时状态，燕地是契丹南边门户，阿保机不可能就此放弃。

① 《旧唐书》卷103《郭知运传》，第3190页。

② 《资治通鉴》卷269，第8933页。

③ 《旧五代史》卷135《僭伪列传第二》，第1801页。

④ 《旧唐书》卷135《僭伪列传第二》，第1804页。

⑤ 详参李鹏：《试析契丹与刘仁恭政权的幽州博弈》，景爱主编：《地域性辽金史研究》（第一辑）。

内亚视野下的阿保机军事征伐研究

勘定内乱后，916年，阿保机称帝并建元神册。与契丹整顿内乱休养生息相反，周德威"恃勇不修边备，遂失渝关之险"①，幽州失去一重要的天然屏障，契丹将营、平二州当作牧场；且周德威戕害幽州名将，很不得人心。神册元年的秋天，阿保机亲率大军西征，乘胜而东，十一月攻下蔚、新、武、妫、儒五州，史载"俘获不可胜纪，斩不从命者万四千七百级"②。经此一役，契丹尽有代北、河曲、阴山之众，幽州失去西、北两侧屏障。阿保机改武州为归化州，妫州为可汗州，并诏梁及吴越国使者观蔚州城，颇有耀武扬威之意。经过遥远的西征后，契丹军马不停蹄转而向东仍能轻易拿下五州——这是一次成功的试探，阿保机有理由认为，幽州是唾手可得的。机会很快来临，神册二年（917），晋将卢文进（又作卢国用）降于契丹，引契丹兵拔新州，为周德威合河东、镇、定之兵所攻。周德威久攻新州不下，阿保机亲帅三十万大军来救，并乘胜进围幽州，幽州危在旦夕，周德威向李存勖告急。当时晋的处境很困难，"王方与梁相持河上，欲分兵则兵少，欲勿救恐失之"③，最后还是遣李嗣源、阎宝、李存审帅步兵、骑兵共七万救幽州。《辽史》载阿保机因"大暑霖潦"的原因，主动退兵④；《资治通鉴》则称契丹军大败而溃逃，"委弃车帐铠仗羊马满野"，晋兵"俘斩万计"⑤。不管如何，幽州危机算是暂时解除。

神册六年阿保机倾国而来进攻定州时，往返皆掠檀、顺，将俘获的二州民众徙往辽地。天赞元年（922）多次下令攻幽、蓟地，年底命次子耶律德光略地蓟北。次年耶律德光攻下平州，在其地置卢龙节度使，闰月寇幽州，甚至南至易、定。此时幽州岌岌可危，城内粮食维持不到半年。同年七月再以萧阿古只同王郁徇地燕、赵。天赞三年正月寇幽州，三月深入涿州南六十里的新城，五月复寇幽州，七月向李存勖索要幽州来安置卢文进。阿保机大举西征的同时，遣将劫掠幽州运粮，卢文进与秃馁以营、平为大本营，持续骚扰燕地。终阿保机之世，契丹都未完全占有燕地，但契丹在这一地区占据优势。

自唐以来，燕地节帅强则北攻诸部落，燕地势弱则为诸部所侵，这片地区既是中原北御契丹的门户，同时也是契丹南下的必经之路。阿保机即位前，对幽、蓟还是以抄掠为主，称帝建元后，对幽、蓟的渴望昭然若揭。对于契丹及中原王朝而言，二者都不能承担失去幽、蓟的后果，因而在力量对比差距明显之前，双方在此久久僵持不下。

3.介入中原纷争

契丹介入梁晋之争最典型的例子是云州会盟，阿保机与晋王李克用约定双方共同击梁。关于云州会盟的次数与目的，学界存在不少争议。如陈述先生提出会盟一次与会盟两次两

①《资治通鉴》卷269，第8933页。

②《辽史》卷34《兵卫志上》，第396页。

③《资治通鉴》卷294，第8935页。

④《辽史》卷1《太祖本纪》，第12页。

⑤《资治通鉴》卷270，第8939页。

种解说。[①]李锡厚先生认为晋、燕是共同抗梁的盟友，李克用引阿保机攻燕不能成立，并引陈述先生"岂有一会一约兄弟之理"的观点，推断只有天祐二年（905）一次会盟，协议内容是共击朱温。[②]《剑桥中国辽西夏金元史：907—1368年》只写了天祐二年这一次会盟，认为李克用希望他与朱温交锋的同时阿保机保证其北境不受侵略，并通过军事联盟加强对朱温的竞争力；阿保机则希望李克用在契丹对燕的战争中保持中立。[③]彭艳芬、于淼则通过《辽史》记载及《旧五代史》中"契丹王阿保机与武皇屡盟于云中"句，推定阿保机与李克用在云州至少有过两次会盟，第一次在天祐二年，李克用希望借会盟改变腹背受敌的局面，第二次在天祐四年，双方约定共同击梁。[④]如果只有一次会盟，则无法解释为何《辽史》与《旧五代史》均记载了不止一次会盟。且刘仁恭背靠河东李氏发家，却首鼠两端投靠于梁，惹怒晋在先，天祐三年屡为汴人所败后才向晋求援，李氏父子出于惧怕燕、梁联合的想法才攻打潞州、间接援燕，李锡厚先生所谓的燕、晋盟友关系是不成立的。此时中国最重要的势力有梁、晋、燕三家，天祐二年李克用在燕倾向于梁的不利情况下，用燕的利益交换阿保机的支持完全是有可能的。因而本文采信彭艳芬、于淼两次会盟的观点。

朱温也同样希望得到契丹的襄助，在阿保机与李克用第一次会盟的第二年，即向契丹"遣人浮海奉书币、衣带、珍玩来聘"[⑤]。阿保机即位第一年（907），率三十万大军进攻云州，李克用付出金缯数万，《辽史》更言其"卑词厚礼"[⑥]，以期与契丹结盟并在当年冬天共同攻梁。李克用的臣僚清楚地感受到阿保机的潜在威胁，劝说他趁机擒拿阿保机，被他断然拒绝。此时他未曾想到，自己放走了未来的劲敌，更没有预料到自己遭到阿保机的"背叛"。李氏势力范围远比后梁更靠近契丹，对于契丹来说，前者的威胁远大于后者。

阿保机即位的同一年，朱温也完成代唐。据《五代会要》，朱温建梁后的三年间，阿保机多次向梁遣使进贡方物[⑦]，甚至奉表称臣以求册封；朱温欲借契丹之势，"复遣司农卿浑特赐以手诏，约共灭沙陀，乃行封册"，但最后册封并未实行，可能双方未在"共灭沙陀"一事上达成一致。同时契丹与李氏的盟约也未中断，潞州之战中李存勖"遣使赂契丹王阿保机求骑兵"，阿保机出兵襄助，在李克用逝世后，阿保机也"遣使吊慰"。他付出的只是两个似有似无的承诺，但他之后经略幽、蓟没有任何外部力量的阻挠，且没有助河东势力壮大。姚从吾以"远交近攻"概括阿保机的对南战略，评价其联晋、和梁以攻燕十分

① 陈述：《阿保机与李克用盟结兄弟之年及其背盟相攻之推测》，《"中央研究院"历史语言研究所集刊》1936年第1期。

② 李锡厚：《耶律阿保机传》，第25—31页。

③ ［德］傅海波、［英］崔瑞德编：《剑桥中国辽西夏金元史：907—1368年》，史卫民等译，陈高华等校订，北京：中国社会科学出版社，1998年，第58页。

④ 彭艳芬、王淼：《论阿保机与李克用的会盟》，《北方文物》2008年第4期，第80—83页。

⑤ 《辽史》卷1《太祖本纪》，第2页。

⑥ 《辽史》卷41《地理志五》，第506页。

⑦ 王溥：《五代会要》卷29《契丹》，傅璇琮、徐海荣、徐吉军主编：《五代史书汇编》，杭州：杭州出版社，2004年，第2343—2344页。

高明。①梁、晋双方都希望引契丹为奥援，足见此时的契丹已是一支不容忽视的强大力量。阿保机即位七年，河东攻灭刘氏政权，同时也意味着沙陀人与契丹人拥有更漫长的共同边境线，二者将直接为敌。

阿保机称帝那年在幽云的一番耀武扬威给中原及河北带来巨大威慑，神册三年（918），幽、镇、定、魏、潞等州遣使来贡。或许是南疆的胜利与众多藩镇的来贡助长了阿保机的信心，神册六年阿保机终于迎来了一个深入河北腹地的绝佳契机，不顾其妻述律后的劝阻，发动了其即位以来对中原政权最猛烈的攻势。二月，镇州张文礼弑主作乱，因害怕河东李氏的攻击而遣使节北通契丹，请求外援；定州王处直深知镇、定唇亡齿寒，派遣其子新州王郁"使略契丹，召令犯塞"，阿保机遂决定"悉发所有之众而南"。②十月率大军入居庸关，十一月下古北口，分兵略檀、顺、安远、三河、良乡、望都、潞、满城、遂城等十余城，将民户掠至契丹；同月，李存勖亲征镇州，旬日不克。十二月，契丹攻幽州不克，转而围攻涿州，旬日拔之。契丹皇太子在王郁指引下，沿太行山东麓长驱直入，略地定州，李存勖带五千亲兵救定州，并派遣王思同将兵戍狼山③之南以拒之。次年正月，晋军听闻契丹前锋宿新乐将渡沙河而南，并闻梁军将寇魏州的消息，大惊失色。李存勖亲自帅铁骑五千驱逐契丹军，并俘获阿保机四子耶律牙里果；而契丹军渡沙河时死伤惨重。晋军败契丹于新乐，契丹举众退保望都。李存勖引兵继续北进，双方大战于望都，得胜的晋军逐契丹北至幽州。因天气异常严寒，契丹补给不足，军士死伤惨重，阿保机无奈班师，退兵前他曾喟叹"天未令我至此"④。此次的失利对契丹来说打击是巨大的，或许熄灭了阿保机对中原的野心，他此后的战略重心收缩回燕地，并转向了东、西两个方向，再未向幽蓟以南发动过大规模战争。

由此观之，阿保机并非如一些学者所认为的一开始就对幽、云以南的中国广大区域有所企图，甚至想要"问鼎中原"。他依违于梁、晋之间是为了保证契丹在幽州的利益；神册六年的大规模南征也并非出于他对中原的精心谋划，而是机会突如其来地摆在眼前，与个人信心的渐长、王郁的劝诱等多方因素交织在一起的结果。

4.契丹内部的阻力

在内亚民族的军事民主传统下，阿保机作为契丹君主提出的南下倡议并非每次都能付诸实施。阿保机称汗第九年（915）六月，"幽州军校齐行本举其族及其部曲男女三千人请降，诏授检校尚书、左仆射，赐名兀欲，给其廪食。数日亡去，幽帅周德威纳之。及诏索

① 姚从吾：《辽金元史讲义》，第18页。

② 《资治通鉴》卷271，第8988—8993页。

③ 据《读史方舆纪要》，狼山地处太行山东麓，在定州西北二百里，山高谷深。后晋时孙方简在狼山据堡为盗，多次引契丹人入寇，可见这里是契丹人南下的重要入口。（清）顾祖禹：《读史方舆纪要》卷14，贺次君、施和金点校，北京：中华书局，2005年，第618页。

④ 《资治通鉴》卷271，第8873页。

之，德威语不逊，乃议南征"。①自李存勖得到卢龙后，契丹多年在这一地区未有大动作，可这并不意味着阿保机对卢龙兴趣的消失。周德威言辞不逊显然只是因阿保机想要南征，对内说服众人的一个借口，最后结果也证明，此次议论南征并未得到阿保机想要的结果。

阿保机对南用兵并非得到契丹统治者内部所有人的拥护。其妻述律后被认为有雄才大略，似乎也不能理解阿保机对中原的野心，在契丹南进与否的选择上，她对阿保机、德光父子施加了不小的压力。与传统汉族妇女的生活场域以家宅为核心不同，述律后在政治上也大有所为。康乐研究北魏文明太后掌权时，强调北亚文化因素在其中的关键作用②；述律后对契丹辽朝的巨大政治影响背后同样有着深厚的北亚游牧民族女主政治的传统。

神册二年（918）二月，吴王遣使者教阿保机用"猛火油"攻城，被述律后制止："吾但以三千骑伏其旁，掠其四野，使城中无食，不过数年，城自困矣，何必如此躁动轻举！万一不胜，为中国笑，吾部落亦解体矣。"③阿保机渴望迅速拿下幽州，而述律后主张延续契丹对幽州惯用的骚扰方式，切断其粮食运输。她最后的警告在逻辑上有些令人费解，幽州城一隅之地的归属，何以牵动契丹部落的瓦解？此时晋、梁的主要兵力均用在中原争霸战争上，其任何一方的力量都不足以使契丹瓦解；唯有契丹内部不和方会致使部族解体，且此时诸弟叛乱过去尚不久。笔者理解为：如果使用此极端方式仍不能制胜，契丹内部反对的声音将动摇阿保机的统治地位。阿保机最终按捺下了述律后口中的"躁动轻举"。

神册六年王郁以利相诱，希望阿保机出兵镇州："镇州美女如云，金帛如山，天皇王速往，则皆己物也，不然，为晋王所有矣。"阿保机被说服，准备倾巢而出，遭到述律后的反对："吾有西楼羊马之富，其乐不可胜穷也，何必劳师远出以乘危徼利乎！吾闻晋王用兵，天下莫敌，脱有危败，悔之何及！"④述律后反对理由有三：第一，她认为契丹之富在于羊马，不在金帛；第二，镇州距契丹本土过于遥远，兴师动众损耗太大；第三，她害怕阿保机不能承担失败的后果。此后耶律德光带领契丹兵马深入中原，甚至在中原称帝，述律后同样持反对态度，认为他"虽得汉地，不能居也"⑤。

如果简单地以"保守"二字来概括述律后等人对南进的顾虑，则是忽视了辽帝国早期历史的多面性，因为阿保机大规模的东征、西征与北伐，未看到史料中有反对的记载。陈述先生的"草原保守政策"⑥一词指出了这些反对声音的背后有着内亚草原民族积年累月的传统。述律后反对阿保机出征镇州的理由，与唐建中元年（780）回鹘宰相顿莫贺阻止登里可汗趁乱南下攻唐的理由极其相似："唐，大国也，且无负于我。前年入太原，获羊

①《辽史》卷1《太祖本纪》，第10页。

②康乐：《北魏文明太后及其时代（上）》，《食货月刊》1986年第12期。

③《资治通鉴》卷269，第8934页。

④《资治通鉴》卷271，第8993页。

⑤（宋）叶隆礼：《契丹国志》卷13《太祖述律皇后传》，贾敬颜、林荣贵点校，北京：中华书局，2014年，第159页。

⑥陈述：《契丹政治史稿》，第118—125页。

内亚视野下的阿保机军事征伐研究

马数万计，可谓大捷矣。以道途艰阻，比及国，伤耗殆尽。今若举而不捷，将安归乎？"[1]述律后与顿莫贺的思维模式深受内亚传统影响，认为羊马是财富的根本，对中原战争的重点在于掠夺，而非占领；而阿保机欲发所有之众的用兵规模超过历次南下，很有可能他对河北北部的领土有所企图。不论阿保机是为镇州的"金帛如山"所诱还是受其对领土的欲望驱使，显然他对财富、战争的理解已有别于内亚传统。因而将赞同与反对南进理解为先进与保守的斗争，不如说是两种思维模式之间的交锋。

（四）战争维系的声望

学界普遍认同阿保机在部落联盟中地位的不断攀升依靠的是迭剌部与其个人的实力[2]；迭剌部在契丹诸部族中的强横源于其军事地位，阿保机的实力同样源于他对军事力量的掌控[3]。同时，契丹军事首长夷离堇与联盟长可汗均出自八部选举，这一军事民主的形式决定了个人声望在阿保机成为领袖过程中具有不可忽视的作用。八部酋长舍弃对幽州用兵屡屡失败的痕德堇，转而推举不断征服周边部族的阿保机，可见个人实力和声望与战争的胜利与否息息相关。

依靠战功与声威，阿保机在迭剌部权力斗争中暂时胜利，取得汗位，但这不是一劳永逸的，其他拥有继承权的叔伯兄弟可以通过武装斗争的途径将阿保机赶下；因而他需要借助一些有效手段来巩固权威。从前文对阿保机拓疆战争的论述中可以看到，阿保机几次地位提升后当即开展大规模军事活动，以获得众多的人口、畜群、物资等财富：升任迭剌部军事统领后，他接连攻破室韦、于厥及奚，"俘获甚众"[4]；出任大迭烈府夷离堇后，他次年秋天率四十万大军攻河东，"获生口九万五千，驼马牛羊不可胜纪"[5]；即可汗位后，他率三十万大军攻云州，在与李克用的结盟中获得大量财物；称帝后，他于秋天大举西征，"俘其酋长及其户万五千六百，铠甲、兵仗、器服九十余万，宝货、驼马、牛羊不可胜算"[6]。这与中原帝王平定天下后与民休息、以文治国的传统完全不同。

早期基督教中，"卡里斯马"（charisma）指具有神圣天赋的非凡人物，马克思·韦伯借助这一概念，构建了"卡里斯马型权威"的理论，他认为此类领袖的神性力量对他人具有感召力。游牧民族领袖是卡里斯马型人物，作为一个依靠推举而非法理成为草原民族首领的人来说，他需要具备无与伦比的神性魅力以获得他人的忠诚，并且"只有不断通过新

---

①《旧唐书》卷195《回纥传》，第5208页。

② 如杨志玖：《阿保机即位考辨》，孙进己、王欣、于宝林、孙海编：《契丹史论著汇编》（上）（内部资料），1988年，第217—229页。

③ 详参蔡美彪：《契丹的部落组织和国家的产生》，《历史研究》1964年第5—6期。

④《辽史》卷1《太祖本纪》，第2页。

⑤《辽史》卷1《太祖本纪》，第2页。

⑥《辽史》卷1《太祖本纪》，第9页。

的奇迹、新的英雄业绩来证明卡里斯马的存在"[1]。阿保机北伐乌古部途中用祈祷的方式"改变"了恶劣的作战环境最后取得战争胜利，正是对其神性的证明。反之亦然，如果一个首领任内灾害频发或战争不胜，他可能被视作为神所抛弃。前文提到阿保机在称帝前一年想要南讨幽州周德威而未果，可能是出于对战败的担忧，毕竟此时阿保机已经开始酝酿称帝，在此关键时刻一场失败的战争是不被容许的。他的征战不会永远胜利，战败后他需要向众人证明自己并未被神抛弃，因而在对南作战失败后他炮制了一出带有萨满神谕色彩的自我辩解，以手指天对卢文进说"天未令我至此"，为战争的失利找到了神圣而不可抗拒的借口。

五代时期，后唐与后晋统治者动辄封赏军士，这些军士往往呈现出贪得无厌的"骄兵"情态。如凤翔节度使李从珂与闵帝李从厚争夺帝位时，两人竞相以金钱激赏军士，以致"府藏为之一空"，而朝廷的军士们仍不满足，扬言要"到凤翔更请一分"[2]。后唐禁军多为沙陀、回鹘等内亚游牧民族人口组成，其要求财物不能全部归咎于他们贪婪的品格，分享战利品是游牧民族的传统。[3]欧洲中世纪蛮族首领在战胜后也将掠夺的财富与随同作战的军人共享。阿保机在战争中掠夺的大量财富同样要与参战的军人共享，如即可汗位第七年（913）平诸弟之乱中，曾"以生口六百、马二千三百分赐大小鹘军"[4]。游牧部落首领为随同作战的军士带来的战利品越多，军士越更愿意追随于他。因此，本文认为阿保机不断发动拓疆战争，尤其在他升迁、任可汗、称帝这几个对于他个人而言的关键节点上更是大规模掠夺，除了阿保机个人雄心的驱使外，主要目的是维持其在部族内部的威望，尤其是军人对其的向心力。

结　论

本文结合阿保机崛起的历程，对其军事征伐进行系统研究，并探讨内亚传统在辽帝国形成初期所发挥的作用。阿保机被推举为夷离堇、可汗之时正值迭剌部内部争权不止，在内亚民族的继承原则下，其叔伯兄弟皆有继承权，他们长期觊觎阿保机的地位。阿保机用军事征伐的方式来稳固自身地位这一选择的背后，有着深远的内亚传统：其一，胜利的战争能够证明游牧民族首领的个人能力与神性，使首领获得非凡的感召力；其二，通过战争掠夺大量财富分给随同作战的士兵是游牧民族首领笼络军士的常见手段。阿保机建元神册以前，其军事活动的对象仅在契丹周边部落，及其南邻燕地和西南边陲的代北；阿保机称

---

① ［德］马克斯·韦伯：《儒教与道教》，王容芬译，北京：商务印书馆，1999年，第76页。

② 《旧五代史》卷45《闵帝本纪》，第620页。

③ 齐勇锋《五代禁军初探》（《唐史论丛》1987年第2期）一文也持有类似观点，认为沙陀政权骄兵邀赏的原因是禁军主要来自河北藩镇牙兵、北亚少数民族人口与亡命之徒。

④ 《辽史》卷1《太祖本纪》，第8页。

帝后，契丹人的铁蹄向四周大大拓深；干涉中原失败后，契丹在其东南边疆的军事活动基本上收缩回幽州以北，并将重点转向西征与东征。阴山—代北—卢龙及其以北，回鹘故地以西，乌古部以南，包括渤海国在内的广大区域是阿保机经略的重点。

司马光在《资治通鉴》中做出"契丹主谋入寇，恐渤海掎其后，乃先举兵击渤海之辽东"①这一论断，为不少后世学者采信，并将西征与东征置于南下中原的从属地位。综观阿保机的整个征伐过程，他很少踏足卢龙、代州以南的中原王朝领土；阿保机或许渴望过在河北腹地有所作为，但在携所有之兵南下换来惨败后，他对河北领土的幻想已然熄灭。且内亚民族的军事民主与女主政治的传统，使得阿保机无法专断军政大事。从史料来看，契丹对草原民族的征服显然比南征游刃有余得多，一进入冬季，契丹南征大军的补给就十分困难；而西征时军队"且行且猎"，哪怕冬季也能"获野兽数千，以充军食"②。加之内亚民族的经济方式、政治生活与中原截然不同，述律后对丈夫与儿子南征的制止不能简单评价为"保守"；相反地，耶律德光对入主中原的狂热则充斥着理想主义色彩。

辽帝国形成初期，军政、祭祀等方面处处沿袭了内亚民族传统，统治者多数时候以草原民族的逻辑方式处理问题。阿保机对内亚传统是无意识地承袭，直到他发现部分传统与其目标相违背时，才开始对汉文化有意识、有选择地利用；此时契丹内部尚未形成，甚至有些排斥"南向"文化倾向，草原本位仍是统治者的共识。③本文从内亚视角审视阿保机的崛起及军事征伐，为反思边疆王朝"汉化"命题提供了一个案例。边疆王朝在其形成阶段，统治者并不一定预设了一个"汉化"的蓝图；"汉化"一词掩盖了边疆王朝形成期文化因素的复杂性，并忽视了边疆王朝发展方向的其他可能性。

老师点评：学术的创新和进步，一方面来自新材料的发现，另一方面来自新角度新思路的拓展。耶律阿保机在整合契丹各部族的力量及与中原王朝的对抗中，逐渐确立起自身权威，建立了辽王朝。经过元修辽、金、宋三史并各与正统，辽朝被确立为中国历史上的正统王朝之一，对阿保机创业的叙述也被赋予中国正统王朝的一些特征。近年来受国外史学研究的影响，国内学界对于北族王朝的研究中，内亚视角越来越受到重视。从内亚视角观察北族王朝建国史有别于中原王朝的传统叙述模式，而是充分重视草原民族自身的传统在国家权力整合和传承中的作用。葛楚君对阿保机征伐建国历史过程的研究，吸取了这一研究趋势的有益因素，在肯定辽朝作为中国历史王朝的叙述基础上，重视和发掘契丹建国过程中的内亚因素，为我们了解契丹建国史提供了一个更加全面立体的叙述角度和研究思路。该文以元修《辽史》为基础史料，而近年来《辽史》史源学研究显示出其所引资料来

①《资治通鉴》卷273，第8923页。

②《辽史》卷2《太祖本纪》，第20页。

③宗喀·漾正冈布与刘铁程认为，萨满文化与汉文化都是被统治者所利用的文化资源，契丹统治阶级内部一直存在"草原本位"与"南向"的冲突。详见宗喀·漾正冈布、刘铁程：《契丹文化变迁与早期政治》，《西北民族大学学报》（哲学社会科学版）2009年第3期。

源的复杂性及元代史官在其中的拼凑杂糅手笔。文章引用《辽史》时未加批判与甄别，造成文章的一些叙述，如第一章中关于契丹建国前史部分经不起推敲。如何处理这些史源和立场不明的史料，仍需慎重。

论文指导老师： 崔世平

内亚视野下的阿保机军事征伐研究

辞职还是罢免：兰斯大主教埃伯去职案分析

2015级　张曼曦①

摘　要： 在虔诚者路易统治的加洛林帝国，埃伯于816年在皇帝支持下得任兰斯大主教。但他在833年叛乱中，为了维持自身地位，跟随大批教俗贵族，背叛战败的虔诚者路易，转投其子洛泰尔。虔诚者路易复位后，埃伯被迫在835年辞职，自绝于此教职。而虔诚者路易的支持者倾向于将埃伯塑造成替罪羊，遂将他的去职描绘成罢免，导致描述该案的文本存在差异。840年虔诚者路易去世后，埃伯短暂复职，于次年再次去职。他的去职和复职引发的争论延续数年，难以定论，最终不了了之。埃伯案反映了虔诚者路易统治后期政局动荡，教俗贵族们的地位起伏不定，极大程度上受到君主意志的影响。

关键词： 加洛林帝国；虔诚者路易；兰斯大主教；埃伯

在欧洲中世纪早期史研究中，8世纪形成的加洛林帝国有着举足轻重的地位。目前国内关于加洛林帝国人物的研究，多集中在查理曼和虔诚者路易等君主身上，对于其他政治人物的研究较为薄弱。本文选取虔诚者路易时期的兰斯（Reims）大主教埃伯（Ebbo）为研究对象，希望拓展该时段政治人物的研究范围，对之前的研究有所补充。

埃伯自幼跟随虔诚者路易，于816年在皇帝支持下得任兰斯大主教。但在833年洛泰尔等皇子的叛乱中，他背叛战败的虔诚者路易，转投洛泰尔。虔诚者路易复位后，埃伯于835年去职。840年虔诚者路易去世后，他曾短暂复职，随后在841年再次去职。最终，埃伯进入日耳曼人路易统治的东法兰克王国，成为希尔德海姆（Hildesheim）主教，于851年在任上去世。在埃伯生前及身后的二十余年间，他的去职与复职曾引发了相当大的争议，最后却不了了之。

本文梳理833年叛乱的相关史事，并重点分析产生争议的埃伯去职案，试图回答以下两个问题：第一，埃伯为何背叛虔诚者路易，转投其子洛泰尔；第二，埃伯在833年叛乱之后经历了什么，他的去职是辞职还是罢免。

---

① 张曼曦，辽宁铁岭人。暨南大学历史学系2019届本科毕业生，后为南京大学世界史中世纪史方向硕士研究生。主要研究兴趣为中世纪早期法兰克王国的政治史以及教会史。

一、埃伯其人

埃伯于 775 年出生于查理曼的宫廷之中。他并非贵族，他的母亲希米特鲁德（Himiltrud）是加洛林王室的家仆，查理曼之子虔诚者路易的乳母，[①]他的父亲的身份不得而知。有学者怀疑埃伯是查理曼的私生子，但目前没有史料能够支持这种观点。[②]

（一）埃伯的早年经历

埃伯在查理曼的宫廷中长大，似乎深得查理曼的喜爱。查理曼的孙子秃头查理在给教皇尼古拉一世的信中称，查理曼让埃伯"在宫中接受了良好的教育，将他解放为自由人，逐渐培养他担任圣职"。[③]

后来埃伯被派往阿奎丹，侍奉阿奎丹国王虔诚者路易。他被虔诚者路易任命为图书管理员，由此获得了接触和阅读大量书籍的机会，这在贵族及教会垄断知识的加洛林时代无疑十分宝贵。埃伯也成功地得到了虔诚者路易的信赖，埃尔莫多斯在《虔诚者路易传》中称，虔诚者路易抚养埃伯长大，并教给他文法知识。[④]实际上此时虔诚者路易和埃伯都是幼童，埃伯还比虔诚者路易年长 3 岁，因此埃伯获得培养更可能是出自查理曼的安排。

埃伯被查理曼选中加以培养，一方面是由于他的聪慧，另一方面可能是由于他的出身。埃伯出身王室家仆，与王室接触紧密，却没有家族背景可以倚仗，他日后的晋升只能依靠君主的恩赐。培养这样的人做亲信，可以比较有效地保证其忠诚。当然，埃伯的例子证明，这样选择并非完全可靠。

（二）埃伯在兰斯大主教任内的活动

根据史料可以推断，青年时期的埃伯一直作为虔诚者路易的亲信伴其左右。814 年，查理曼逝世后，虔诚者路易在埃伯的陪同下回到亚琛继承了皇位。816 年，教皇斯蒂芬四世（Stephen IV）来为虔诚者路易加冕时，正值当时的兰斯大主教伍尔夫加利乌斯（Wulfgarius）去世，继任主教吉斯勒玛（Gislemar）被认为学识不足，难以胜任。[⑤]吉斯勒玛被免职后，在虔诚者路易的支持下，埃伯顺势成为新任兰斯大主教。兰斯大教堂曾是法兰克

---

① Charles the Bald, *Karl der Kahle an Nikolaus I, MGH, Conc. 4*, p. 239. Peter R. McKeon, "Archbishop Ebbo of Reims (816–835): A Study in the Carolingian Empire and Church," p. 437.

② Bart P. Selten, "The Good, the Bad or the Unworthy? Accusations, Defense and Representation in the Case of Ebbo of Reims, 835–882," p. 12.

③ Charles the Bald, *Karl der Kahle an Nikolaus I, MGH, Conc. 4*, p. 239.

④ Thomas F. X. Noble trans, *Charlemagne and Louis the Pious: Lives by Einhard, Notker, Ermoldus, Thegan, and the Astronomer*, p. 170.

⑤ Charles the Bald, *Karl der Kahle an Nikolaus I, MGH, Conc. 4*, p. 239.

王国开国之君克洛维加冕所在地，而今虔诚者路易也在此加冕，因此兰斯大主教是加洛林帝国最重要的圣职之一，埃伯借此跻身帝国最有权势的人之列。

埃伯就任兰斯大主教之后，进行了一系列主教的常规工作，目前有迹可循的有以下四项。

第一，他开始主持修缮兰斯大教堂。兰斯大教堂在克洛维加冕后的三百年中并没有得到相当的重视，到埃伯接手时，教堂已经破败，因此修缮工作是个极其浩大的工程。埃伯主持的修缮工作直到他去职都未完成，在他的继任者辛克马尔（Hincmar）手中才最终结束。①

第二，埃伯很重视兰斯教区内的文化发展。他让豪特维勒（Hautvillers）修道院院长组织编纂了一部以埃伯名字命名的福音书，②该书一直流传至今。埃伯任上，兰斯教区进行了大量文字工作的采集编著，如著名的《乌特勒支诗篇》（Utrecht Psalter）即在这一时期形成。③他对文化的关注和喜爱显而易见，这或许是他身为虔诚者路易的图书管理员时培养出来的爱好。

第三，作为加洛林帝国最重要的大主教之一，埃伯的影响并未局限在教区内，他也参与了加洛林王朝的政治活动。这一时期，帝国内部正进行着行政和教会改革，埃伯参与其中。史料显示，在9世纪20年代至30年代初期，埃伯频繁出席了多项帝国内部的相关会议，并在会上发挥了一定的作用。④他还撰写了一些文章，讨论教会神职人员的职权问题。⑤

第四，埃伯最为引人注目的活动是他在丹麦地区的传教活动。822年，虔诚者路易派遣埃伯走出帝国边境前往丹麦，希望促使丹麦人放弃多神教信仰，转信基督教。

《圣伯丁年代记》中称，皇帝殷殷嘱咐埃伯应如何向丹麦的异教徒传教，希望他"孜孜不倦地把这个国家召唤到信仰中来"，并赐给他许多礼物。⑥虽然此处记载虔诚者路易的言论，更多的是为了颂扬皇帝的虔诚，但也侧面说明了皇帝与埃伯的关系十分密切。不仅如此，埃伯的传教活动也得到了教皇的支持。同年，他前往罗马，教皇帕斯卡尔一世（Paschal I）任命他为教皇在阿尔卑斯山以北的特使。⑦

---

① Peter R. McKeon, "Archbishop Ebbo of Reims (816–835): A Study in the Carolingian Empire and Church," p. 438.

② Peter R. McKeon, "Archbishop Ebbo of Reims (816–835): A Study in the Carolingian Empire and Church," p. 438.

③ Bart P. Selten, "The Good, the Bad or the Unworthy? Accusations, Defense and Representation in the Case of Ebbo of Reims, 835–882," p. 15.

④ Peter R. McKeon, "Archbishop Ebbo of Reims (816–835): A Study in the Carolingian Empire and Church," p. 439.

⑤ Bart P. Selten, "The Good, the Bad or the Unworthy? Accusations, Defense and Representation in the Case of Ebbo of Reims, 835–882," p. 15.

⑥ Thomas F. X. Noble trans, *Charlemagne and Louis the Pious: Lives by Einhard, Notker, Ermoldus, Thegan, and the Astronomer*, p. 172.

⑦ Raymond Davis trans, *The Lives of the Ninth-Century Popes (Liber Pontificalis): The Ancient Biographies of Ten Popes From A. D. 817–891*, Liverpool: Liverpool University Press, 1995, pp. 1–2.

823年，他和康布雷（Cambrai）主教哈利特加（Halitgar）以及不莱梅（Bremen）主教威勒里希（Willerich）前往丹麦，在那里建立教堂进行传教。虽然得到了国家和教会的鼎力支持，埃尔莫多斯的《虔诚者路易传》中也称埃伯归来时非常高兴，因为他成功劝说丹麦国王哈拉德（Harald）接受了基督教信仰，并同意到法兰克的皇宫接受洗礼。[1]但实际上埃伯的传教事业并不像宣扬的那样成功，哈拉德虽然到皇宫觐见了皇帝，但却没有接受洗礼。埃伯的继任者安斯加（Ansgar）在几年后取得了更显著的成果：哈拉德于826年接受洗礼转变信仰。

到830年，除却在传教活动中遭遇了一些挫折，埃伯的人生似乎是相当平稳顺遂的。在教区内，他遵循大主教的常规，有条不紊地组织着活动；在帝国内，他与皇帝虔诚者路易关系融洽，皇帝本人对他信任有加；在国外，他又得到了教皇的认可。然而在833年的叛乱中，埃伯遭遇了人生最重要的转折点。

二、埃伯与833年叛乱

833年叛乱是虔诚者路易统治后期最重要的政治事件。833年，以洛泰尔为首的皇子们集结军队发动叛乱，击败并俘虏虔诚者路易，短暂地逼迫其退位。虽然叛乱最终以虔诚者路易重登皇位，与儿子们和解告终，但却严重破坏了其统治的稳定性，为后来加洛林帝国的分崩离析埋下祸根。

（一）叛乱背景

这场叛乱的源头可以追溯到虔诚者路易统治初期。虔诚者路易和皇后伊尔明嘉德（Irmingard）共有三个儿子：洛泰尔、丕平和日耳曼人路易。虔诚者路易即位后不久，就着手安排自己的继承问题。817年，虔诚者路易发布《帝国御秩》（*Ordinatio Imperii*），将帝国划分为三个部分：长子洛泰尔拥有皇帝称号，继承帝国的主要部分；次子丕平获得阿奎丹王国，三子日耳曼人路易获得巴伐利亚王国，二人在洛泰尔的统治下成为国王。[2]《帝国御秩》的安排尽力保证了帝国的统一。随后，虔诚者路易授封洛泰尔为共治皇帝，洛泰尔的影响力迅速提升。[3]

辞职还是罢免：兰斯大主教埃伯去职案分析

---

[1] Thomas F. X. Noble trans, *Charlemagne and Louis the Pious: Lives by Einhard, Notker, Ermoldus, Thegan, and the Astronomer*, p. 173.

[2] 参见：Paul Edward Dutton eds., *Carolingian Civilization: A Reader*, Peterborough: Broadview Press Ltd. , 2004, pp. 199–200.

[3] Mayke de Jong, *The Penitential State: Authority and Atonement in the Age of Louis the Pious, 814–840*, p. 25. Thomas F. X. Noble trans, *Charlemagne and Louis the Pious: Lives by Einhard, Notker, Ermoldus, Thegan, and the Astronomer*, p. 256.

《帝国御秩》颁布后，引发了当时意大利王伯纳德①的叛乱，伯纳德在叛乱失败后因受罚伤重死去。②822年，虔诚者路易与伯纳德的支持者和解，将洛泰尔派往意大利统治，又将丕平派往阿奎丹。③于是在继承帝国之前，洛泰尔先成了意大利国王，但前往意大利将使他远离加洛林帝国的中心。因此洛泰尔为了扩大自己的权力，从822年到829年只在意大利居住了六个月，剩下的时间走遍整个帝国寻求支持。④虔诚者路易默许了儿子的这种行为，从825年起，所有帝国法令都由虔诚者路易和洛泰尔共同签署。此时，虽然虔诚者路易的三个儿子一直在暗中争夺政治权力，但洛泰尔的优势毋庸置疑，形势相对稳定。

然而在829年，虔诚者路易自己打破《帝国御秩》，重新划分领土继承。这是因为皇后伊尔明嘉德于818年去世，虔诚者路易在次年迎娶了伯爵韦尔夫（Welf）之女朱迪丝（Judith）为第二任皇后。朱迪丝在823年生下了虔诚者路易的第四个儿子查理，后来被称为秃头查理。

身为虔诚者路易的合法继承人，秃头查理本应获得一部分领土，但虔诚者路易过早地公布了自己去世后领土的分配，领土的重新划分必将损害三个成年儿子的利益。洛泰尔首当其冲，因为查理的王国位于帝国中心，领地包括阿勒曼尼亚、莱提亚以及勃艮第的一部分地区。⑤按照《帝国御秩》，这本应是洛泰尔的领土。但洛泰尔却不能发难，因为他是秃头查理的教父，他曾发誓，查理可以获得帝国内虔诚者路易愿意给予的任何领土。⑥

（二）叛乱经过

率先行动的是丕平。830年，他以传闻皇后朱迪丝与塞普提马尼亚的伯纳德（Bernard of Septimania）有染为由起兵。⑦实际上，丕平起兵的主要原因是伯纳德的崛起损害了成年皇子们的利益。829年，虔诚者路易任命伯纳德为他的宫廷大臣，也是他的主要顾问，并

---

① 意大利的伯纳德是虔诚者路易的侄子，意大利王丕平的私生子，由于《帝国御秩》没有提及对他的安排，他担心失去自己已经继承的意大利王国，在近臣的支持下起兵。也有学者认为伯纳德只是希望协商，并没有叛乱。参见朱春瑞：《试论虔诚者路易诸子之间的内战》，东北师范大学硕士学位论文，2016年，第10页。

② Bernhard Walter Scholz, Barbara Rogers trans, *Carolingian Chronicles: Royal Frankish Annals and Nithard's Histories*, p. 104.

③ Thomas F. X. Noble trans, *Charlemagne and Louis the Pious: Lives by Einhard, Notker, Ermoldus, Thegan, and the Astronomer*, p. 263.

④ Bart P. Selten, "The Good, the Bad or the Unworthy? Accusations, Defense and Representation in the Case of Ebbo of Reims, 835–882," p. 8.

⑤ Thomas F. X. Noble trans, *Charlemagne and Louis the Pious: Lives by Einhard, Notker, Ermoldus, Thegan, and the Astronomer*, p. 208.

⑥ Bernhard Walter Scholz, Barbara Rogers trans, *Carolingian Chronicles: Royal Frankish Annals and Nithard's Histories*, p. 131.

⑦ Thomas F. X. Noble trans, *Charlemagne and Louis the Pious: Lives by Einhard, Notker, Ermoldus, Thegan, and the Astronomer*, p. 275.

将查理托付给伯纳德。[1]伯纳德成为宫廷重臣，使得皇子们逐渐丧失在宫廷中的影响力，而他与皇后和秃头查理的密切关系也令皇子们感到威胁。

这次反叛的真实目的随后暴露无遗：在虔诚者路易试图息事宁人的时候，丕平的部下前往圣玛丽（St-Marie）修女院，强迫皇后答应劝说虔诚者路易削发退位，而皇后自己遁入修女院。[2]这样看来，丕平是在洛泰尔的支持下进行反叛的，隐于幕后的洛泰尔才是反叛成功后的最大受益者，因为虔诚者路易退位之后，洛泰尔将成为皇帝。但虔诚者路易迅速召集了人马，迫使洛泰尔与他和解，随后限制丕平不准离开亚琛。[3]叛乱被暂时平息，但显然几乎所有矛盾都没有得到解决，洛泰尔和丕平在帝国内有许多支持者，朱迪丝重获皇后权威，伯纳德也依然拥有权势，这次短暂的和平酝酿着更大的冲突。

833年，丕平逃回阿奎丹并再次起兵，这次日耳曼人路易也加入了反叛的阵营。三兄弟在阿尔萨斯地区的罗特菲尔德（Rotfeld）集结军队，与虔诚者路易的军队相遇。[4]不久，他们击败虔诚者路易的军队，将其俘虏，皇后和还是孩童的秃头查理也一起被俘。皇后被交给日耳曼人路易看守，不久被关押到意大利的托尔托纳（Tortona）。洛泰尔自己看守虔诚者路易和秃头查理，他把查理送到普吕姆（Prüm）修道院，将父亲关在苏瓦松的圣梅达尔（St-Médard）修道院。[5]

833年10月6日，洛泰尔在离苏瓦松不远的贡比涅组织了一次集会。大量主教、修道院院长以及贵族领主参加集会，他们承认了洛泰尔的权威并向他效忠，洛泰尔还得到了东罗马帝国使者的认可。[6]虽然有诸多神职人员参加这次会议，《圣伯丁年代记》却只提及了兰斯大主教埃伯。[7]贡比涅的集会最重要的意义是教士们通过决议，要求虔诚者路易公开忏悔，并且声明："在这种范围和形式的忏悔之后，无人胆敢重掌世俗权柄。"[8]这毫无疑问是为了将洛泰尔的叛乱行为合法化，完全剥夺虔诚者路易的统治权。

这个计划只成功了一半，虔诚者路易进行了公开忏悔，但拒绝放弃皇位遁入修道院。洛泰尔对此无计可施，他将虔诚者路易带回亚琛关押，不断向他施压，要求他自愿放弃俗世入修道院。但虔诚者路易一直说，只要他对自己的行为没有真正的权力，他就不会做

---

[1] Bernhard Walter Scholz, Barbara Rogers trans, *Carolingian Chronicles: Royal Frankish Annals and Nithard's Histories*, p. 131.

[2] Thomas F. X. Noble trans, *Charlemagne and Louis the Pious: Lives by Einhard, Notker, Ermoldus, Thegan, and the Astronomer*, p. 275.

[3] Thomas F. X. Noble trans, *Charlemagne and Louis the Pious: Lives by Einhard, Notker, Ermoldus, Thegan, and the Astronomer*, pp. 277-278.

[4] Janet L. Nelson trans, *The Annals of St-Bertin*, p. 26.

[5] Thomas F. X. Noble trans, *Charlemagne and Louis the Pious: Lives by Einhard, Notker, Ermoldus, Thegan, and the Astronomer*, p. 282.

[6] Janet L. Nelson trans, *The Annals of St-Bertin*, p. 27.

[7] Janet L. Nelson trans, *The Annals of St-Bertin*, p. 27.

[8] Mayke de Jong, *The Penitential State: Authority and Atonement in the Age of Louis the Pious, 814-840*, p. 49.

出任何这样的承诺。①他的做法激起了三个儿子之间的矛盾，日耳曼人路易和丕平不满兄长对待父亲的态度，担心兄长在父亲退位后独享大权，于是联手起兵，意在解救父亲。洛泰尔无力抵御，放弃虔诚者路易逃跑，最终向父亲投降。

834年，虔诚者路易重新登上王位，再次将长子派往意大利，禁止其私自返回法兰西。

（三）埃伯在叛乱中的作用

埃伯在833年叛乱中参与的部分，主要是贡比涅集会虔诚者路易被迫忏悔一事。虔诚者路易重登皇位后，他也因此付出了代价。虽然埃伯在虔诚者路易忏悔一事中发挥了一定的作用，但他背叛虔诚者路易，投向洛泰尔一方的时间不会太早。三兄弟的叛乱不只针对虔诚者路易本人，其中有很多人反对皇后朱迪丝，如里昂（Lyons）大主教阿戈巴德（Agobard）。洛泰尔一方与皇后立场相反，虔诚者路易被废，皇后和秃头查理也会失势。但埃伯与朱迪丝的关系很微妙。

在叛乱之前，朱迪丝与埃伯关系良好。秃头查理出生之后，朱迪丝曾请埃伯为他祈祷。作为回报，她给了埃伯一枚戒指，向他承诺，无论何时他遇到困难，只要他将戒指还给她，她就会帮助他。②833年叛乱后，埃伯由于背叛虔诚者路易遭到惩罚，他派一个名叫弗拉梅高德（Framegaud）的隐士将朱迪丝的戒指带给皇后，请求她帮忙。根据秃头查理的说法，皇后促使虔诚者路易改变了想法，皇帝不再坚持一定要罢免埃伯，主教们也同意了此事。③

可见叛乱之后，朱迪丝仍然支持埃伯。而且科尔比（Corbie）修道院院长拉德贝尔特（Radbert）在833年叛乱中提到埃伯时，还称他是皇后的盟友。④因此埃伯应当并未参与叛乱中针对皇后的行动。

我们可以推测，埃伯转而投向洛泰尔的时间较晚，应该是在虔诚者路易战败之后，但肯定是在洛泰尔在贡比涅举行会议之前。因为苏瓦松和贡比涅都在兰斯教区内，如果洛泰尔不能肯定他得到了埃伯的支持，就无法在此地逼迫虔诚者路易忏悔退位。有学者认为这次会议是在叛乱之前计划好的，⑤但这未必能说明埃伯的立场在叛乱之前就已经转变。

埃伯背叛虔诚者路易，转投洛泰尔的具体原因史料无载。但如将埃伯叛投的时间判定在罗特菲尔德一战之后，那么他立场的转变可能只是跟随大多数教士贵族的选择。在当时看来，洛泰尔胜局已定，而他要废黜父亲接任皇帝，需要获得贵族及教士们的支持，因此

---

① Janet L. Nelson trans, *The Annals of St-Bertin*, p. 28.

② Janet L. Nelson, *Charles the Bald*, New York: Routledge, 2013, p. 77.

③ Charles the Bald, *Karl der Kahle an Nikolaus I, MGH, Conc. 4*, pp. 240–241.

④ Mayke de Jong, *The Penitential State: Authority and Atonement in the Age of Louis the Pious, 814–840*, p. 253.

⑤ Bart P. Selten, "The Good, the Bad or the Unworthy? Accusations, Defense and Representation in the Case of Ebbo of Reims, 835–882," p. 9.

会尽力拉拢他们；而原来跟随虔诚者路易的教士及贵族们，为了在洛泰尔掌权之后保住自己的地位，也愿意转变立场投向洛泰尔，埃伯应该就是这批人中的一位。

或许因为贡比涅在兰斯教区内，或许是想要在洛泰尔面前表现，埃伯在会议上为促使虔诚者路易忏悔发挥了作用，不可能被皇帝原谅。而在叛乱结束后，埃伯试图逃走失败，被虔诚者路易抓获。

在整场叛乱中，埃伯其实只是个小角色，但他在人生节点上做出了错误选择，又未能逃走，阴差阳错地被作为叛乱唯一的替罪羊当众处置。

三、埃伯案：辞职还是罢免

835 年，虔诚者路易来到他位于蒂永维尔（Thionville）的宫殿，举行了一场仪式重登皇位，并在这场会议上处置了背叛他的埃伯。[1]虔诚者路易重登皇位无可非议，但埃伯所受的处置在之后数十年间引起了相当大的争议，记述此事的史料对此的描述也有微妙的不同。

埃伯的《忏悔书》开头是这样叙述的：

> 我，埃伯，一个不称职的主教，意识到自己软弱又罪孽深重。我指定大主教艾乌尔夫（Aiulfus）、主教巴达拉德（Badarad）和主教莫多因（Modoin）审判我的罪行，为我作证并聆听我的忏悔。我已向他们真心忏悔，辞去主教的职务，以寻求苦修赎罪和灵魂救赎。由于一些原因——我已就此秘密向主教们忏悔，我认识到自己不称职，不能胜任这些工作（主教的职务）。因此，愿他们见证另一个人被提名、祝圣并接替我，此人应能称职并接管我的教堂，因为我已不配掌管它。若如此，我将不再有异议，也不干扰教会的命令，我亲自签字确认这一点。[2]

这篇短文在多大程度上能够体现埃伯的意愿值得商榷，因为这是埃伯在蒂永维尔的会议上公开宣读的文本。当时埃伯是虔诚者路易的俘虏，虽然缺乏明确的史料依据，但无法排除这样的可能性，即这段话是他被迫书写的，或是别人撰写要求他朗读的。无论如何，

① Janet L. Nelson trans, *The Annals of St-Bertin*, pp. 32-33.

② *Ebonis Archiepiscopi Remensis Resignatio ll.* 10-20: Ego Ebo, indignus episcopus, recognoscens fragilitatem meam et pondera peccatorum meorum testes confessores meos, Aiulfum videlicet archiepiscopum et Badaradum episcopum necnon et Modoinum episcopum. Constitui mihi iudices delictorum meorum et puram ipsis confessionem dedi quaerens remedium poenitendi et salutem animae meae, ut recederem ab officio et ministerio pontificali. Quo me recognosco esse indignum, et alienum me reddens pro reatibus meis, in quibus me peccasse secreto ipsis confessus sum, eo scilicet modo, ut ipsi sint testes alio succedendi et consecrandi subrogandique in loco meo, qui digne preesse et prodesse possit ecclesiae, cui hactenus indignus prefui; et ut inde nullam repetitionem aut interpellationem auctoritate canonica facere valeam, manu propria mea subscribens firmavi. 转引自：Bart P. Selten, "The Good, the Bad or the Unworthy? Accusations, Defense and Representation in the Case of Ebbo of Reims, 835-882," pp. 21-22.

这份文本是有着法律和宗教效力的。

这段文字传达了四个重要的信息：埃伯向大主教艾乌尔夫、主教巴达拉德和莫多因进行了忏悔。忏悔是秘密进行的，忏悔的内容不得而知。他忏悔称自己为不称职的主教，并因此辞职。在他离开之后，将有另一个人被祝圣以取代他的职务。

《圣伯丁年代记》则如此写道：

> 此外，前兰斯大主教埃伯，在该教区荣升显赫地位后，却在上述（阴谋）中担任旗手。他自愿在大家面前承认，皇帝遭到废黜是不合法的；对皇帝的一切逆反之举也都是邪恶的阴谋，违背一切公道；而皇帝如今被重置于自己独有的统治权位则是恰当的、公正的、值得的。众人庄严地完成这些事情之后，他们回到了蒂永维尔的宫殿。在那里，埃伯在宗教会议上承认犯了死罪，宣布他不配担任主教职务，并自己签下字据确认。然后经过众人的同意和裁断，他自绝于这一教职。①

《圣伯丁年代记》的叙述与埃伯的《忏悔书》有三点不同：第一，按照这样的描述，虔诚者路易在梅茨的圣斯蒂芬教堂里举行复位仪式时，埃伯就已经是前大主教了。虽然这里作者所指，可能是埃伯不再担任大主教的实际职务，但毫无疑问是为了强调埃伯已经去职。第二，这里称埃伯在蒂永维尔的宗教会议上公开承认了自己的罪行，而在埃伯的《忏悔书》中，罪行是秘密向一位大主教和两位主教忏悔的。第三，这里埃伯所做的忏悔是公开进行的，而且审判他的是在场所有人，这次会议也是审判埃伯的法庭。而在埃伯的《忏悔书》中，公开审判并不存在。

撰写这段描述的应是《圣伯丁年代记》的第一位作者，而据学者考证，此人始终都是虔诚者路易的支持者，②因此他在文中有意无意地加重了埃伯所受的惩罚。

《圣伯丁年代记》的叙述比起提甘在他的《虔诚者路易传》中所写的又要温和许多。与《圣伯丁年代记》不同，提甘在虔诚者路易被迫忏悔一事中就早早关注埃伯。他十分鄙视埃伯，称他是个无耻又残忍的人。③他极力攻击埃伯的出身，认为他是奴隶的后代，却忘恩负义背叛主人。提甘在书中痛斥埃伯："在他（虔诚者路易）给你自由，给你穿上紫服，披上披肩之后，你就将他打扮成一个忏悔者。他把你这个可怜人拉到主教的地位上来，可你却想用虚假的审判将他从他祖先的宝座上赶出去。"④确切地说，这些指控并没有说错，但提甘过强的感情色彩降低了他叙述的可信度。瓦拉弗莱德（Walahfrid）在他写给提甘作品的序言中解释说，提甘是一个脾气暴躁的人，他不能对不称职的人的侮辱保持沉

---

① Janet L. Nelson trans, *The Annals of St-Bertin*, pp. 32-33.

② 参见：Janet L. Nelson trans, *The Annals of St-Bertin*, pp. 6-7.

③ Thomas F. X. Noble trans, *Charlemagne and Louis the Pious: Lives by Einhard, Notker, Ermoldus, Thegan, and the Astronomer*, p. 211.

④ Thomas F. X. Noble trans, *Charlemagne and Louis the Pious: Lives by Einhard, Notker, Ermoldus, Thegan, and the Astronomer*, p. 211.

默，他对最虔诚皇帝的热爱进一步激发了他的热情。①这解释了提甘对埃伯的态度，因此，虽然提甘的这一段描写占了相当大的篇幅，但包含的史实信息极少。

在叙述蒂永维尔的会议时提甘写道：

> 他（虔诚者路易）举行了一场盛大的集会。那个堕落的乡巴佬埃伯来到了这里，但其他的主教不敢果断地对付他，因为害怕他会背叛他们。因此他们劝他接受：他几乎不可能保留主教的职务。他同意了，然后就无条件地被罢黜了。但是仍有必要将此完全纠正过来，因为执行圣父们对他的公正审判，胜过以宗教为借口表现出虚伪的虔诚。②

虽然提甘的叙述更像是散文而不是史书，但他的叙述却凸显了埃伯作为虔诚者路易忏悔一事中替罪羊的属性。提甘著作里的埃伯，是在蒂永维尔的会议上被公开罢免的，没有自己承认罪行然后辞职的成分。尽管埃伯所受惩罚的程度比《圣伯丁年代记》所写的还要严重，但提甘的说法却与前者一脉相承。

另一版无名星官所著的《虔诚者路易传》则传递了许多新的信息：

> 然后他（虔诚者路易）决定去蒂永维尔参加圣玛丽的洁净日，他召集的人们也到了那里。在此期间，他对一些主教就他被废黜一事提出了严重的控诉，但由于其中一些主教已逃往意大利，而另一些主教虽然被传唤，但不愿服从，所以被传唤的主教中只有埃伯到了。当埃伯被要求对发生的事情作出解释时，他辩解说，所有做过这些事情的人中，只有他一个人被留下进行调查。但一些主教无视情况紧急，借口自己清白而抗议。埃伯被这种指责击败，向一些主教寻求了建议，他提出以自己坦白的方式承认，他是不称职的主教，并同意自绝于此教职。他把这件事告诉了主教们，并通过他们通知了皇帝。之后，被传唤但拒绝出席的里昂大主教阿戈巴德——事实上他被传唤了三次来为自己辩解，被逐出教会。而其他人已经逃到意大利去了。③

无名星官没有明确说明埃伯辞职的具体情况，但他的叙述比起之前的文本，更符合埃伯的《忏悔书》所描写的状态：承认自己的不称职并辞职。在无名星官笔下，埃伯并不是虔诚者路易就忏悔一事唯一要惩罚的人，只是因为他无法抓到其他人，埃伯才成了替罪羊；埃伯也不是受到最严重惩罚的人，阿戈巴德虽然没有出席，但他被判决逐出教会。按照这种说法，埃伯在叛乱中的作用被大大降低了。

---

① Mayke de Jong, *The Penitential State: Authority and Atonement in the Age of Louis the Pious, 814-840*, p. 72.

② Thomas F. X. Noble trans, *Charlemagne and Louis the Pious: Lives by Einhard, Notker, Ermoldus, Thegan, and the Astronomer*, p. 218.

③ Thomas F. X. Noble trans, *Charlemagne and Louis the Pious: Lives by Einhard, Notker, Ermoldus, Thegan, and the Astronomer*, pp. 287-288. Courtney M. Booker, *Past Convictions: The Penance of Louis the Pious and the Decline of the Carolingians*, p. 188.

以上几种文本中，无论是被罢免还是辞职，埃伯的离职都是不可逆转的，但还有另外一种说法。秃头查理在867年给教皇的信中称，在埃伯离职之后，并没有主教被祝圣，因此埃伯从未被罢免过。[1]秃头查理认为埃伯只是暂时离职，而没有新的主教，暗示他将在兰斯大主教的位置上复职。不过秃头查理的信是在埃伯案之后数十年才写就的，埃伯案发生时他尚且年幼，也并不在场。不仅如此，他的信有着明确的政治倾向，是为了支持自己的亲信，就埃伯案之后引发的争议为埃伯辩护，因此他的说法的真实性大打折扣。

埃伯在蒂永维尔的会议上的经历众说纷纭，目前看来最可信的当是埃伯的《忏悔书》与无名星官相互印证的说法，其他人的叙述都因为其明显的政治立场而有所修饰。埃伯由于在833年叛乱中背叛虔诚者路易而遭到皇帝惩处，由于皇后和一些主教为他说情，他没有被公开罢免，而是在秘密忏悔之后被迫辞职，自绝于兰斯大主教一职。

会议结束后，埃伯在835年到840年间先后被囚禁在帝国的几个修道院中。如果事情就这样结束，埃伯案的事实将是非常明晰的，但虔诚者路易逝世给埃伯的命运带来了一丝转机，也导致了埃伯案在此之后几十年间争议不断。

四、埃伯的复职及后续争议

840年6月，虔诚者路易去世，洛泰尔继承帝位，他在英格海姆（Ingelheim）召集宗教会议，会议上神职人员宣布五年前蒂永维尔的会议上作出的决定无效，埃伯再次成为兰斯大主教。[2]

但埃伯的复职并没有持续多久。虔诚者路易的去世没有平息儿子们的矛盾，此时丕平已经去世，日耳曼人路易和秃头查理联合，与洛泰尔开战。841年6月，秃头查理的军队击败洛泰尔，占领了兰斯。埃伯不得不放弃自己的教区，逃到洛泰尔的宫廷。[3]

843年8月，洛泰尔、日耳曼人路易和秃头查理签订《凡尔登条约》，将帝国划分为三部分，兰斯被划在了秃头查理的领地内。845年，辛克马尔被任命为新的兰斯大主教，此后，埃伯再也未能重归兰斯大主教之位。

洛泰尔曾想帮埃伯夺回兰斯的教职，他向教皇提出抗议，教皇塞吉阿斯二世（Sergius II）同意在巴黎举行一次新的会议讨论这个问题。但埃伯不知出于什么原因，没有出现在大会上，辛克马尔就继续担任兰斯大主教。[4]埃伯本人的故事到这里基本结束，他后来与洛泰尔产生了矛盾，离开洛泰尔转投日耳曼人路易。日耳曼人路易接纳了他，并任命他担任希尔德海姆主教，希尔德海姆位于美因茨主教区东北偏北，埃伯于851年死于任上。

---

① Charles the Bald, *Karl der Kahle an Nikolaus I, MGH, Conc. 4*, p. 241.

② Courtney M. Booker, *Past Convictions: The Penance of Louis the Pious and the Decline of the Carolingians*, p. 191.

③ Courtney M. Booker, *Past Convictions: The Penance of Louis the Pious and the Decline of the Carolingians*, p. 192.

④ Peter R. McKeon, "Archbishop Ebbo of Reims (816–835): A Study in the Carolingian Empire and Church," p. 447.

但在他死后，关于他的纷争才刚刚开始。埃伯在840年短暂的复职期间祝圣了一批人担任神职。埃伯的祝圣引起了相当多的争议，埃伯的继任者辛克马尔致力于证明这些人的祝圣是无效的，应该被解职。而这批人为自己的利益进行抗议，他们争论的焦点就在于埃伯的去职与复职。关于埃伯的争论直到867年才平息，这期间教会对于祝圣的观点多次反复，双方都不肯让步。

起初辛克马尔获得了胜利，他于853年在圣梅达尔修道院举行了一次会议，成功地判定840年和841年埃伯的祝圣是不正当的。①但之后其中一个被埃伯祝圣的神职人员——乌尔法德（Wulfad）崛起，扭转了局面。乌尔法德深得秃头查理的信任，他是秃头查理的次子卡罗曼的老师，还是圣梅达尔修道院、拉贝（Rabais）修道院等的院长。866年，他被任命为布尔日（Bourges）大主教。②不难看出，到866年，乌尔法德的权势已经不亚于辛克马尔，他成功促使教皇尼古拉一世改变了之前会议的判决，使自己被祝圣合法化。但辛克马尔没有放弃，双方一直向教皇去信争执，上文多次提及的秃头查理的信，就是在这种情况下写给尼古拉一世的。乌尔法德似乎也使秃头查理改变了对埃伯的看法，在信中他站在乌尔法德一边，为埃伯辩护。

尼古拉一世没能做出最后的裁决就去世了，新任教皇哈德良二世（Hadrian II）为了平息无休止的争论，表示赞成乌尔法德的祝圣，并要他们不要再讨论埃伯案。③

关于埃伯案的讨论告一段落，但长达二十几年的争论并没有给埃伯案一个确定的结果。因为与其说它是一个宗教问题，不如说它是一个政治问题。辛克马尔和乌尔法德在埃伯案中立场相反，相互攻击，却出于同一个目的：保住自己的地位。如果埃伯的复职是合法的，辛克马尔教职的合法性就可以被质疑，他可能会失去兰斯大主教的地位；而埃伯的复职被判为非法，他的祝圣也将无效，乌尔法德就无法再担任神职，他的权势也将付诸流水。在利益的争夺中，埃伯案的历史真相并不重要，和虔诚者路易的忏悔一样，教会做出的判决更多的是依据当权者的观点，而不是教会法的传统。辛克马尔和乌尔法德二人既有相当大的权势，又有世俗权力支持，这才使埃伯案僵持不下，难以定夺。

结　论

综上所述，兰斯大主教埃伯去职一案源于埃伯对虔诚者路易的背叛。埃伯自虔诚者路

① Bart P. Selten, "The Good, the Bad or the Unworthy? Accusations, Defense and Representation in the Case of Ebbo of Reims, 835-882," p. 43.

② Bart P. Selten, "The Good, the Bad or the Unworthy? Accusations, Defense and Representation in the Case of Ebbo of Reims, 835-882," p. 44.

③ Bart P. Selten, "The Good, the Bad or the Unworthy? Accusations, Defense and Representation in the Case of Ebbo of Reims, 835-882," p. 45.

易幼年即伴其左右，后得其支持成为兰斯大主教，身居高位。但在虔诚者路易晚年的诸子叛乱中，埃伯却背叛他转投洛泰尔。这是因为在虔诚者路易战败时，洛泰尔看似胜券在握，即将继承帝位。埃伯与其他许多贵族一样，为了保持自己的地位，转而支持洛泰尔。不仅如此，埃伯还在苏瓦松的会议上，为促使虔诚者路易公开忏悔发挥了作用，也因此不可能被皇帝原谅。

虔诚者路易复位之后，背叛者中只有埃伯由于被捕，遭到皇帝惩罚，被迫公开辞职，自绝于兰斯大主教一职。此案本身并不复杂，但提及此事的文本中，由于作者的立场及目的不同，导致了叙述上的差异。虔诚者路易的支持者倾向于将埃伯作为替罪羊，宣称他是被罢免的。

埃伯案之后的争议与埃伯本人关系不大。由于虔诚者路易去世后，埃伯曾在洛泰尔的支持下短暂复职，期间祝圣了一批神职人员。这些人与继任的兰斯大主教辛克马尔存在矛盾，使埃伯案被反复提起。埃伯祝圣的人中最有权势的一位——乌尔法德，与辛克马尔不断争辩，而教皇迫于他们背后的政治势力难以决断，令埃伯案最终不了了之。

埃伯颇具戏剧性的一生，体现了虔诚者路易统治后期政局动荡，王室权力斗争激烈，教俗贵族的地位受到君主意志影响，起伏不定。同时也侧面反映出加洛林时期，世俗君主在与教廷的关系中处于优势地位。

老师点评： 加洛林帝国在欧洲中世纪早期史研究中地位举足轻重，目前国内学界对加洛林帝国人物的研究多集中于查理曼和虔诚者路易等君主，对其他政治人物的研究较为薄弱。张曼曦的论文选取了虔诚者路易时期的兰斯大主教埃伯为研究对象，选题较为新颖，对该时期政治人物的研究范围有所拓展。

在史料运用上，作者能够观照到多样时空背景下的记述，综合运用如《法兰克王家年代记》《圣伯丁年代记》《虔诚者路易传》等英文译文史料以及部分拉丁文原文史料，梳理了833年叛乱的相关史事，重点分析了产生争议的埃伯去职案。

在史料分析过程中，作者对于同一件历史事件的不同史料文本解读具有一定水准，能够从中推出相对可靠的结论，较好地完成了既定目标，即回答以下两个问题：第一，埃伯为何背叛虔诚者路易，转投其子洛泰尔；第二，埃伯的去职是辞职还是罢免。作者认为，埃伯案反映了虔诚者路易统治后期政局动荡，教俗贵族们的地位起伏不定，极大程度上受到君主意志的影响。

在论文结构方面，作者较好地把握了不同章节的比例，同时也突出了重点。稍显不足的是，文章最后一部分的论述还可进一步加强。

总之，这是一篇优秀的本科生毕业论文。

论文指导老师： 李云飞

论法国大革命前夕神甫的反叛运动

2016级　叶树彬①

摘　要： 18世纪法国神甫反对社会不公和上层教士专权的运动被称为神甫的反叛。这场反叛运动在大革命前夕达到高峰，它既是法国天主教革新运动的尾声，又是法国大革命的催化剂。本文聚焦于法国大革命前夕神甫们的反叛运动。这一时期神甫们写作的大量小册子表明，神甫的反叛运动包含了强烈的利益诉求，他们基于自身生活经历抗议社会不公，反对天主教上下层教士间经济、政治权利不平等的状况；他们的反抗行为注入了深厚的宗教情感，即使启蒙思潮传播日益深入，亦不减他们的护教热情；他们的等级观念与在改革进程中所做出的政治选择呈现出一种复杂的相互独立的关系，即反对等级分立不意味着支持革命、认同等级观念不代表反对革命。现实利益、宗教情感和等级政治三者相互交错，体现出神甫的反叛运动复杂的面貌。在这场运动中神甫们展现了其核心关怀——寻求神性在世俗政治中展现。

关键词： 神甫的反叛；法国大革命；神甫；下层教士

　　神甫的反叛②（The revolt of the Curés）是学界对18世纪法国天主教神甫反抗社会不公和上层教士专政，主张进行改革这一运动的统称，尤指大革命前夕神甫们的反叛行动。自18世纪伊始，神甫们一方面鉴于自身生活处境困难，另一方面受詹森主义（Jansenism）③

---

① 叶树彬，2020年毕业于暨南大学，毕业论文曾受梁敏玲和蔺志强两位老师指导。现在浙江大学攻读直博，导师是张弛老师。研究方向是18世纪法国史，尤其关注政治思想史。

② 与之相对，史家们也把1787年和1788年期间法国贵族对王室不合作的态度和行为，尤以第一、第二次显贵会议中贵族否决王室法案为代表，统称为"贵族的反叛"。

③ 詹森主义是天主教内一个强调奥古斯丁原罪、恩典、预定论的宗教流派，由荷兰乌特列支神学家康涅留斯·詹森创立。教廷视之为天主教内的加尔文主义异端而加以谴责。1633年，詹森主义传入法国，与耶稣会产生了激烈的冲突。1713年教皇颁布乌尼詹尼图斯通谕（*Unigenitus*），宣布取缔詹森派，宣称教皇有干预教会内所有事务的权力。詹森派与巴黎高等法院联手抵制该通谕，斥责其侵犯了高卢教会的自由；天主教会正统派、教皇则与国王联手，强迫高等法院签注该通谕，使其成为法律。这便是18世纪法国的詹森主义论争。随着七年战争的爆发，法国国王决定与高等法院妥协，选择搁置问题，该论争便渐渐退出了舞台。

和里歇主义（Richérism）[①]的影响，批评社会等级体制，抗议自身在教会内受到的不公正待遇。此后直至法国大革命前夕，神甫们的抗议行为愈演愈烈，演化成反叛运动，在诺曼底至普罗旺斯、布列塔尼至多菲内几乎整个法国范围内，法国的神甫们通过舆论、诉讼、集会乃至暴动等形式，反对特权阶层的专权，呼吁教会和国家改革。革命爆发后，神甫们发生了分流，保守派神甫远离革命，宣誓派神甫则延续反叛传统，支持更为激进的改革措施。从更长时段的视角来看，"神甫的反叛"这场运动是16世纪以来法国天主教内部革新运动的尾声。得益于17世纪法国神职人员教育水准的提高，法国神甫得以在18世纪发出自己的声音，[②]并在法国大革命前夕走向了"反叛"。

在大革命开始之际，神甫们的"反叛行动"对于革命的顺利进行功不可没，他们选择与第三等级联合，瓦解了教士等级内部的团结，打破了凡尔赛三级会议的僵局，推动了革命的议事进程；但革命开始之后，大多数神甫却反对革命措施并逐渐与革命分道扬镳。[③]这些神甫一方面接纳国家观念和国民意识、提出了改革教会体制的要求，但另一方面也主张加强教会对社会的控制。凡此种种，皆透露出大革命前夕神甫的反叛运动复杂的面貌，并且引起了一些疑问：下层教士为何会反叛自身的等级团体并选择与第三等级联合？联合之后大部分下层教士为何背离了革命？在这整个过程中他们的核心关怀是什么？为了回答这些问题，我们有必要去了解大革命前夕天主教会内部的情况、探究这一时段神甫的反叛运动的面貌。

在关于大革命前夕法国天主教的研究中，大多数都是人物传记和对教会著名人士的考察，较少关注作为普通人的下层教士。随着修正史学的兴起，以及社会学方法的广泛运用，上述现象有所改观。学者们逐渐深入探讨本堂神甫与堂区民众的关系、本堂神甫在堂

---

① 里歇主义由艾德蒙·里歇（Edmoond Richer）创立，里歇是16世纪后期、17世纪初法国索邦神学院的神学家，他强调高卢教会的自立，认为教皇的权力应由主教和世俗政权加以限制，并且主张教会权力集于大公会议之中。里歇主义为18世纪法国人追求宪政提供了思想资源。参见 Francis Oakley, "Bronze-age conciliarism: Edmond Richer's encounters with Cajatan and Bellarmine," *History of Political Though*, Vol. 20, No. 1, (Spring 1999), pp. 65-86.

② 神职人员资质的提高得益于神学院运动，参见 Timothy Tackett, *Priest and parish in eighteenth-century France*, New Jersey: Princeton University Press, 1977, p. 166.

③ 对于这个问题，爱德华·艾伦着眼于尼姆教区，对比分析了1789年的爱国神甫和1791年的宪政派神甫，认为正教垄断地位存在与否是他们是否追随革命的标准，参见 Edward A., Allen. "The 'Patriot' Curés of 1789 and the 'Constitutional' Curés of 1791: A Comparison," pp. 473-481.

区中的角色和地位，以及本堂神甫的政治取向（尤其是大革命前夕）等课题。①具体来说，国外学界对大革命前夕下层教士的关注，主要集中在对个别地区的研究，②对凡尔赛三级会议中神甫代表活动的探析，③以及对詹森主义与"反叛的神甫"之间互动关系的分析。④其中研究较为突出的有艾德蒙·普利克林（Edmond Préclin）对詹森主义和里歇主义的研究，他注意到了里歇主义思想在下层教士中的传播，及其对旧制度政治和宗教的解体所起的作用。⑤蒂莫西·塔克特（Timothy Tackett）重点分析神甫斗争运动的横向结构，探讨神甫组织在运动中所起的作用。⑥此外，米歇尔·伏维尔（Michel Vovelle）则着重考察该等级内部的阶层冲突。⑦尤为值得关注的是研究 18 世纪法国教会史的约翰·麦克曼纳斯（John McManners），他在其研究中指出，神甫们不仅批评教会内上下层教士间不平等的现象，还对广大民众的疾苦表达了关怀；神甫们并非一味排斥高级教士，他们面对第三等级

---

① 本堂神甫分为两种：一种是收入来自显贵馈赠和什一税的神甫，他们拥有不动产；另一种是拿薪水（恰当津贴，即 Portion Congrue）的神甫。皮埃尔·德·瓦西耶尔在其文章中就探析了第一种神甫及其产业的管理，参见 Pierre De Vaissière, "Curés de campagne de l'ancienne France. Les curés bénéficiers et la gestion de leurs bénéfices," *Revue d'histoire de l'Eglise de France*, tome 7, n°37, 1921, pp. 353-371。此外，该作者还在另一篇文章中探讨了本堂神甫的社会地位，以及他们是如何满足堂区居民道德、精神和物质需求的，并且分析了神甫与民众、当地行政机构、上层教士和遵循戒律的神职人员间的关系，参见 Pierre De Vaissière, "L'état social des curés de campagne au XVIII° siècle, d'après la correspondance de l'agence du clergé aux Archives nationales," *Revue d'histoire de l'Eglise de France*, tome 19, n°82, 1933, pp. 23-53。皮埃尔·古耶尔在其文章中探讨了 18 世纪法国在俗教士的出身、职位承继和任命情况，以及 18 世纪神甫经济收入的多种来源，参见 P. Gouhier, "Le clergé séculier au XVIII° siècle: recrutement et ressources," *Annale de Normandie*, 16° année, 1966, pp. 88-91。

② 塔克特集中分析了革命前夕多菲内省神甫的斗争情况，尤以圣乔治神甫亨利·雷蒙为中心，参见 Timothy Tackett, *Priest and parish in eighteenth-century France*；分析尼姆教士选区会议神甫的斗争情况参见 Edward A. Allen, "The 'Patriot' Curés of 1789 and the 'Constitutional' Curés of 1791: A Comparison," *Church History*, 54(4), 1985, pp. 473-481。

③ 聚焦于三级会议中上下层教士间的矛盾参见 Edmond de Pressensé, *The Church and the French Revolution: A history of the relations of church and state from 1789-1802*, trans. by John Stroyan, London: Hodder and Stoughton, 1869；着重分析了教会、国家、社会三者的联系参见 John McManners, *The French Revolution and the Church*, London: S.P.C.K, 1969；展现三级会议中下层教士政治立场选择的困境参见 Ruth F. Necheles, "The curé in the Estate General," *The journal of modern history*, 46(3), 1974. pp. 425-444；探讨三级会议和国民议会期间特权、等级观念的变动情况参见 Fitzsimmons Michael P., "Privilege and the Policy in France, 1786-1791," *The American Historical Review*, 92(2), 1987, pp. 269-295；研究三级会议期间神甫群体的政治行为参见 Hutt, M. G., "The Rôle of the Curés in the Estates General of 1789," *The journal of Ecclesiastical History*, 1955, 6(2), pp. 190-220。皮埃尔·德·拉戈斯注意到了法国大革命制宪议会时期上下层教士的分裂，并认为这导致了教士等级内部的分崩离析，参见 Pierre de La Gorce, *Histoire Religieuse de la Revolution Française*, Tome I, Paris: Plon-Nourrit et Cie. 1909。

④ 奈杰尔·阿斯顿认为詹森派的斗争为天主教神甫提供了政治斗争经验，参见 Nigel Aston, *Religion and revolution in France, 1780-1804*, Washington: The Catholic University of America Press, 2000；范·克雷将革命前夕神甫对上层教士的反抗视为詹森派斗争的影响，但他对天主教内部下层教士的分析稍显不足，参见 Dale K. Van Kley, *The Religious Origins of the French Revolution: From Calvin to the civil constitution, 1560-1791*, CT: Yale University Press, 1996。

⑤ E. Préclin, *Les Jansénistes du XVIII° siècle et la Constitution civile du Clergé. La développement du richérisme. Sa propagation dans le Bas Clergé, 1713-1791*, Paris: Libraire universitaire, 1929。

⑥ Timothy Tackett, *Priest and parish in eighteenth-century France*, 1977.

⑦ 伏维尔认为贵族家族对高级神职的垄断、教会阶层的固化是下层教士反抗的关键原因，参见 Michel Vovelle, *The fall of the French monarchy, 1787-1792*, trans. by Susan Burke, Cambridge: Cambridge University Press, 1984。

的诉求时也有所犹豫，他们先进的思想背后也有狭隘的考虑。[1]国内学界研究18世纪法国教会，大多关注詹森主义论争，因而关于下层教士的研究尚是空白，仅有部分论著在只言片语中提及。[2]

概而言之，学界更注重持续整个18世纪的神甫的反叛运动，倾向于视神甫的反叛为以往天主教改革运动的延续，因而将之放置在教派争端或教会与国家冲突问题中进行讨论，或是先入为主地将该运动理解为大革命的宗教起源。这些研究都未从神甫自身出发来解读他们的抗争行为，缺乏对神甫们宗教情感的剖析，以致神甫们自身的物质和精神诉求皆被忽略。故而，我们需要回到这场运动本身，观其复杂面貌，由此才能触及神甫们的核心关怀。

要想研究神甫们自身的诉求，不可避免地要涉及小册子。小册子向来是研究法国大革命前夕舆论状况的重要史料，包括人们写的宣传册、编辑出版的信件和陈情书。大革命前夕神甫们普遍通过撰写小册子来表达他们的利益诉求，尽管这一时期的小册子大多是匿名的，因而无从了解其背后的出版流程和社会关系，但无疑仍是探讨神甫们所思、所做、所说的重要材料。[3]

有鉴于此，本文的写作聚焦于该运动达到高峰的大革命前夕这个时段，以神甫的小册子[4]为主要材料，辅以其他相关研究成果，以了解当时神甫们的言论、行动和思考，探究促成这场运动的面貌以及神甫们在这场运动中所展现出来的经济、政治和宗教诉求，并着重分析他们的宗教情感及其核心关怀所在。

一、神甫的反叛运动中的利益诉求

18世纪的法国天主教持续受到启蒙运动的冲击，中世纪和近代早期的基督教秩序正逐渐向近代的民族国家秩序转变。"宗教更加远离生活，成为一种对权力的认同"，[5]教会成了一种权力机构，神甫则不仅是为地方民众提供圣事服务的神职人员，还成了执行教会行

---

[1] John McManners, *Church and Society in Eighteenth-Century France, Volume 2: The Religion of the People and the Politics of Religion*, New York: Oxford University Press, 1998.

[2] 参见王养冲、王令愉：《法国大革命史：1789～1794年》第一章第一节，上海：东方出版中心，2007年；黄艳红：《革命话语与概念的初现：法国旧制度末期关于税收特权问题的论辩》，《世界历史》2017年第6期，第11页。

[3] 丹尼斯·彼埃雷特就通过研读6500本小册子，来分析法国1789年公共舆论中关于宗教问题的争论，并探讨了神甫在政治事务和行政机构中扮演的角色。参见 Denys-Butrette, *Les questions religieuses dans les cahiers de 1789*, Paris: E. de Boccard, 1919.

[4] 本文所用小册子皆下载于纽贝里图书馆的小册子数据库（Newberry French Pamphlet Collection），该数据库设置于互联网档案馆（Internet Archive）中，主要收藏了1780年至1810年期间出版的小册子。参见 https://archive.org/details/newberryfrenchpamphlets?tab=collection。

[5] Palmer Robert Roswell, *Catholics and Unbelievers in Eighteenth Century France*, Princeton: Princeton University Press, 1961, p. 8.

政事务的地方代表。革命前夕法国有 39000 名神甫，有 20500 名助祭，高级教士及其他神职人员则为 5000 名左右。教会岁入主要由什一税和土地租金组成，其数额达 2.5 亿利弗尔。教士人数由 1667 年每千人 12 名，到革命前夜下降到每千人 4.5 名。[1]在这样一种萧条景象中，神甫的反叛运动揭幕，它肇始于神甫们对自己身居底层观察到的社会不公的深切体验，以及愤懑于教会内部上下层教士间不平等的待遇。这些不满一方面促使神甫们为堂区民众发声，抗议领主、富人的特权及其对民众疾苦的忽视；另一方面引起神甫对上层教士专权的不满。

旧制度时期的法国社会一个明显的社会特征是等级体制的存在，它将教士、贵族、普通民众区分开来，赋予前两者以许多封建特权。在 18 世纪中期，随着宗教争论和财政问题的公开化讨论，等级体制所带来的社会不公逐渐受到社会舆论的声讨。神甫作为最接近底层民众的教士，深切体察民众的疾苦，他们出于基督教博爱的理念，也加入这一声讨行列之中，抗议地方领主的专横、腐化和不作为。

1773 年，布列塔尼的一名神甫面对肆虐堂区的热病，他抱怨贵族全都住在城里而不管自己乡下领地的民众，自己微薄的 500 利弗尔薪俸不足以履行职能，为堂区除去病灾，以致堂区超过 60 位民众受到病痛的折磨。[2]还有一名神甫也抱怨自己堂区的悲惨情景：2200人有 1800 人需要面包援助，而堂区内只有五六个家庭能提供救济。[3]这些掌握着大量财富的领主逃离地方，徒留神甫负责保障整个堂区的生活，无疑让神甫们苦不堪言、怨声载道。他们认为穷人有获得生活安全保障的权利，富人的财富唯有用于救济民众、服务上帝才是合法的。此外，神甫们还抱怨税收，特别是七年战争期间的税收，给堂区民众带来了沉重的负担，而自己由于上层教士隐瞒财产，所受的教士税负也颇为沉重。[4]神甫作为教会内的底层，本身就是民众的一员，因而他们这种对特权阶层的抗议不仅仅是出于对民众的同情，更是与其共命运的主动反抗。

神甫不但在堂区内控诉社会不公，更站在自身立场上控诉教会内部的不公。法国教会在经历了诸如高卢主义、詹森主义、寂静主义的宗教争论后，逐渐变为一个僵化的机构。在这个僵化的机构内，其资源的垄断性不断加强，上下层教士之间的利益冲突不断加剧，这种矛盾主要体现在经济和政治两个方面。

---

① Jones, P. M., *Reform and Revolution in France: the politics of transition, 1774-1791*, Cambridge: Cambridge University Press, 1995, p. 54.

② John McManners, *Church and Society in Eighteenth-Century France, Volume 2: The Religion of the People and the Politics of Religion*, p. 708.

③ John McManners, *Church and Society in Eighteenth-Century France, Volume 2: The Religion of the People and the Politics of Religion*, p. 708.

④ 关于这一点，参见：Norman Ravitch, "The Taxing of the Clergy in Eighteen-Century France," *Church History*, Vol. 33, No. 2, (Jun., 1964), p. 162.

（一）经济方面

神甫们在经济上主要抗议的是其自身薪俸"恰当津贴"（portion congrue）的不足和高级教士侵占什一税。领受恰当津贴的神甫超过法国神甫总数的三分之一，其数额，查理九世期间为120利弗尔，路易十三期间为200利弗尔，路易十六期间为300利弗尔。[①]这些恰当津贴的数额往往不足以供养神甫，为此巴约的一名神甫抱怨道："这如此微薄的薪水何足以供养一个家，如何使他们维护体面的、令人满意的穿着，如何在生病、残疾、年老等情况时获得必要的援助？而此时大什一税主往往在同一个堂区里享受着一份高达一万利弗尔的收入。"[②]早在1664年，多菲内就有人诉至格勒诺布尔高等法院，要求提高恰当津贴，因为150利弗尔的恰当津贴并不足以养活他们。[③]

从17世纪到18世纪，尽管神甫的薪俸有所提高，但相比物价的涨幅速度，神甫的经济处境仍然恶劣。例如，1640年，卡昂—维尔日[④]的肥沃土地按市价大约值2利弗尔，有遗产继承份额的神甫在那时恰当津贴为200利弗尔，相当于100维尔日肥沃土地的价格。如今同样的一维尔日土地值约12—13利弗尔，神甫600利弗尔的津贴只相当于48维尔日的土地，[⑤]可见物价上涨与货币贬值使得神甫的实际收入下降了。

与下层神甫的困窘经济状况相反的是，高级教士通过对什一税的垄断掌握了大量财富。为此神甫们抨击高级教士将什一税据为己有。一方面，他们通过追溯什一税的历史否定上层教士垄断的合法性。安茹的一名神甫认为，"从查理曼时代开始，什一税就被规定是属于本堂神甫的，只是之后由于时代的混乱才被修士和上层教士据为己用"。[⑥]追溯至原始基督教时期，基督徒并不像犹太人那样有支付固定贡品的义务，圣奥古斯丁和之后的圣托马斯·阿奎那都反对将什一税定为神圣的制度。[⑦]巴约的一名神甫直接指明什一税的性质，他说道："认为什一税是一种神圣的权利，是陈腐之见……什一税是纯粹的世俗经济问题。"[⑧]由此在神甫们看来，什一税并非是一种固定的宗教义务，而是一种世俗特权，它的形成与查理曼对教会的献礼密切相关，其征收税率的变化暗示了它是一种特许权的积累。另一方面，神甫们认为什一税应当被用于正确的地方，而非成为上层教士的私财。圣

[①] *Mémoire pour les curés à portion congrue du diocèse de Bayeux*, 1789, p. 1. https://archive. org/details/mmoirepourlescur00unse_0/mode/2up. 如此所示，本文所用小册子皆从互联网档案馆的纽贝里图书馆的小册子数据库里下载而得。以下小册子不再标明下载链接。

[②] *Mémoire pour les curés à portion congrue du diocèse de Bayeux*, pp. 3-4.

[③] 这个事例见Timothy Tackett, *Priest and parish in eighteenth-century France*, pp. 229-231。

[④] Vergée，计量单位，一维尔日相当于0.1276公顷。

[⑤] *Mémoire pour les curés à portion congrue du diocèse de Bayeux*, pp. 6-7.

[⑥] Curé de l'Anjou, *Droit exclusif des curés aux dixmes de leurs paroisses*, 1789.

[⑦] John McManners, *Church and Society in Eighteenth-Century France, Volume 1: The Clerical Establishment and its Social Ramifications*, New York: Oxford University Press, 1998, p. 136.

[⑧] *Mémoire pour les curés à portion congrue du diocèse de Bayeux*, p. 20.

乔治的一名神甫亨利·雷蒙认为，什一税应当用来支付合乎神甫地位的薪俸及其在当地社区的工作，以及装修教堂的费用，以使神甫们能废除征收不得人心的教徒献金（ca-suel）。[1]什一税"应当保留给独立的堂区教会"。[2]通过以上可知，为了反对高级教士的经济特权和改善神甫的经济待遇，神甫们否定了什一税神圣的起源，以反对高级教士垄断什一税，并呼吁重新分配什一税。

（二）政治方面

上下层教士政治不平等的关键在于三个方面，分别为神甫们神职晋升的途径被堵塞、其在当地的权力被上层教士所侵占及其政治参与的权利被剥夺，这使得神甫们对未来感到无望。首先，高级神职被贵族垄断，这阻塞了神甫们的晋升之路。有显赫家世的贵族掌控了主教之职，"塔列朗35岁时就成了主教，罗汉26岁当上枢机主教，他们的整个家族垄断了这些职位"。[3]高级教职已经成了贵族的"铁饭碗"，以致"1715年至1789年期间，在法国的130个教区中，只有一次有一位平民被任命为教区主教"。[4]其次，本该由神甫们执行的堂区教牧职能会受到主教的限制。主教拥有干预堂区事务的权力和对神甫的司法管辖权，他们可以单独发放在教区内布道和聆听忏悔的证书，掌握着堂区助祭的任命权；可以用三个月的监禁来惩罚下层教士，如果有必要更为严厉的话，他们可以要求国王发布秘密信札。[5]这些规定严格限制了神甫在当地堂区的权力，也将神甫的活动范围限定在其管辖的堂区之内，其外出布道或行公事都需征得主教的同意。最后，神甫们被剥夺了在教会机构中的代表权，无权参与教会重要事务的决策。这最典型的便是神甫被排斥在处理教会最重要事务的教士大会之外，教士大会的代表绝大多数为上层教士。在这方面多菲内省的情况颇为突出，该省的上层教士在建立省三级会议时，与贵族进行政治妥协，将下层教士排除在外，以使其只得两个代表名额。[6]上述表明，上层教士剥夺了下层教士的政治话语权，而这点正是致使下层教士提出先进的乃至激进的政治诉求最为关键的肇因。

面对上层教士的权力压迫，神甫们纷纷从理论建构和实际行动上给出了自己的答复，

论法国大革命前夕神甫的反叛运动

① John McManners, *Church and Society in Eighteenth-Century France, Volume 2: The Religion of the People and the Politics of Religion*, p. 722.

② *Curé de l'Anjou, Droit exclusif des curés aux dixmes de leurs paroisses*, p. 22.

③ Michel Vovelle, *The fall of the French monarchy, 1787-1792*, trans. by Susan Burke, p. 20.

④ ［英］约翰·麦克曼勒斯主编：《牛津基督教史》，张景龙等译，贵阳：贵州人民出版社，1995年，第237页。

⑤ John McManners, *Church and Society in Eighteenth-Century France, Volume 2: The Religion of the People and the Politics of Religion*, p. 716.

⑥ 关于多菲内省上层教士将下层教士排除在省三级会议之外之事参见 Timothy Tackett, *Priest and parish in eighteenth-century France*, p. 253。

呼吁教会改革。许多神甫认为神甫的权力肇始于七十二门徒，[1]直接源于上帝，而非来自主教的授予，"神甫的权力不受主教限制，他们是圣事合法的执行者"，[2]"在国民和政治层面上，主教只是像我们一样的公民，他们的观点不应当束缚着我们的观点"。[3]莫勒特罗（Maultrot）主张神甫与主教在布道、做弥撒及施行其他圣事上是平等的。[4]朗格多克的一名神甫则猛烈抨击主教任人唯亲，他主张"大教堂教士和神甫们应当在革新的省议会中拥有自己的代表"，[5]认为"神甫们还应要求维持在教区会议中的审议和裁决权力"。[6]亨利·雷蒙便在《神甫的权力》中要求堂区自身的司法权，认为神甫可以自己选择助祭，以及拥有给予其他神甫在自己堂区布道、听取忏悔的权力。[7]还有更为激进的政治主张，在1789年7月后半段的社会混乱中，伊西教会的卡里翁神甫，试图劝说他的堂区居民宣布自己成立一个独立公社，而他成为该社区行政、立法、司法组织的领导者。[8]甚至，梅尼斯圣皮埃尔的神甫维尔尼奥列主张教会回到使徒时代，其权力交还给堂区的群众会议。[9]实际行动方面以多菲内和布列塔尼为例。因为税收委员会（Tax Board）以大于恰当津贴增幅的幅度增加教士税，多菲内省盖普教区（Gap diocese）的神甫表示了抗议，他们要求由他们选举两名在税收委员会中的代表，这个要求在格勒诺布尔总检察长的支持下得到了实现。[10]而在斗争更为激烈的布列塔尼，高级教士和贵族希望凡尔赛三级会议代表的选举在没有神甫代表的省三级会议内举行。这个建议遭到了下层教士的激烈反对，布列塔尼因而发生了暴动。[11]这些神甫的政治诉求尽管并非总是成功，但无疑昭示了其要求改革教会的决心。

基于上述可知，革命前夕神甫反叛运动中的利益冲突，在于特权阶层没有负担起管理地方的责任，导致堂区生活贫困且缺乏救济，引起最接近民众的神职人员——神甫普遍的不满；在于教会内部不平等的经济、政治体制，上层教士独霸教会收入、垄断政治权力，

---

① 七十二门徒（Seventy-two disciples）是路加福音中提到的耶稣的早期使者，耶稣任命他们并成对派遣他们执行路加福音中详述的具体任务。在西方基督教中，他们通常被称为门徒，而在东方基督教中，他们通常被称为师徒。有的英文版本称之为七十门徒。

② *Les cris du bas clergé: ou analyse et réfutation des prétentions & des préjugés du haut clergé, 1789*, p. 49.

③ *Dauphiné: Les curés de Dauphiné à leurs confreres les recteurs de Bretagne, 1789*, p. 4.

④ Dale K. Van Kley, *The Religious Origins of the French Revolution: From Calvin to the civil constitution, 1560-1791*, p. 336.

⑤ *Languedoc, Avis important sur les intérêts du clergé du second ordre: adressé aux chapitres et aux curés de la province de Languedoc, 1789*, p. 2.

⑥ *Languedoc, Avis important sur les intérêts du clergé du second ordre: adressé aux chapitres et aux curés de la province de Languedoc*, p. 6.

⑦ 对雷蒙该著的分析参见 Timothy Tackett, *Priest and parish in eighteenth-century France, 1977*, p. 242。

⑧ John McManners, *Church and Society in Eighteenth-Century France, Volume 2: The Religion of the People and the Politics of Religion*, p. 715.

⑨ John McManners, *Church and Society in Eighteenth-Century France, Volume 2: The Religion of the People and the Politics of Religion*, p. 718.

⑩ 塔克特详细描述了这件事，参见 Timothy Tackett, *Priest and parish in eighteenth-century France*, pp. 237-238。

⑪ 对该史事的描述参见 John McManners, *Church and Society in Eighteenth-Century France, Volume 2: The Religion of the People and the Politics of Religion*, p. 733。

引发神甫们改革教会的要求。这一现实利益层面的因素是神甫的反叛的第一重面向，它让我们知道了"反叛"何以发生以及何以进行。然而，以往的天主教教会内部一直存在利益分配不均的不平等现象，神甫的反抗也向来有之，故而神甫们展现出的自己的利益诉求并无特别之处。而此时神甫的反叛之所以与以往神甫的抗议活动相区分，且比之殊为激烈，正在于教会的腐化程度逾越了神甫们关于基督教理想教会的界限，此中他们寄托了深厚的宗教感情，并在新式启蒙话语的影响下诉诸文字。

二、启蒙思潮背后的宗教情感

18世纪的启蒙运动促进了法国天主教的世俗化，但天主教内部产生的对这种世俗化的反应使其更加强调自身的精神权威，甚至，这种反应还反过来形塑了法国近代社会世俗化进程的独特面貌——教会的参与和反抗。[①]的确，18世纪的法国天主教失去了对社会秩序的掌控，但我们要知道，"基督教不只是失去了在社会和意识形态事务上的主导权，我们还要认识到他在发展和更新自己"。[②]因此，世俗化并不意味着脱离宗教，它更可能的是宗教的祛魅、信仰虔诚的增强，以及神职人员更加注重世俗人群等。对此罗斯韦尔认为，"如果护教者们相对自由地支持新的思想体系，那是因为他们怀着能够更好地保存教会权力的希望……为了天主教化启蒙哲人，他们自己求助于哲学"。[③]让·德·维格里则判断革命之前宗教不是趋于衰亡的，而是呈现出一种复兴的景象。[④]总而言之，新思想的渗透不代表着抛弃旧我，而往往是更新旧我。在依然高涨的宗教热情下，启蒙运动的发展迫使天主教寻求在新的社会环境下加强自身权威的方法，这便是神甫的反叛的第二重面向。

在这种意义上，革命前夕的神甫们与以往历史上的基督教改革一样，都同样崇尚着建立"纯洁教会"的目标，并主张增强教会权力、加强对社会的思想控制。首先，神甫们主张回到"光荣的过去"。例如，这些神甫反对主教并非意欲废除主教制，而是要"重新将主教引入原始的纯朴之中"。[⑤]当时的一篇神甫小册子声称，"为了将善发扬光大，我们必

① 王印在分析法国17世纪虔信阶层时认为，"虔信阶层的消解并不意味着虔信的消亡。相反，它更多是被稀释进了整个社会的所有阶层，这种扩散使信仰成为一种社会需求，在经过了路易十四的集权统治后，把宗教最终纳入公共服务体系，从而以独特的方式影响了法国近代社会的世俗化进程"。参见王印：《法国十七世纪虔信阶层的文化特征——以早期冉森派群体为中心的考察》，《纪念张芝联先生百年诞辰暨法国史国际研讨会论文集》，2018年，第127页。

② John McManners, *Death and the enlightenment: Changing attitudes to death among christians and unbelievers in Eighteenth-century France*, New York: Oxford University Press, 1981, pp. 444-445.

③ Palmer Robert Roswell, *Catholics and Unbelievers in Eighteenth Century France*, p. 22.

④ Jean de Viguerie, *La Catholicisme des Français dans l'Ancienne France*, Paris: NEL, 1988.

⑤ *Hommage à l'humanité: Dénonciation au gouvernement & Etats-généraux; sur l'abus du pouvoir temporel des évêques de France*, 1789, p. 5.

须追根溯源"。^①而一名神甫在他回复萨瓦的一名堂区助祭的书信中，表达了对古老规制的赞慕，他认为古老的规则"是审慎明智的，大规模地重振它们是有用的"。^②有的神甫则声称"只有一个重生的教会才能抵制连续不断的哲学般的猛攻"。^③不仅如此，神甫在为疾苦的民众发声时，也往往会引述古代原始基督教平等、美好的场景。^④可见，因教会腐败而萌生的建立纯洁教会的理想是当时神甫的一个共识。其次，神甫们强调要加强教会的权力，反对宗教宽容。在麦克曼纳斯对118份陈情书的统计中，104份坚持天主教的垄断地位，12份表达了这个含义，只有2份对此问题保持了沉默。^⑤鲁昂在陈情书里甚至要求其代表，要"继续维持天主教会作为王国唯一教会的地位，禁止非天主教徒的公众崇拜，禁止教派通婚，并规定新教徒要在堂区教会内给他们的孩子受洗"。^⑥此外，神甫们还强调教权的独立，"教会的权力是独立于任何其他权力的。它可以设立捐税，制定法律，限制、监督财产的存留，惩罚、抑制财产的滥用，不加区别地为教会、国家和所有国民谋求安宁"。^⑦这些声明都突出了教会的职能以及教会独立的重要性，使得教会俨然如国中之国。^⑧最后，神甫们主张严格管控社会思想。为了防止出版自由带来危险的后果，鲁昂在陈情书中要求所有的印刷工人都应当在作品底下标注他们的名字，并认为警察应该强制执行关于遵守星期日和节日戒令的法令。^⑨同样在对118份陈情书的统计中，麦克曼纳斯就发现"84份要求加强遵守星期天戒令，80份主张严格的出版审查。此外，一些陈情书公开指责非宗教、非道德的行为：赌博（有17份），不遵守四旬斋（有14份），私自决斗（有12份），亵渎上帝（有7份）"。^⑩革命前夕社会状况混乱，这更加使得许多神甫时刻担心书报检查制度执行不力、人们没有遵守安息日和宗教节日的规定。上述所及，无论是主张建立纯洁教会、加强教会的权力以及对社会的控制，都表明神甫们坚持宗教本位原则。

甚至，启蒙运动带来的世俗化被神甫们利用来加强教会机制。革命前夕神甫们的确更为入世，"社会更公平、人民更公正也成了他们的目标，但他们认为这应该通过一个由纯

---

① *Les cris du bas clergé: ou analyse et réfutation des prétentions & des préjugés du haut clergé*, p. 49.

② *Plan d'un mémoire par un vicaire Savoyard. Réponse Au Vicaire Savoyard, Grenoble, 1789*, pp. 9–10.

③ Ruth F. Necheles, "The curé in the Estate General," p. 426.

④ 关于这一点参见 John McManners, *Church and Society in Eighteenth-Century France, Volume 2: The Religion of the People and the Politics of Religion*, p. 711。

⑤ John McManners, *Church and Society in Eighteenth-Century France, Volume 2: The Religion of the People and the Politics of Religion*, p. 730.

⑥ *Cahier de doléances du clergé du Bailliage de Rouen, Rouen, le 15 avril 1789*, pp. 6–7.

⑦ *Les cris du bas clergé: ou analyse et réfutation des prétentions & des préjugés du haut clergé*, p. 15.

⑧ 这一点鲜明地突出了天主教神甫与詹森派主张的不同之处，神甫们恰恰反对国家对宗教事务的干预，而詹森主义则声称国家拥有干涉宗教事务的权力，参见 Nigel Aston, *Religion and revolution in France, 1780–1804*, p. 9；Dale K. Van Kley, *The Religious Origins of the French Revolution: From Calvin to the civil constitution, 1560–1791*, p. 339。

⑨ *Cahier de doléances du clergé du Bailliage de Rouen*, pp. 7–8.

⑩ John McManners, *Church and Society in Eighteenth-Century France, Volume 2: The Religion of the People and the Politics of Religion*, p. 730.

洁的、重生的教会所形塑的基督教社会来实现，而非世俗议会所实施的立法行动"。①因此，在神甫们看来，社会公正可以促进基督教理想的实现。而在许多早期神甫的抗议言论中，我们还能看到明显的功利主义色彩，他们反对上层教士就是因为他们于教于事无用，而神甫之职则是最为有用的，淘汰那些无用的神职无疑会创造出巨大的价值。而在对于神甫职责的认识中，他们也强调民众的幸福过于心灵的拯救。②这种认识无疑体现出神甫们思想认识中的世俗化色彩，但这种世俗化的认识仍然屈居于对神的忠诚之下，且服务于最终的基督教理想。可以说，神甫们将世俗功用作为恢复原始基督教的媒介。

要而论之，世俗化与圣洁化并行不悖，革命前夕神甫们介入复杂的世俗事务，背后都有深厚的宗教关怀。阿斯顿就对此评论道："与其说他们在期待着未来，不如说是在回望过去。"③溯旧以往新，启蒙时代下世俗理念给神甫们带来的不是宗教热情的消除，而是宗教虔诚的加强。他们仍然坚持宗教本位原则，本质上他们还是护教者。在这种随着世俗思想的传播不降反增的宗教情感之下，抗议专权的上层教士腐蚀教会，尊崇"纯洁教会"的宗教理想，这无疑是神甫的反叛的一重面向。

三、等级观念与政治选择

神甫的反叛所处的是政治变革的时代，而神甫们自身非常明显的政治特征便是其属于旧制度三等级之一的教士等级。因此，神甫们要求教会改制，并提出国家改革的议程，在这个过程中关于等级体制的议题是绕不开的。而神甫们围绕这个议题所做的政治选择正是神甫的反叛的第三重面向。

首先我们来看神甫们对于旧制度等级体制的看法。法国大革命的革命性在于它运用平等话语打破了旧制度时期盛行的等级制度、团体主义，这一成果首先得益于革命前夕神甫的反叛打破了教士等级的独立。④尽管神甫们的反叛运动消除了教士等级独立的基础，但这种结果不是神甫们自觉造成的，当我们深入观察反叛的神甫的政治诉求时，每一位神甫对于等级观念的认识都具有独立性，他们的看法其实有着不同的向度。

一方面，部分神甫深受国民统一观念的影响，从而主张废除等级之别。例如，布里扎

---

① M. G. Hutt, "The curé and the Third Estate: The ideas of Reform in the Pamphlets of the French Lower Clergy in the period 1787–1789," *Journal of Ecclesiastical History*, 8(1957), p. 91.

② Timothy Tackett, *Priest and parish in eighteenth-century France*, p. 267.

③ Nigel Aston, *Religion and revolution in France, 1780–1804*, p. 30.

④ 神甫的反叛之所以能造成这种影响，其原因在于神甫对教会的改制破坏了教士大会独立的运行机制，教士大会是维护教会行政独立和财政独立的重要机构，而行政独立和财政独立是教会自成一个等级的关键，故而教士大会的独立运行被打破极大地削弱了教士等级独立的基础。这个观点参见格林鲍姆对教士大会的分析。参见Louis S. Greenbaum, *Talleyrand, statesman-priest; the agent-general of the clergy and the church of France at the end of the Old Regime*, Washington: The Catholic University of America Press, 1970, p. 4。

神甫主张废除等级分别、各等级统一并反对特权，甚至提出了国民议会为国家最高权力机构的说法。①他批评《多位亲王的报告》中认为等级应当分别开会的提议。②莫雷莱神甫以国家为考虑的中心，丝毫没有表现出等级分别的传统观念，面对国家的财政危机，他号召所有公民都应平等地纳税。③里昂司法辖区的教士选区会议则认为，"教士等级的代表更应视他们自己为全国的代表，由公民选民任命，而非个别等级的代表"。④

另一方面，更多的神甫在谈及等级问题时，仍深受等级观念的影响。例如，普佐日的神甫迪龙在认同国民统一观念的同时又主张等级独立，他在反驳民众指责第一等级只顾自身利益时，极力阐述第一等级的高尚之处，强调其灵性职能，突出其独特的地位。⑤在迪龙看来，国民观念是一种原则，而等级观念是具体行事的标准，两者在不同的概念层级上得以共存。此外，许多神甫都坚信自身身份的特殊性，认为神职人员具有道德上的优越性，并且相信"维持他们在国家里的特殊存在，以及将他们自身与民族主体区分开是他们的责任"。⑥前述的那名安茹神甫就认为："我们是法国人，我们是最重要、最勤勉的那一部分，因此教士等级是三个等级中最有益的。"⑦在革命前夕法国的舆论中，神甫们一直都有注意防止第三等级侵害自身等级的利益，在小册子所提出的改革议事日程中，他们倾向于将教士等级视为核心。有些神甫甚至察觉到了世俗人士和教士在议程上的矛盾之处，他们提醒其同僚要注意第三等级民众所赠送的"礼物"。⑧这意味着神甫们对第三等级有所提防，恐其提出的改革议程有损教士的利益。

通过上述内容我们可以看到，神甫们对于等级的态度是不一的。而当神甫们选出代表前往凡尔赛参加三级会议时，他们的等级观念与实际的政治产生碰撞，由此我们更能观察到神甫们"反叛"的另一面。这集中体现在神甫代表与第三等级联合的过程中。

要分析神甫代表与第三等级的联合，首先要认识到神甫们面临的政治困境。神甫代表在304名教士代表里占有208名，当因上层教士和贵族联盟对抗第三等级，使得三级会议陷入议事僵局之时，他们希望在僵局中扮演调停人的角色，试图取得各个等级之间的共

---

① Gabriel Bizard, *Modestes observations sur le mémoire des princes: faites au nom de 23 millions de citoyens françois*, Paris: De l'imprimerîe nationale, 1788.

② 参见 Gabriel Bizard, *Modestes observations sur le mémoire des princes: faites au nom de 23 millions de citoyens françois*, p. 19。

③ André Morellet, *Projet de réponse à un mémoire répandu sous le titre de Mémoire des princes, 21 décembre 1788*, p. 5.

④ *Cahier des Demandes de l'order du Clergé de la Sénéchaussée de Lyon, 1789, Mars 14*, pp. 2–3.

⑤ 关于这个看法参见 Dominique Dillon, *Discours prononcé dans la chambre du clergé par M. Dillon, curé du Vieux Pouzaugues, le 27 mai*, Marseille: Chez Jean Mossy, père & fils, imprimeurs-libraires, 1789, p. 6.

⑥ Edmond de Pressensé, *The church and the French revolution: A history of the relations of church and state from 1789–1802*, p. 36.

⑦ Curé de l'Anjou, *Droit exclusif des curés aux dixmes de leurs paroisses*, p. 83.

⑧ Dale K. Van Kley, *The Religious Origins of the French Revolution: From Calvin to the civil constitution, 1560–1791*, p. 348.

识，因为他们认为所有等级的成员都是平等的，都应当为了共同的目标和利益而奋斗。[1]
但苦于僵局无法打破，主张改革的神甫们对上层教士强硬的保守态度日益感到不满，他们
渐而认为，"教士的中立只有利于贵族利益"。[2]于是，他们的政治立场日益倾向第三等级，
因为"他们相信，上层教士与他们贵族亲戚的联合会阻碍宗教或世俗生活方面的所有重要
变革"。[3]而相较这个联盟，非常弱势的下层教士只能选择第三等级作为同盟军，以保障自
身的利益。于此可见，在三级会议中，如果没有阻碍改革力量的存在，他们并非一定要与
第三等级联合，他们选择加入第三等级更多的是一种政治选择。因此，他们的政治立场转
向第三等级并不意味着放弃自身的等级认同。

　　神甫代表与第三等级联合的过程并非是一蹴而就的，其中神甫代表有着复杂的利益考
量。早在1789年5月7日，穆尼埃就建议派代表去邀请教士参加第三等级。随后未经允许
的穆尼埃私自前往教士会议室，邀请他们共同审议代表资格，但教士等级没有给出明确答
复，教士之间存在着分歧，"一些人是在表示抗议后希望加入第三等级中，另一些则仍希
望待在教士会议内"。[4]格雷古瓦是反对者之一，他否定共同审议代表资格和按人计票的必
要性，他声称："不怀好意的第三等级要混淆国民等级，攻击财产，损害君主制度并削弱
天主教。"[5]很明显，格雷古瓦神甫并不相信第三等级，他怀疑第三等级有激进的意图。他
甚至将第三等级与贵族相提并论，"说理类似的第三等级和贵族也有相同之处，即似乎鼓
动了有损于公共精神和祖国的团体精神。而第三等级的关注点在于保留一个位居贵族之上
的等级，在这个等级中他们能安插自己的成员"。[6]格雷古瓦神甫之所以不信任第三等级，
也是担忧他们像贵族一样凌驾于其他群体之上。此外，反对加入的上层教士则宣传道：第
三等级邀请教士的真正目的是消灭其等级的独立。神甫群体的领导者对此辩解说，第三等
级邀请的目的仅仅指向共同审议代表资格，他们并无损害第一等级的意图。[7]5月26日，支
持加入第三等级的神甫敦促第三等级成员去邀请教士，其中他们建议第三等级成员为宗教
和什一税问题，向他们那些对第三等级抱有偏见的同僚提供保证，以消其忧虑。[8]通过上
述可知，大部分神甫对加入第三等级是有顾虑的，他们仍然受到等级观念的影响，即使是
那些反驳保守派教士的神甫，他们也不知不觉地表达了维护教士等级独立的立场，因为他
们反驳的理由，仍是在认同等级的基础上阐释第三等级并无冒犯之图。若他们真正消除了

① *Pétition des curés, 1789*, p. 5.

② Ruth F. Necheles, "The curé in the Estate General," p. 435.

③ Ruth F. Necheles, "The curé in the Estate General," p. 444.

④ M. G. Hutt, "The Rôle of the Curés in the Estates General of 1789," p. 193.

⑤ Grégoire Henri, *Lettre de M. Grégoire, curé d'Emberméneil, député de Lorraine, à ses confrères les dèputès du clergè, & à tous les curés de la nation, 1789*, p. 2.

⑥ Grégoire Henri, *Lettre de M. Grégoire, curé d'Emberméneil, député de Lorraine, à ses confrères les dèputès du clergè, & à tous les curés de la nation*, pp. 3–5.

⑦ M. G. Hutt, "The Rôle of the Curés in the Estates General of 1789," pp. 205–206.

⑧ M. G. Hutt, "The Rôle of the Curés in the Estates General of 1789," p. 198.

等级观念的影响、认同等级融合，那么"冒犯"的主体和对象皆不应存在，可其反驳的理由——"第三等级并无冒犯之图"，仍无意之中认可了"冒犯"的主体和对象，即继续认同第三等级和第一等级的分立。

6月19日加入第三等级的投票是神甫代表与第三等级联合的关键一步，在这场投票中，65%的教士、149名神甫投票赞成，另外35%的教士反对加入第三等级。胡特认为这149名神甫并未意识到共同审议代表资格会带来等级的融合，[①]他们认识中的加入第三等级是以保留等级之别和特权为条件的。[②]这说明神甫们只是在选择与第三等级合作，而非成为其等级的一员。即使是在加入第三等级之后，神甫们在国民议会中的表现也无时不体现出等级观念的影响。他们在国民议会中仍按等级集中就座；他们为了避开共同审议代表资格而主张在各自的会议中进行讨论，尽管这个策略并不成功，但他们中的大多数都进而拒绝通过以人数而非按等级投票的决议。[③]这些都表明神甫们仍坚持对等级分立的认同。这仍然存在的等级观念甚至影响到了国民议会的组织原则和议事程序，如宪法委员会组成情况所示，其成员并非通过投票选举，而是严格地依照等级选立：两名来自第一等级，两名来自第二等级，四名来自第三等级。可见，加入第三等级后的神甫仍受等级观念的影响，他们在国民议会中仍按照等级来组织政治活动。

概而言之，等级观念与政治立场的选择没有呈现出一种"正比"的关系，即认同等级分立就选择了保守、赞成废除等级就是激进的态度。纵使大多数神甫都接受了国民观念和爱国主义思想，在他们心中，等级仍然有着相当重的分量，他们仍然坚持等级的区分；但他们坚持等级分立并不意味着他们反对改革。实际上他们认为等级与改革是不相冲突的，他们心中更为普遍的认识是，"所有等级成员是平等的，但不一定要废除等级"。但这种认识的内在实际上是自相矛盾的，原因在于，等级观念建基于"差异原则"，既然平等原则取代了差异原则，等级就不复存在的基础。当神甫们说到平等时，他们认同等级融合；而当神甫们提及等级时，他们坚持等级分别。因此，神甫们在具体历史语境下支持等级融合还是等级分立，对于他们来说实质上是一种政治选择，而非思想观念上的分野。由此我们可以看到，等级观念与政治立场呈现出一种相互独立的关系，前者的选择与后者的抉择并不一定会相互影响。神甫的反叛这场运动行进到大革命前夕的改革议程时所呈现出的这种复杂的姿态，是其独具时代因素的一重面向。

结　论

如果将神甫的反叛置于18世纪的法国历史中，我们就会发现这场运动处于宗教史与大

① M. G. Hutt, "The Rôle of the Curés in the Estates General of 1789," p. 209.

② M. G. Hutt, "The Rôle of the Curés in the Estates General of 1789," p. 205.

③ Fitzsimmons Michael, "Privilege and the Policy in France, 1786–1791," p. 283.

革命史这两大谱系的交汇处。一方面，西欧基督教一直有借鉴世俗因素以完善自身的传统，自宗教改革以来更是如此，神甫的反叛便是启蒙时代重新构建教会新形式的尝试，是自高卢主义、詹森主义以来近代早期法国宗教运动的最后一次绽放。另一方面，神甫的反叛运动推动了法国大革命的爆发：由于上下层教士间不同的政治取向和改革意愿的存在，教士等级经过神甫们频繁的斗争，早已非一个严密、团结的组织机构。故而三级会议中，下层教士选择加入第三等级，推动保守派居多的上层教士和贵族也加入了国民议会中，从而破除了议事僵局、推进了改革议程。可以说，正是上下层教士间的矛盾从内部瓦解了教士等级，使得最初革命的进行并未遭遇太大的阻力。上述神甫的反叛其影响正印证了麦纳曼克斯所言，即"神职人员在教会群体中代表着传统和过去，但神职人员也是社会变革的主要推动者"。[①]

在这一个临近革命的时间点上，神甫们虽然把握到了时代的脉搏，感受到了世纪变革的气息，就如檄文般的小册子所示——"这是关于重生和良好改革的时期，这是拯救的时刻。弟兄们，唤醒我们沉睡的时刻到来了"。[②]但是，通过本文的分析可知，法国大革命前夕神甫们的反叛运动有着更深层次的含义。首先，它与神甫们的现实生活利益密切相关：一方面，地方领主对堂区民众管理的缺失、对民众疾苦的漠视，使得神甫们起而为之呼吁正义；另一方面，上层教士对教会收入和权力的垄断以及对下层教士的压榨，直接促使神甫们起而反抗这种不平等现象。其次，它受神甫们宗教情感的内在驱动：宗教改革后的西欧社会是宗教复兴的时期，启蒙运动所促进的世俗化进程非但没有与之相抵触，反而还为教会重构提供了思想资源。最后，它成了大革命前夕政治活动的一部分：大多数神甫仍受根深蒂固的等级观念的影响，故而他们仍认可等级分立；而在三级会议选举和议程中，神甫代表怀具爱国思想，主张进行教会和国家改革。这两种立场看似互相背离，实则其背后是神甫对当时复杂政治的考量。在他们的认识中，等级体制与改革可以共存。纵而观之，这三重面向相互交错，正是由于启蒙思潮中自由、平等话语的传播和一直以来关于理想教会的宗教情感，神甫们才会对教会的腐败难以忍受，从而引起其抗议、呼吁改革；而这种抗议受神甫们的等级观念和宗教本位思想的影响，一直具有较大的局限性。这三重面向及其交错的关系便是神甫的反叛运动复杂性的体现。

进而言之，这种复杂性是多重因素交织下的产物。18世纪的法国是一个新旧并存的社会，该运动正是处于这样的环境，它既继承了长时段以来西欧教会内部的利益斗争特征，又夹杂着短时段内法国旧制度中特有的等级因素，甚而加入了法国大革命前夕膨胀的舆论政治之中。这种种层级不同、多元不一的经济、政治和思想因素共同塑造了该运动复杂的面貌，而这恰好要通过考量神甫们的"主体性"才能得到很好的展现。

① ［英］约翰·麦克曼勒斯主编：《牛津基督教史》，张景龙等译，贵阳：贵州人民出版社，1995年，第239页。

② *Languedoc, Avis important sur les intérêts du clergé du second ordre: adressé aux chapitres et aux curés de la province de Languedoc*, p. 1.

在神甫们的观念世界里，他们的反抗行为所透露出的思想关怀一如既往，都是对"神性如何在人世展现"这一问题解释进程的延续。在当时的历史语境中，神甫们对这一问题的解答便是"让神性在世俗政治中显现"。在他们看来，人民的声音便是上帝的声音，世俗政治是上帝的安排，为此，他们将自己的身份重新定位为公民教士。因此，一方面，他们认同了启蒙话语、产生了对国家的崇拜；另一方面，他们仍然将世俗政治话语作为宗教问题来处理。政治与宗教在此消融了彼此的界限，互为表里，共同服务于神的旨意。这是神甫的反叛运动最为核心的特征，由此便得以解释在往后的革命进程中，为何他们在对革命政府设立公民宗教抱有希望之时支持革命事业，而在希望破灭之后转而背离革命。

老师点评：法国大革命史在近代法国史研究中可谓最为热门的领域，在其间找到有价值的新选题并提出新见解并不容易。叶树彬同学选定法国大革命前夕的神甫的反叛运动作为学士学位论文的题目，体现了他良好的学术视野和发现问题的能力。神甫的反叛运动是推动革命舆论形成、打破三级会议议事僵局的重要动因，具有重大的历史意义。此议题在国外学界虽有研究，但程度尚浅，而在国内学界尚无人涉及。本文在充分利用许多英法文论著的同时，以神甫们的论辩小册子为主体资料，资料基础比较扎实。考虑到这些资料以当时的法文写成，数量庞大，作为本科生论文的资料基础，十分不易。本文分析了这场运动中神甫们的利益、情感诉求及其影响下的政治行动，并考察神甫的反叛运动的核心特征——政治与宗教互为表里的关系，从而得以解释大多数神甫何以在大革命初期支持革命事业，而之后又背离了革命。论文能够驾驭大革命环境下一个特殊群体的复杂选择和命运走向，条分缕析，说理有据。当然，解释神甫的反叛运动还有更多的史料应当参考，相关的小册子也需要进一步搜集利用。但是叶树彬同学在有限的时间内，基本上独立自主地在学界尚未深耕的领域中做出了扎实的研究，体现了其能力和潜力，值得鼓励。

论文指导老师：蔺志强

鼎革之际的女性形象研究

——以 1910—1913 年《申报》广告为例

2018级 齐 赫①

摘 要: 广告既是反映当时社会情况的载体,也是影响大众认知的引导者。清季民初,中国社会从上至下都发生了巨大变革,媒体广告在一定程度上可以客观反映社会现状和发展趋势。《申报》作为近代中国最重要的报纸之一,覆盖面广,影响力大,具有非常重要的研究意义和史料价值,其中的女性广告生动形象地反映了各个时段的女性特点,是女性社会地位和角色变化的真实写照。1910—1913年《申报》女性广告中的女性形象总体以旧式的传统妇女形象为主,新式女性少,但引人注目。清季民初女性广告的特点映射出社会的转型,主流文化在新旧之间徘徊不定,体现了社会性别规范和男性视角对女性的影响。

关键词: 广告;《申报》;清季民初;女性形象

最近十多年来,随着民国题材的影视剧、小说等文艺作品的大量出现,越来越多的年轻人对民国前后产生了浓烈兴趣,向往所谓"民国浪漫",追捧20世纪初的文人墨客言行、拍民国风格的毕业照、穿民国服装等。但影视剧与小说等作品或多或少对民国前后的社会状况有所美化,尤其部分女生受到偶像作品和自媒体的影响,对清末和民国时期抱有许多不符合实际的美好幻想,甚至想穿越到过去,做民国的"女学生""姨太太",这显然对当时女性的处境有很大误解。

笔者认为,媒体广告在一定程度上可以反映社会现状和发展趋势,如同在女性地位大大提升的现代社会,各平台广告总是会特意塑造独立自信的女性形象,既展现了新时代女性的风采,又体现出社会大众对女性的期待。《申报》作为近代中国发行时间最久、覆盖面最广、有着广泛社会影响、读者最多的商业报纸,具有非常重要的史料价值。其中的女性广告生动形象地反映了各个时段的女性观,它既是社会性别观念及行为方式的历史延伸,也是男性在两性关系中占主导地位的真实写照。研究 1910—1913 年《申报》女性广告能够帮助我们深入了解民国建立前后女性的社会地位、所扮演的社会角色,以及传统王朝

---

① 齐赫,2000年9月出生,新疆维吾尔自治区阿克苏地区库车市人。2022年6月于暨南大学历史学系本科毕业。现就职于乌鲁木齐市水磨沟区人力资源与社会保障局。

覆灭、民国建立对女性形象的影响。

在以往有关清季民初女性的研究中，学者们大多以特殊历史背景下女性生活及角色变化作为研究对象，注重在社会变迁历程下，展现女性生活和地位的改变，以及与社会变迁的互相影响。夏晓虹的《晚清女性与近代中国》[①]，郑永福、吕美颐的《近代中国妇女与社会》[②]等著作就是从这个角度出发研究近代女性的。于文哲在《由清末的女子留日运动看女性主体意识的觉醒》[③]一文，通过研究清末女性留日运动，分析留学风潮对女性的影响，论述了女性主体意识在留日运动中逐步觉醒。柴松霞、李春艳在《婚姻关系视角下清末民初女性权利观变化探析》[④]一文，以清末民初的婚姻关系为切入口，探讨了女性权利在新思想、新制度的影响下发生的变化。随着社会性别理论的引入，不少学者从社会性别角度对近代女性形象做了进一步探究。蒋美华的《20世纪中国女性角色变迁》[⑤]一书，利用角色理论、社会性别结构理论，从性别视角研究20世纪初和改革开放后两个时期的女性，详细描述了处于20世纪社会变革转型时期中国女性角色变迁历程，探究了女性在社会大变革时期角色塑造的客观形势和主观动因，宏观审视了女性角色与社会变迁的内在关系。姚霏的《空间、角色与权力——女性与上海城市空间研究（1843—1911）》[⑥]一书，借鉴社会性别理论，运用跨学科研究方法，以社会史和区域史的视角审视近代上海女性在空间、角色、权力方面的"越界"或"突破"及其特征。

在有关《申报》广告的研究中，大致分为两类：一类从新闻传播学出发，以广告及广告业为研究对象，论述广告的发展历史、社会功能、经营管理、排版设计等。如蔡文超的《二十世纪〈申报〉广告美术字与再设计研究》[⑦]一文，从美术和广告设计角度分析《申报》广告的多样艺术形式。丁焙烽的《〈申报〉月份牌广告研究（1875—1949）》[⑧]，主要梳理分析了月份牌广告的发展历史、表现形式和传播形式。一类侧重历史学和社会学角度，利用广告反映社会现实的特性，探讨近代社会的转型，其中相当一部分论著的关注点在于女性形象。张晨阳的《〈申报〉女性广告：女性形象、现代性想象以及消费本质》[⑨]一文，以1928—1937年的《申报》广告为资料，主要研究了日常的市民生活、女性形象的角色定位以及消费文化特质等方面的内容。王楠的《〈申报〉广告中女性形象的文化解

① 夏晓虹：《晚清女性与近代中国》，北京：北京大学出版社，2004年。

② 郑永福、吕美颐：《近代中国妇女与社会》，郑州：大象出版社，2013年。

③ 于文哲：《由清末的女子留日运动看女性主体意识的觉醒》，《徐特立研究：长沙师范专科学校学报》2009年第1期。

④ 柴松霞、李春艳：《婚姻关系视角下清末民初女性权利观变化探析》，《南海法学》2017年第4期。

⑤ 蒋美华：《20世纪中国女性角色变迁》，天津：天津人民出版社，2008年。

⑥ 姚霏：《空间、角色与权力——女性与上海城市空间研究（1843—1911）》，上海：上海人民出版社，2010年。

⑦ 蔡文超：《二十世纪〈申报〉广告美术字与再设计研究》，上海大学硕士学位论文，2015年。

⑧ 丁焙烽：《〈申报〉月份牌广告研究（1875—1949）》，中南民族大学硕士学位论文，2019年。

⑨ 张晨阳：《〈申报〉女性广告：女性形象、现代性想象以及消费本质》，《妇女研究论丛》2005年第3期。

读》和《〈申报〉广告中的女性形象及女性意识》①等文章,以《申报》广告中的女性日常生活为切入点来研究它唤醒现代女性意识的时代使命,通过解读广告中的女性所扮演的职业角色和家庭角色,来研究近代中国女性社会角色的变迁和女性意识的崛起、发展。王金阳的《民国时期女性形象的嬗变:以〈申报〉1910—1936年化妆品广告为例》②一文,通过对1910—1936年《申报》化妆品广告的研究来分析民国时期女性形象的变化,以及当时社会生活的变迁。李园霞的《民国广告中女性形象的文化解读》③一文,以《申报》及其他民国报刊广告为研究对象,运用分类统计的方法,探寻中国古代女性形象向现代社会嬗变的轨迹,从文化角度解析广告中女性形象背后的身份构建和文化认同。

学界已对晚清民国女性及《申报》中的广告做了比较深刻、详实的研究,但他们关注的《申报》女性广告主要集中在20世纪二三十年代,重点在于五四运动后女性社会形象的变化,侧重新民主主义下女性意识的崛起和发展,而对清季民初社会转型下女性形象的研究较少。本文拟将时间范围定在1910—1913年,且以1912年中华民国建立为界,分为清季和民初两个阶段,进行前后对比,通过讨论《申报》刊载的女性广告内容的前后变化,讨论清末民初的重大社会变革对女性社会形象的影响。因《申报》的主要发行地在上海,且受到经济和文化水平限制,其受众主要为城市居民,所以本文探讨群体主要是上海城市女性,但不仅限于此。

本文采用文献研究法和内容分析法,利用爱如生《申报》数据库和全国报刊索引数据库搜集整理1910—1913年《申报》中部分与女性相关的广告、图片,进行分类统计,再以1912年为界分阶段分析不同时期广告中女性形象的特点,然后进行前后对比。通过以上对比和解读,分析图像和文字背后的社会文化内涵,探究女性形象的构建与变化,以及民国建立对女性社会地位的影响;最后总结上述内容,并联系广告的社会作用,论述《申报》广告在近代女性社会角色变化中所发挥的作用。

由于研究的广告内容总量较大,且《申报》作为日报,具有周期性,因此笔者采用构造周抽样的方法,即在总体中从不同周随机抽取周一至周日的样本,这些样本组成的一个周即为"构造周"④。这种抽样方法在一定程度上可以避免报纸内容结构以周为单位而产生的周期性误差,相对更为科学严谨。对于一年的日报来说,一个构造周足以预测总体均值,两个构造周则会更好⑤。为了更加全面掌握样本内容,笔者从1910—1913年的《申报》

---

① 王楠:《〈申报〉广告中女性形象的文化解读》,《新闻知识》2011年第12期;《〈申报〉广告中的女性形象及女性意识》,《新闻知识》2014年第9期。

② 王金阳:《民国时期女性形象的嬗变:以〈申报〉1910—1936年化妆品广告为例》,山东大学硕士学位论文,2013年。

③ 李园霞:《民国广告中女性形象的文化解读》,黑龙江大学硕士学位论文,2017年。

④ 任学宾:《信息传播中内容分析的三种抽样方法》,《图书情报知识》1999年第3期,第29—30页。

⑤ [美]里夫、[美]赖斯、[美]菲克:《内容分析法——媒介信息量化研究技巧(第2版)》,嵇美云译,北京:清华大学出版社,2010年,第115页。

中搜集整理出720条女性广告，即为本文的抽样样本和研究对象。当然，一些特殊情况的存在，并不能完全按照构造周抽样的方法，笔者会在讨论时做具体说明。

本文中清季民初①时间限定在1910—1913年，但不代表论文内容仅局限于这四年，可能会涉及1900—1920年期间的其他时段。之所以选择这四年，是为了照应"鼎革之际"，1912年民国正式成立，成为新旧时代的分界线。但社会的变化除了政权改换名称外，社会大众的言行、衣着面貌等的改变不可能一下子完成，故笔者以1912年为界，向前追溯到1910年，向后延伸至1913年，目的是为了更好地分析女性形象的改变情形。

本文所谓女性广告，是指以女性为目标对象，以女性形象招徕男女消费者，以女性肖像装饰产品。

一、清季民初的女性与《申报》

清季民初的女性深受社会大变革的影响，在康有为、梁启超、郑观应等进步人士的带领下，逐渐摒弃落后的思想行为，妇女解放运动热烈进行。与此同时，大众传媒迅速发展，女性不再是"养在深闺人不识"，而是时常出现在报刊新闻、广告中，接受大众的品评。

清季民初是中国近代社会转型的重要时期，先后发生了戊戌变法、清末新政、辛亥革命、新文化运动、五四运动等对中国近代政治、思想文化领域有重大影响的事件。在社会变革的洪流下，向来被排除正常社会活动以外的女性也不免受其影响。清季民初，随着西方思想文化传入的不断扩大，以及在部分开明知识分子的大力倡导下，社会上掀起了一股女性解放思潮，"解放"也是近代以来女性发展历史的关键词之一。兴女学、废缠足、倡导婚姻自由、鼓励女子参与社会生活，尽管这些思想行动的提出和践行面临种种困难，但在一定程度上开启了民智，帮助部分女性摆脱了传统妇女形象的束缚，使中国近代女性在解放道路上迈出重要的步伐。1898年，梁启超与经元善、康广仁等在上海成功开办一所女校"桂墅里女学会书塾"，又叫经正女学。这是中国人自己开办的第一所女学校，开近代国人办女学堂的风气之先。尽管筹备办学的都是男人，但学校内所有教学管理工作均由女性承担。学校还邀请了西方女性参与教学，既促进了中西交流，又有利于学生开拓眼界。②经正女学仅维持两年就被迫关停，但其带给社会转型和女性解放的影响远远超出了教育意义。此后，女学引起了官民的重视，女校在政府的支持和民间的呼声下遍地开花，

---

① 一般认为"清季"即"清末"，笔者查阅相关文献时发现学者们对"清季民初"或是"清末民初"的时间范围界定各不相同，总体分为两类：一类认为清季民初指八国联军侵华到五四运动爆发期间，又习惯性加上1920年，即1900—1920年；一类认为"清季"从1840年鸦片战争至1912年宣统退位。"民初"从1912年袁世凯任临时大总统至1928年北伐成功。但无论是何种说法，本文涉及的主要时间段1910—1913年都在清季民初的时间范围内。

② 朱希：《试论清末民初女子受教育权的确立及实施》，南昌大学硕士学位论文，2020年。

女学生的数量也在逐年增加。据1907年《第一次教育统计图表》（清学部部务司编）统计，当时全国已有女学堂428所，女学生15498人。[1]

缠足是中国传统社会的一大陋习，在女子幼年时用布条将双脚紧紧包裹起来，使之变形甚至残疾，只为了让正常的双脚变成男性喜欢的小脚。裹脚极大残害了女子身心，一面将女性物化，使其不择手段取悦男性，沦为男性的玩物；一面使残疾的双足导致行动不便，把女性牢牢束缚在庭院之中。近代以来，不少开明之士对缠足提出质疑和批判，其中，最先在大众出版物公开宣称"戒缠足"的，是美国传教士林乐知主编的《万国公报》。该报多次发表文章，从医学等角度痛斥缠足之弊，力劝女子不要裹脚。其后，早期维新知识分子也发表了大量要求废缠足的文章，例如陈虬的《弛女足》[2]、郑观应的《论裹足》[3]等。维新派也展开了一系列废缠足的实践活动。康有为于1897年在上海创立不缠足总会，到1898年维新变法时期，不缠足会总人数已有30余万人。[4]民国成立后，南京临时政府通令各省，严禁缠足，规定"已缠足者令其必放，未缠者毋许再缠，倘乡僻愚民，仍执迷不悟，或编为另户，以激其羞恶之心，或削其公权，以生其向隅之感"[5]。这是中国历史上第一次以国家法令的形式废止缠足。自此，不缠足运动在全国更加轰轰烈烈地展开，并逐渐发展为社会共识。

中国传统社会，人们的婚姻向来是"父母之命，媒妁之言"，青年男女结婚前甚至从未谋面，这样的包办婚姻只讲求门当户对，至于双方是否情投意合并不重要。且男女一旦结婚，便不能随意离婚。男性可纳妾，可续弦，可休妻；而女性只能从一而终，不能主动离婚，还可能为了"贞洁烈女"的枷锁守寡终身，女性在婚姻里毫无自主权可言。近代以来，西方自由主义思想传入中国，婚姻自由开始成为社会风尚。蔡元培、宋教仁等人极力倡导婚姻自由，男不纳妾，女不守贞，结婚自由、离婚自由和再婚自由，逐渐成为社会风气改良之新标准。

女性身体和思想的解放使女性不甘于被束缚在庭院之中，"走出家门"成为女性的下一步追求。传统婚姻家庭往往是"男主外，女主内"的家庭模式，男子负责赚钱养家，代表家庭参与社会活动；女子则在家相夫教子、照顾家人、打理家务，活动范围仅限于墙垣之内。传统的"女主内"将女性与社会隔离开来，她们的价值仅体现在家庭之内，社会价值近乎于零，女性的劳动与付出得不到应有的报酬和社会的重视，只能依附男性才能更好

① 朱有瓛主编：《中国近代学制史料》（第二辑下册），上海：华东师范大学出版社，1989年，第649—650页。

② 陈虬：《治平通议》，中国史学会编：《中国近代史资料丛刊·戊戌变法》第1册，上海：上海人民出版社，1957年，第217页。

③ 郑观应：《论裹足》，夏东元编：《郑观应集·救时揭要（外八种）》，北京：中华书局，2013年，第166—167页。

④ 卿丽萍：《初成"新女性"（1900—1915）：女子国文、修身教科书中的女性观》，首都师范大学硕士学位论文，2013年。

⑤ 孙中山：《令内务部通饬各省劝禁缠足文》，《孙中山全集》第2卷，北京：中华书局，1982年，第232页。

地存活。随着经济发展和社会思想变迁，女性渐渐被鼓励走出家门，拥有自己的社会角色。19世纪末，维新人士对女性就业提出了要求，梁启超在《论女学》中提倡女性就业、经济自立，以此减轻社会的负担[①]；秋瑾指出女性经济自立可以补贴家用、兴隆家业，也可以提高女性的社会家庭地位，她曾批评依靠丈夫的女人："如有志气，何尝不求一个自立的基础，自活的艺业呢？"[②]秋瑾认为女性要自立，必须学习手艺，适应群体生活，和男性一样工作赚钱。据1898年10月《女学报》统计，上海的缲丝、纺织厂已有50余家，有女工近七万人。[③]

19世纪中后期的上海是中外交流的桥头堡，不少外国人在上海创办报纸，但其中大多都是英文报纸。英国人安纳斯脱·美查注意到这一点，他以营利为目的，力图创办第一份给中国人看的报纸。1872年，《申报》创立。不久，《申报》从一个名不见经传的小报，逐渐发展为上海最受欢迎的报纸。从1872年创立，到1949年停办，《申报》记录了近代上海乃至近代中国的社会经济变迁和民众生活变化，是中国近代史上最有影响力和最具代表性的报纸之一。

清季民初的《申报》处于由混乱到规范的过渡时期。1889年，美查转让《申报》股份，回到英国，《申报》失去了领头人，产权几经转手，报纸经营陷入混乱。[④]这一时期《申报》主笔变动较大，政治立场渐趋保守，由同情赞扬维新变法，客观报道政治运动，转变为批判康、梁。而此时新报纸不断涌现，《申报》销量一落千丈，广告收入也相当惨淡。在困境之中，《申报》先后经历了1905年整顿改版，1909年席子佩改革，报纸内容逐渐规范，政治立场明确，使人耳目一新，又增设了副刊《自由谈》，使得《申报》走出困境，影响力进一步增强。1912年史量才接手《申报》，进行了大刀阔斧的改革：建立新报馆，引进新技术，革新文字编排方式，开辟新栏目，增设副刊。《申报》作为以营利为目的的商业报纸，广告是其重要的收入来源。报纸广告信息容量大、阅读方便、发行量大、传播迅速，再加上报纸广告的费用低廉、制作方便，大量产品会在报纸上进行广告宣传，因此报纸广告成为上海近代广告重要的组成部分。出于收入和报纸定位的考量，史量才还特设了广告推广科，专司广告业务，使《申报》转亏为盈，广告也成为《申报》的首要收入。[⑤]

《申报》作为新闻报，其首要职责是报道新闻。相较于广告，新闻中的女性形象更加真实立体。女性受到自身文化水平限制和社会风气影响，鲜少出现在政治、经济新闻板块里，我们只能通过社会新闻窥探清末民初时期《申报》中真实的女性形象。

①梁启超：《论女学》，载梁启超：《饮冰室合集》第一册，北京：中华书局，2015年，第37—44页。
②秋瑾：《敬告姊妹们》，载秋瑾：《秋瑾集》，上海：上海古籍出版社，1979年，第15页。
③北京大学国际政治系：《中国现代史统计资料选编》，郑州：河南人民出版社，1985年，第12页。
④上海图书馆编：《近代中文第一报——〈申报〉》，上海：上海科学技术文献出版社，2013年，第27页。
⑤上海图书馆编：《近代中文第一报——〈申报〉》，第35页。

在《申报》的社会新闻栏目里，青年女性是新闻报道的主体，其内容集中在婚姻、恋爱等家庭事件，且女性多以受害者或负面形象出现，如被强奸、被抛弃、自杀、诈骗等。即便在这些女性是主角的新闻里，许多报道仍从男性下笔，对女性无过多介绍。例如，在《女子张巧珍诉王文达强奸案》①中，张巧珍无疑是主角，但是在报道中，却没有过多关于张巧珍的介绍，而是从她的丈夫写起。这说明在当时的社会，女性和家庭、婚姻紧密联系在一起，没有自我独立的人格，没有深入参与社会生活，男性无论在何时永远是主体，女性只是他们的附庸。

虽然《申报》社会新闻中的旧式妇女居多，但仍有积极进步的声音。在清季民初有识之士纷纷为妇女解放奋力呐喊之时，《申报》也时刻关注着女性的生存状况。《申报》对"天足会""不缠足会"的成立以及各类女校的兴办都做了详细报道，《申报》主笔也多次撰文明确反对缠足，支持女子接受教育。1912年后，《申报》中出现了女子社团、女子剧院、女子团体募捐等具有正面形象的新女性新闻。《申报》也多次针对女权、妇女解放问题展开讨论，且不论观点如何、讨论结果如何，仅仅是将从前毫无争议的话题拿出来在公众面前讨论，就已经说明女性意识的觉醒和社会文明的进步。

总的来说，在社会转型的大背景下，清季民初《申报》的女性观在新旧之间徘徊不定，落后陈旧之中萌发出稚嫩先进的新思想。

二、清季民初《申报》女性广告中的女性形象

《申报》广告内容丰富、种类繁多，涉及物质和精神需求，从吃穿住行到歌舞戏剧，涵盖了生活的方方面面。笔者将搜集到的女性广告以两套标准分别进行分类统计：一是以广告内容进行分类（表1），分为食品、服装、药品/妇科药、化妆品、日用、烟酒、出版物；二是以广告图片或文字反映出的女性角色的类别进行分类（表2），分为美人、传统妇女、职业女性、女学生、其他。广告分类结果如下：

表1　按广告内容分类

类别	食品	服装	药品/妇科药	化妆品	日用	烟酒	出版物
1910年	14	8	79/43	43	3	2	2
1911年	21	1	95/40	31	0	6	7
1912年	11	2	83/61	29	23	9	7
1913年	18	0	80/55	26	20	3	1
总计	64	11	337/199	129	46	20	17

---

① 《女子张巧珍诉王文达强奸案》，《申报》1935年3月3日。

表2　按女性角色分类

类别	美人	传统妇女	职业女性	女学生	其他
1910年	22	37	19	2	6
1911年	24	35	0	2	2
1912年	28	32	5	12	7
1913年	28	32	14	28	9
总计	102	136	38	44	24

其中表1中的出版物主要有女子教科书、妇女卫生书、美女画册等；化妆品主要包括生发胶、面霜、香水、香粉、牙膏、香皂等，从广告内容看其主要消费群体是女性，但这些产品并非女士专用。表2中的职业女性包含女医生、女工人、女商人等在社会上有个人职业的女性；传统妇女类别广告是指广告内容呈现的女子穿着打扮、举止形态符合明清时期女子的形象，例如裹脚、穿旧式衣裙、梳老式发髻等，或是家庭妇女的形象，例如服侍丈夫、照顾孩子等；美人则是指无明显身份特征的美女画像、模特、仕女等单纯贩卖美色，以外表吸引顾客的女子形象。职业女性和女学生首先走出家门，迈出女性打破传统的第一步，体现了女性自尊自立的精神，是妇女解放运动的排头兵，因此后文所说"新式女性"的主要群体就是职业女性和女学生。

通过表1、表2可以看出，数量最多的三类广告分别为药品、化妆品和刻画传统妇女形象的广告，药品广告的数量远远超过其他类别的广告，而其中妇科药广告的数量超过药品广告总数量的一半。值得注意的是，出现传统妇女形象的广告大多也是药品广告。这些药品广告刻画的女子或是孱弱的躺在床上，或是佝偻身体，拄着拐杖；或是青年，或是老年；或是婚后不孕，或是产后调理。即便是男女通用的药品，也有许多以女性形象装饰广告（图1），"病弱"仿佛是女子的代名词。但偏偏是病弱的女子要承担繁重的家务，要付出巨大代价生儿育女，因此有药品广告将女子身体之康健和传统妇女相夫教子的职责联系起来（图2），认为"凡为人之妻者更需常求康健……所以为闺女之勤事，为主妇侍其良人及教育儿童等事，若非得身体之康健，焉能得遂本分欤？"女子身体康健是为了更好地为家庭做贡献，而非让自己获得更高的生活质量，这完全是把女性当作没有独立人格的奴隶，无论做什么都要为主人，或者说夫家的利益考虑。

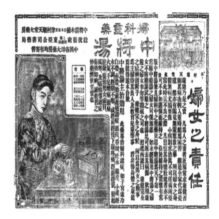

图1　《申报》1912年12月6日兜安氏保肾丸　　　图2　《申报》1911年7月9日中将汤

　　在各类广告中，刻画传统妇女形象的广告占比较大，充分体现了女性只是生育机器和免费佣人的社会现实。在频繁出现的燕医生广告中，女子皆穿着老式衣衫，或是给男子倒茶，或是帮男子上药，或是怀抱婴儿。总之，都是传统意识中一副贤妻良母的模样（图3、图4）。传统妇女形象的出现往往伴随着劳动场景，如服侍丈夫、打理家务、照顾孩子等，这些家庭里的无偿劳动自不必多说，还有做缝纫、做乳母等有偿劳动。在一则缝纫机广告中（图5），一个穿着老式衣衫的妇女坐在缝纫机前，广告语这样写道："君亦欲如他人每日赚三元乎？能增君之进款者其唯此机乎！"可见当时的家庭妇女不仅要承担繁重的家务，还要在家做工补贴家用。《申报》广告中的妇女总是辛勤劳作，而男人们总是自得地享受妻子的服侍（图6）。另外笔者注意到，在男女同时出现的广告中，中国女性往往在照顾小孩、服侍丈夫，而外国女性有些以天使、神明形象出现，受众人膜拜；有些以妻子身份和丈夫并立，无明显尊卑之分（图7、图8）。尽管广告为了达到营销效果会对社会现实有所夸张，但广告创意终究源于社会现实，清季民初女性地位的中外差异，通过广告也可窥探一二。

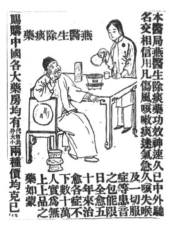

图3　《申报》1910年8月9日燕医生除痰药　　　图4　《申报》1911年11月15日燕医生补血药

图5　《申报》1912年9月9日缝纫机

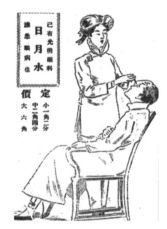

图6　《申报》1913年6月30日日月水（眼药水）

图7　《申报》1912年12月6日散拿吐瑾益寿粉

图8　《申报》1911年5月22日仁丹

　　纵然许多女性生活艰辛，但并没有停止对美的追求，容貌焦虑从古至今持续不断，尤其是女性作为男性的审美客体，更加注重外表。清季民初，西方工业产品的传入，极大丰富了化妆品种类，在消费文明的加持作用下，化妆品广告（图9）在女性广告中占据重要地位。嫩面玉容散、雪花膏、美颜水、生发胶、香水等，琳琅满目。林语堂曾经这样描述过女性繁杂的化妆品："她们用在洗涤药水和香水上的金钱是越来越多的：美容的用品，日间用的美容霜，夜间用的美容霜，洗脸用的霜，涂粉前擦在皮肤上的霜，用在脸上的霜，用在手上的霜，用在皮肤毛孔上的霜，柠檬霜，皮肤晒黑时所用的油，消灭皱纹的油，龟类制成的油，以及各式各样的香油的生意，是越做越大的。"①这些广告在不停地提醒女性：你的皮肤还不够光洁白皙，你的头发不够浓密，你的味道不够迷人……使女性始终处于美貌竞争的压力之下，处于"容颜易逝""青春短暂"的焦虑之中。②而这些所谓的"美"是谁规定的呢？显然是居于统治地位的男性。清代作家李渔认为女性的美色第一在

①　林语堂：《林语堂散文》，北京：中国戏剧出版社，2003年，第143页。
②　王春梅：《被肢解的女性：广告中的女性形象解读》，《江西社会科学》2005年第4期，第153—156页。

肌肤，他在《闲情偶寄》写道："妇人本质，惟白最难。常有眉目口齿般般入画，而缺陷独在肌肤者。"①皮肤光洁嫩滑、唇红齿白，这是男性凝视下的女性美的标准，林语堂对此犀利的讽刺道："向来在男权社会，男子所喜欢，女子样样都做到……假定男子尽以茉莉花为臭，则女子虽心好之亦必不插，此可断言也。"②

　　丰富多样的化妆品广告既是女性意识觉醒的表现，也是女性始终处于男性凝视下的无奈现状。一方面，女性可以自由大胆地寻求美丽，追逐潮流，向新式女性看齐。时尚美好的外表可以增强女性的自信心，帮助她们走出男权笼罩的阴影。在追逐潮流的过程中，有更多的机会参与、融入社会生活，接触并学习西方思想，促进自身进步。另一方面，女性追求的"美"是男性审美标准下的"美"，女性对其的疯狂追求从另一角度来说是对男权社会的屈从。白嫩的皮肤，姣好的身材，想要达到这些"美"的标准，需要花费大量的时间和金钱，如此一来，女性又能有多少精力花在提高自我思想境界和经济能力上来呢？甚至还要更加依赖男性，以获得物质保障来维持自己的美貌。

图9　《申报》1913年6月18日双美人牌洗脸粉

　　与大量化妆品广告相呼应的是《申报》女性广告中随处可见的美人画像。如果说使用化妆品是追求美丽的一种手段，那么"美人"就是人们追求美丽的原因和结果。美人图一般出现在化妆品广告和烟酒广告中。美人和化妆品同时出现，其原因不言而喻，美人可以展示产品的使用效果，既提高了产品的可信度，又引起女性的容貌焦虑，从而增强对化妆品的购买欲。而以男性为消费主体的烟酒广告也有大量美人图像出现（图10、图11），这佐证了上文的观点：女性始终处于男性凝视下，被男性审美标准禁锢。旗妹牌吕宋烟、德国老美女牌啤酒都使用了青年女性的形象作为包装，用青春靓丽的年轻女孩形象吸引男性消费者。尽管许多商品的使用者不只是男性，但在清季民初，女性几乎无经济能力可言，在没有足够的文化水平阅读报纸的情况下，即使是男女通用的产品，商家也会重点吸引男

　　①（清）李渔：《闲情偶寄》，郑州：中州古籍出版社，2013年，第155页。

　　②张跃铭编：《林语堂隽语》，长沙：岳麓书社，1995年，第116页。

性顾客。比如避暑丹药霹雳丹的广告中插入了一幅古典女神仙的图像；脑素广告中则是一位外国女郎；人（仁）丹广告中时常出现日本美人（图12、图13、图14）……可见女性作为审美客体，装点着生活的方方面面。将女性审美客体角色发挥到极致的是裸女画像。一则蚊香广告①中描绘了这样一幅画面：一位着和服的美人慵懒地侧卧在床上，胸脯半露，一个婴儿趴在身边吃奶，美人身上香汗淋漓，床边点着一支蚊香。蚊香广告的重点应该是驱蚊，但这幅广告画完全偏离重点，读者首先注意到的是半裸的美人，而非蚊香。1910年的一则日本亚支奶广告②中，挥舞着招牌近乎全裸的美人很难不引人注意，暴露的女性敏感部位、丰满性感的身材吸人眼球，这也是笔者搜集到的广告中画面尺度最大的一条。这些充斥着性暗示的广告无一不透露出男性对女性的物化，女性作为审美客体，她们的美、她们的身体像是一幅画、一个物件，是可以被随意拿来赏玩的，女性只是作为性资源、生育机器存在，而不是拥有自我人格的、完整的、独立的人。

图10　《申报》1910年7月25日旗妹牌吕宋烟

图11　《申报》1911年9月15日德国老美女牌啤酒

图12　《申报》1912年6月25日霹雳丹

图13　《申报》1911年9月6日艾罗补脑汁

---

① 《申报》1912年6月25日。
② 《申报》1910年6月30日。

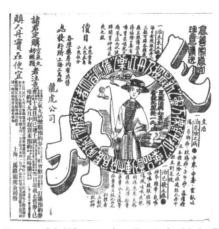

图14 《申报》1911年9月4日人（仁）丹

在革故鼎新、社会变革之际，有别于旧时代传统妇女的新女性走入大众的视野，也成为广告媒体的关注对象。职业女性和女学生作为新女性的代表，在广告中虽然出现不多，但实为众多传统妇女形象中的一抹亮色。需要说明的是，从统计结果可以看出这几十条出现职业女性的广告里，绝大多数都是外国女性，她们中有医士，有小商贩，还有牧场工人（图15、图16、图17）。中国女性的身影屈指可数，她们的职业身份也相对简单，只有医生和工人。可以看出，清季民初的人们已经接受妇女工作赚钱的事实，联系上文提到的缝纫机广告，甚至可以推测当时的人们在一定程度上鼓励女性做工赚钱。无论是外出工作，还是在家做缝纫，只要女性成为家庭收入的来源之一，那么女性的地位就会相对提高几分。

图15 《申报》1910年2月28日美国女医士　　图16 《申报》1913年8月26日惠罗公司

图17 《申报》1910年7月25日好力克麦精牛乳

作为新式女性的代表之一，相比数量惨淡的中国职业女性，女学生在1910—1913年《申报》广告中的出现次数还算可观。在笔者收集到的资料当中，可以看到从1912年开始，《申报》刊登了大量女校招生广告，女学生的活动也不局限于读书，还包括展览会、演话剧、举办募捐等（图18）。比起在深闺中目不识丁，活动范围仅限于庭院之间的旧式女性来说，清季民初的女学生的生活相当多彩。但如果细看有关女校和女学生的广告就会发现，所谓"兴女学"可能只是表象。1911年的教科书广告①显示女校所用教科书与男校不同，专门列出了女子国文教科书、女子修身教科书。女子修身教科书的内容不同于男子"修身"的学习先贤圣人之德礼，而是沿用《女诫》《女训》等传统内容，学的是为女、为妇及为母的基本道德，强调男女之别。1912年神州女学两等小学招生广告和女子共和协进会创办女子平权两等学堂广告都明确写明学校课程包含"女红"（图19、图20）。"各省及中央所办的女子职业学校，大概总不外家事、烹调、缝纫、蚕桑、丝、编物、刺绣、摘棉、造花等科，这种教育机关，简直可算是'贤妻良母养成所'！所有的职业大半属于家庭的事业，所学的知识技能，大半是操持家政的知识技能。"②这种情况主要归因于当时人们对于性别定位不同所造成的教育局限。不过女子教科书的内容并不统一，有些女子教科书提倡男女平等，鼓励女子人格、经济独立。例如清末就有女子教科书指出经济独立与性别平等的关系："女子屈于男权之下，以无自治自活之能力故。"③女子教科书受编者思想、当地风气和政治局势影响较大，因此不同的女子教科书可能会传达完全不同的育人思想，因此问题不在本文论述范围内，在此不作深究。

---

① 《申报》1911年9月6日。

② 舒新城：《近代中国女子教育思想变迁史》，《妇女杂志》1928年第3号。

③ 顾鸣岐编辑，司马海绘图：《高等女学课本》，上海：文明书局，1906年，第25页。

图18 《申报》1913年8月26日　　图19 《申报》1912年7月31日　　图20 《申报》1912年2月29日
缝纫女校展览会　　　　　　神州女学招生　　　　　　女子平权两等学堂

　　总体来看，1912年前后《申报》女性广告中的女性形象并无太大变化，药品、化妆品广告和传统妇女形象依旧占据女性广告的主体，广告内容甚至毫无改变，新式女性的数量仍然偏少。但笔者在整理广告的过程中，发现有关女学生和女校招生的广告从1912年民国建立开始数量明显增加。从1911年的2条，到1912年的12条，再到1913年的28条，其增长趋势不能不引人注意。女校的种类也由单一的普通女子学校发展出各种专业学校，例如裁缝、师范学校等。女校招生广告的增加在一定程度上反映女学生数量的增加和女性地位的提高，也变相说明民国建立后，许多人意识到了女子读书的必要性。更令人欣喜的是，1913年出现了4条女士或女校捐款和3条妇孺救济会的广告。女性捐款说明女性已经开始参与到社会生活当中，她们关心国家大事和弱势群体，并且部分女性有一定经济能力为国家、为社会做贡献。尽管妇孺救济会的出现代表女性依然处于弱势地位，但也反映出当时的人们认识到这一事实，并且有意识地保护女性、改变现状。

　　也是从1912年开始，《申报》广告中出现了女工人的身影，她们建立工会，选举领袖，组织罢工，尽管内容不多，但字里行间都散发着新式女性的光辉。女工人和其他千千万万为工人阶层争取利益、为救亡图存而奋斗的男工人一样，她们没有因为外界的歧视和边缘化而将自己和社会事务剥离开来，反而积极响应社会潮流，投身于火热的革命当中。

三、国家政策和媒体广告对清季民初女性形象的影响

　　国家政策关系民众生活的方方面面，它具有强制性和权威性。民国建立初期颁布的各项政策法令相比清王朝而言，有限保护了妇女的权益。国家政策所代表的国家意志也有效激起了女性的国民意识，促进妇女解放运动的发展。媒体广告在妇女解放运动过程中同时刻画传统妇女和新式女性，既表现相对真实的女性形象，又给了女性对自我身份的新选

择，在女性形象的转型过程中起到催化剂的作用。

中华民国的建立，包括在此之前的辛亥革命，是近代中国妇女形象转变的关键节点。辛亥革命以前，晚清政府和一些有识之士虽然也为解放妇女做出了一定努力，但或是像各地的"天足会"一样影响力有限，或是如兴办女学一样，改革仅浮于表面，内里还是三从四德的糟粕。辛亥革命后，清朝灭亡，民国建立，近代中国步入了新的历史时期，在这种时代背景下，新政府自然要从各方面与象征腐朽落后的清朝划清界限，其中针对女性的各项政策法规是清理封建遗毒、迎接民国新气象的重要内容。

民国建立后，南京临时政府对女子生活礼仪和民间陋习做了新的规范。1912年的《礼制》规定女子在庆典、祀典、婚礼、丧礼、聘问时，用三鞠躬礼；在公宴、公礼式及寻常庆吊、交际宴会时，用一鞠躬礼。寻常相见，用一鞠躬礼。[①]同年公布的《服制》也参照西俗，消除服饰等级，对女子礼服规定为"上用长与膝齐的对襟长衫，下用裙，周身得加绣饰。遇丧礼穿礼服时，于胸际缀以黑纱结"[②]。这些角色规范有助于女性生活方式的改变，从生活日常帮助女性脱离旧社会，用行为礼仪的变更带动思想的转变。对于缠足这样毒害中国妇女千百年的陋习，民国政府并不像晚清那样依靠部分进步人士倡导放足，而是以法令的形式严禁缠足，在全国展开放足运动。1912年孙中山发布《令内务部通饬各省劝禁缠足文》，规定："已缠足者令其必放，未缠者毋许再缠，倘乡僻愚民，仍执迷不悟，或编为另户，以激其羞恶之心，或削其公权，以生其向隅之感。"[③]此外，南京临时政府还通令各省，禁止父母强迫子女为僧尼，一定程度上保障了女性对生活角色的选择权和自主权。

早在甲午战争之后，维新人物就认识到新式教育的重要性，"才智之民多则国强，才智之民少则国弱……泰西之所以富强，不再炮械军兵，而在穷理劝学"[④]。孙中山也指出"振兴之基础，全在于国民知识之发达"[⑤]。因此，民国建立后，南京临时政府任命蔡元培为教育总长，立刻展开对教育体系的改革。1912年，南京临时政府教育部颁布了《普通教育暂行办法》（以下简称《暂行办法》）和《普通教育暂行课程标准》（以下简称《暂行标准》），此后又先后颁布了《小学校令》《中学校令》等规章制度，修正并补充《暂行标准》，推进学校教育的正规化和标准化。[⑥]其中《暂行办法》规定"初等小学校可以男女同校；特设之女学校章程暂时照旧"[⑦]，《暂行标准》规定女子课程增设家政、裁缝科目，《中学校令》规定可以设置女子中学。女子中学的设立拓宽了女子的求学之路，增加了女

① 《礼制》，《政府公报》第110号，1912年8月18日。

② 《服制》，《政府公报》第157号，1912年10月4日。

③ 孙中山：《令内务部通饬各省劝禁缠足文》，《孙中山全集》第2卷，第232页。

④ 康有为：《上清帝第二书》，汤志钧编：《康有为政论集》，北京：中华书局，1981年，第131页。

⑤ 孙中山：《在北京湖广会馆学界欢迎会的演说》，《孙中山全集》第2卷，第424页。

⑥ 朱英主编：《辛亥革命与近代中国社会变迁》，武汉：华中师范大学出版社，2001年，第442页。

⑦ 《普通教育暂行办法》，《政府公报》第4号，1912年2月1日。

子进一步提高自身文化水平的机会。民国初年，政府致力于普及初等教育，孙中山提出："教育主义，首贵普及，作人之道，尤重童蒙"[1]，"自今以往，应就国家社会之情势，准据法令，尽力措施，不惟男子教育宜急也，女子教育亦应急焉；不惟学校教育为重也，社会教育亦并重焉"[2]。在政府的大力倡导下，女子受教育权的落实有了明显的进步。通过教育部前五次学生人数统计数据（表3）[3]可以看出南京临时政府的教育体系改革工作取得了显著成效，到1916年洪宪帝制前，女学生数量逐年增加，女子教育发展较快。

表3　1912年—1916年学生数量统计

年份	男生	年增长率	女生	年增长率
1912年	2792257	—	141130	—
1913年	3476242	19.68%	166964	15.47%
1914年	3898065	10.82%	177273	5.82%
1915年	4113302	5.23%	180949	2.03%
1916年	3801730	-8.20%	172724	-4.76%

革命风潮唤起了女子的"国民意识"，也让女子们看到了实现男女平等的希望，她们不满足于仅提倡反缠足、兴女学，开始为女性谋求更多的权益和义务，想要以"国民"身份参与国家事务。武昌起义后，革命派兵力缺失，许多先进女性抱着强烈的国民意识和爱国热忱投身革命，上书请愿奔赴前线，支援革命军。湖北女子北伐队的创建者吴淑卿在给黎元洪的投军请愿书中就诚挚写道："愚生并非图日下之荣耀，只求其同军士去北地，吾愿舍身而赴敌地也……愚生虽然学问浅近，稍知一二，并不畏男女之别。今愿吾同胞四万万同心努力，将中华国……扶起，岂不光耀轩辕哉？"[4]短短几个月内，全国先后组建的女子军事团体就多达十几个，其中包括女学生组建的广东女子北伐队和上海女子北伐敢死队、吴木组织的同盟女子经武练习队、林宗素在上海组建的"女子国民军"、沈亦云发起的女子军事团等。[5]当时女子渴望男女平等、建功立业愿望之强烈可见一斑。但性别的生理差异不容忽视，所以在女兵团体建立之初就有许多争议。新女性的代表人物张竹君就撰文提出中肯意见："纵今日所编女子军队，俱能挑选合格，而就生理上切实言之，比较男子，相差终远。"[6]女子参军潮热烈一时，随后很快被南京临时政府解散，并下令禁止各省招募女子新军，女子参军运动告一段落。

女子军队的失败并没有浇灭女子参与国事的热情，她们踊跃上书，与政府抗争，谋求

① 中国科学院近代史研究所史料编译组编：《辛亥革命资料》，北京：中华书局，1961年，第311页。

② 《教育部训令三则》，《政府公报》第127号，1912年9月4日。

③ 陈东原：《中国妇女生活史》，北京：商务印书馆，2015年，第276页。

④ 中华全国妇女联合会妇女运动历史研究室编：《中国近代妇女运动历史资料（1840—1918）》，北京：中国妇女出版社，1991年，第448页。

⑤ 沈智：《辛亥革命前后上海的妇女运动》，《大江南北》2011年第9期，第7—10页。

⑥ 张竹君：《女子组织军队》，《妇女时报》1912年第6号。

女子参政权。中华民国建立后，临时参议院通过了承认女子有参政权的议案，这给了女子极大的鼓舞，似乎女性的光明未来就在前方。1912年初，南京临时政府筹备制定《临时约法》，唐群英等二十人上书请愿，要求《临时约法》规定男女平等的内容，"兹幸神州光复，专制变为共和，政治革命既举于前，社会革命将踵于后，欲弥社会革命之惨剧，必先求社会之平等；欲求社会之平等，必先求男女之平权；欲求男女之平权，非先与女子参政权不可。请于宪法正文之内订明，无论男女一律平等，均有选举权和被选举权"①。但真到了需授予女子实权的时候，曾经满嘴平等共和的男人们犹豫了，唐群英等人的建议遭到了反对。1912年3月公布的《临时约法》没有男女平等、女子参政的内容②，4月颁布的《参议院法》明文规定："中华民国之男子，年满二十五岁以上者，得为议员。"③公然剥夺了女子的参政权。虽然此次上书遭到失败，但坚韧的妇女们没有放弃，她们联合地方妇女团体成立女子参政同盟会，在各地建立女子参政同盟会分会，扩大女子参政的影响，一度取得了一些成果。广东临时参议会产生了三位女议员和三位候选女议员，尽管人数不多，却是中国妇女参政运动的一大胜利。但很快胜利果实被扼杀，1912年10月，省议会选举法公布，女子参政被排除。1912年11月，女子参政的议案再次遭到否决。1913年11月13日，女子参政同盟会被勒令解散，标志着清季民初中国近代知识女性争取参政权最终失败。④这次参政运动虽然失败了，但中国女性同男子争权的实践活动开创了中国女子参政运动的先河，她们敢于打破偏见，参与政治，用实际行动为中国妇女参政运动奠定了基础。

辛亥革命使得民主共和观念深入人心，天赋人权、自由平等成为指引人们前行的灯塔。中华民国成立以及南京临时政府颁布的一系列法律法规，在有限范围内保障了民生民权，提高了妇女地位。更多的女性得到抛却深闺妇人身份的机会，走出庭院，拥抱社会，争做新式女性。她们读书写字、参军参政；她们为平等公正奔走，为民主共和牺牲，这是过去被传统礼教压迫几千年的妇女从未设想过的精彩人生。不仅如此，我们可以看到在这一过程中，妇女的社会意识和女性意识觉醒，由被动参与到主动争权。清末戊戌变法时期的女权运动是由康、梁等男性发起并主导的，女性处于被动接受的地位。随着妇女解放运动的持续推进，越来越多的女性认识到自己所处的屈从地位，明白国家内外交困之境，觉醒了女性意识、国民意识和社会意识，开始主动为自己争取权益，积极参与社会事务。这是中国近代女性思想的一大进步，把自己当作国家的一分子看待，而非男性的附庸，曾经黯淡无光的女性形象，渐渐闪耀出一些光芒。

---

① 中华全国妇女联合会妇女运动历史研究室编：《中国妇女运动历史资料（1840—1918）》，第579页。

② 《中华民国临时约法》，万仁元、方庆秋主编，中国第二历史档案馆整编：《中华民国史史料长编》第2册，南京：南京大学出版社，1993年，第165页。

③ 《参议院法》，万仁元、方庆秋主编，中国第二历史档案馆整编：《中华民国史史料长编》第2册，第278页。

④ 王楠：《清末民初中国近代知识女性社会意识觉醒研究》，渤海大学硕士学位论文，2015年。

《申报》在清季民初女性形象变化中的作用可以用媒介与社会性别构建理论解释。社会性别理论认为性别分为生理性别和社会性别，生理性别由基因决定，不可改变；社会性别是指社会基于男女的生理差异而形成的对男女两性不同社会角色的期待、规范和限制，是在社会、宗教、家庭、文化影响下后天形成的。女性主义思想家波伏娃在《第二性》中指出："女人不是天生就是女人的，而是变成女人的。"[1]社会大众所认为的温柔、感性、病弱、美丽的女性特质和勇敢、理性、强壮的男性特质，实际都是社会塑造的性别特征。无论是从小接受的教育，还是社会主流文化，都要求人们变成社会所要求的男人或女人。温柔爱美的男生会被骂"娘炮"，强壮勇敢的女生会被嘲笑为"女汉子"，在这种文化环境下，人们不得不压抑自己的本性，在各种教育、引导和指责中完成社会性别建构，变成社会期待的男性和女性。大众传媒作为社会文化的载体和多元文化交流碰撞的平台，既是宣传主流文化的重要阵地，也是发现和传播新兴文化的排头兵，在社会性别构建中发挥了多重作用。

美国学者塔奇曼的"反映假设理论"认为受众是媒介运转的必备条件，为了吸引尽可能多的受众，媒介必须反映社会价值标准[2]，而大众媒介往往会选择反映社会中居主导地位的社会价值标准。这一理论在《申报》女性广告里表现得也较为明显，它们反映了当时社会中女性所处社会角色的概貌，并强化了这种印象。上文已经提到1910—1913年《申报》女性广告中出现最多的女性形象是传统妇女，药品广告是所有广告类别中占比最高的一类。《申报》作为中国近代最受欢迎的报纸之一，对于传统妇女和女性病弱形象的宣传无疑会加深社会大众对女性的刻板印象，认为女性就是柔弱多病的，就应该在家相夫教子，做贤妻良母。当社会认为女性应该是这样的，便会以这种标准要求女性，让她们变成主流媒体宣传的那样贤惠、柔弱。

传统妇女形象是对女性的奴化，美女形象则是对女性的物化，是另一种形式的刻板印象，即女性是被赏玩的物件，是被消费的商品。不论是面向女性的化妆品广告，还是以男性为主要消费群体的烟酒广告，大量的美人形象都在告诉人们女性应该迎合男性审美，改变外貌，以此来吸引男性；而男性可以肆无忌惮地消费女性的外貌、身体。女性主义学家李小江认为："'被看'的过程是一个表象化和客体化的过程，抽空了美的生动内涵和人的个性色彩，潜移默化的在每一个女人心理造成了旨在迎合大众趣味（主要指男性审美趣味）的审美情结。"[3]在社会转型，妇女解放运动蓬勃发展的背景下，《申报》女性广告中的妇女形象使得男性凝视不但没有被打压，反而助长其发展态势，强化了男性的主体性和支配地位。

① [法]西蒙·波伏娃：《第二性》，陶铁柱译，北京：中国书籍出版社，1998年，第386页。

② 马欣：《从电视广告中探析女性广告中的男性意识：两性形象在电视广告中的变迁》，内蒙古师范大学硕士学位论文，2012年。

③ 李小江：《解读女人》，南京：江苏人民出版社，1999年，第101—102页。

《申报》广告中的女性形象虽然以传统妇女为主，强化了大众对女性的刻板印象，使女性步入社会、实现平等更加困难，但也给展示了许多新式女性的风貌，给还处于迷茫中的旧女性树立了前行的目标。时尚自信的都市女郎、与男人平起平坐的外国妇女、青春靓丽的女学生、独立自主的职业女性，这些美好新潮的身影很容易掀起新的潮流风向，为浑浊的旧社会风气注入一丝清新之气。前文已经引用过塔曼奇的观点：媒介必须反映社会价值标准，并且会强化这种标准。新女性广告数量的增长体现出妇女运动的蓬勃发展和女性地位的提高，普通大众通过报纸广告认识、接受、向往、学习新式女性，这在一定程度上削减并弱化了传统妇女的刻板印象。比如作为新女性代表的女学生因为其背后隐含的"革命""先进"光辉，以及清新的外表，颇得大众喜爱，甚至妓女也会模仿她们的打扮招揽顾客[1]。新式女性可以唤醒女性的自我意识，认识到女性可以和男性一样学习、工作、参与社会事务。同时新式女性的形象打破了男性对社会审美的垄断，健康、独立、自信开始成为女性自己的审美标准。

结　语

学者戈公振在《中国报学史》中说："广告为商业发展之史乘，亦即文化进步之一记录。"[2]《申报》作为近代中国发行时间最久、覆盖面最广的商业报纸，记录了近代中国社会变迁的历史进程。其中的女性广告承载着社会对女性的要求和期待，也书写了近代女性的困境、挣扎、求变和进步。1910—1913年《申报》广告中的女性形象总体以传统妇女为主，病弱和辛劳是她们的标签，生育是她们最大的价值。大量的化妆品广告和美女形象显示了女性角色在社会中的复杂境地：一来女性作为重要的消费群体被商家所重视，鼓励女性追求潮流和美丽；二来所谓的美是男性视角的美，女性在大方展示自我的同时不可避免地沦为男性的审美客体，成为被观赏的"物品"。但女学生广告从1912年起迅猛的发展趋势让人眼前一亮，她们是近代中国妇女解放运动和近代中国社会制度变革的重要表现之一。大众传媒的作用之一是反映现实，引领潮流，《申报》很好地发挥了这一用处。它在迎合男权社会，为男性凝视提供消费平台的同时，也时刻关注女性的生存状况，积极宣传新思想、新女性。

《申报》在新旧之间的矛盾和当时中国社会广泛存在的思想矛盾类似，比如有人支持男女平等、鼓励女性参政，有人却仍固守女性参政犹如牝鸡司晨的谬论；有人想要建立民主共和社会，有人想要复辟皇权。在1910—1913年鼎革之际的《申报》女性广告像是当时中国社会的缩影，旧与新同时存在，互相争斗、互相融合，在矛盾中发展和前行。但我们

① 郑永福、吕美颐：《近代中国妇女与社会》，郑州：大象出版社，2013年，第168页。
② 戈公振：《中国报学史》，北京：生活·读书·新知三联书店，1955年，第220页。

必须要认识到，尽管一百多年后的今天，中国已经发展成为繁荣富强的中国，但女性的困境依然有待进一步的解决，社会观念对女性形象白瘦幼的极端审美，以及女性应该拥有夸张曲线的动漫人物形象，无不表明女性要走出男性凝视的审美标准之路仍任重道远。

老师点评：广告是商业发展历程的直观体现，记录了一个时代的文化特色。《申报》于1872年由英国商人创办于上海，是中国近代出版持续时间最长、影响较大的一份报纸。《申报》作为近代中国发行时间最久、覆盖面最广、有着广泛社会影响、读者最多的商业报纸，具有非常重要的商业价值和社会价值，同时对研究中国近代史也有非凡的史料价值。《申报》商业广告众多，绘图形象，语言准确，发人深省，具有强烈的感染力和说服力。其中，不同时期的女性广告，生动地反映了各时段女性妆扮和审美取向、工作态度、家庭理念等变化，既是社会性别观念及行为方式的历史延伸，也是以经济基础为社会取向的真实写照。不同阶级的人对女性广告的阅读感受与认可程度不一致，一个时期出现的形色各异的广告代表着当时人们价值观的变化走向。

近年来，研究《申报》广告的文章层出不穷，但对清季民初的女性广告一直缺乏系统的研究。齐赫的论文《鼎革之际的女性形象研究——以1910—1913年〈申报〉广告为例》一文，以充分挖掘和解读《申报》中的女性广告史料为主，探讨了清季民初女性形象的演变及其影响，总体来看史料丰富，论述合理，在较好把握前人研究成果的基础上，运用新闻学、历史学、社会学等学科知识分析鼎革之际的女性形象，选题有一定的学术价值和现实意义。鼎革之际的广告有的带着明显的进步色彩，有的还在旧时代的摇篮里徘徊不前，带着彷徨和启蒙跨进了新纪元。齐赫的研究反映了当时城市中女性形象、地位和观念的转变，也是革命刺激下的社会文化激烈嬗变的活脱脱呈现。

难能可贵的是，齐赫同学认真翻阅了大量《申报》，文中插图数十幅，每一幅图皆有分析与总结，并结合当时的历史背景，在吸收前代研究清季民初妇女成果的基础上，用数据和图表的形式呈现给读者一幕幕鼎革之际的妇女形象。文章结构合理，语言准确，逻辑清晰，是一篇优秀的本科生毕业论文。

论文指导老师：许起山　刘正刚